Michael Frings,
Sabine E. Paffenholz & Klaus Sundermann (edd.)

Vernetzter Sprachunterricht
**Die Schulfremdsprachen Englisch, Französisch, Griechisch,
Italienisch, Latein, Russisch und Spanisch im Dialog**

Akten einer Fortbildungsreihe des Bildungsministeriums und des
Pädagogischen Landesinstituts Rheinland-Pfalz

Französischdidaktik im Dialog (FDD)

Herausgegeben von Michael Frings und Jens F. Heiderich

ISSN 2191-8155

1   *Michael Frings & Frank Schöpp (edd.)*
    Varietäten im Französischunterricht
    I. Französische Fachdidaktiktagung (Gutenberg-Gymnasium, Mainz)
    ISBN 978-3-8382-0224-2

2   *Michael Frings & Jens F. Heiderich (edd.)*
    Ökonomische Bildung im Französischunterricht
    II. Französische Fachdidaktiktagung (Gutenberg-Gymnasium, Mainz)
    ISBN 978-3-8382-0244-0

3   *Christophe Losfeld & Eva Leitzke-Ungerer (edd.)*
    Hundert Jahre danach ... *La Grande Guerre:*
    Konzepte und Vorschläge für den Französischunterricht
    und den bilingualen Geschichtsunterricht
    ISBN 978-3-8382-0795-7

4   *Michael Frings, Sabine E. Paffenholz & Klaus Sundermann (edd.)*
    Vernetzter Sprachunterricht
    Die Schulfremdsprachen Englisch, Französisch, Griechisch, Italienisch, Latein, Russisch
    und Spanisch im Dialog
    Akten einer Fortbildungsreihe des Bildungsministeriums und des Pädagogischen
    Landesinstituts Rheinland-Pfalz
    ISBN 978-3-8382-0850-3

Michael Frings,
Sabine E. Paffenholz & Klaus Sundermann (edd.)

VERNETZTER SPRACHUNTERRICHT
DIE SCHULFREMDSPRACHEN ENGLISCH, FRANZÖSISCH, GRIECHISCH, ITALIENISCH, LATEIN, RUSSISCH UND SPANISCH IM DIALOG

Akten einer Fortbildungsreihe des Bildungsministeriums und des Pädagogischen Landesinstituts Rheinland-Pfalz

ibidem-Verlag
Stuttgart

Bibliografische Information der Deutschen Nationalbibliothek
Die Deutsche Nationalbibliothek verzeichnet diese Publikation in der Deutschen Nationalbibliografie; detaillierte bibliografische Daten sind im Internet über http://dnb.d-nb.de abrufbar.

Bibliographic information published by the Deutsche Nationalbibliothek
Die Deutsche Nationalbibliothek lists this publication in the Deutsche Nationalbibliografie; detailed bibliographic data are available in the Internet at http://dnb.d-nb.de.

∞

Gedruckt auf alterungsbeständigem, säurefreien Papier
Printed on acid-free paper

ISSN 2194-8155

ISBN-13: 978-3-8382-0850-3

© *ibidem*-Verlag
Stuttgart 2017

Alle Rechte vorbehalten

Das Werk einschließlich aller seiner Teile ist urheberrechtlich geschützt. Jede Verwertung außerhalb der engen Grenzen des Urheberrechtsgesetzes ist ohne Zustimmung des Verlages unzulässig und strafbar. Dies gilt insbesondere für Vervielfältigungen, Übersetzungen, Mikroverfilmungen und elektronische Speicherformen sowie die Einspeicherung und Verarbeitung in elektronischen Systemen.

All rights reserved. No part of this publication may be reproduced, stored in or introduced into a retrieval system, or transmitted, in any form, or by any means (electronic, mechanical, photocopying, recording or otherwise) without the prior written permission of the publisher. Any person who does any unauthorized act in relation to this publication may be liable to criminal prosecution and civil claims for damages.

Printed in the EU

Inhaltsverzeichnis

Vorwort 7

Sprachen vernetzen – Synergien nutzen 11
FRANK SCHÖPP (Würzburg)
  Sprachen vernetzen – aber wie? 13
WOLFGANG HALLET (Gießen)
  Vernetzendes Sprachlernen und integrative Mehrsprachigkeit im Fremd-
  sprachenunterricht 31
JOHANNES MÜLLER-LANCÉ (Mannheim)
  Sprachenvernetzung: Neuronale, kognitive und didaktische Implikationen für
  das Projekt „Latein Plus" 55
MARTIN BLAWID (Freigericht)
  Onora la famiglia! Corleone und seine Spuren aus transatlantischer Perspektive.
  Ansätze einer fächerverbinden Didaktik zwischen Englisch und Italienisch 91
TAMARA CHOITZ (Andernach) & SUSANNE GIPPERT (Bad Neuenahr-Ahrweiler)
  Griechische Mythen in lateinischen Lehrwerken 103
THOMAS BRUNS (Trier)
  Von „Nathalie" bis „Okno v Pariž" – Fremdsprachenunterricht zwischen drei
  Kulturen 115

Lesen – Lernen – Leben: Verbindendes in den Literaturen 127
PETER RIEMER (Saarbrücken)
  Die griechische Komödie in Rom – die römische Komödie in Europa 129
SUSANNE GIPPERT (Bad Neuenahr-Ahrweiler)
  „Star quality" – Antony and Cleopatra bei Shakespeare, Plutarch und Vergil 145
RICARDA MÜLLER (Bad Kreuznach)
  Die Ringparabel als europäisches Thema: Gesta Romanorum – Boccaccio –
  Lessing 157
JOHANNES KRAMER (Trier)
  Liebe entsteht beim Lesen von der Liebe 175
KURT ROESKE (Ober-Olm)
  Iphigenie in Orem und in Aulis – Neil LaBute, Aischylos und Euripides 195
KURT ROESKE (Ober-Olm)
  Der Tod für das Vaterland – Zwei Gefallenenreden: Perikles und
  Abraham Lincoln 205

Andere Länder – andere Sitten?! Sprachen erschließen, Kulturen verbinden 215
DANIEL REIMANN (Duisburg-Essen)
    Inter- und transkulturelles Lernen im romanischen Tertiärsprachen- und im
    altsprachlichen Unterricht (Fokus: Spanisch, Italienisch, Griechisch) 217
NORBERT BECKER (Mainz)
    Frankophone Autoren zwischen zwei Kulturen am Beispiel Maghreb –
    Frankreich 237
TAMARA CHOITZ (Andernach) & HILDEGARD HERSCHBACH (Neuerburg)
    Homophobie vom Altertum bis in die Gegenwart 249
REBECCA KRUG (Mainz)
    Mehr als Mord und Totschlag – Kriminalliteratur im Russischunterricht 261
NATALIA FELD (Frankfurt a.M.)
    Texte der Migration als Erfahrungsprotokoll und Experimentierfeld 273

Non solo lingue – Vernetzung von sprachlichen und nichtsprachlichen Fächern .. 285
WOLFGANG HALLET (Gießen)
    Mehrsprachigkeit durch thematische Vernetzung von Sprachunterricht und
    Fachunterricht 287
JENS F. HEIDERICH (Mainz)
    Materialgestütztes Schreiben. Wissenschaftspropädeutisches Perspektiven
    eines vernetzten Sprachenlernens am Beispiel des Praktikantenromans 303
CORINNA KOCH (Paderborn)
    English-Physics, Français-Histoire, Español-Arte: Comics als Ausgangspunkt
    für fachübergreifenden und fächerverbindenden Unterricht 317
EVA-TABEA MEINEKE (Mannheim) & ANDREAS SCHÜRMANN (Mainz)
    Impressionismus in Kunst und Literatur 331

Abendveranstaltungen 367
JOHANNES KRAMER (Trier) & SYLVIA THIELE (Mainz)
    Dolomitenladinisch – Papiamentu – Sardisch 369

Autoren- und Herausgeberverzeichnis 393

Vorwort

Nach Abschluss des Schulprojekts „Latein plus" in Rheinland-Pfalz[1] im Sommer 2005 und der anschließenden Überführung dieses Modells in ein Regelangebot wurden die Ergebnisse der Projektphase über Fortbildungen und Veröffentlichungen einem größeren Kreis von Lehrkräften und den zum Abitur führenden Schulen im Land vorgestellt. Dabei ging es zunächst um Anregungen für die Unterrichtspraxis und ganz konkrete Materialien, die aus der Zusammenarbeit der Fächer Latein und Englisch, aber auch unter Einbeziehung des Faches Deutsch und ggf. weiterer Fächer, erwachsen waren.[2]

Das Projektteam „Latein plus" hat früh in den Blick genommen, dass eine gewinnbringende und nachhaltige Zusammenarbeit zwischen den Kolleginnen und Kollegen, die in zeitlicher Parallelität den Sprachunterricht einer Lerngruppe gestalten, über die organisatorische Abstimmung und den Erfahrungs- und Materialaustausch hinausgehen müsse. Damit zeichnete sich als Ziellinie eine Vernetzung zwischen den Fächern im Bereich der Didaktik und Methodik ab.

Im dritten Band der Handreichung zum Schulprojekt „Latein plus"[3] ist der weitere Weg ausführlich beschrieben. Wissenschaftliche Beiträge aus der Latinistik, der Anglistik und der Romanistik beleuchten Aspekte einer gemeinsamen Fremdsprachendidaktik, die die alten und die modernen Schulfremdsprachen einbezieht.

In der Einführung zu Band 3 der Handreichung ist bereits die Fortbildungsreihe vorgestellt worden, die mit grundsätzlichen Überlegungen, unterrichtspraktischen Anregungen und Stundenentwürfen einem vernetzten Sprachunterricht am Gymnasium den Weg bereiten sollte. Sie fand in vier Veranstaltungen von Herbst

---

[1] Die Genese und die Rahmenbedingungen des Schulprojekts sind in der Handreichung Band 1 („Dokumentation"), herausgegeben vom Pädagogischen Zentrum Rheinland-Pfalz, Bad Kreuznach 2006, ausführlich erläutert.
[2] Zahlreiche aus dem Schulprojekt hervorgegangene Unterrichtsmaterialien enthält Handreichung Band 2 („Materialien"), herausgegeben vom Pädagogischen Zentrum Rheinland-Pfalz, Bad Kreuznach 2008.
[3] Handreichungen zum Schulprojekt „Latein plus", Bd. 3 („Didaktische Ansätze"), herausgegeben vom Ministerium für Bildung, Wissenschaft, Weiterbildung und Kultur, Mainz 2013.

2012 bis Frühjahr 2014 in Zusammenarbeit des Bildungsministeriums mit dem Pädagogischen Landesinstitut statt. Beteiligt waren alle sieben Schulfremdsprachen in Rheinland-Pfalz: Englisch, Französisch, Latein, Spanisch, Italienisch, Griechisch und Russisch.

Die Fortbildungsreihe setzte sich wie folgt zusammen:

Oktober 2012: „Sprachen vernetzen – Synergien nutzen"
Schwerpunkt: Sprache
Plenarvorträge:
    Prof. Dr. Johannes Müller-Lancé, Universität Mannheim
    Frank Schöpp, Julius-Maximilian-Universität Würzburg

Juni 2013: „Lesen – Lernen – Leben: Verbindendes in den Literaturen"
Schwerpunkt: Literatur
Plenarvorträge:
    Prof. Dr. Peter Riemer, Universität des Saarlandes, Saarbrücken
    OStD i.R. Kurt Roeske, Mainz
    Prof. Dr. Johannes Kramer, Universität Trier

November 2013: „Andere Länder – andere Sitten?! Sprachen erschließen, Kulturen verbinden"
Schwerpunkt: inter- und transkulturelles Lernen
Plenarvorträge:
    Prof. Dr. Laurenz Volkmann, Friedrich-Schiller-Universität Jena
    Prof. Dr. Daniel Reimann, Universität Duisburg-Essen

Juni 2014: „*Non solo lingue* – Vernetzung von sprachlichen und nichtsprachlichen Fächern"
Schwerpunkt: Sprachen und nichtsprachliche Fächer
Plenarvorträge:
    Prof. Dr. Wolfgang Hallet, Justus-Liebig-Universität Gießen
    Ltd. RSD Peter Epp, Aufsichts- und Dienstleistungsdirektion Trier

Die jeweils zweitägigen Veranstaltungen am Pädagogischen Landesinstitut Boppard waren so strukturiert, dass neben den Plenarvorträgen mit grundsätzlichen Impulsen parallel angebotene Workshops zu Unterrichtsentwürfen und *Best Practice*-Beispielen, in denen zwei oder mehrere schulische Fremdsprachen verbunden waren, vorgestellt und diskutiert wurden. Als besonderes, allerdings freiwilliges Angebot wurde am Abend die Einführung in eine nicht zum schulischen Fächerkanon gehörende Fremdsprache geboten: Ladinisch, Sardisch, Rumänisch und Papiamentu. Nach den komplexen Plenarvorträgen, den oft von umfänglichen Materialien begleiteten Präsentationen und dem lebhaften Erfahrungsaustausch erfreute sich die Kür am Abend bei vielen Teilnehmerinnen und Teilnehmern besonderer Beliebtheit. Die folgenden Seiten enthalten eine große Auswahl der wichtigsten Beiträge dieser Fortbildungsreihe; sie sind jeweils den Schwerpunktthemen zugeordnet.

An der Gestaltung des Fortbildungsprogramms haben in einer breiten Zusammenarbeit Lehrende an Schulen und Universitäten mitgewirkt. Die große Mehrheit der Beiträge wird gleichzeitig als Band 4 der Handreichungen zum Schulprojekt „Latein plus" und als Band 4 der Schriftenreihe „Französischdidaktik im Dialog (FDD)" herausgegeben. Die wenigen Abweichungen in der Zusammenstellung der Beiträge haben u.a. mit bereits erschienenen Veröffentlichungen der Autorinnen und Autoren zu tun. So ist der o.g. Plenarvortrag von Johannes Müller-Lancé bereits im dritten Band der Handreichungen zu „Latein plus" zu finden.

Trotz des beträchtlichen Umfangs der vorliegenden Publikation mussten die Herausgeber eine Auswahl treffen. Unser großer Dank gilt daher nicht nur den Damen und Herren, deren Beiträge hier erschienen sind, sondern auch denjenigen Kolleginnen und Kollegen, die darüber hinaus mit hochwertigen Präsentationen und Vorträgen zur Qualität der Fortbildungsreihe beigetragen haben.

Ein besonderer Dank gilt den Mitgliedern der Arbeitsgruppe, die zusammen mit den Herausgebern die Fortbildungsreihe konzipiert, durchgeführt und betreut sowie zum Teil auch selbst Workshops gestaltet haben:

StD i.R. Dr. Norbert Becker, Mainz
OStR' Barbara Challe, Ministerium für Bildung; jetzt Gymnasium am
   Römerkastell Bad Kreuznach
StD' Prof. Dr. Tamara Choitz, Kurfürst-Salentin-Gymnasium Andernach
StD' Dr. Susanne Gippert, Are-Gymnasium Bad Neuenahr-Ahrweiler
StD' Hildegard Herschbach, Staatl. Eifel-Gymnasium Neuerburg
StD' Karla Schick, Karolinen-Gymnasium Frankenthal
StD Thomas Scholz, Max-von-Laue-Gymnasium Koblenz

StD i. K. Frank-Michael Strauss, Priv. Gymnasium der Franziskanerinnen Remagen

Die vorliegende Veröffentlichung soll nicht nur das gemeinsam Geleistete dokumentieren, sondern vor allem dazu beitragen, vielfältige Anregungen und Impulse in die Schulen zu tragen und den Lehrerinnen und Lehrern der sprachlichen Fächer Ansätze zu einem vernetzten Unterricht in die Hand zu geben, die sicher mit Blick auf schulische Profile, Rahmenbedingungen und Freiräume angepasst werden müssen an das in der Unterrichtspraxis Umsetzbare. Die Fortbildungsreihe, deren Fortsetzung sich viele Teilnehmerinnen und Teilnehmer gewünscht hatten, ist nach der Behandlung der genannten Schwerpunktthemen abgeschlossen; ihre Veranstalter bieten aber Hilfe an, um Studientage, schulinterne oder regionale Fortbildungen durchzuführen. Der Spiegelung der hier erarbeiteten Ansätze eines vernetzten Sprachunterrichts am Gymnasium in den unterschiedlichen und facettenreichen Profilen unserer Schulen sehen wir mit Spannung entgegen. Eine erste Veranstaltung, zu der sich Kolleginnen und Kollegen landesweit angemeldet haben, hat im Dezember 2016 in Speyer stattgefunden und ist vom Gymnasium am Kaiserdom Speyer sowie vom Regino-Gymnasium Prüm gestaltet worden.

Die Herausgeber

SPRACHEN VERNETZEN – SYNERGIEN NUTZEN

Sprachen vernetzen – aber wie?

Frank Schöpp (Würzburg)

Einleitung

Wie kann im schulischen Fremdsprachenunterricht eine Vernetzung aller von den Lernenden mitgebrachten Sprachen aussehen? Diese Frage steht im Mittelpunkt des vorliegenden Beitrags. Vor der Vorstellung möglicher Antworten soll jedoch noch auf eine andere Frage eingegangen werden, nämlich die nach dem Warum. Warum überhaupt ist es sinnvoll, die Sprachen der Schülerinnen und Schüler aufeinander zu beziehen, Sprachen zu vergleichen, sich über Parallelen ebenso wie Unterschiede zwischen Sprachen auszutauschen und so das Nachdenken über Sprache als eine feste Komponente des Unterrichts ins Klassenzimmer zu holen? Die Antwort auf diese Frage liefert die Neurolinguistik, eine Teildisziplin der Linguistik, die den Zusammenhang von alltäglicher, natürlicher Sprachverarbeitung und Gehirn untersucht. Zahlreiche Studien aus diesem Bereich geben Grund zur Annahme, dass den verschiedenen Sprachen eines Individuums ein *gemeinsames* neuronales Netzwerk zugrunde liegt. Welche Konsequenz daraus für den schulischen Fremdsprachenunterricht zu ziehen ist, sei hier mit Müller-Lancé (2013, 21) festgehalten:

> Wir können […] im Hinblick auf den Fremdsprachenunterricht festhalten, dass verschiedene Sprachen weder in unterschiedlichen Hirnarealen noch in getrennten Speichern verarbeitet werden, und dass die entsprechenden neuronalen Netzwerke über *spreading activation* in alle möglichen, auch interlingualen Richtungen verbunden sein können. Es bringt also nichts, sprachübergreifende Assoziationen wegen der Gefahr von Interferenzen im Unterricht zu unterdrücken. Diese Assoziationen werden sich ohnehin einstellen – sinnvoller ist es, ihnen auf allen Ebenen […] offensiv zu begegnen und sie zur vergleichenden Bewusstmachung von Phänomenen zu nutzen.[1]

---

[1] Vgl. auch Neuner (2009, 14): „Genauere Untersuchungen des Spracherwerbsprozesses machen deutlich, dass sich das Erlernen mehrerer Fremdsprachen nicht in separaten ‚Schubladen' unseres Kopfes vollzieht, sondern in der Entfaltung der einen grundlegenden Sprachfähigkeit des Menschen besteht. Man kann das mit der Ausbildung eines Netzwerks aller im Gedächtnis vorhandener sprachlicher Elemente vergleichen, eines Netzes, das sich beim Fremdsprachenlernen beständig erweitert, engmaschiger verknotet und immer stärker ausdifferenziert wird." Hochinteressant sind in diesem Zusammenhang einige neuere und neueste neurolinguistische Forschungsergebnisse, die Zwei- und Mehrsprachigen ein im

Dass sich sprachenübergreifende Assoziationen nicht vermeiden lassen, ist leicht anhand eines einfachen Experiments überprüfbar. Es genügt ein Blick auf die folgenden Überschriften, die allesamt Online-Zeitungen entnommen sind:

> Eksporten til Tyskland hæmmer dansk økonomi[2]
> L'extrema dreta protesta en diverses ciutats europees contra l'acollida de refugiats[3]
> Agenten vangen honden met lasso[4]
> "Acordo ortográfico" em França. A ideia é acabar com o acento circunflexo[5]
> Operace Borat – fascinující akce českých špionů v Libanonu[6]

Wer diese Schlagzeilen liest, rekurriert dabei, „und zwar auch ohne explizite Aufforderung oder Instruktion" (Hallet 2015, 33f.), auf sein komplettes, individuell verfügbares sprachliches Wissen sowie das diesem inhärente Welt- bzw. Erfahrungswissen. Dabei versteht sich von selbst, dass die erfolgreiche Dekodierung der dänischen, katalanischen, niederländischen, portugiesischen und tschechischen Titel in direkter Abhängigkeit zu den individuellen Sprachenkenntnissen steht. Wer neben einer muttersprachlichen Kompetenz im Deutschen lediglich über Englischkenntnisse verfügt, dürfte bei einigen Titeln weniger verstehen als jemand, der zusätzlich auch über Kenntnisse in einer oder mehreren romanischen Sprache(n) verfügt. Entsprechendes gilt für die tschechische Schlagzeile und die Kompetenzen in einer slawischen Sprache. Die individuellen Kompetenzen einer Leserin bzw. eines Lesers in den (Teil-)Fertigkeiten aller ihr bzw. ihm verfügbaren Sprachen haben also einen Einfluss auf ihre bzw. seine Fähigkeit, Äußerungen in Sprachen, die sie bzw. er nicht formal gelernt hat, zu verstehen.

Vergleich zu Einsprachigen höheres Maß an kognitiver Leistungsfähigkeit bis ins hohe Alter bescheinigen. Vgl. ferner Bak et al. (2014, 962): „Millions of people across the world acquire their second language later in life: in school, university, or work, or through migration or marriage to a member of another linguistic community. Many never reach native-like perfection. For this population, our results are particularly relevant; bilingualism in its broad definition, even if acquired in adulthood, might have beneficial effects on cognition independent of CI (= childhood intelligence; FS)."

[2] http://www.jyllands-posten.dk/(01.08.2016)
[3] http://www.elperiodico.cat/ca/?_ga=1.134150281.601021521.1454661994 (01.08.2016)
[4] http://www.telegraaf.nl/ (01.08.2016)
[5] http://www.dn.pt/ (01.08.2016)
[6] http://ihned.cz/ (01.08.2016)

Multiples Sprachenlernen – das Modell von Hufeisen (2011)

Es ist das Verdienst der Tertiärsprachenforschung, eine Reihe wertvoller Erkenntnisse über Interdependenzen aller beteiligten Sprachen sowie Präferenzen und Synergien in den Erwerbsprozessen aufgezeigt und empirisch überprüft zu haben. In diesem Zusammenhang sind verschiedene interessante Modelle zum Mehrsprachenlernen entstanden. Eines der meist zitierten ist das Faktorenmodell 2.0 von Hufeisen (2011). Es handelt sich um ein Modell zur Beschreibung sukzessiven multiplen Sprachenlernens, das die Auswirkungen früherer Sprachlernerfahrungen auf den Erwerb weiterer Sprachen erklärt. Auf der ersten Stufe des Modells steht der Erstspracherwerb, auf den im Rahmen dieses Beitrags nicht näher eingegangen werden kann. Die erwähnten Sprachlernerfahrungen und das in diesem Kontext relevante Wissen hat Hufeisen unter dem Begriff „Fremdsprachenspezifische Faktoren" zusammengefasst. Diese entwickeln sich im Kontakt mit der ersten Fremdsprache, der L2.

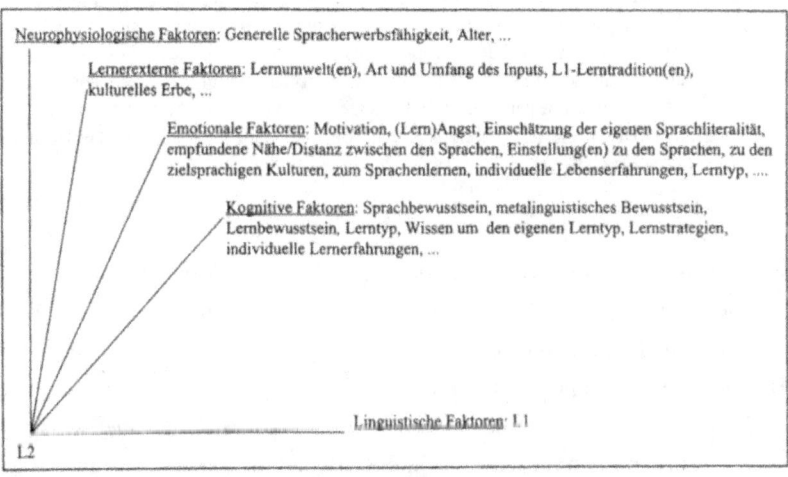

Abb. 1: Lernen einer ersten Fremdsprache (Hufeisen 2011, 203)

Wirksam werden die fremdsprachenspezifischen Faktoren jedoch erst bei der Beschäftigung mit der zweiten Fremdsprache (L3), wenn die Lernenden auf ihre individuellen Erfahrungen mit der L2 zurückgreifen können.

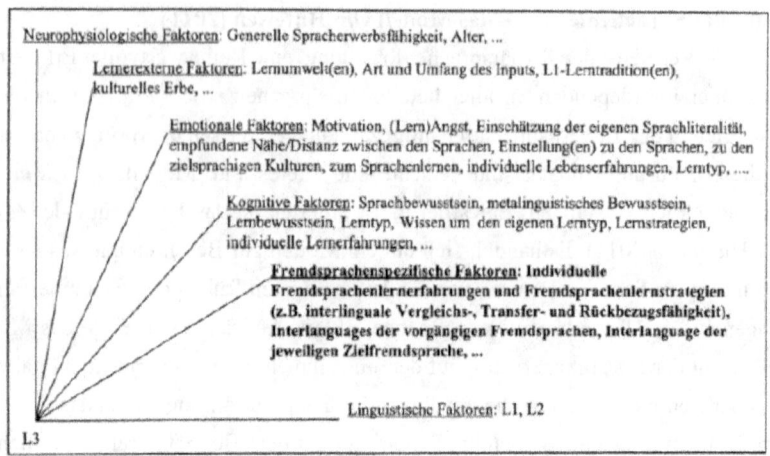

Abb. 2: Lernen einer zweiten Fremdsprache (Hufeisen 2011, 204)

Erfahrungen mit dem Lernen der ersten Fremdsprache können auf das Lernen der zweiten übertragen werden (wenn sie sich z.B. als gut funktionierend und erfolgreich erwiesen haben) oder völlig vermieden werden (wenn sie beispielsweise als ungeeignet empfunden wurden); Vergleiche zwischen den Lernprozessen und/oder den Sprachen können helfen. Der gezielte Einsatz bestimmter Lernstrategien bei typischen Fremdsprachenaufgaben (z.B. Wie lerne ich am besten Vokabeln? Wie gehe ich am geschicktesten bei der Konzeption von Texten, die ich schreiben muss, vor?) kann im Idealfalle das Lernen der weiteren Fremdsprachen erleichtern (ibid., 203f.).[7]

Mehrsprachigkeit in aktuellen bildungspolitischen Dokumenten

Seit der Mitte der 1990er Jahre betonen in der Mehrsprachigkeitsdidaktik verortete Arbeiten das Potenzial aller einem Individuum verfügbaren Sprachen für die Beschäftigung mit einer neuen Fremdsprache. Entsprechende Formulierungen sind seit der Jahrtausendwende ein Charakteristikum der Lehrpläne für Fremdsprachen, in den Bildungsstandards für die fortgeführte Fremdsprache für die Allgemeine Hochschulreife (KMK 2012) spiegelt sich diese Entwicklung in der Eta-

---

[7] Vgl. Roche (2011, 29): „Untersuchungen zur Worterkennung zeigen tatsächlich – und anders, als verbreitet angenommen wird –, dass Lerner besonders im Anfangsstadium versuchen, Neues über die erste Fremdsprache oder andere Fremdsprachen zu lösen, um den Rückgriff auf die L1 zu vermeiden."

blierung der beiden transversalen Kompetenzen *Sprachbewusstheit* und *Sprachlernkompetenz* wider. Stellvertretend für eine Reihe aktueller Lehrpläne sei an dieser Stelle der rheinland-pfälzische Lehrplan Italienisch für die Sekundarstufen I und II (MBWWK 2013, 6) zitiert, der im Kapitel „Didaktisch-methodische Leitlinien für den Unterricht" unter dem Stichwort „Sprachvernetzung" festhält:

> Im Sinne der Mehrsprachigkeitsdidaktik nutzt der Italienischunterricht die Sprachkenntnisse der Lernenden zur Entwicklung ihres Sprachbewusstseins im Allgemeinen und zum Aufbau ihrer kommunikativen Kompetenzen im Besonderen.

Da die kognitive Nutzung von Verwandtschaftsbeziehungen zwischen zwei oder mehreren Sprachen in erster Linie das Verstehen geschriebener Texte in einer vermeintlich neuen Sprache erleichtert, wird im Kapitel „Entwicklung kommunikativer Kompetenzen" in Bezug auf die Entwicklung der Lesekompetenz im Italienischen völlig zu Recht ein im Vergleich zu den anderen Teilkompetenzen höheres Niveau gefordert (ibid., 8). Allerdings werden weder das Englische noch andere Fremdsprachen explizit erwähnt. Der rheinland-pfälzische Lehrplan Spanisch (MBWWK 2012) ist in dieser Hinsicht konkreter. Unter der Überschrift „Mehrsprachigkeitsdidaktik" heißt es dort (6f.):

> Schülerinnen und Schüler, die in Rheinland-Pfalz Spanisch erlernen, verfügen bereits über Kenntnisse in anderen Sprachen, die beim Erlernen der neuen Fremdsprache mitspielen. Daher gilt es, diesen unbewussten Sprachen- und Kulturtransfer für einen interlingualen Vergleich von verwandten Sprachen im Sinne der Lernökonomie nutzbar zu machen. Dies betrifft vor allem die rezeptive Fertigkeit des Texterschließens, die bei Lernenden einer dritten oder auch vierten Fremdsprache weiter fortgeschritten ist als aktive Kompetenzen. Sprachvernetzende Übungen bieten sich zudem bei einem Vergleich sprachlicher Phänomene (z.B. Gebrauch des Imperfekts im Lateinischen, Französischen und Spanischen, *subjuntivo* vs. *subjonctif*, engl. *progressive* vs. span. *gerundio*) sowie interlingualer Wortschatzarbeit an.

Dass sich eine ähnliche Konkretisierung nicht auch im ein Jahr später erschienenen Lehrplan Italienisch (MBWWK 2013) befindet, ist bedauerlich, könnte aber als Indiz dafür gewertet werden, dass selbst innerhalb eines Bundeslandes auf der Ebene der Erstellung von Lehrplänen keine fachübergreifende Kooperation stattfindet. Tatsache ist, dass der Rückgriff auf den französischen *subjonctif* ebenso lernförderlich bei der Erarbeitung des italienischen *congiuntivo* ist wie die Kontrastierung der englischen *progressive*-Form mit dem italienischen *gerundio*.[8]

Sprachenvernetzendes Lehren und Lernen in der Praxis des Schulalltags

Trotz der Verankerung der Mehrsprachigkeitsdidaktik in den offiziellen bildungspolitischen Dokumenten findet der Fremdsprachenunterricht in vielen Klassenzimmern noch immer streng einsprachig statt, d.h. ohne Bezüge zu parallel oder zuvor erlernten Sprachen sowie ohne Berücksichtigung der herkunftsbedingten Mehrsprachigkeit vieler Lernender. Das von Hallet (2011, 214) gezeichnete Bild dürfte nach wie vor eher die Regel als die Ausnahme darstellen:

> In wenigen Sätzen kann man die Beziehungen der an den Schulen unterrichteten Sprachen (auch Deutsch und Latein) untereinander so beschreiben: Die verschiedenen Sprachenfolgen folgen sukzessiv und sozusagen vertikal aufeinander; in ihrer jeweiligen Gleichzeitigkeit (horizontal) werden sie kaum oder nur beiläufig aufeinander bezogen, jedenfalls didaktisch und im Unterrichtsdiskurs. Auch sind die Fremdsprachendidaktiken und der schulische Fremdsprachenunterricht immer noch weitestgehend monolingual zugeschnitten. Den Lernenden aber sind kognitiv alle erlernten Sprachen praktisch in jedem einzelnen Sprechakt, oft sogar bis hinunter zur Mikroebene der Wortbildung (zum Beispiel *un-* als Negationspräfix), gleichzeitig präsent. Sie suchen kognitiv mehr oder weniger automatisiert nach sprachstrukturellen oder lexiko-semantischen Analogien, Ähnlichkeiten, Verwandtschaften.

Die Gründe für diesen ernüchternden Befund sind vielfältig, eine Schlüsselrolle spielen dabei die Lehrkräfte. Viele von ihnen nehmen sich ausschließlich als Expertinnen und Experten für die von ihnen unterrichtete Zielsprache wahr, sehen sich aber nicht in der Pflicht, Unterrichtszeit in die Entwicklung der schülerseitigen mehrsprachigen und plurikulturellen Kompetenz[9] zu investieren. Zwar besteht innerhalb der fachdidaktischen Diskussion größtenteils Einigkeit, dass ein Umdenken aller an Fremdsprachenunterricht Beteiligten erforderlich ist, damit sich sprachenvernetzendes Lernen flächendeckend in der Schullandschaft etablie-

---

[8] Vgl. Bransford et al. (2000, 78): „Effective teaching supports positive transfer by actively identifying the relevant knowledge and strengths that students bring to a learning situation and building on them."
[9] Eine „mehrsprachige und plurikulturelle Kompetenz" umfasst „das ganze Spektrum der Sprachen […], die einem Menschen zur Verfügung stehen" (Europarat 2001, 163).

ren kann, dennoch werden mehrsprachigkeitsdidaktische Ziele mitunter noch immer als eine Gefahr für einzelsprachliche Interessen angesehen. Jakisch (2015) beispielsweise erwähnt die positiven Aspekte einer Öffnung des Englischunterrichts für Mehrsprachigkeit, gibt aber gleichzeitig zu bedenken, dass die „Belastung des Englischunterrichts mit zusätzlichen Aufgaben" ebenso wie „Kompetenzverluste im Englischen" und die „Vernachlässigung kommunikativer Ziele" mögliche Konsequenzen dieser Öffnung sein könnten (26f.). Als Fazit ihrer Interviews mit Lehrerinnen und Lehrern zu deren Sichtweisen auf und Erfahrungen im Umgang mit Mehrsprachigkeit im Englischunterricht hält Jakisch fest:

> Basierend auf der während der Ausbildung vermittelten Einschätzung, als Englischlehrer schwerpunktmäßig für *eine* Sprache verantwortlich zu sein und im Englischunterricht kommunikative Kompetenzen in *einer* Sprache zu fördern, ist die praktische Umsetzung der dem Englischunterricht zugedachten ‚neuen' Aufgabe für die Mehrheit der befragten Lehrer […] noch mit vielen Fragen verbunden. (29, Hervorhebungen im Original)

Damit unterstreicht die Autorin die Notwendigkeit eines veränderten Selbstkonzepts von Fremdsprachenlehrkräften – eine Forderung, die vor ihr zahlreiche andere Autoren erhoben haben, etwa Christ (1999) oder Hu (2004). Letztere plädiert für „ein neues Selbstverständnis von Fremdsprachenlehrerinnen und -lehrern" (2004, 71). Wer eine Fremdsprache unterrichte, müsse nicht nur Expertin bzw. Experte für diese spezifische Sprache sein, sondern ebenso für „Sprachen und Sprachlehr- und -lernprozesse im Allgemeinen".

Möglichkeiten des sprachenvernetzenden Lehrens und Lernens
Erfreulicherweise liegen inzwischen zahlreiche Aufgabenformate zum Auf- und Ausbau des mehrsprachigen Repertoires sowie der Sprachen(lern)bewusstheit von Schülerinnen und Schülern vor. Wie Küster (2011, 142) zu Recht festhält, kommt die sprachdidaktische Dimension des sprachenvernetzenden Lehrens und Lernens „in besonderem Maße in Fokussierungen der Mehrsprachigkeits- und Interkomprehensionsdidaktik […] zum Tragen". Daher soll das erste der beiden nachfolgend vorgestellten Unterrichtsbeispiele diesem Bereich entstammen. Mit dem Englischen und dem Französischen stehen dabei die mit Abstand meistgelernten Fremdsprachen an allgemeinbildenden Schulen in Deutschland (vgl. Statistisches Bundesamt 2015) im Fokus. Diese Beschränkung auf zwei Sprachen

erfolgt hier allerdings lediglich aus Platzgründen; selbstverständlich ist grundsätzlich die Kooperation *aller* an einer Schule angebotenen Sprachenfächer, auch der klassischen Sprachen, das Ziel.[10]

In jüngerer Zeit wird verstärkt die Frage diskutiert, wie ein sprachenvernetzender Unterricht „jenseits sprachstruktureller Metakognition" (Hallet 2015, 42) aussehen kann. Hallet fordert in diesem Kontext die „Hinwendung zu Prinzipien des kommunikativen Fremdsprachenunterrichts", konkret zu einem „inhalts- und kommunikationsorientierte[n] Mehrsprachigkeitslernen" (36).[11] Im Rahmen dieser Form des sprachenvernetzenden Lernens machen die Lernenden die Erfahrung,

> dass viele, zum Teil sehr zentrale Wirklichkeitsausschnitte und Diskurse nicht monolingual verfasst sind und sprachlich wie textuell nur mehrsprachig adäquat repräsentiert werden können (37).[12]

Mit dem zweiten Beispiel soll daher dieser Entwicklung Rechnung getragen werden. Am Beispiel der Migration nach Europa soll aufgezeigt werden, wie sich Lernende des Italienischen im Rahmen einer mehrsprachigen Unterrichtseinheit, die Texte aus verschiedenen Sprachen berücksichtigt, mit einer gesellschaftlich höchst relevanten Thematik auseinandersetzen.

1. Über Sprache, Sprachverwendung und Sprachenlernen nachdenken: Der folgende Vorschlag richtet sich an Schülerinnen und Schüler, die Französisch als zweite Fremdsprache nach Englisch lernen und sich im zweiten Lernjahr befinden. Um die Möglichkeit der Anknüpfung an die Lehrwerksarbeit aufzuzeigen,

---

[10] Sehr interessante Anregungen für eine Vernetzung der Sprachen Latein und Spanisch finden sich in Heft 1/2016 der Zeitschrift *Der Altsprachliche Unterricht*. Die erwähnte Kooperation *aller* an einer Schule vertretenen Sprachenfächer ist keinesfalls als Ausschluss der von den Schülerinnen und Schülern aufgrund ihrer herkunftsbedingten Mehrsprachigkeit gesprochenen Sprachen zu verstehen. Im Gegenteil, diese Sprachen sollten dort, wo es sinnvoll erscheint, sichtbar werden und als Bereicherung wahrgenommen werden (vgl. Siems & Granados 2014, Schöpp 2015).

[11] Ein gelungenes Beispiel für diese Art des sprachenvernetzenden Lernens stellt Koch (2014) in ihrem Beitrag zur Arbeit mit Comics vor.

[12] Interessante Beispiele für eine kulturbezogene Vernetzung von Englisch und Spanisch finden sich in Leitzke-Ungerer & Blell & Vences (2012).

wurde ein Beispiel gewählt, das Bezug auf eine Lektion in einem der im schulischen Französischunterricht meistverwendeten Lehrwerke nimmt, nämlich auf *Unité 5* („S comme solidarité") in *À plus! 2. Nouvelle édition* (Blume et al. 2013). Inhaltlicher Schwerpunkt dieser Lektion ist Mobbing in der Schule, ein Thema also, das nicht spezifisch für den Französischunterricht ist, sondern dem sich auch andere Fächer, z.B. Religion oder Sozialkunde, widmen. Da es auch Gegenstand des Englischunterrichts ist und entsprechende *Units* in den gängigen Lehrwerken enthalten sind, bietet es sich für eine Sensibilisierung der Schülerinnen und Schüler für Gemeinsamkeiten und Unterschiede im Wortschatz der beiden Sprachen an. Die hier zur Diskussion gestellte Übung ließe sich beispielsweise in einer Systematisierungsphase einsetzen, um den Lernenden Möglichkeiten effektiver Wortschatzarbeit aufzuzeigen.

Die Schülerinnen und Schüler erhalten Karten mit englischen und französischen Wörtern bzw. Wendungen zum Thema „Mobbing in der Schule". Zunächst ordnen sie in Einzel- oder Partnerarbeit die französischen den englischen Karten zu (z.B. fr. *le conflit* – engl. *conflict*), danach vergleichen sie ihre Lösungen mit den beiden ersten Tabellenspalten auf dem Arbeitsblatt (Anhang 1 ist für den Einsatz im Unterricht unbedingt zu vergrößern). In der folgenden Phase entscheiden die Lernenden über die Einteilung der Wörter bzw. Wendungen in die dritte Spalte. Stellen sie eine lexikalische Verwandtschaft zwischen einem französischen und einem englischen Wort fest, so tragen sie die orthographischen Unterschiede in die vierte Spalte ein. Sofern es keine Überforderung der Lerngruppe darstellt, könnten die Schülerinnen und Schüler in diesem Kontext gebeten werden, Hypothesen über die festgestellten Unterschiede aufzustellen. Denkbar ist, dass sie anhand der Wortpaare engl. *responsibility* – fr. *la responsabilité*[13] und engl. *solidarity* – fr. *la solidarité* die Analogie des französischen Suffixes *-ité* zu engl. *-ity* entdecken. In einer weiteren Übung könnten die Lernenden aufgefordert werden, ausgehend von ihnen bekannten englischen Substantiven die französischen Entsprechungen zu bilden, also von engl. *diversity* und *identity* auf fr. *la diversité* und *l'identité* zu schließen. Die letzte Spalte ist für individuelle Beobachtungen, Eintragungen, Eselsbrücken o.ä. reserviert. Hier könnten die Lernenden beispielsweise die unterschiedliche Stellung des attributiven Adjektivs in den beiden

---

[13] Orthografische Unterschiede bei Kognaten sollten auf jeden Fall thematisiert werden.

Sprachen (fr. *la violence psychologique* – engl. *psychological violence*), syntaktische Parallelen (fr. *voler qc à qn* – engl. *to steal sth from sb*) oder lexikalische Verweise auf andere Worte (engl. *to help sb* entspricht fr. *aider qn*, aber im Englischen gibt es den Ausdruck *First Aid*) festhalten. Nach dieser Phase ist eine Ergebnissicherung im Plenum unbedingt erforderlich, um den Lernenden die Gelegenheit zum Austausch der individuellen Entdeckungen sowie zur Diskussion zu geben. Selbstverständlich können die Schülerinnen und Schüler auch an anderen Themen als dem hier gewählten die Anwendung einfacher Techniken des Sprachvergleichs trainieren. Wichtig ist nur, *dass* sie lernen, gezielt nach Bekanntem und Ähnlichem zwischen den ihnen verfügbaren Sprachen zu suchen, das Vergleichbare in den verschiedenen Sprachen zu bestimmen, ihre Vorgehensweise zu beschreiben, Ergebnisse festzuhalten und sie anderen mitzuteilen. Diese Aufgabe ist jedoch keine, derer sich ausschließlich der Unterricht zweiter und weiterer Fremdsprachen anzunehmen hat. Der Englischunterricht in der Position der ersten Fremdsprache hat hier gegenüber allen folgenden Fremdsprachen insofern eine Bringschuld, als er die Basis für die Entwicklung der individuellen Sprachlernkompetenz legt.[14]

2. Inhalts- und kommunikationsorientiertes Mehrsprachenlernen: Das Thema „Migration" ist fester Bestandteil der allermeisten Lehrpläne für den Oberstufenunterricht in einer modernen Fremdsprache.[15] Eine sprachenvernetzende Auseinandersetzung bietet sich bei dieser Thematik in besonderem Maße an, vgl. Hallet (2015, 41):

> Die Globalität des Phänomens, das Betroffensein der Ursprungs- wie der Einwanderungsländer sowie die Vielzahl der internationalen Äußerungen und politischen Positionen zur Armutsmigration verdeutlichen die Grenzen einer jeden monolingualen Annäherung an dieses globale Phänomen und lassen eine angemessene Annäherung eigentlich nur auf dem Weg des mehrsprachigen Lernens zu.

---

[14] Zwei lesenswerte Vorschläge für die Arbeit im Englischunterricht finden sich auf den Seiten des Thüringer Schulportals: https://www.schulportal-thueringen.de/web/guest/media/detail?tspi=313, Zugriff: 01.08.2016.
[15] Vgl. exemplarisch die verpflichtenden und fakultativen Themen im rheinland-pfälzischen Lehrplan für das Fach Italienisch im Unterricht der Sekundarstufe II (MBWWK 2013).

Im Folgenden wird als Ausgangspunkt der Überlegungen der in der Jahrgangsstufe 8 (G8) bzw. 9 (G9) einsetzende Unterricht in der dritten Fremdsprache Italienisch in der Qualifikationsphase bei vorausgehendem Englisch- und Französischunterricht angenommen. Die Schülerinnen und Schüler befinden sich also im vierten oder fünften Jahr ihres Italienischunterrichts und verfügen mindestens über kommunikative Kompetenzen auf dem Niveau B1 des *GeR* in den beiden anderen Sprachen. Gegenstand der Unterrichtsarbeit ist der Film *Quando sei nato non puoi più nasconderti* des italienischen Regisseurs Marco Tullio Giordana (2005), der vom gleichnamigen Roman von Maria Pace Ottieri (2003) inspiriert ist. Der Film erzählt die Geschichte des 12jährigen Sandro, Sohn einer wohlhabenden Familie in Norditalien. Während eines Segeltörns im Mittelmeer mit seinem Vater und einem Freund der Familie fällt Sandro eines Nachts ins Wasser. Als die beiden Erwachsenen sein Fehlen bemerken, besteht bereits keine Hoffnung mehr, den Jungen noch zu finden. Doch Sandro hat Glück im Unglück, denn er wird von einem überfüllten Flüchtlingsboot an Bord genommen. So erlebt er die Nöte, Ängste und Hoffnungen der Flüchtlinge hautnah mit, erlebt aber auch Positives, denn er schließt Freundschaft mit Radu und dessen Schwester Alina, die aus Rumänien geflohen sind. Vor der italienischen Küste setzen sich die Schleuser ab und überlassen die Menschen ihrem Schicksal. Die Küstenwache entdeckt das im Meer treibende Boot und kann alle Passagiere sicher an Land und in eine Aufnahmeeinrichtung bringen. Als Sandro schließlich von seinen überglücklichen Eltern abgeholt wird, ist er nicht bereit, nach Hause zurückzukehren, ohne etwas für Radu und Alina, seine neuen Freunde, zu tun.

Die Arbeit mit diesem Film kann „als Einstieg in den Themenbereich ‚immigrazione' genutzt werden, da der Film grundlegende soziale, politische und kulturelle Probleme thematisiert" (Dömel & Lüdecke 2014, 3). Er eignet sich in besonderer Weise für den Einsatz in der Oberstufe, denn es gelingt ihm, essenzielle Fragen in einer spannend verpackten Handlung aufzuwerfen: Was sind die zentralen Werte unserer Gesellschaft? Wie gehen wir mit Menschen um, die bei uns

Zuflucht suchen? Welche Möglichkeiten geben wir ihnen bei uns? Sind die Entscheidungen, wer bleiben darf und wer zurückgeschickt wird, gerecht?[16] Dömel & Lüdecke (2014) haben eine überzeugende Unterrichtsreihe entwickelt, in deren Rahmen diese und weitere Fragen thematisiert werden können. Um den Schülerinnen und Schülern die Globalität des Phänomens „Migration" zu veranschaulichen, bietet sich nach Abschluss der Beschäftigung mit dem Film die Arbeit mit weiteren, in Englisch und Französisch verfassten Texten zur selben Thematik an. Ob es sich dabei um Sachtexte oder fiktionale Texte, Lieder oder Filme handelt, bleibt der Entscheidung der Lehrkraft überlassen. Bei dem folgenden Beispiel handelt es sich um das Lied *Un jeu* der französischen Gruppe Karpatt, die aus den drei Musikern Frédéric Rollat, Hervé Jegousso und Gaétan Lerat besteht. Das Lied, das sich auf der FrancoMusiques-CD 2013/14 befindet und zudem auf *www.youtube.de* verfügbar ist, entstammt dem Album *Sur le quai*. Auf seine Erarbeitung kann im Folgenden nicht eingegangen werden, es sei aber auf einen Unterrichtsvorschlag verwiesen, der zum Download zur Verfügung steht.[17]

In *Un jeu* wird die Geschichte eines Jungen und seiner Mutter erzählt, die voller Hoffnung auf ein besseres Leben über ein Meer in ein anderes Land fliehen. Die beiden befinden sich in einer ähnlichen Situation wie die Menschen, die im Film *Quando sei nato non puoi più nasconderti* auf Lampedusa ankommen. Doch während der Film die Zukunft der Geflohenen nur ansatzweise thematisiert (Sandro findet am Ende die minderjährige Alina, die offensichtlich zur Prostitution gezwungen wird), zeichnet das Lied ein sehr deutliches Bild des „neuen" Lebens von Mutter und Sohn: Die beiden leben in der Illegalität, haben kein Dach über dem Kopf und verdienen sich ein wenig Geld damit, dass sie die Scheiben vor Ampeln wartender Autos waschen oder betteln. Schließlich prostituiert sich die Mutter, bis sie und ihr Sohn eines Tages von der Polizei verhaftet und in ihr Heimatland zurückgeschickt werden.

In einem Italienischunterricht, der inhaltliches sprachenübergreifendes Arbeiten umzusetzen versucht, eröffnet der Vergleich der im italienischen Film und im

---

[16] Eine ausgesprochen interessante Ergänzung zur Arbeit mit *Quando sei nato non puoi più nasconderti* ist die Beschäftigung mit ausgewählten Szenen des Dokumentarfilms *Fuocoammare* von Gianfranco Rosi (2016).

[17] www.cornelsen.de/francomusiques/ (> Unterrichtsmaterialien > Archiv 2013/14 > Karpatt). Zugriff am 01.08.2016.

französischen Lied geschilderten Schicksale der Flüchtlinge eine interessante Möglichkeit, den Schülerinnen und Schülern neben der Auseinandersetzung mit individuellen Lebenswegen auch die Möglichkeit zu geben, Grundmuster von Flucht inklusive der sich daraus ergebenden Konsequenzen zu erkennen. Ein Aufgabenvorschlag findet sich im Anhang (Anhang 3).

Schlussbemerkung

Die Sinnhaftigkeit sprachenvernetzenden Lernens wird in der fremdsprachendidaktischen Diskussion mittlerweile allgemein anerkannt, die Umsetzung in der Schulpraxis hingegen ist, wie gesehen, noch stark optimierungsbedürftig. Das derzeit größte Desiderat besteht in einer veränderten Ausbildung der Lehrkräfte. Wem in einem monolingual ausgerichteten Studium einer Schulfremdsprache keinerlei Berührungspunkte zu anderen Sprachen aufgezeigt werden, sei es in der Linguistik, der Literaturwissenschaft, der Fachdidaktik oder der Sprachpraxis, dem wird es verständlicherweise schwerfallen, die Forderungen nach einem sprachenübergreifenden Unterricht umzusetzen. Wer hingegen bereits in der Universität und danach im Vorbereitungsdienst mit Mehrsprachigkeitskomponenten konfrontiert wird, dürfte eine grundlegend andere Bereitschaft zum sprachenvernetzenden Lehren und Lernen einnehmen. Die Bandbreite an Möglichkeiten zur sprach- und inhaltsbezogenen Vernetzung zweier oder mehrerer Sprachen ist – nicht zuletzt dank der Verfügbarkeit vieler Texte im Internet – so groß wie nie zuvor. Nun gilt es, angehende und bereits im Schuldienst tätige Lehrerinnen und Lehrer für das dieser Vernetzung inhärente Potenzial zu sensibilisieren, damit mehrsprachigkeitsorientiertes Arbeiten endlich flächendeckend in die fremdsprachlichen Klassenzimmer Einzug halten kann.

Bibliografie

BAK, Thomas H. & NISSAN, Jack J. & ALLERHAND, Michael M. & DEARY, Ian J. 2014. „Does bilingualism influence cognitive aging?", in: *Annals of Neurology* 75/6, 959-963.

BLUME, Otto-Michael & GREGOR, Gertraud & JORIßEN, Catherine & MANN-GRABOWSKI, Catherine. 2013. *À plus! 2. Nouvelle edition*. Berlin: Cornelsen.

BRANSFORD, John D. & BROWN, Ann L. & COCKING, Rodney R. 2000. *How People Learn: Brain, Mind, Experience, and School. Expanded Edition*. Washington, DC: National Academy Press.
CHRIST, Herbert. 1999. „Mehrsprachigkeit und multikulturelle Perspektiven. Nachdenken über eine dritte Sprache und eine dritte Kultur", in: Bredella, Lothar & Delanoy, Werner. edd. *Interkultureller Fremdsprachenunterricht*. Tübingen: Narr, 290-311.
DÖMEL, Joana & LÜDECKE, Francesca. 2014. „L'Italia, paese d'immigrazione. Unterrichtsmaterialien zum Film ‚Quando sei nato non puoi più nasconderti' von Marco Tullio Giordana", in: *Raabits Italienisch* 3, 37 Seiten.
EUROPARAT. 2001. *Gemeinsamer europäischer Referenzrahmen für Sprachen: lernen, lehren, beurteilen*. Berlin / München: Langenscheidt.
HALLET, Wolfgang. 2011. *Lernen fördern: Englisch. Kompetenzorientierter Unterricht in der Sekundarstufe I*. Seelze: Klett Kallmeyer.
HALLET, Wolfgang. 2015. „Mehrsprachiges Lernen im Fremdsprachenunterricht: Ebenen und Arten des sprachenvernetzenden Lernens", in: Hoffmann, Sabine & Stork, Antje. edd. *Lernerorientierte Fremdsprachenforschung und -didaktik. Festschrift für Frank G. Königs zum 60. Geburtstag*. Tübingen: Narr, 33-44.
HU, Adelheid. 2004. „Mehrsprachigkeit als Voraussetzung und Ziel von Fremdsprachenunterricht: Einige didaktische Implikationen", in: Bausch, Karl-Richard & Königs, Frank G. & Krumm, Hans-Jürgen. edd. *Mehrsprachigkeit im Fokus. Arbeitspapiere der 24. Frühjahrskonferenz zur Erforschung des Fremdsprachenunterrichts*. Tübingen: Narr, 69-76.
HUFEISEN, Britta. 2011. „Theoretische Fundierung multiplen Sprachenlernens – Faktorenmodell 2.0", in: *Jahrbuch Deutsch als Fremdsprache* 36/2010, 200-207.
JAKISCH, Jenny. 2015. „Mehrsprachigkeitsförderung über die 1. Fremdsprache: Der Beitrag des Faches Englisch", in: *Fremdsprachen Lehren und Lernen* 44/2, 20-33.
KMK. 2012. Sekretariat der Ständigen Konferenz der Kultusminister der Länder in der Bundesrepublik Deutschland. ed. *Bildungsstandards für die fortgeführte Fremdsprache (Englisch / Französisch) für die Allgemeine Hochschulreife*. http://www.kmk.org/fileadmin/veroeffent lichungen_beschluesse/2012/2012_10_18-bildungsstandards-Fortgef-FS-bi.pdf, Zugriff: 01.08.2016.
KOCH, Corinna. 2014. „Durch Comics den Englisch-, Französisch- und Spanischunterricht verbinden", in: *Zeitschrift für Romanische Sprachen und ihre Didaktik* 8/2, 87-106.
KÜSTER, Lutz. 2011. „Das Prinzip vernetzten und vernetzenden Lernens als fremdsprachendidaktische Herausforderung", in: Bausch, Karl-Richard & Burwitz-Melzer, Eva & Königs, Frank G. & Krumm, Hans-Jürgen. edd. *Fremdsprachen lehren und lernen: Rück- und Ausblick. Arbeitspapiere der 30. Frühjahrskonferenz zur Erforschung des Fremdsprachenunterrichts*. Tübingen: Narr, 138-147.
LEITZKE-UNGERER, Eva & BLELL, Gabriele & VENCES, Ursula. edd. 2012. *English – Español: Vernetzung im kompetenzorientierten Spanischunterricht*. Stuttgart: ibidem.
MINISTERIUM FÜR BILDUNG, WISSENSCHAFT, JUGEND UND KULTUR RHEINLAND-PFALZ. ed. 2012. *Lehrplan für das Fach Spanisch*. http://lehrplaene.bildung-rp.de/lehrplaene-nachfaechern.html, Zugriff: 01.08.2016.
MINISTERIUM FÜR BILDUNG, WISSENSCHAFT, JUGEND UND KULTUR RHEINLAND-PFALZ. ed. 2013. *Lehrplan für das Fach Italienisch*. http://lehrplaene.bildung-rp.de/lehrplaene-nachfaechern.html, Zugriff: 18.02.2016.

NEUNER, Gerhard. 2009. „Zu den Grundlagen und Prinzipien der Mehrsprachigkeitsdidaktik und des Tertiärsprachenlernens", in: *babylonia* 4, 14-17.
PACE OTTIERI, Maria. 2003. *Quando sei nato non puoi più nasconderti*. Roma: Nottetempo.
ROCHE, Jörg. 2011. „Mehrsprachigkeit als Herausforderung für das Bildungssystem", in: Biffl, Gudrun & Rössl, Lydia. edd. *Migration und Integration 2. Dialog zwischen Politik, Wissenschaft und Praxis*. Bad Vöslau: omninum, 25-36.
ROSI, Gianfranco. 2016. *Fuocoammare*. Italia. 107'.
SCHÖPP, Frank. 2015. „Die Thematisierung herkunftsbedingter Mehrsprachigkeit im Unterricht der romanischen Sprachen", in: Fernández Ammann, Eva Maria & Kropp, Amina & Müller-Lancé, Johannes. edd. *Herkunftsbedingte Mehrsprachigkeit im Unterricht der romanischen Sprachen*. Berlin: Frank & Timme, 159-183.
SIEMS, Maren & GRANADOS, Diana. 2014. „Migrationsbedingte Mehrsprachigkeit als Ressource", in: *Hispanorama* 145, 31-39.
STATISTISCHES BUNDESAMT. 2015. *Bildung und Kultur. Allgemeinbildende Schulen. Fachserie 11, Reihe 1. Schuljahr 2014/15*. https://www.destatis.de/DE/Publikationen/Thematisch/BildungForschungKultur/Schulen/AllgemeinbildendeSchulen.html Zugriff: 01.08.2016.
TULLIO GIORDANA, Marco. 2005. *Quando sei nato non puoi più nasconderti*. Italia. 115'.

Anhang 1

Français	Anglais	Je note une similarité entre les langues	Quelles sont les différences d'orthographe ?	Remarques
accepter qc	to accept sth			
l'adulte (f/m)	adult			
aider qn	to help sb			
avoir peur de qn/qc	to be afraid of sb/sth			
blessé,e	injured			
dans ce cas	in that case			
la charte	charter			
confier un secret à qn	to confide a secret to sb			
le conflit	conflict			
consoler qn	to console sb			
le danger	danger			
dangereux,se	dangerous			
dénoncer qn	to denounce sb			
la dignité	dignity			
l'école (f)	school			
encourager qn	to encourage sb			
l'environnement social	social environment			
exagérer	to exaggerate			
expliquer qc à qn	to explain sth to sb			
faire peur à qn	to frighten sb			
frapper qn	to hit sb			
le harcèlement	bullying			
hésiter	to hesitate			
l'intolérance (f)	intolerance			
la moquerie	mocking			
observer qn	to observe sb			
le problème	problem			
la réaction	reaction			
réagir	to react			
la responsabilité	responsibility			
la solidarité	solidarity			
la solution	solution			
le témoin	witness			
la victime	victim			
la violence physique / psychologique	physical / psychological violence			
violent,e	violent			
voler qc à qn	to steal sth from sb			

Anhang 2

Karpatt : « Un jeu »

Maman m'a montré un jeu quand j'étais tout petit
Tu vas voir, c'est très marrant, on va changer de pays
Chez nous, c'est pas facile, notre cabane est en bois
On va prendre un bateau, y a pas d'place pour papa
C'était très rigolo, les gens jouaient à tomber dans l'eau
Je sais qu'ils faisaient semblant, je l'sais, j'suis pas idiot

Maman m'a montré un jeu quand j'avais mal au ventre
Tu vas voir, c'est très marrant, on va jouer à attendre
Quand on sera arrivés, tu mangeras tous les jours
On gagnera plein d'argent pour faire venir papa un jour
De l'autre côté de la mer, on a couru sur une plage
Y avait les sirènes de police, on s'est cachés sous les branchages

Maman m'a montré un jeu : faut s'trouver un abri
Tu vas voir, c'est très marrant, on va camper la nuit
Y avait plein de gens comme nous qui jouaient à cache-cache
On s'est fait une cabane dans un tuyau avec des bâches
Et puis toute la journée, on attendait près des feux rouges
On lavait les voitures, toutes les voitures avant qu'elles bougent

Maman m'a montré un jeu : il faut s'trouver de l'argent
Tu vas voir, c'est très marrant, faut tendre la main aux gens
Elle rentrait pas souvent, elle travaillait le soir
Elle se faisait très belle pour attendre sur un trottoir
Moi, j'aimais pas trop ça quand elle montait dans les voitures
Avec des gars bizarres qui lui faisaient des égratignures

Maman m'a montré un jeu : faut s'trouver des papiers
Tu vas voir, c'est très marrant, on va jouer à s'cacher
Les flics nous ont trouvés, ils ont cogné sur nos têtes
Je savais bien que c'était qu'un jeu alors j'ai pas fait ma mauviette
J'ai pas pleuré quand on nous a attachés dans le fond d'un avion
J'ai compris qu'on avait gagné au grand jeu de l'immigration

Anhang 3

Paragonate il destino dell'io lirico della canzone francese "Un jeu" a quello di Alina e Radu nel film "Quando sei nato non puoi più nasconderti". Dove notate degli aspetti simili, dove delle differenze? Completate la tabella. Potete aggiungere altri aspetti che ritenete importanti.

	L'io lirico della canzone	Alina e Radu
Persone lasciate nel paese d'origine		
Motivo della fuga		
Condizioni della fuga		
Situazione all'arrivo nel paese d'accoglienza		
Condizioni di vita nel paese d'accoglienza		

Quali altri esempi di migrazione raccontati tramite la letteratura o il cinema conoscete? In quale misura le speranze dei protagonisti si sono avverate?

Vernetzendes Sprachlernen und integrative Mehrsprachigkeit im Fremdsprachenunterricht
Wolfgang Hallet (Gießen)

1. Mehrsprachigkeit und schulisches Sprachenlernen

Aus vielerlei Gründen ist in den 2000er Jahren das schulische Sprachencurriculum auf manche Weise revidiert und neu aufgestellt worden. Zu den wichtigsten Neuerungen zählt der frühbeginnende Fremdsprachenunterricht (meistens der Englischunterricht), der mittlerweile in allen Bundesländern auf die eine oder andere Weise etabliert ist. Er hat dazu geführt, dass die traditionelle erste Fremdsprache an den weiterführenden Schulen nun eine fortgeführte ist; der traditionellen zweiten Fremdsprache wiederum muss damit ein neuer Platz zugewiesen werden, sowohl curricular und sprachenchronologisch als auch in ihrer Rolle und Bedeutung, z.B. was Wahl- oder Ersatzmöglichkeiten betrifft (Legutke 2006). Auch ist die Rolle der frühbeginnenden Fremdsprache in der Sekundarstufe insofern neu zu bestimmen, als die bisherige Zahl der Fremdsprachenlernjahre nunmehr spätestens nach der 8. Klasse erreicht ist und die Frage zu beantworten ist, wie die verbleibende Zeit bis zum Abschluss der Sekundarstufe I genutzt werden soll. Daneben hat mancherorts die Einführung des achtjährigen Gymnasiums eine Neubestimmung der Sprachenfolge erforderlich gemacht. Nicht zuletzt gehört auch das ‚Latein plus'-Projekt in den Reigen jener sprachcurricularen Neuerungen, die das traditionelle Nebeneinander der verschiedenen Sprachlernprozesse in der Sekundarstufe I vor Herausforderungen stellen.

Indes gibt es jenseits der sprachcurricularen Innovationen viele gute Gründe, das traditionelle Nebeneinander der Fremdsprachen im schulischen Sprachencurriculum kritisch zu befragen und nach Wegen zu suchen, wie das schulische Sprachlernen besser vernetzt und aufeinander bezogen werden kann (Krumm 2004). Diese Weitung des Blicks ist vor allem deshalb sinnvoll, damit der Blick auf mehrsprachiges Lernen und auf die Entwicklung von Sprachvernetzungskonzepten nicht vorschnell eingeengt wird. Unter den im Folgenden skizzierten

Gesichtspunkten zeigt sich nämlich, dass Mehrsprachigkeitslernen aus viel allgemeineren und sehr triftigen Gründen ein Desiderat und im Kern eine Schulentwicklungsaufgabe erster Güte darstellt (Hallet 2011a, 216ff.).

1.1 Gesellschaftliche Mehrsprachigkeit

Die grundsätzlichste und allgemeinste Beobachtung ist sicherlich, dass der traditionelle (monolinguale und curricular additive) schulische Fremdsprachenunterricht nicht oder nur schlecht auf die kulturelle und sprachliche Vielfalt der Gesellschaften des 21. Jahrhunderts vorbereitet. Denn die Fähigkeit, Sachverhalte in und zwischen verschiedenen Sprachen kommunizieren zu können, die für die kulturelle und gesellschaftliche Partizipation in mehrsprachigen Gesellschaften erforderlich ist, steht nicht im Mittelpunkt schulischen Fremdsprachenlernens (Gogolin 1994, 14ff.). Umgekehrt lässt sich dagegen mit Blick auf die Realität mehrsprachiger, globalisierter und europäisierter Gesellschaften die Fähigkeit, an zentralen gesellschaftlichen Diskursen in einer anderen als in der eigenen Sprache teilzuhaben, als essentielles Bildungsziel für die Eröffnung individueller Zukunftschancen und für die Entwicklung zukunftsfähiger demokratischer Gesellschaften formulieren (Hallet & Königs 2010, Kurtz 2011, Roche 2013, 189ff.). Daher kann Gogolins Forderung nach einer mehrsprachigen Bildung immer noch als unerfüllt gelten; und immer noch haben die traditionellen Didaktiken „das Problem des Lernens unter den Bedingungen von Mehrsprachigkeit" noch nicht gut bearbeitet, da sie „Monolingualität voraussetzen und zugleich zum Ziel haben" (Gogolin 1994, 22). Dies gilt nicht nur für die Sachfachdidaktiken, sondern paradoxerweise auch für die Fremdsprachendidaktiken: Sie entwerfen Konzepte für das Erlernen derjenigen Sprache, für die sie jeweils zuständig sind und fördern so gewissermaßen das ‚monolinguale' Fremdsprachenlernen. Dagegen steht die Notwendigkeit, im schulischen Fremdsprachenunterricht auch jene Fähigkeiten auszubilden, die für das erfolgreiche Handeln in mehrsprachigen Situationen und Kontexten erforderlich sind und erst die Chance auf kulturelle und gesellschaftliche Teilhabe eröffnen. Letztlich gehört dazu auch das Denken und Weltverstehen in einer anderen als der Muttersprache: Echte Mehrsprachigkeit ist kognitiv so tief verankert, dass sie auch die Denkstrukturen verändert (Hallet 2007, 102ff.).

1.2 Fremdsprachenunterricht und Mehrsprachigkeit

Wenn man die gesellschaftliche und kulturelle Realität ernst nimmt, ist in jedem Konzept mehrsprachigen Arbeitens und Lernens zu bedenken, dass sprachliche und kulturelle Diversität auch eine schulische Realität und eine (sozusagen ‚natürliche') Ausgangslage in jedem Klassenzimmer darstellt (z.B. Meißner 2005 und 2007, Weskamp 2007, Roche 2013, 186ff.). Auf jeden Fall sind im Fremdsprachenunterricht auf die eine oder andere Weise immer mehrere Sprachen ko-präsent, und zwar wie folgt:

- Im traditionellen (‚monolingualen') Fremdsprachenunterricht sind immer auch die Schulsprache Deutsch und die Herkunftssprachen der Schülerinnen und Schüler präsent; oft ist die Schulsprache auch die Herkunftssprache, oft aber auch nicht. In der Muttersprache und in der Schulsprache liegen vielerlei Erfahrungen, kognitive Strukturen und Wissensformen vor, die stets Eingang in neu zu erwerbendes Wissen und Können sowie in den Unterrichtsdiskurs finden. Vor allem das sog. Vokabellernen muss in diesem Sinne kritisch gesehen werden: Wo scheinbar ‚bloß' ein neues Wort, z.B. ‚Familie' zu lernen ist, wird in Wirklichkeit die ganze Bandbreite sozialer und kultureller Erfahrungen sowie des kognitiven Schemas und Konzepts ‚Familie' aufgerufen. Auf einen Schlag ist mit einem scheinbar einfachen sprachlichen *label* die soziale und kulturelle Diversität familiärer Sozialisationen und Konstellationen in einer Lerngruppe präsent. Es ist zweifellos eine Schwäche jeden monolingualen Unterrichts, auch des Fremdsprachenunterrichts, dass diese Diversität durch Monolingualität verdeckt wird. Umgekehrt liegt in der Ko-Präsenz mehrerer Sprachen die große Chance, kulturelle Vielfalt sichtbar zu machen und anzuerkennen. Dies bedeutet auch, dass nicht-deutsche Muttersprachen durch die explizite Integration in die kognitiven und diskursiven Verhandlungen im Klassenzimmer die Wertschätzung erfahren können, die ihnen in der gesellschaftlichen Wirklichkeit oft versagt wird.
- In jenen Formen des Fremdsprachenunterrichts, die sich für mehrsprachiges Arbeiten öffnen, überwiegt das Denken in ‚Sprachenpaaren'. Damit ist gemeint, dass sprachliche und kulturelle Eigenschaften zweier Fremdsprachen im Lernprozess aufeinander bezogen und miteinander vernetzt

werden (z.B. ‚English-Español', Leitzke-Ungerer et al. 2012). Wenn man die oben dargestellte Ausgangslage der ständigen Präsenz von Deutsch als Schulsprache und Muttersprache sowie weiterer Muttersprachen aber ernst nimmt, so konstitutiert das Lernen und Arbeiten mit binären Fremdsprachenkonstellationen wie Latein-Englisch, Englisch-Französisch oder auch Französisch-Spanisch stets eine mindestens trilinguale, oft auch eine multilinguale Lern- und Kommunikationssituation. Diese wahrzunehmen und anzuerkennen ist deshalb bedeutsam, weil zuallererst und natürlicherweise auf dem Weg über Deutsch und die Herkunftssprachen die sozialen und kulturellen Erfahrungen der Lernenden Eingang in die Lernprozesse und Verhandlungen im Klassenzimmer finden, auf jeden Fall kognitiv, ggf. aber auch diskursiv, wie im deutschsprachig geführten Lateinunterricht oder in gesteuerten oder ungesteuerten Phasen des *code switching* (letzteres z.B. in der Arbeit in Kleingruppen). Dies bedeutet nicht, dass sie auch in diesen Primärsprachen artikuliert werden sollen oder müssten. Im Gegenteil: Leitendes Ziel allen Fremdsprachenlernens ist es ja, primärsprachliche und lebensweltliche Erfahrungen in einer fremden Sprache äußern und mit Menschen anderer Sprachen teilen zu können.

Verallgemeinernd kann man sagen, dass jeder Fremdsprachenunterricht ein vielfältiges ‚Spiel der Texte und Kulturen' (Hallet 2002), also einen multilingualen und transkulturellen Diskursraum darstellt, in dem Erfahrungen, Wissensformen und Diskurse aus verschiedensten kulturellen Sphären und Kontexten und aus verschiedenen Sprachen miteinander in Kontakt treten, aufeinander treffen, miteinander verhandelt werden und – oft kaum noch nach Herkunft, Prägung und ursprünglicher sprachlicher Form unterscheidbar – ineinander fließen. Auf diese Weise entstehen neue, zuvor in dieser Weise nicht existente, transkulturelle Formen des Wissens und der Kultur, die sich traditionellen, abgeschlossenen Kulturen nicht mehr zuordnen lassen. Insofern ist ‚sprachvernetzendes Lernen' eine alltägliche, sozusagen unvermeidliche Gegebenheit im Fremdsprachenunterricht. Die Frage ist lediglich, ob und in welcher Weise diese Dimension des Sprachenlernens bewusst, explizit und didaktisch-methodisch im Sprachlernprozess fruchtbar gemacht wird.

1.3 Mehrsprachigkeit als Bildungsziel

Jenseits dieser allgemeinen Überlegungen zum vernetzenden Sprachlernen, des Bildungsziels der Befähigung zur Teilhabe an gesellschaftlicher und kultureller Mehrsprachigkeit sowie der sprachcurricularen Neubestimmungen gibt es eine Vielzahl weiterer Gründe und Impulse für die Beförderung des Mehrsprachigkeitslernens (vgl. auch Hallet & Königs 2010), die kurz skizziert werden sollen:

- *Die europäische Sprachenpolitik*: Mit Blick auf die zunehmende Integration der europäischen Volkswirtschaften und Gesellschaften hat die Europäische Union die Mehrsprachigkeit aller Bürgerinnen und Bürger zu einem zentralen Ziel ihrer Bildungspolitik erklärt. Darunter wird die Fähigkeit verstanden, außer in der Muttersprache in mindestens zwei weiteren Sprachen der Union kommunizieren zu können (EU 1995, vgl. auch Byram 2010). Dies bedeutet nicht vollständige Sprachbeherrschung im herkömmlichen Sinn. Vielmehr soll es der Gemeinsame europäische Referenzrahmen für Sprachen (wie im Übrigen auch die Bildungsstandards) ermöglichen, differenziert festzustellen, wie gut Kompetenzen in einzelnen Fertigkeiten ausgebildet sind. Dies ist für das sprachvernetzende Lernen insofern von Belang, als zum Beispiel Latein- oder Französischkenntnisse zu relativ weitreichenden Leseverstehensfähigkeiten in Italienisch oder Spanisch führen können, ohne dass diese dritte oder vierte Fremdsprache wirklich ‚beherrscht' wird (vgl. 2.2., „Interkomprehension").

- *Lernprozessorientierung*: Während das schulische Curriculum das Sprachlernen (mit guten Gründen) nach ‚Fächern' segmentiert, sind vom Lernenden aus betrachtet alle Sprachlernprozesse miteinander verbunden: Der kognitive Aufbau von Sprachrepertoires (Wortschatz, Strukturen, textuell-diskursive Formen und Genres, Interaktionsmuster) ist eine Vergleichs- und Vernetzungstätigkeit, mittels derer unablässig nach Unterschieden, Ähnlichkeiten, Verwandtschaften und Analogien gesucht wird, um das Lernen effizient zu gestalten (Königs 2011, 64f., Roche 2013, 109ff.). Allgemein kann man sagen: Kognitive Strukturen aus dem Muttersprachen- und dem Zweitsprachenerwerb sind stets an allen weiteren Spracherwerbs- und -lernprozessen beteiligt. Sprachvernetzung ist daher ein kognitives Prinzip und ein kognitiver Automatismus. Die Frage ist folglich lediglich, wie sehr das schulische Lernen diese kognitiven Prozesse nutzt und unterstützt oder aber sie ignoriert.

- *Sprachenbewusstheit und Sprachlernbewusstheit*: In der Fremdsprachendidaktik ist seit langem und zuletzt zunehmend die Bedeutung der metakognitiven Ebene des Sprachlernens für die Steuerung der Lern- und Erwerbsprozesse durch die Lernenden selbst betont worden. Diese Steuerung bezieht sich vor allem auf die Aktivierung und Nutzung bereits vorhandener Sprachenkenntnisse durch die Lernenden, auf die Erkennung von Strukturen und Gesetzmäßigkeiten von Sprachen sowie auf den bewussten Aufbau individueller Sprachlernstrategien, mittels derer Lernende besonders erfolgreich sind und sich wohl fühlen (Gnutzmann 2010, Meißner 2011, Leitzke-Ungerer et al. 2012, 17, Roche 2013, 175). Zuletzt hat diese Dimension des Sprachlernens besondere Bedeutung erlangt durch die Integration in die Standards der Kultusministerkonferenz für das Abitur (KMK 2012). Mit Blick auf diese Abschlussrelevanz müssen Sprachenbewusstheit und Sprachlernbewusstheit von Beginn des Fremdsprachenlernens an sprachenübergreifend, vernetzend und curricular aufgebaut werden.

Damit sind die wesentlichen Ausgangsbedingungen und Gründe für sprachvernetzendes und mehrsprachiges Lernen umrissen. Allerdings ist damit noch wenig darüber gesagt, in welcher Weise sprachvernetzendes, mehrsprachiges Lehren und Lernen gestaltet werden kann. Im Folgenden (Teil 2) sollen kurz bereits etablierte und erprobte Ansätze dargestellt werden, die Eingang in einen Mehrsprachigkeitsunterricht finden können, bevor in Teil 3 die wichtigsten Prinzipien des Mehrsprachigkeitsunterrichts skizziert und in Teil 4 Vorschläge für sprachvernetzende Lehr-/Lernarrangements gemacht werden.

2. Sprachenübergreifendes und mehrsprachiges Arbeiten im Fremdsprachenunterricht

Trotz erheblicher Anstrengungen in der Fremdsprachendidaktik, auf die in Teil 1 beschriebenen Herausforderungen und Rahmenvorgaben zu reagieren, gibt es nur wenige Ansätze, auf die unterrichtspraktische Entwürfe für mehrsprachiges Lernen und Arbeiten rekurrieren können und die auf jeden Fall theoretisch-didaktisch gut entwickelt sind: die Sprachmittlung (2.1), die Interkomprehension (2.2) und die Nutzung einer Fremdsprache als Arbeitssprache (*lingua franca*, 2.3).

2.1 Interlinguale Kommunikation durch Sprachmittlung

Der bei weitem praxisrelevanteste Ansatz ist die Fähigkeit zur Sprachmittlung, die im Gemeinsamen europäischen Referenzrahmen und in dessen Gefolge in den deutschen Bildungsstandards für die erste Fremdsprache als fünfte Fertigkeit (neben den traditionellen *four skills*) definiert wurde. Daher enthalten mittlerweile alle Lehrwerke für die modernen Fremdsprachen auch Sprachmittlungsaufgaben, und *mediation* gehört zum obligatorischen Bestandteil von Fremdsprachenlehrgängen. So simplifizierend die Einstufung als ‚Fertigkeit' ist, so sehr rückt damit doch die Fähigkeit zur Bewältigung von zwei- und mehrsprachigen Kommunikationssituationen in den Blickpunkt. Im Zusammenhang eines Konzepts mehrsprachigen, sprachvernetzenden Lernens ist jedoch Folgendes zu bedenken:

- Sprachmittlung ist eine komplexe kulturelle und sprachliche Mediationshandlung, die im Kern als Aushandlungsprozess verstanden werden muss, da die mediierende Person regelmäßig die kulturellen und sprachlichen Voraussetzungen, das kulturelle Vorwissen und die Kommunikationsziele der Beteiligten ausloten und an die jeweils andere Partei kommunizieren muss (vgl. im Einzelnen Hallet 1995 und 2008a).
- Die interlinguale Sprachmittlung hat mit dem herkömmlichen Übersetzen oder Dolmetschen oder gar einer Rückkehr zum Übersetzungsunterricht wenig gemein; vielmehr liegt eine besondere Herausforderung gerade darin, die dem jeweiligen Kommunikationsziel adäquateste und effizienteste Form der Übertragung zu finden und stets auch den Genre-Wechsel zu erwägen, z.B. von einem Telefonanruf in der einen zu einer schriftlichen Notiz in der anderen Sprache. Auf diese Weise können im Englisch- oder

Französischunterricht Ausgangs- und Input-Texte aus anderen Sprachen in die jeweilige Fremdsprache übertragen und in die inhaltlichen Verhandlungen einbezogen werden. Da es sich dabei um eine Standardform mehrsprachiger Kommunikation handelt (mehrere Input-Sprachen, eine Arbeitssprache), kommt der Einübung in diese Form mehrsprachiger Kommunikation besondere Bedeutung zu. Es gilt also vielfältige Techniken und Strategien der sprachlichen Übertragung auszubilden, die auf die jeweilige Kommunikationssituation und die Kommunikationspartner und -partnerinnen abgestimmt sind (vgl. das Beispiel Englisch-Spanisch bei Rössler 2012).

- Im Kontext mehrsprachigen Arbeitens darf nicht bloß, wie in den Fremdsprachenlehrgängen, die Standardübertragung zwischen der Fremdsprache und der Schulsprache Deutsch den Fokus bilden. Vielmehr muss der Blick geweitet werden auf die Anwesenheit mehrerer Sprachen in der gleichen Kommunikationssituation. Die Anforderung lautet dann, die Kommunikationsinhalte in eine allen Beteiligten zugängliche *lingua franca* oder in mehrere Zielsprachen zu übertragen. Solche Anforderungssituationen kommen häufiger vor als man zunächst annehmen möchte, besonders bei internationalen *events* wie Sportveranstaltungen, in *holiday camps*, beim Studium oder bei der Arbeit im Ausland, aber auch in der Internet-Kommunikation zwischen Beteiligten mit verschiedenen Herkunftssprachen. Zu bedenken ist auch mit Blick auf die eingangs beschriebene kulturelle Mehrsprachigkeit, dass in vielen Klassenzimmern mehrere Muttersprachen vertreten sind. Es ist nicht zuletzt ein Ausdruck von Anerkennung und Wertschätzung nicht-deutscher Muttersprachen, wenn sie auf dem Weg der Sprachmittlung Eingang in den Unterricht und in die sprachenübergreifende Kulturvermittlung finden können.

Wie man sieht, ist die Sprachmittlung dann eine wichtige Form mehrsprachigen Arbeitens, wenn sie von Vornherein in die Material- und Unterrichtsarrangements hineingedacht wird. Im Englischunterricht können dann z.B. Texte und Materialien in deutscher, lateinischer und französischer oder spanischer Sprache die Arbeitsgrundlage sein. Der Lateinunterricht ist insofern stets mehrsprachig und sprachmittelnd, als lateinische Texte in der Arbeitssprache Deutsch verhandelt und bearbeitet werden. Sprachmittlung ist daher die Standardform der Unterrichtsarbeit in diesem Sprachfach. Mit Blick auf die in den modernen Fremdsprachen zu erwerbende Sprachmittlungskompetenz ist es jedoch geboten, diese als strategische und systematische Seite des Sprachlernens durch Vernetzung mit den Sprachlerncurricula der modernen Sprachen auszubilden.

2.2 Interkomprehension als interlinguale Verstehensstrategie

Interkomprehension wird definiert als „a form of communication in which each person uses his or her own language and understands that of the other" (Doyé 2005, 7, vgl. auch Meißner 2005, bes. 133ff., Meißner 2010, Meißner et al. 2011, Roche 2013, 201). Interkomprehension bezieht sich also, wie der Begriff sagt, auf eine rezeptive fremdsprachige Kommunikationsfähigkeit, d.h. auf das Verstehen einer zuvor nicht erlernten Sprache oder einzelner ihrer Elemente und Merkmale, während die aktive Kommunikation sich einer anderen, vertrauten oder erlernten Sprache bedient. In einer solchen Kommunikationsstrategie werden die Verwandtschaftsbeziehungen zwischen zwei oder mehr Sprachen als Transferbasen benutzt. Die ‚interkomprehensiblen' Elemente können reichen von grammatischen Strukturen (z.B. Syntaxfunktionen) über die Lexik und Semantik (gleiche oder ähnliche Wortstämme) bis zu morphologischen und Wortbildungsregularitäten. Eine der zu vermittelnden Strategien besteht darin, auf das gesamte verfügbare sprachliche Wissen zurückzugreifen, auch das muttersprachliche und auf das gesamte zweit- und fremdsprachliche Wissen, und sei es noch so rudimentär. Auch zielt interkomprehensives Arbeiten auf größtmögliche Lernerautonomie, also auf die Befähigung einer oder eines Lernenden, selbständig je nach kommunikativer Situation und Anforderung – auch jenseits engerer didaktischer Rahmungen, z.B. der Fokussierung auf zwei verwandte Sprachen – zu erkennen, welches Wissen und welche sprachlichen Kenntnisse jeweils am hilfreichsten sind (Doyé 2010, Martinez 2010).

Oft wird übersehen, dass Interkomprehension, um erfolgreich zu sein, über das sprachstrukturelle und lexikalische Wissen hinaus auf alle möglichen anderen Arten des Wissens zurückgreifen muss, vom kommunikations- und handlungspragmatischen Schemawissen über spezifisches kulturelles und Alltagswissen bis hin zum allgemeinen Weltwissen (Doyé 2005, 14ff., empirisch Morkötter 2010).

Es handelt sich also um Verstehensstrategien, die sinnvollerweise generell für das Verstehen mündlicher oder schriftlicher fremdsprachiger Texte genutzt werden (Hallet 2009).

Der Wert des Interkomprehensionsansatzes liegt also vor allem darin, dass er generelle Strategien und Techniken fremdsprachigen Verstehens systematisch trainiert und bei den Lernenden bewusst macht. Im Grunde ist jede mehrsprachig-integrative Arbeitsweise, die Ausgangstexte in mehreren Sprachen benutzt, mit einigen Abstufungen, auf ein solches interlinguales Verstehen angewiesen. Denn authentische Texte gehen immer über das vorhandene Sprachkönnen hinaus, und immer werden solche Texte in Lerngruppen auf verschieden gut ausgebildete Fähigkeiten in den verschiedenen Sprachen treffen.

2.3 Translinguale Kommunikation durch die Fremdsprache als Arbeitssprache (*lingua franca*)

Außerschulische Mehrsprachigkeitssituationen, vor allem bei internationalen Organisationen wie den *United Nations*, bei Weltsportverbänden oder global operierenden Wirtschaftsunternehmen und bei Veranstaltungen wie den Olympischen Spielen oder großen politischen Konferenzen sind in der Regel durch die Nutzung einer gemeinsamen Arbeitssprache gekennzeichnet. International hat sich als *lingua franca* weitgehend Englisch – für die Beteiligten jeweils als Erst-, Zweit- oder als Fremdsprache – etabliert (Gnutzmann 2005, Pauels 2006, Roche 2013, 35ff.). *Lingua franca* kann aber natürlich auch Französisch oder Deutsch sein, wie es u.a. auch die Europäische Union vorsieht. Innerhalb nationaler Konstellationen kann für sprachliche und kulturelle Minderheiten, z.B. für *Hispanics* in den USA, aber auch die jeweilige Nationalsprache *lingua franca* sein.

Ein ausgeprägtes Bewusstsein von solchen Mehrsprachigkeitssituationen und -strategien ist hilfreich, wenn nach didaktischen Modellierungen für Mehrsprachigkeit in der Schule gesucht wird. Im schulischen Kontext imitieren der einsprachig geführte Fremdsprachenunterricht und der Bilinguale Unterricht solche Kommunikationssituationen. Sie arbeiten mit der Fiktion, dass die jeweiligen Sachverhalte nur in der Fremdsprache zu klären sind. Der Bilinguale Unterricht kann aber auch insofern als Mehrsprachigkeitsvariante betrachtet werden, als er in den meisten Varianten auch deutschsprachige Anteile oder *code switching* als

Kommunikationsoption vorsieht (vgl. Königs 2013, Roche 2013, 182ff.). Für mehrsprachiges Arbeiten und Lernen im Fremdsprachenunterricht steckt aber in solchen Verfahren der Hinweis auf das Prinzip, dass zwar in Form von Input-Texten und -Materialien mehrere Sprachen Grundlage der Erarbeitung von Themen und Sachverhalten sein können; die Verarbeitung der Input-Materialien und der Unterrichtsdiskurs finden aber in einer einzigen Fremdsprache als Arbeitssprache statt. Es handelt sich um ein scheinbar einfaches didaktisches Konstrukt; aber *de facto* ist diese scheinbar monolinguale Arbeitsweise mit vielfältigen Übertragungsprozessen und kognitiver Mehrsprachigkeit verbunden, denn Informationen in verschiedenen Sprachen müssen in eine einzige Sprache transformiert und in dieser weiterkommuniziert werden (vgl. die Arbeitsbeispiele in Teil 4). Damit ist stets die Entscheidung verbunden, ob die interlinguale Übertragung explizit als Akt der Sprachmittlung und eigene Arbeitsphase mit einer entsprechenden Aufgabenstellung ausgewiesen wird oder ob die Sprachmittlung implizit bleibt, d.h. lediglich kognitiv stattfindet. In diesem Fall fließen die Inhalte und Informationen aus mehreren Ausgangssprachen auf sozusagen unmerkliche Weise in die Erarbeitung und den Unterrichtsdiskurs ein.

Auf jeden Fall ist bereits hier erkennbar, dass die drei oben vorgestellten Ansätze in fremdsprachendidaktischen Mehrsprachigkeitskonzepten und -arrangements nur dann als mehrsprachige Kommunikationsstrategien taugen, wenn sie als komplementär betrachtet und integriert verwendet werden. Von dieser integrativen Mehrsprachigkeitsstrategie handelt der folgende Teil 3.

3. Integrative Mehrsprachigkeit im Fremdsprachenunterricht

Unter integrativer Mehrsprachigkeit soll das Prinzip verstanden werden, dass in die Bearbeitung eines Themas innerhalb einer Lerngruppe mehrere Sprachen Eingang finden, und zwar sowohl auf der Input-Seite als auch auf der Seite der Lernenden. Dazu sind wechselnde Konstellationen denkbar, z.B. dass die Schülerinnen und Schüler in mehreren Sprachen kommunizieren oder mehrsprachige Arbeitsprodukte produzieren oder aber dass z.B. Informationen aus mehreren Ausgangstexten in einer einzigen Arbeitssprache verarbeitet und kommuniziert werden. Auch eine Kombination aus allem ist denkbar. Entscheidend ist, dass mindestens bestimmte Arbeitsphasen oder die gesamte Erarbeitung multilingual verfasst sind. Eine solche Integration mehrerer Sprachen in einen Verstehens- und Aneignungsprozess trägt der Tatsache Rechnung, dass auch Diskurse in lebensweltlichen oder medial vermittelten Kontexten (Fernsehen, Internet, Kino) aus Texten und Äußerungen in verschiedenen Sprachen gespeist werden können. Die Integration von Texten und Informationen in verschiedenen Sprachen ermöglicht zugleich inhaltliche und kulturelle Pluralität oder Mehrperspektivität. Im Kern handelt es sich also um eine thematische Integration sprachlicher Texte und medialer Elemente, sodass man auch von konzeptueller Mehrsprachigkeit sprechen könnte, die sich einen bestimmten Weltausschnitt in mehreren Sprachen begrifflich verfügbar macht.

3.1 Diachrone Mehrsprachigkeit

Die geläufigen Mehrsprachigkeitsansätze beziehen sich unter Rekurs auf die kulturelle und lebensweltliche Mehrsprachigkeit auf die gleichzeitige Benutzung lebender Fremdsprachen in einer Kommunikationssituation („synchrone Mehrsprachigkeit'). Eine kaum thematisierte Dimension der Mehrsprachigkeit ist jedoch die Integration alter Sprachen wie Latein oder Griechisch in Mehrsprachigkeitsansätze. Als besonderer Bildungs- und Lernwert der diachronen Mehrsprachigkeit lassen sich die folgenden Aspekte identifizieren:

- Die Integration alter Sprachen in das Sprachenlernen ist geeignet, die kulturelle und sprachliche Vielfalt der Gegenwart als Ergebnis historischer Entwicklungen zugänglich und die Historizität von Sprachen erkennbar zu machen. Die historischen Wurzeln der Formen, Semantiken und Gesetzmäßigkeiten der Gegenwartssprachen können nicht nur erkannt und verstanden, sondern auch für das Sprachenlernen und in der mehrsprachigen Kommunikation genutzt werden (vgl. „Interkomprehension" in Teil 2.2).
- Die diachrone sprachliche Dimension lenkt das Augenmerk auf die historische Mehrsprachigkeit des kulturellen und des Bildungswissens: Ein großer Teil unseres Welt- und unseres Bildungswissens in der Philosophie, der Astronomie und den Naturwissenschaften, der Religion, aber auch zu Rechts- und Staatssystemen oder zur Rhetorik ist zuerst in lateinischer Sprache niedergelegt und überliefert worden. Latein kam also sehr lange

Zeit die Rolle zu, die heute Englisch als *lingua franca* und Wissenschaftssprache innehat. Unabhängig davon, dass ein stärkeres Bewusstsein von dieser historisch zentralen Rolle des Lateinischen auch den Lateinunterricht befruchten kann, wird durch historisches Sprachkönnen und -wissen auch das Weltverstehen und Denken der Gegenwart historisiert und in seiner historischen Vorläufigkeit und Veränderbarkeit sichtbar.

- Die sprachliche Historisierung des Wissens trägt bei den Lernenden auch zur Bewusstmachung der Sprachlichkeit aller Kultur und der Kulturalität von Sprache bei: Sprachen sind das entscheidende Werkzeug des Weltverstehens und der Welterklärung, inhaltliches und sprachliches Lernen sind untrennbar ineinander verwoben.

Der Zugewinn durch die Integration alter Sprachen ist also erheblich, da auf diese Weise die historische Dimension von Sachverhalten und Themen erschlossen werden kann. Einerseits können dadurch konzeptuale und sprachliche Wurzeln unseres gegenwärtigen Denkens und Wissens sowie der Gegenwartssprachen zugänglich und sichtbar gemacht werden. Umgekehrt können die alten Sprachen gewissermaßen aktualisiert werden, indem sie an zeitgenössische, aktuelle Diskurse angeschlossen werden. Diese diachrone Mehrsprachigkeit ist besonders in solchen Kontexten wertvoll, in denen historische Entwicklungslinien thematisiert und erschlossen werden sollen, wie man an den Beispielen in Teil 4 erkennen kann. Alte und neue Sprachen, diachrone und synchrone Mehrsprachigkeit werden auf diese Weise in das kulturelle Wissen und in das metasprachliche Wissen integriert. Allerdings ist auch die Verwendung mehrerer Gegenwartssprachen geeignet, wie z.B. bei der Geschichte des Fußballs (Hallet et al. 2006) oder Olympias (Hallet 2008b), historische Entwicklungsstufen durch verschiedene sprachliche und kulturelle Kontexte hindurch nachzuzeichnen.

Aus den oben dargestellten Erziehungs- und Bildungszielen mehrsprachigen Lernens und Arbeitens im Fremdsprachenunterricht sowie aus den etablierten mehrsprachigkeitsdidaktischen Ansätzen lassen sich einige Prinzipien herausfiltern, von denen ein solcher auf die Entwicklung von Mehrsprachigkeitskompetenzen zielender Fremdsprachenunterricht bestimmt sein sollte.

3.2 Themen- und Inhaltsorientierung

Bei der didaktischen Bewertung der oben skizzierten Mehrsprachigkeitsansätze ist implizit von einer Arbeitsweise ausgegangen worden, die nicht sprachliche Phänomene oder eine bestimmte Fremdsprache zum Lerngegenstand hat (*focus on form*), sondern bei der eine oder mehrere Fremdsprachen das Medium der Erarbeitung eines Sachverhalts oder Themas sind. Dieses themen- und inhaltsorientierte Prinzip fremdsprachlichen Lernens und Arbeitens (*focus on content*) ist in den modernen Fremdsprachen, besonders in aufgabenorientierten Ansätzen, seit langem etabliert und entspricht einem funktionalen Sprachbegriff, der sprachlichen Strukturen und Mitteln eine dienende Funktion beim Erschließen, Verstehen und bei der sprachlichen Repräsentation der Welt zuschreibt (Hallet 2011a, 95ff.). Diese Themenorientierung ist die Voraussetzung dafür, dass Unterrichtsinhalte und kompetenzentwickelnde Aufgaben entlang lebensweltlicher Anforderungen, Verstehensprozesse und Kommunikationssituationen modelliert werden können, also den Prinzipien der Relevanz und der Bedeutungshaltigkeit (*relevance* und *meaningfulness*) folgen (Hallet 2011a, 97ff.). Für die Wahl authentischer Themen und Problemstellungen ist es wichtig, dass solche Diskurse oder Erfahrungswelten identifiziert werden, die auch in der außerschulischen Wirklichkeit von Mehrsprachigkeit und mehrsprachigen Begegnungssituationen oder Kommunikationsanforderungen bestimmt sind (vgl. z.B. die Beiträge von Blell, Surkamp, von Kahlden und Peck in Leitzke-Ungerer et al. 2012). So modelliert z.B. der Unterrichtsvorschlag zu einer unterrichtlichen Verhandlung der Olympischen Spiele ein internationales Ereignis, das vielfältige multilinguale Interaktions- und Kommunikationssituationen mit sich bringt. Demzufolge wird ein didaktisches Arrangement geschaffen, welches das fremdsprachliche Klassenzimmer in eine ‚Olympische Arena' verwandelt (Hallet 2008b).

3.3 Mehrsprachige Text- und Materialarrangements

Die Modellierung mehrsprachiger Diskurse oder Weltausschnitte erfordert Darstellungen und Repräsentationen in verschiedenen Sprachen, die die Grundlage der Erarbeitung und Aushandlungen der Lernenden sind. Vorzugsweise werden solche Sachverhalte in verschiedenen Sprachen dargestellt, erschlossen und kommuniziert, für die auch in der außerschulischen Wirklichkeit die mehrsprachige

Repräsentation und Kommunikation typisch ist. So sind z.b. die Lebenswege und Biographien von Holocaust-Überlebenden mit ihren vielfachen Fluchtwegen und Exilen durch mehrfache Sprach- und Kulturwechsel sowie durch mehrsprachige Identitäten und Biographien ihrer Protagonistinnen und Protagonisten gekennzeichnet. Diese Eigenheit des Holocaust-Diskurses lässt sich im Klassenzimmer am besten dadurch repräsentieren, dass Überlebende in verschiedenen Sprachen zu Wort kommen und ihre jeweilige Geschichte (fiktional oder autobiographisch) erzählen (vgl. das Unterrichtsbeispiel in Hallet 2002, Kap. X). In einer solchen sprachlichen und kulturellen Mehrfachperspektivierung wird ein echter Mehrwert des mehrsprachigen Unterrichts erkennbar, denn im Medium anderer Sprachen werden Erfahrungen und Weltsichten zugänglich, die sonst verschlossen blieben.

Natürlich müssen sich Art, Menge und Vielfalt der Inputmaterialien an den in einer Lerngruppe präsenten Erst-, Zweit- und Fremdsprachen, an den sprachlichen Fähigkeiten der Lernenden sowie an deren Mehrsprachigkeitserfahrungen und -kompetenzen orientieren. Bereits ab dem ersten Lernjahr in der Grundschule sind im Deutschunterricht und im frühbeginnenden Fremdsprachenunterricht einfache mehrsprachige Arrangements möglich und sinnvoll, um frühzeitig mehrsprachiges Lernen und Arbeiten zu trainieren. Auch sehr kurze, einfache Texte aus verschiedenen Sprachen – auch aus der Schulsprache Deutsch oder aus den in einer Klasse vertretenen Muttersprachen – sind möglich; sie dienen dazu, sehr früh ein natürliches Verhältnis der Lernenden zu mehrsprachigen und fremdsprachigen Kommunikationssituationen zu entwickeln – eine wichtige Voraussetzung für erfolgreiches Mehrsprachigkeitslernen (vgl. Königs 2011, 62ff.).

3.4 Integration von Mehrsprachigkeitstechniken

Mehrsprachiges Lernen und Arbeiten ermöglicht und erfordert die Integration der oben beschriebenen interlingualen Verfahren. Sie können in der inhaltsorientierten Arbeit auf optimale Weise miteinander verknüpft werden: Die Lernenden aktivieren alle verfügbaren sprachlichen Kenntnisse, um auch Texte aus ihnen weniger gut vertrauten Sprachen zu erschließen (Interkomprehension), sie übertragen implizit oder explizit Informationen in verschiedenen Sprachen in eine oder mehrere andere Sprachen (Sprachmittlung), und sie verhandeln Informationen und Darstellungen in einer oder mehreren Sprachen in einer gemeinsamen

Arbeitssprache (*lingua franca*). Mit dieser Integration verschiedener Mehrsprachigkeitstechniken werden nicht nur reale mehrsprachige Kommunikationsweisen im Klassenzimmer repräsentiert, sondern sie werden durch Übung und dauerhafte Verwendung auch zu Bestandteilen einer echten, systematisch aufgebauten Mehrsprachigkeitskompetenz.

3.5   Aktivierung des sprachlichen und nicht-sprachlichen Wissens

Mehrsprachige themenorientierte Arbeit erfordert auf Seiten der Lernenden die Aktivierung und Nutzung ihres gesamten sprachlichen und nicht-sprachlichen Könnens und Wissens. Darüber hinaus gehört zu den Standardstrategien aber auch die Nutzung externer Ressourcen, vor allem von Nachschlagewerken (auch Grammatiken) und von Print-, Online- oder mobilen elektronischen Wörterbüchern (Diehr 2012). Außer dem sprachenbezogenen Wissen spielt auch das allgemeine Weltwissen eine Rolle, darüber hinaus aber auch domänenspezifisches Wissen, und zwar besonders dann, wenn fehlende Sprachkenntnisse ausgeglichen und fremdsprachlich nicht Verstandenes durch Inferieren, Analogiedenken oder auch Verstehenshypothesen ausgeglichen werden muss. Die Wissensaktivierung kann vor allem dann zielgerichtet und effizient geschehen, wenn Lernende auch über metasprachliches Wissen und über metakognitive Strategien für den Zugriff auf das jeweils erforderte oder am besten geeignete Wissen verfügen. Auch solche Meta-Strategien der umfassenden und anforderungsadäquaten Wissensaktivierung müssen systematisch entwickelt und geübt werden (vgl. die Strategie-Karten in Hallet et al. 2006).

3.6   Kooperative Mehrsprachigkeit

Mehrsprachige Kontakt- und Kommunikationssituationen sind in der Lebenswelt vielfach durch Aushandlungen, gegenseitiges Aushelfen und Einbringen der individuellen sprachlichen Fähigkeiten in die kollektive Problemlösung gekennzeichnet. Dadurch wird das gesamte Sprachrepertoire einer Gruppe aktiviert und für die Meisterung einer Situation verfügbar gemacht. Hier gilt in der Tat, dass die Gruppe wesentlich mehr ist und kann als die Summe der individuellen Fähigkeiten: Mehrsprachigkeit ist eine kollektive Ressource. Daher sollte Mehrsprachigkeitsunterricht diese lebensweltliche Strategie modellieren und die Mehrsprachigkeit als kooperative Kommunikationsform auffassen, in der das Teilen der eigenen sprachlichen Fähigkeiten mit anderen, aushandelnde Interaktion und kooperative Problemlösung die zentralen Arbeitsformen darstellen (Hallet 2011a, 119ff.). So lernen die Schülerinnen und Schüler, dass kommunikative Anforderungen auch in realen Mehrsprachigkeitssituationen am besten durch Kooperation, gegenseitige Unterstützung und Aushandlung bewältigt werden.

4. Arten mehrsprachigen Lernens

Die in diesem Abschnitt vorzustellenden Unterrichtskonzepte verstehen sich als Einlösung der o.a. Prinzipien mehrsprachigen Lernens und Arbeitens. Sie werden nicht als komplette Unterrichtsentwürfe präsentiert, sondern als Modellierungen, die auf einfache Weise auf andere Themen und andere Sprachkonstellationen übertragbar sind. So ist z.B. mit Blick auf das ‚Latein plus'-Konzept das Lateinische eine Konstante in den Modellen, aber es ist leicht erkennbar, dass und auf welche Weise mit entsprechenden Modifikationen und Implikationen anstelle dieser alten auch eine moderne Fremdsprache treten kann. Dadurch ändern sich die Inhalte des Lernens, nicht aber die Prinzipien der Multiperspektivierung eines Themas durch multilinguale Text- und Materialarrangements oder des Einbezugs der Erst- oder Zweitsprache zur Integration lebensweltlicher Erfahrungen, Kognitionen und Prägungen.

Die drei verschiedenen Arten des Mehrsprachigkeitslernens – das konzeptuelle, das kulturhistorische und das generische Lernen – sollen verdeutlichen, dass sich bestimmte kulturelle Aspekte und Weltausschnitte nur dann angemessen erschließen lassen, wenn mehrere Sprachen und Kulturen in die Betrachtung und Verhandlung einbezogen werden: Erst die sprachliche, kulturelle und historische Mehrfachperspektivierung ermöglicht die Erfahrung von Differenzen, transkulturellen Ähnlichkeiten, Analogien oder Gemeinsamkeiten sowie von historischer Kontinuität und Diskontinuität. Die Quantität und der Grad der Komplexität der Text- und Materialarrangements müssen natürlich für jede Lerngruppe neu bestimmt werden und hängen von Faktoren wie Sprachstand, bereits entwickelter Mehrsprachigkeitskompetenz und von der zur Verfügung stehenden Zeit ab. Auch hier kann das Prinzip *start small* gelten: Es ist günstig, Mehrsprachigkeitsarrangements zunächst mit sehr kleinen Texten und überschaubaren Textkombinationen zu beginnen, um die Arbeitsweisen der Schülerinnen und Schüler beobachten zu können und ihre Mehrsprachigkeitskompetenz behutsam aufzubauen.

Auch ist darauf hinzuweisen, dass Texte und Materialien für sich genommen noch keine Lernprozesse anstoßen. Diese werden vielmehr initiiert durch eine Aufgabenstellung, die die Lernenden zu einer bestimmten Art der Problemlösung oder zu einer bestimmten Art der Verwendung der Materialien auffordert, die sich in einem Arbeitsprodukt oder in Lernertexten materialisiert (vgl. das Aufgabenmodell in Hallet 2011a, Kap. 5). Bestandteil einer um die vorgeschlagenen Materialarrangements herum konzipierten Aufgabenstellung müssen auch Festlegungen bezüglich der Arbeitssprache(n) sein, aber auch Instruktionen und dezidierte Hinweise dazu, an welchen Punkten der Aufgabenbearbeitung und auf welche Weise interlinguale und interkomprehensive Techniken der Lernenden zur Anwendung kommen sollten. Auch Hinweise auf Hilfsmittel und weitere Ressourcen gehören in die Aufgabeninstruktion.

4.1 Konzeptuelles mehrsprachiges Lernen

Für den reflektierten Umgang, die kulturelle Kontextualisierung und die historische Relativierung lebensweltlicher Erfahrungen und vertrauter, scheinbar ‚natürlicher' Konzepte wird hier das Beispiel ‚Familie' gewählt. Die pluralisierten Familienkonzepte des 21. Jahrhunderts und die verschiedenen Familienmodelle, die vermutlich in jeder Lerngruppe vertreten sind, werden auf diese Weise im Lichte anderer und historischer Modelle als historisch gewordene und gesellschaftlich konventionalisierte Lebensmodelle erkennbar. Da solche Familien auch in Lehrwerken für die modernen Fremdsprachen meistens ein Teil der *storyline* sind, stehen dort vielfältige visuelle und fremdsprachliche Texte bereit, mittels derer Familienerfahrungen in englisch- oder französischsprachigen Familien der Gegenwart thematisiert werden können. Die lateinische Sprache eröffnet die Möglichkeit, die eigenen und die fremdsprachlich sowie medial vermittelten Familienbilder mit dem historischen patriarchalischen Konzept der römischen Großfamilie (zu der auch die Sklavinnen und Sklaven gehörten) zu vergleichen und unterschiedliche Auffassungen von Familie nebeneinander zu stellen, Kontinuitäten in den Rollenbildern und in der familiären Arbeitsteilung, aber auch sozialen und kulturellen Wandel zu verdeutlichen.

Man sieht, dass ein solches Modell sehr stark zum Vergleich der eigenen Lebensformen und Lebensgewohnheiten oder des pluralisierten Familienbegriffs der westlichen Gegenwartsgesellschaften (Ehe und Lebenspartnerschaften, *one-parent families*, gleichgeschlechtliche Partnerschaften usw.) anregt. Oft werden solche lebensweltbezogenen Reflexionen mit der interkulturellen Dimension des Fremdsprachenlernens verknüpft. Ein Wert der hier gewählten historisierenden Dreier-Konstellation liegt gerade darin, dass sie vorschnelle binäre Oppositionen und Stereotypisierungen (‚die' deutsche vs. ‚die' britische oder ‚die' französische Familie), wie sie oft mit diesen interkulturellen Ansätzen verknüpft sind, vermeidet und Familienmodelle sozusagen mehrfach perspektiviert.

Abb. 1: Mehrsprachiges Konzeptlernen am Beispiel ‚Familie'

4.2 Kulturhistorisches mehrsprachiges Lernen

Wenn am Beispiel des Konzepts ‚Familie' der Fokus stärker auf die kulturellen, institutionellen und historischen Aspekte dieses Sozialverbandes gerichtet wird, eignet sich ‚Familie' natürlich auch als Beispiel für kulturhistorisches Lernen. Am Beispiel Schule wird aber vielleicht deutlicher, dass sich eine bedeutende gesellschaftliche Institution erst über die Jahrhunderte zu einer festgefügten Bildungseinrichtung entwickelt, die unmittelbar mit der Verfasstheit einer Gesellschaft verbunden ist. Auch haben sich in verschiedenen Nationen und Kulturen die

Schulsysteme recht verschieden mit je eigenen Traditionen, Gepflogenheiten und Praktiken entwickelt.

In die Text- und Materialideen im Modell in Abb. 2 sind stärker als im Konzept-Modell solche Texte und Materialien integriert, die in verschiedenen Jahrhunderten und Kontexten Schlaglichter auf bestimmte historische Ausformungen von Schule werfen und so stärker die historische Herausbildung des Systems sichtbar machen. Allerdings ist anzumerken, dass die Texte und oft knappen Informationen in Latein-Lehrwerken vielleicht kein historisch ganz zutreffendes Bild von der Schule entwerfen, z.B. von der Rolle des ‚Lehrersklaven', von der familiären und sozialen Exklusivität oder von der Geschlechterungleichheit der Schulbildung. Ein wirklich kulturhistorisch orientierter Unterricht wird daher zum Zwecke der besseren Kontextualisierung weitere Zeugnisse und Berichte in lateinischer Sprache heranziehen. Eine interessante Option ist auch die Suche nach und die Einbindung von Dokumenten und Berichten zur Geschichte der eigenen Schule, die vielleicht die historisch sehr junge Einführung der allgemeinen Schulbildung in Deutschland bewusst machen können.

An diesem Modell wird deutlich, dass es mit Blick auf die verschieden gut ausgeprägten Sprachfähigkeiten in einer Lerngruppe günstig ist, außer Sachtexten in verschiedenen Sprachen auch visuelle und graphische Darstellungen sowie literarische Texte mit aufzunehmen, je nach Schwerpunktsetzung auch kleine dokumentarische Filme oder Videos (die heute auch bereits zum Medienpaket eines Fremdsprachenlehrwerks gehören). Diese Multimodalität und Visualität des Informationsangebotes unterstützt die Verstehens- und Verarbeitungsprozesse, erlaubt die Artikulation individueller Schulerfahrungen (z.B. in literarischen Texten) und entspricht im Übrigen besser den medialen Wahrnehmungsgewohnheiten der Lernenden.

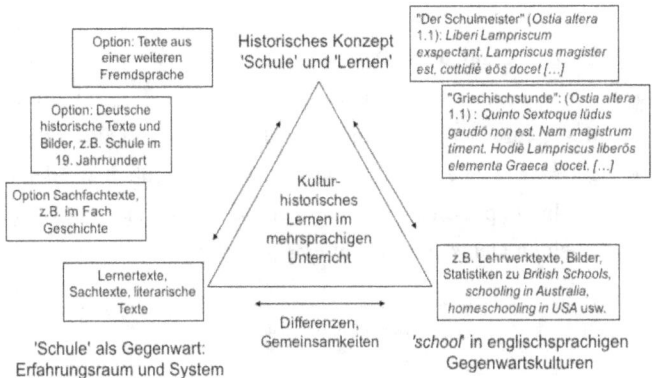

Abb. 2: Kulturhistorisches mehrsprachiges Lernen am Beispiel ‚Schule'

4.3 Generisches mehrsprachiges Lernen

Am Beispiel des autobiographischen Erzählens, hier auf den kleinen Ausschnitt eines Tagesablaufs bezogen, wird gut deutlich, dass ‚Sprache' auch individuelles Werkzeug der Strukturierung, der kognitiven Verfügbarmachung und der diskursiven Repräsentation von Erfahrungen und Wahrnehmungen darstellt. Text- und Diskursgattungen (z.B. auch der argumentative Dialog) gehören zum kulturellen Grundbestand einer Gesellschaft und stellen Individuen kulturell konventionalisierte Muster der Kommunikation und der Interaktion zur Verfügung (Hallet 2011b). Diese Muster und diskursiv-interaktionalen Formen sind oft über Jahrhunderte gewachsen und haben daher ihre eigenen Traditionen; andererseits sind sie so ‚natürlich', dass sie, wie z.B. das informelle persönliche Gespräch, gar nicht als kulturelle Muster wahrgenommen werden. Verschiedene Sprachen und Kulturen entwickeln spezifische Rhetoriken für ihre Genres, aber es gibt auch transkulturelle Muster. Wie andere Genres auch strukturiert das narrative Genre ‚Tagesablauf' jedoch nicht nur Wahrnehmungen und Erfahrungen, sondern es repräsentiert zugleich auch kulturelle Grundmuster (Routinen, soziale Interaktionen, Institutionen, Normen usw.), sodass generisches Lernen immer auch kulturelles Lernen darstellt.

Im Fall des Tagesablaufs kommen vielfältige soziale und kulturelle Muster mit in den Blick, von denen ein Tag bestimmt ist. Daher verwundert es nicht, dass fast alle modernen Fremdsprachenlehrwerke dieses Genre auf die eine oder andere

Weise aufgenommen haben und daher auch vielfältige Anregungen, Aufgaben und Übungen dazu bereithalten. Das mehrsprachige generische Lernen ist auch ein Beispiel dafür, dass das Sprachencurriculum an einer Schule Festlegungen hinsichtlich des Genre-Lernens enthalten sollte (vgl. das Curriculum-Beispiel ‚narrative Genres' in Hallet 2011a, 205ff.), denn schließlich werden narrative Genres und autobiographisches Erzählen nicht nur im Fremdsprachenunterricht, sondern z.B. auch im Deutschunterricht eingeübt.

Abb. 3: Generisches Lernen am Beispiel autobiographischen Erzählens

Das Ziel der hier vorgeschlagenen mehrsprachigen Unterrichtsarrangements ist auf jeden Fall, auch für Schülerinnen und Schüler den besonderen Wert mehrsprachiger Annäherungen an ein Thema und den Nutzen mehrsprachiger Verstehens-, Erschließungs- und Kommunikationstechniken transparent zu machen, ihnen den Wert fremdsprachlicher Fähigkeiten zu verdeutlichen und ihnen einen Einblick in den unauflösbaren Zusammenhang von Sprachen und kulturellen Gegebenheiten zu vermitteln. Auf diese Weise kann das Bildungsziel der mehrsprachigen und fremdsprachigen Diskursfähigkeit konkret gemacht und eingelöst werden.

Literatur

BYRAM, Michael. 2010. „Intercomprehension, intercultural competence and foreign language teaching", in: Doyé & Meißner, 43-49.

DIEHR, Bärbel. ed. 2012. *Dictionaries. Der fremdsprachliche Unterricht Englisch* 46/120 [Themenheft].

DOYÉ, Peter. 2005. *Intercomprehension. Guide for the development of language education policies in Europe: from linguistic diversity to plurilingual education. Reference study*. Strasbourg: Council of Europe.
DOYÉ, Peter. 2010. „Interkomprehensives Lernen als ein Weg zur Selbständigkeit", in: id. & Meißner, 128-145.
DOYÉ, Peter & MEIßNER, Franz-Joseph. edd. 2010. *Lernerautonomie durch Interkomprehension. Promoting Learner Autonomy through Intercomprehension. L'autonomisation de l'apprenant par l'intercompréhension*. Tübingen: Narr.
[EU] RAT DER EUROPÄISCHEN UNION. 1995. *Lehren und Lernen auf dem Weg zur kognitiven Wissensgesellschaft. Weißbuch der Europäischen Union*. Straßburg: Rat der Europäischen Union.
GNUTZMANN, Claus. 2005. „Globalisation, plurilingualism and *English as a Lingua Franca* (ELF). Has *English as a Foreign Language* (EFL) become obsolete? ", in: *Fremdsprachen Lehren und Lernen* 34, 15-26.
GNUTZMANN, Claus. 2010. „Language Awareness", in: Hallet & Königs, 115-119.
GOGOLIN, Ingrid. 1994. *Der monolinguale Habitus der deutschen Schule*. Münster & New York: Waxmann.
HALLET, Wolfgang. 1995. „Interkulturelle Kommunikation durch kommunikatives Übersetzen. Lernziele des Übersetzens im schulischen Englischunterricht.", in: *anglistik & englischunterricht* 55/56 (*Realities of Translating*). Heidelberg: Winter, 277-312.
HALLET, Wolfgang. 2002. *Fremdsprachenunterricht als Spiel der Texte und Kulturen. Intertextualität als Paradigma einer kulturwissenschaftlichen Didaktik*. Trier: WVT. [bes. Kap. X: „'Wartime Lies': Holocaust Childhoods. Die Modellierung eines mehrsprachigen Diskurses im Unterricht", 222-252.]
HALLET, Wolfgang. 2007. „*Scientific Literacy* und Bilingualer Sachfachunterricht", in: *Fremdsprachen Lehren und Lernen* 36, 95-110.
HALLET, Wolfgang. 2008a. „Zwischen Sprachen und Kulturen vermitteln. Interlinguale Kommunikation als Aufgabe", in: *Der fremdsprachliche Unterricht Englisch* 41/93, 2-7.
HALLET, Wolfgang. 2008b. „Das Klassenzimmer als Olympische Arena. Integrative Mehrsprachigkeit im Fremdsprachenunterricht", in: *Praxis Fremdsprachenunterricht* 5/3, 3-7 und 12.
HALLET, Wolfgang. 2009. „*Story Chunks*. Ein Leseexperiment zur Förderung des Leseverstehens durch kulturelles Wissen", in: *Der fremdsprachliche Unterricht Englisch* 43/ 100/101, 27-33.
HALLET, Wolfgang. 2011a. *Lernen fördern: Englisch. Kompetenzorientierter Unterricht in der Sekundarstufe I*. Seelze: Klett Kallmeyer. [bes. Kap. 8: „Die mehrsprachige Schule."; Kap. 8.3: „Sprachvernetzendes Lernen."]
HALLET, Wolfgang. 2011b. „Generisches Lernen. Muster und Strukturen der sprachlichen Interaktion erkennen und anwenden", in: *Der fremdsprachliche Unterricht Englisch* 45/114, 2-7 und 11.
HALLET, Wolfgang & KÖNIGS, Frank G. 2010. „Mehrsprachigkeit und vernetzendes Sprachlernen", in: id. & Königs, Frank G. edd. *Handbuch Fremdsprachendidaktik*. Seelze: Kallmeyer, 302-307.
HALLET, Wolfgang, VIGNAUD, Marie-Françoise & WLASAK-FEIK, Christine. 2006. *Football – le football – el fútbol. Das sprachenübergreifende Arbeitsheft*. Seelze: Friedrich.
HU, Adelheid. 2003. *Schulischer Fremdsprachenunterricht und migrationsbedingte Mehrsprachigkeit*. Tübingen: Narr.

[KMK] SEKRETARIAT DER STÄNDIGEN KONFERENZ DER KULTUSMINISTER. 2012. *Bildungsstandards für die fortgeführte Fremdsprache (Englisch/Französisch) für die Allgemeine Hochschulreife*. pdf, 387 Seiten. http://www.kmk.org/bildung-schule/qualitaetssicherung-in-schulen/bildungsstandards/dokumente.html, Zugriff: 01.08.2016.

KÖNIGS, Frank G. 2011. „The issue concerning the pedagogy of multilingualism – where is it going?", in: De Florio-Hansen, Inez. ed. *Towards Multilingualism and the Inclusion of Cultural Diversity*. Kassel: Kassel University Press, 59-73.

KÖNIGS, Frank G. 2013. „Einsprachigkeit, Zweisprachigkeit und Code-Switching", in: Hallet, Wolfgang & id. edd. *Handbuch Bilingualer Unterricht. Content and Language Integrated Learning*. Seelze: Klett Kallmeyer, 174-180.

KRUMM, Hans-Jürgen. 2004. „Von der additiven zur curricularen Mehrsprachigkeit", in: Bausch, Karl-Richard, Königs, Frank G. & id. edd. *Mehrsprachigkeit im Fokus*. Tübingen: Narr, 105-112.

KURTZ, Jürgen. 2011. „Mehrsprachigkeit als Rahmenbedingung und übergreifende Bildungsaufgabe: Englisch lehren und lernen an Ganztagsschulen", in: Appel, Stephan & Rother, Ulrich. edd. *Jahrbuch Ganztagsschule 2011*. Schwalbach/Ts.: Wochenschau Verlag. 70-83.

LEGUTKE, Michael K. 2006. „Englisch in der Grundschule – und dann? Anmerkungen zur Didaktik der Mehrsprachigkeit", in: Martinez & Reinfried. edd., 293-304.

LEITZKE-UNGERER, Eva & BLELL, Gabriele & VENCES, Ursula. 2012. „Spanisch nach Englisch. Eine neue Konstellation für die Mehrsprachigkeitsdidaktik", in: ead. et al. edd., 11-31.

LEITZKE-UNGERER, Eva & BLELL, Gabriele & VENCES, Ursula. edd. 2012. *English-Español: Vernetzung im kompetenzorientierten Spanischunterricht*. Stuttgart: ibidem.

MARTINEZ, Hélène. 2010. „Plurilingüismo, intercomprensión y autonomización: el aporte de las lenguas al dessarolo de la autonomía", in: Doyé & Meißner, 146-160.

MARTINEZ, Hélène & REINFRIED, Marcus. edd. 2006. *Mehrsprachigkeitsdidaktik gestern, heute, morgen. Festschrift für Franz-Joseph Meißner zum 60. Geburtstag*. Tübingen: Narr.

MEIßNER, Franz-Joseph. 2005. „Mehrsprachigkeitsdidaktik *revisited*: über Interkomprehensionsunterricht zum Gesamtsprachencurriculum", in: *Fremdsprachen lehren und lernen* 34, 125-145.

MEIßNER, Franz-Joseph. 2007. „Grundlagen der Mehrsprachigkeitsdidaktik", in: Werlen, Eva & Weskamp, Ralf. edd. *Kommunikative Kompetenz und Mehrsprachigkeit. Diskussionsgrundlagen und unterrichtspraktische Aspekte*. Baltmannsweiler: Schneider, 81-101.

MEIßNER, Franz-Joseph. 2010. „Interkomprehensionsforschung", in: Hallet & Königs, 381-386.

MEIßNER, Franz-Joseph. 2011. „Les formats de tâches en didactique de l'intercompréhension", in: Meißner et al., 267-284.

MEIßNER, Franz-Joseph et al. edd. 2011. *Intercomprehension: Learning, teaching, research. Apprentissage, enseignement, recherche. Lernen, Lehren, Forschung*. Tübingen: Narr.

MORKÖTTER, Steffi. 2010. „Interkomprehension in der Jahrgangsstufe 7 – erste Erfahrungen mit Zwischen-Sprachen-Lernen", in: Doyé & Meißner, 237-249.

PAUELS, Wolfgang. ed. 2006. *Global English. Der fremdsprachliche Unterricht Englisch* 40/83 [Themenheft].

ROCHE, Jörg. 2013. *Mehrsprachigkeitstheorie. Erwerb – Kognition – Transkulturation – Ökologie*. Tübingen: Narr.

RÖSSLER, Andrea. 2012. „Die Aktivität Sprachmittlung als Chance zur Vernetzung von Englisch und Spanisch", in: Leitzke-Ungerer et al., 137-149.

WESKAMP, Ralf. 2007. *Mehrsprachigkeit. Sprachevolution, kognitive Sprachverarbeitung und schulischer Fremdsprachenunterricht*. Braunschweig: Bildungshaus Schulbuchverlage.

Sprachenvernetzung: Neuronale, kognitive und didaktische Implikationen für das Projekt "Latein plus"
Johannes Müller-Lancé (Mannheim)

1. Einleitung: Die Perspektive eines Fachfremden[1]

Es ist zu vermuten, dass das Sprachen vernetzende Schulprojekt "Latein plus", das in Rheinland-Pfalz den parallelen und aufeinander bezogenen Unterricht von Latein (5 Wochenstunden) und Englisch (3 Wochenstunden) ab Klasse 5 vorsieht, sowohl in Kreisen der Klassischen wie auch der Anglistischen Philologie gewisse Widerstände zu überwinden hat. Aus Sicht der Romanischen Philologie jedoch, der disziplinären Heimat des Verfassers der vorliegenden Zeilen, gehört dieses Projekt (ebenso wie das baden-württembergische "Biberacher Modell") zu den Ideen, bei denen man sich fragt, warum niemand schon früher darauf gekommen ist.

Die besondere Affinität der Romanisten zur Sprachenvernetzung hat ganz pragmatische Gründe: Wir stehen gewissermaßen am Ende der schulischen bzw. universitären Nahrungskette, allerdings ohne die Vorgänger aufzufressen. Romanisten treten ja zumeist erst dann mit Schülerinnen und Schülern sowie Studierenden in Kontakt, wenn diese zuvor Englisch oder Latein – oder in besonders glücklichen Fällen Englisch und Latein – gelernt haben. Pessimisten würden formulieren, dass wir von den Schülergehirnen (und Lehrdeputaten) nur das bekommen, was Englisch- und Lateinlehrkräfte übrig gelassen haben. Optimisten wie ich würden hingegen sagen, dass wir auf den Fundamenten aufbauen können, die diese Kolleginnen und Kollegen gelegt haben.

Für uns Romanisten ist also Sprachenvernetzung der Normalfall, auch wenn das im Unterricht und in den entsprechenden Lehrwerken unserer romanischen Sprachen leider nicht immer entsprechend berücksichtigt wird. Gerade an den Universitäten sind wir jedoch förmlich dazu gezwungen, die Synergie-Effekte

---

[1] Dieser Beitrag wurde bereits veröffentlicht in Sundermann, Klaus. ed. 2013. *Handreichungen zum Schulprojekt „Latein Plus", Band 3: Didaktische Ansätze*, Mainz: Ministerium für Bildung, Wissenschaft, Weiterbildung und Kultur Rheinland-Pfalz, 62-84. Darüber hinaus weist er inhaltliche Überlappungen mit Müller-Lancé (2013) auf.

zu nutzen, die aus der strukturellen Ähnlichkeit der romanischen Sprachen resultieren. Professionelle Romanisten müssen hier mindestens zwei bis drei romanische Sprachen aktiv abdecken, das Lateinische am besten noch mit dazu, und ohne Englisch geht sowieso nichts. In weiteren romanischen Sprachen werden von uns rezeptive Kompetenzen erwartet. Wir sind also sprachliche Multitasker, auf die Kompetenz in den einzelnen Sprachen bezogen aber auch in gewissem Sinne Minimalisten, denn unsere Arbeitstage sind nicht länger als die unserer germanistischen und anglistischen Kolleginnen und Kollegen, die nur eine einzige Sprache zum Gegenstand haben.

Der internationale linguistische Forschungsdiskurs wird jedoch von Ländern dominiert, wo Englisch entweder Muttersprache oder zumindest erste Fremdsprache ist. Von daher hat es lange gedauert, bis Sprachenvernetzung in den Fokus der Betrachtungen gerückt ist. Bis heute wird in den meisten neurologischen und linguistischen Untersuchungen so getan, als sei der Mensch mehrheitlich einsprachig, obwohl dies nachgewiesenermaßen falsch ist.[2]

Stellen wir uns nur einmal vor, dass das Englische gerade wegen seiner Dominanz überall auf der Welt immer erst als letzte schulische Fremdsprache unterrichtet werden dürfte, z.B. um die "kleineren" Sprachen zu schützen – Sprachenvernetzung wäre dann sicherlich seit vielen Jahrzehnten das Standardthema der Fremdsprachendidaktik, und die Direkte Methode hätte es im Englischunterricht vielleicht nie gegeben.

So aber waren es eher äußere Zwänge, die die Sprachenvernetzung ins Blickfeld von linguistischer Forschung und Didaktik gerückt haben: Die EU-Kommission hat die Beherrschung zweier Fremdsprachen europaweit zum Ziel gesetzt, der Europäische Referenzrahmen für Sprachen hat Teilfertigkeiten und Lernstrategien ins Zentrum der Betrachtung gerückt, und in Deutschland wurde die Gymnasialzeit um ein Jahr verkürzt. Die dadurch verkürzten Fremdsprachencurricula legen es nahe, das immer schon vorhandene Synergie-Potenzial nun endlich systematisch über die Fächergrenzen hinweg zu nutzen. Und ganz nebenbei ergibt sich aus der Vernetzung mit dem Englischen eine zusätzliche

---

[2] So ist z.B. nach Auskunft des Eurobarometers 2005 über die Hälfte der Europäer mehrsprachig (EU-Kommission 2005, 3).

Legitimationsstrategie für das Fach Latein, das traditionell um seine Existenz im schulischen Fächerkanon kämpfen muss. Entscheidend für die effektive Nutzung zwischensprachlicher Synergien ist jedoch das Wissen darüber, wie eigentlich Mehrsprachigkeit im menschlichen Gehirn und Geist organisiert ist. Entsprechend befasst sich das folgende Kapitel (2) mit allgemeinen Fragen der neuronalen und kognitiven Sprachenvernetzung, wonach Kapitel 3 die Besonderheiten der Vernetzung sogenannter "Tertiärsprachen" fokussiert. Kapitel 4 thematisiert zum Abschluss Spezifika der unterrichtlichen Vernetzung von Latein mit modernen Fremdsprachen, insbesondere dem Englischen.

Der vorliegende Beitrag enthält keine fertigen Unterrichtskonzepte. Als Wissenschaftler möchte ich mir nicht anmaßen zu beurteilen, was in einer konkreten Lernergruppe möglich ist und was nicht. Ziel des Beitrags ist es vielmehr, durch Aufklärung über neuronale und kognitive Fakten Ängste vor der Sprachenvernetzung abzubauen, auf deren Möglichkeiten hinzuweisen und nicht zuletzt den Vertretern von "Latein plus" Argumente an die Hand zu geben, um zögerliche Kolleginnen und Kollegen, Schülerinnen und Schüler sowie Eltern von den Vorteilen des vernetzten Englisch- und Lateinunterrichts zu überzeugen.

2. Neurophysiologische und kognitive Voraussetzungen der Sprachenvernetzung

2.1 Vorbemerkungen

Untersucht man die Verarbeitung von Sprachen, so ist es wichtig, sauber zwischen Neurophysiologie, d.h. der Ebene des Gehirns (engl. *brain*; zuständige Fachdisziplin: Neurolinguistik), und Kognition, d.h. der Ebene des menschlichen Geistes (engl. *mind*; zuständig: Kognitive Linguistik), zu unterscheiden. Im vorliegenden Kapitel werden beide Ebenen thematisiert, in den Kapiteln 3 und 4 geht es nur noch um die kognitive Verarbeitung.

In der Neurolinguistik kann man seit einigen Jahrzehnten über das Elektroenzephalogramm (EEG) Hirnströme messen bzw. seit den 1990er Jahren über sog. bildgebende Verfahren mit Computertomografen (PET = Positronen-Emissions-Tomografie, MRT = Magnetresonanztomografie) aktuell aktivierte Areale im

Gehirn darstellen. Dabei ist aber die Darstellung recht grob (so z.B. bei PET als kleinste Einheit ein Volumenpixel = "Voxel" von ca. 5-8mm Seitenlänge, was in etwa einer großen Erbse entspricht; in der höher auflösenden und deshalb inzwischen bevorzugten MRT hat ein Voxel immer noch 2-4mm Seitenlänge). Auf der vermutlich wichtigeren Ebene, nämlich der Ebene der Nervenzellen (Neuronen) und Synapsen, bewegen wir uns jedoch im Micrometer-Bereich (1μm = 1/1000mm): Ein Axon kann von 1μm bis hin zu 1m lang sein, ein Zellkörper weist Durchmesser von 5-100μm auf. Diese Ebene ist deshalb computertomografisch nicht darstellbar, sondern nur über das Mikroskop, also nach einer Gewebe-Entnahme. Einzelne Nervenzellen während der sprachlichen Verarbeitung können wir derzeit noch nicht beobachten.

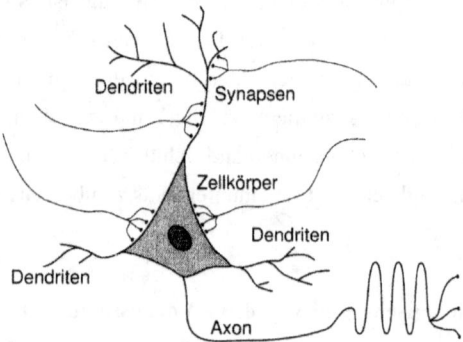

Abb. 1: Schematische Darstellung eines Neurons nach Spitzer (1996, 19)

Ein zweites Problem kommt hinzu: Bei allen genannten Methoden wird Stromfluss, Blutfluss oder Sauerstoffgehalt im Blut gemessen. Ob damit auch tatsächlich der (sprachliche) Informationsfluss zusammen hängt, ist nicht erwiesen.

Einschränkend ist weiterhin zu bemerken, dass das Gehirn niemals nur Sprache verarbeitet. Beim Artikulieren müssen z.B. zugleich die Artikulationsorgane gesteuert werden, also auch die entsprechenden Muskeln. Um diese Störquellen auszuschalten, werden die Probanden bei Untersuchung der Sprachverarbeitung im Computertomografen typischerweise zum sog. *silent speech* in einer bestimmten Sprache aufgefordert, d.h. sie sprechen nur in Gedanken (z.B. Franceschini 2002). Eine objektive Kontrolle ihrer gedachten "Äußerungen" ist also unmöglich. Und dennoch sind damit nicht alle Fremdfaktoren für Hirnaktivität ausgeschaltet: Sitzt oder steht der Proband beim Sprechen, dann muss gleichzeitig das Gleichgewicht gehalten werden, und selbst wenn der Patient liegt, bewegen sich unter Umständen die Augen parallel zur Sprachverarbeitung, so dass zugleich Augenmuskeln aktiviert und visuelle Reize verarbeitet werden.

Abschließend sind die interindividuellen Unterschiede in der Hirnstruktur beträchtlich; so gibt es z.B. bereits große Abweichungen bei Rechts- und Linkshändergehirnen. Dies wiegt umso schwerer, als bisher weltweit vergleichsweise wenig Gehirne untersucht wurden, weil dies doch ein recht kostspieliges Verfahren darstellt. Außerdem ist das menschliche Gehirn extrem flexibel: Bei Schädigungen eines Hirnteils können andere Hirnteile dessen Aufgaben übernehmen, was den Transfer der Untersuchungsergebnisse von einem Gehirn auf andere zusätzlich erschwert.

Insgesamt ist also bei allen Angaben zur Lokalisierung und Interpretation von Hirntätigkeiten äußerste Vorsicht geboten.

2.2 Einsprachige Verarbeitung

Bis in die 1980er Jahre war man, geprägt von den Forschungen der Pioniere Broca und Wernicke, überzeugt, dass sich Sprachverarbeitung hauptsächlich in zwei Sprachenzentren abspielen würde, die sich jeweils in der linken Gehirnhälfte befinden und seit dem 19. Jh. die Namen dieser beiden Entdecker tragen.

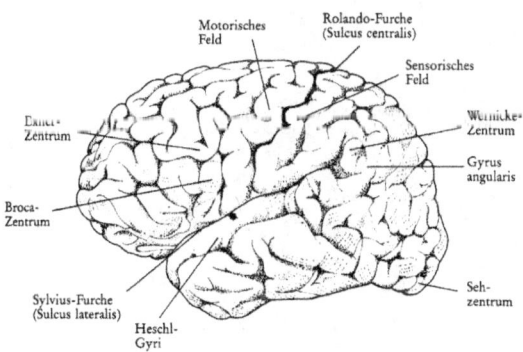

Abb.2: Schematische Darstellung des Gehirns nach Crystal (1995, 261)

Die modernen bildgebenden Verfahren haben die große Bedeutung des Broca-Zentrums (zuständig v.a. für die Sprachproduktion) und des Wernicke-Zentrums (Sprachrezeption) für die Sprachverarbeitung zwar bestätigt, aber zugleich deutlich gemacht, dass noch weitere, über beide Gehirnhälften verteilte Areale an der Sprachverarbeitung beteiligt sind: Tendenziell werden in der linken Gehirnhälfte eher phonetisch-phonologische, morphosyntaktische, semantische und lexikalische Informationen verarbeitet, in der rechten Gehirnhälfte hingegen eher Phänomene der Prosodie, der sprachlichen Variation und der Pragmatik (Franceschini 2002; Weskamp 2007, 51). Die rechte Gehirnhälfte liegt also keinesfalls brach, wie manche kommerzielle Sprachlehrmethoden uns weismachen wollen, die exklusiv für sich beanspruchen, gezielt auch die rechte Gehirnhälfte zu nutzen.

Zentral für das Verständnis von Sprachenverarbeitung und Sprachenlernen ist die Vorstellung neuronaler Netzwerke: Man geht heute überwiegend davon aus, dass die mentalen Repräsentationen eines Wortes mit all seinen inhaltlichen und formalen Aspekten über mehrere miteinander verbundene Nervenzellen verteilt sind. Die folgende Abbildung aus Levelt & Roelofs & Meyer 1999 demonstriert dies am Beispiel von engl. *escorting* (unterschieden werden dabei die inhaltliche Ebene: *conceptual stratum*, die Ebene der grammatischen Informationen: *lemma stratum* und die formale Ebene: *form stratum* – bei letzterer Ebene werden metrische, grafische, phonologische und phonetische Informationen, zu denen z.B. die Silbenstruktur gehört, getrennt aufgeführt):

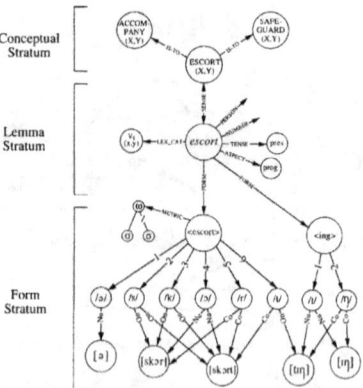

Abb.3: Ausschnitt eines Neuronalen Netzwerks (Levelt & Roelofs & Meyer 1999, 4)

Wird ein solches Wort benutzt oder in Erinnerung gerufen, "feuern" im Idealfall alle diese Nervenzellen gleichzeitig bzw. werden aktiviert, d.h. ihre Aktionspotenziale überschreiten einen gewissen Schwellwert. Typisch für das Abrufen ist dabei der Prozess der *spreading activation* (Aitchison 2003, 225 & 237), d.h., es wird z.B. beim (unvollständigen) Hören eines Wortes nicht gezielt eine bestimmte Zelle aktiviert, sondern gleichzeitig mehrere Zellen, die eine Information repräsentieren, die der gesuchten Information ähnelt. Hört man also im Deutschen beispielsweise die verstümmelte Lautfolge [ˈɛlər], so werden zugleich die neuronalen Netzwerke der Lexeme *heller, schneller, Teller* usw. aktiviert – der Kontext entscheidet dann im weiteren Verlauf der Äußerung darüber, welches Netzwerk schlussendlich den Zuschlag bekommt.

Die Grundstruktur des gesamten neuronalen Netzes ist zunächst einmal weitgehend genetisch bedingt. Lernprozesse funktionieren also nicht etwa über eine Erhöhung der Neuronenzahl – ihre Höchstzahl ist bereits bei der Geburt erreicht (Cowan 1988; Multhaup 1995). Lernen geschieht vielmehr darüber, dass zwischen den vorhandenen Neuronen neue Synapsen geknüpft werden. Auf diese Weise können Nervenzellen miteinander aktiviert werden, die vorher nicht miteinander verbunden waren; z.B., wenn eine weitere Bedeutung zu einem schon bekannten fremdsprachlichen Lexem hinzu gelernt wird.

Wichtig für Geschwindigkeit und Zuverlässigkeit dieser Verbindungen ist der sog. "Bahnungseffekt" (*Long Term Potentiation*: LTP): Wenn zwei Nervenzellen immer wieder zugleich gezündet werden, dann sinkt ihr Schwellwert, d.h. es kommt leichter bzw. schneller zu einer gemeinsamen Aktivierung (Hebbsches Gesetz), und das dazwischenliegende Axon wird mit einer Myelinschicht ummantelt und damit besser isoliert (Birbaumer & Schmidt 1996). Für die Geschwindigkeit der Verbindung zweier Neuronen ist nicht die Kürze des sie verbindenden Axons entscheidend, sondern die Qualität der Bahnung. Verwandte oder oft assoziierte Konzepte im Gehirn müssen also lokal nicht einander benachbart sein. Entsprechend müssen mentale Repräsentationen von Elementen einer bestimmten Einzelsprache nicht benachbart liegen, sondern können über das ganze Gehirn verstreut sein. Werden zwei Nervenzellen über einen größeren Zeitraum nicht mehr miteinander aktiviert, dann geht der Bahnungseffekt wieder verloren, und es kommt zu Wortfindungsstörungen bzw. Vergessen – ein starkes wenn auch triviales Argument für regelmäßige Vokabelwiederholung.

Das Einprägen und das Abrufen einer Erinnerung sind sehr unterschiedliche Prozesse, und entsprechendes gilt für Sprachproduktion und Rezeption. Nicht nur in der Fremdsprache sondern auch in der Muttersprache ist sprachliche Produktion häufig die anspruchsvollere Fertigkeit: Was man einmal gehört hat, kann man nicht automatisch sofort selbst produzieren. In den gängigen Sprachverarbeitungsmodellen der Kognitiven Linguistik werden daher für die sprachliche Produktion und Rezeption unterschiedliche Verarbeitungskomponenten angenommen: So unterscheidet beispielsweise Levelt (1993) zwischen einem *formulator* (Produktion: linke Hälfte des Modells) und einem *parser* (Rezeption: rechte Hälfte des Modells):

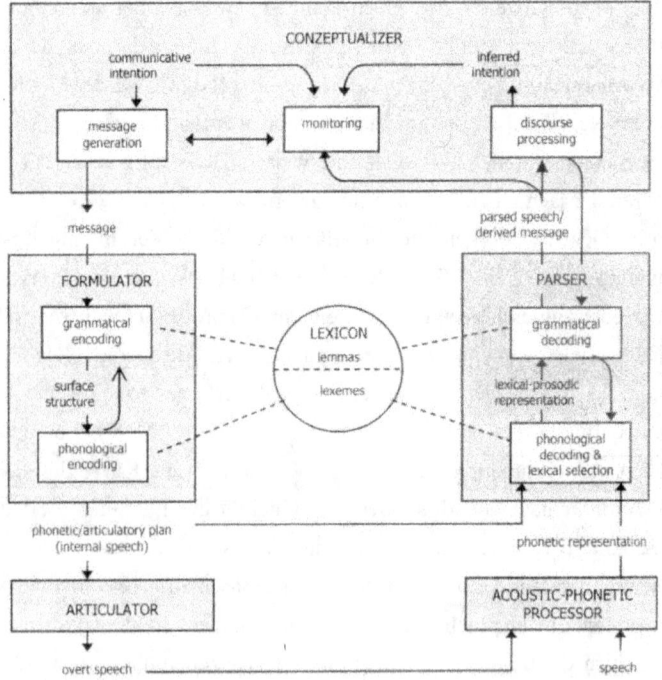

Abb.4: Modell der sprachlichen Produktion und Rezeption (Levelt 1993, 2)

Allen vergleichbaren Modellen zu eigen ist ein "Mentales Lexikon" als zentrales Modul jeglicher Sprachverarbeitung. Es wird in Produktion und Rezeption gleichermaßen genutzt und enthält die lexikalische und grammatische Information (bei Levelt: *lemmas*) zu jedem Wort. Anders als bei einem Buch-Lexikon können Lexeme hier aus allen Richtungen des Wortkörpers, d.h. von vorne, von hinten, oder auch aus der Mitte heraus (z.b. das Simplex zu einem Verbum Kompositum), gesucht werden (zur Erläuterung des Levelt-Modells vgl. Ender 2007, 78). Dies ermöglicht dem Sprecher beispielsweise das gezielte Bilden von Alliterationen, das Reimen am Wortende oder das Ausfüllen von Lücken in der Wortmitte.

2.3 Mehrsprachige Verarbeitung

Bis in die 1980er Jahre herrschte in der Neurolinguistik die Vorstellung, dass unterschiedliche Sprachen in unterschiedlichen Hirnarealen verortet seien. Als Beleg hierfür wurden Fälle von Aphasikern angesehen, bei denen durch Schlaganfälle nur die Verarbeitung einer von mehreren Sprachen beeinträchtigt war (vgl. Weskamp 2007, 51).

Entsprechend wurde damals auch in der Psycholinguistik (die Kognitive Linguistik etablierte sich als Disziplin erst ab ca. 1980) mit nach Sprachen getrennten Speichermodellen operiert. Die stärkste Verbreitung erfuhr dabei die von Weinreich (1953) begründete Unterscheidung zwischen koordiniertem, kombiniertem und subordiniertem Bilingualismus. Beim koordinierten Bilingualismus lägen demnach im mentalen Lexikon inhaltliche Elemente (*concepts*) und formale Elemente (*forms*) für jede Sprache getrennt vor, so dass es dem zweisprachigen Individuum möglich wäre, in einer einzigen Sprache zu denken, ohne die andere Sprache zu tangieren (ein koordinierter russisch-amerikanischer Bilingualer würde demnach beim Konzept 'Buch' im Russischen eher an einen Autoren wie Tolstoj denken, im Englischen eher an Hemingway). Beim kombinierten Bilingualismus hingegen würden sich beide Sprachen die Konzepte teilen, so dass über die gemeinsamen (und damit zu wenig differenzierten) Konzepte immer wieder Interferenzen zwischen den Sprachen aufträten. Beim subordinierten Bilingualismus hingegen wäre die schwächere Sprache (L2) auf die stärkere Sprache (L1) quasi aufgepfropft, so dass bei jeder Äußerung in der L2 zunächst eine

Urfassung in der L1 erstellt werden müsste, die dann in die L2 übersetzt würde (ein Beleg wäre z.B. das vom ehemaligen Bayern-Trainer Louis van Gaal kreierte *Feierbiest, eine Lehnübersetzung von *feestbeest* aus seiner niederländischen L1 in die deutsche L2).

Ervin & Osgood (1954) systematisierten Weinreichs Typologie und postulierten die Notwendigkeit zweier getrennter Speicher für eine erfolgreiche Sprachentrennung bei Bilingualen (*Two-Store-Hypothesis*). Erreicht werde diese getrennte Speicherung, also koordinierter Bilingualismus, über strikte Sprachentrennung (situativ oder personenbezogen) in der Erwerbsphase. Diese Hypothese diente als wissenschaftliche Basis für Fremdsprachenlehrmethoden, die bei der Unterrichtssprache auf strenge Einsprachigkeit setzten, um Lernern die Fähigkeit zu vermitteln, sogar in der Zielsprache zu denken. Besonders stark wirken die Thesen bis heute in der Fremdsprachendidaktik des Englischen nach.

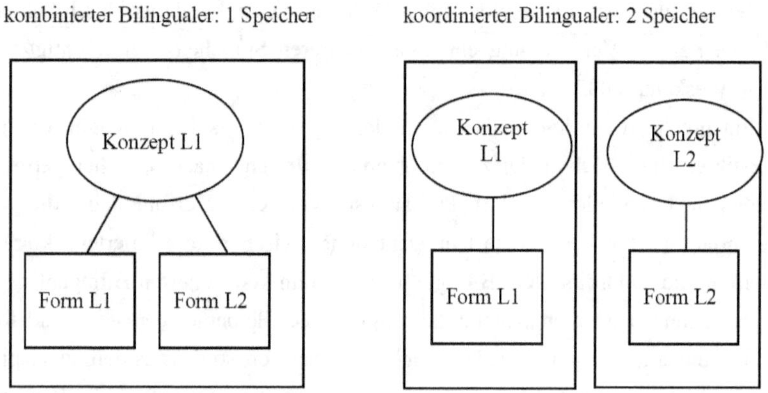

kombinierter Bilingualer: 1 Speicher   koordinierter Bilingualer: 2 Speicher

Abb.5: Kombinierter und koordinierter Bilingualismus (eigene Darstellung)

In der Psycholinguistik bzw. Kognitiven Linguistik hält man Weinreichs Unterscheidung jedoch heute kaum noch aufrecht (vgl. bereits Albert 1998, 97; de Groot 1993; Grosjean 1982, 240ff; Kroll 1993; Poulisse 1999, 57). Empirische Untersuchungen von Larsen et al. (1994) haben gezeigt, dass speziell die Trichotomie der Bilingualismustypen nicht haltbar ist: Sowohl *Priming*-Tests wie auch *Code-Switching*-Phänomene und mehrsprachige Assoziationen belegen, dass auch vermeintlich koordinierte Bilinguale zwischen ihren Sprachen hin und her springen, was eher für einen gemeinsamen Speicher spricht (hierzu Müller-Lancé 2006, 88ff & 355ff). Heute geht man davon aus, dass je nach Lernerbiografie Teile der einen oder der anderen Repräsentationsformen überwiegen. Als Organisationsform wird dabei häufig die auf Paradis (1981) zurückgehende *Subset Hypothesis* favorisiert,

> eine Kombination aus verschmolzenem und koordiniertem Bilingualismus: die einzelnen Sprachen sind in einem einzigen Speichersystem repräsentiert, wobei die zur gleichen Sprache gehörenden Elemente wegen ihres ständigen gemeinsamen Gebrauchs untereinander verbunden sind und ein separates Netzwerk von Verknüpfungen bilden, d.h. eine Art Subsystem. (Raupach 1997, 30)

Die Elemente der einzelnen Sprachen im gemeinsamen Speicher werden nach Green (1986, 1998) durch sog. *tags*, also Markierungen (z.B. "L1", "L2"), als zusammengehörig markiert. Natürlich gibt es in dieser Organisationsform auch Verknüpfungen zwischen Elementen der verschiedenen Sprachen – diese Verknüpfungen sind umso wahrscheinlicher, je häufiger ein fremdsprachliches Wort gebraucht wird bzw. je ähnlicher es einem anderen Wort ist (Müller-Lancé 2006, 89).

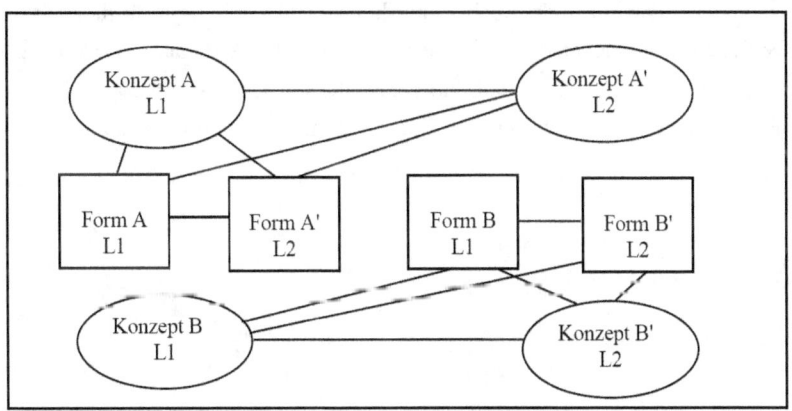

Abb.6: Subset Hypothesis nach Paradis incl. Markierungen nach Green (eigene Darstellung)

Die genannten interlingualen Verknüpfungen auf der Wortschatzebene (also solche, die Elemente der L1 mit Elementen der L2 verbinden) können dabei sowohl phonetisch-phonologisch, grafisch als auch semantisch basiert sein.

Auf der semantischen Ebene ist eine weitere Differenzierung nötig, die ebenfalls gegen nach Sprachen getrennte Speicher spricht: Neben den oben dargestellten einzelsprachlichen Konzepten von L1 und L2 müssen zusätzlich übereinzelsprachliche Konzepte unterschieden werden (Blank 2001, 9). So ist das übereinzelsprachliche Konzept 'Wasser' beispielsweise durch die chemische Formel H2O und den prototypischen Aggregatzustand 'flüssig' gekennzeichnet. Einzelsprachlich ist 'Wasser' im Deutschen mit Konnotationen wie 'im Überfluss vorhanden' besetzt, im Spanischen eher mit der Konnotation 'kostbar'.

Der folgende modellhafte Ausschnitt eines neuronalen Netzwerks zeigt am Beispiel des Konzepts 'Wasser' die wahrscheinlichen Vernetzungen im Mentalen Lexikon eines idealtypischen Romanisten. Inhaltliche Elemente sind rund dargestellt, formale Elemente eckig, die Entfernung der Elemente ist rein symbolisch. Bei den Formen wird zwischen der phonetischen und grafischen Ebene differenziert, denn es gibt interlinguale Wortentsprechungen, die sich grafisch deutlich stärker ähneln als lautlich (vgl. dt. *Nation* vs. frz. *nation* vs. engl. *nation* vs. lat. *natio*[*nem*]). Die Dicke der Verbindungslinien steht symbolisch für die Qualität der Bahnung: je dicker die Linie, desto schneller die Assoziation. Jede einzelsprachliche Komponente enthält einen *tag*, der die Einzelsprache und die Tatsache markiert, ob es sich um die Muttersprache oder eine Fremdsprache handelt:

Sprachvernetzung: Neuronale, kognitive und didaktische Implikationen 67

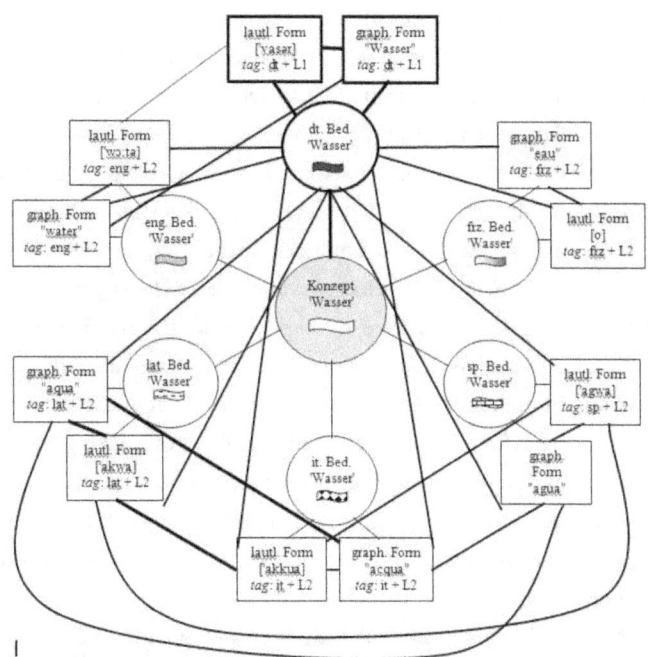

Abb.7: Modell der Vernetzung multilingualen Wortschatzes (Müller-Lancé 2006, 444)

Was die Rolle der Erwerbsarten für die Form der Speicherung angeht, so kann man sicherlich sagen, dass die ursprünglich berechtigte Unterscheidung von Krashen (1981) zwischen *language acquisition* (ungesteuerter Erwerb) und *language learning* (gesteuerter Erwerb bzw. unterrichtliches Lernen) heute in der westlichen Welt künstlich geworden ist. In der Praxis treten überwiegend Mischformen auf, denn fast jeder schulische Fremdsprachenlerner wird im Rahmen seines Lehrprogramms gezielt mit Muttersprachlern zusammengebracht (Schüleraustausch, Online-Tandems); auf der anderen Seite werden (ungesteuerte) Zweitspracherwerber, also z.B. erwachsene Migranten, nach Möglichkeit durch ergänzenden Sprachunterricht gefördert. Typischer Fall einer solchen Mischform ist die Koppelung von traditionellem Fremdsprachenunterricht mit einem bilingualen Sachfachunterricht, in dem streng genommen nur das Sachfach "gesteuert" vermittelt wird, die Sprache hingegen ungesteuert (vgl. Doff 2010). Das zu Hochzeiten der Grammatik-Übersetzungs-Methode beobachtete

Phänomen, dass gesteuerte Lerner ihren Wortschatz vor allem in Vokabelgleichungen, also als Übersetzungsäquivalente abspeichern, während ungesteuerte Erwerber eher einsprachige Syntagmen abspeichern, gilt heute also durch den fremdsprachendidaktischen Fortschritt nur noch sehr bedingt.

Wichtig ist weiterhin, dass beide Erwerbsformen, also Sprachenlernen und Spracherwerb sowohl deklaratives (bewusstes / explizites) als auch prozedurales (unbewusstes / implizites) Wissen umfassen (beim Erwerb tendenziell mehr prozedurales, beim Lernen mehr deklaratives Wissen). Dabei gehen die beiden Wissensarten keinesfalls von alleine ineinander über. Die häufige prozedurale Anwendung einer fremdsprachlichen Formulierung bedeutet also nicht zwangsläufig, dass die ihr zugrunde liegende grammatische Regel dem Lerner irgendwann bewusst wird. Umgekehrt bedeutet die häufige Anwendung deklarativen Wissens nicht, dass dieses Wissen irgendwann rein prozedural wird und damit der Bewusstheitsgrad verloren gehen würde (Paradis 2004, 41). Ein ganzheitlicher Fremdsprachenunterricht muss also konsequent die bewusste und die unbewusste Sprachverarbeitung fördern.

Von Seiten der Neurolinguistik sind die oben aufgeführten jüngeren Thesen der Psycho- bzw. Kognitiven Linguistik zur mehrsprachigen Speicherung inzwischen bestätigt worden: Untersuchungen mehrsprachiger Probanden mit dem Magnetresonanztomografen haben gezeigt, dass eine einzelne Sprache an völlig unterschiedlichen Orten des Gehirns verarbeitet werden kann, während umgekehrt unterschiedliche Sprachen an denselben Hirnarealen verarbeitet werden können. Es gibt also keine räumliche Sprachentrennung im Gehirn. Man kann allerdings beobachten, dass Sprachen, die bei Frühmehrsprachigen gleichzeitig oder kurz nacheinander gelernt werden, tendenziell eher an denselben Hirnarealen verarbeitet werden. Spät, also nach der Pubertät, gelernte Fremdsprachen hingegen benötigen bei der Verarbeitung generell mehr Hirnsubstrat als früh gelernte Sprachen; die Areale ihrer Verarbeitung sind also weiter verteilt (Franceschini 2002).

Wir können zusammenfassend im Hinblick auf den Fremdsprachenunterricht festhalten, dass verschiedene Sprachen weder in unterschiedlichen Hirnarealen noch in getrennten Speichern verarbeitet werden, und dass die entsprechenden neuronalen Netzwerke über *spreading activation* in alle möglichen, auch interlingualen Richtungen, verbunden sein können. Es bringt also nichts, sprachübergreifende Assoziationen wegen der Gefahr von Interferenzen im Unterricht zu unterdrücken. Diese Assoziationen werden sich ohnehin einstellen – sinnvoller ist es, ihnen auf allen Ebenen (phonetisch-phonologisch, grafisch, lexikalisch, semantisch, morphosyntaktisch, pragmatisch) offensiv zu begegnen und sie zur vergleichenden Bewusstmachung von Phänomenen zu nutzen.

3. Aspekte des Erwerbs und der Anwendung von Tertiärsprachen
3.1 Grundlegende Besonderheiten des Tertiärspracherwerbs

Zunächst eine terminologische Vorbemerkung: In der Zweitspracherwerbsforschung ist es üblich, lediglich zwischen der Muttersprache (L1) und sämtlichen zusätzlich erworbenen Zweitsprachen (L2) zu unterscheiden. In der Fremdsprachendidaktik hingegen unterscheidet man differenzierter in Abhängigkeit von der Chronologie der Sprachenfolge: z.B. L1 für Latein als erste, L2 für Latein als zweite und L3 für Latein als dritte Fremdsprache (F1, F2, F3 analog für das Französische). Eine andere (und im vorliegenden Beitrag angewandte) Zählweise propagiert die ab etwa 1990 einsetzende Tertiärsprachenforschung. Hier wird davon ausgegangen, dass die Erwerbs- bzw. Lernbedingungen zwischen der ersten (L1), zweiten (L2) und dritten Sprache (L3) eines Individuums so unterschiedlich sind, dass hier eine Differenzierung nötig ist. Ab der vierten Sprache eines Individuums hingegen reduzieren sich die Unterschiede wieder, so dass eine weitere terminologische Differenzierung sich erübrigt. Sowohl die dritte als auch die achte Sprache eines Individuums wird daher als "Tertiärsprache" (L3) und ihr Erwerb als "Tertiär-" oder "Drittspracherwerb" bezeichnet.

Britta Hufeisen hat in mehreren Publikationen (1998, 2000, 2003) genau differenziert, welche Faktoren den Erst-, Zweit- und Drittspracherwerb unterscheiden:

Der Erstspracherwerb basiert auf der jedem gesunden Kind angeborenen Spracherwerbsfähigkeit in Kombination mit einem ausreichenden sprachlichen Input. Ist beides gewährleistet, dann wird jedes Kind seine erste Sprache (die nicht die seiner Mutter sein muss) perfekt lernen. Für das Kind ist dies jedoch kein Sprachenlernen im engeren Sinne, sondern ein Begreifen und Kategorisieren der außersprachlichen Wirklichkeit. Das Kind lernt nicht nach dem Muster "auf deutsch heißt dieses Tier *Hund*", sondern es lernt "das ist ein Hund".

Auf den L2-Erwerb wirken zusätzlich die Faktoren L1 (bei interlingualen Transfers bzw. Interferenzen), allgemeine Lernerfahrungen und -strategien, Motivation und Fremdsprachenbegabung ein. Hier erfährt sich der Lerner selbst erstmals bewusst als Sprachenlerner, der u.U. auch mit Versagensängsten konfrontiert ist. Er merkt, was ihm gut liegt, was schlecht, und er erhält einen groben Eindruck davon, was alles zu einer Sprache gehören kann (z.B. Kategorien wie Genus und Kasus).

Den L3-Erwerb hingegen beeinflussen zusätzlich einige Faktoren, die sich erst in Folge des Erwerbs der L2 herausgebildet haben: spezielle Fremdsprachenlernerfahrungen und -strategien, Wissen über den eigenen Sprachlerntyp, die L2-*Interlanguage* (d.h. der individuelle Stand der erworbenen Lernervarietät)[3] und schließlich ein metasprachliches Bewusstsein, das z.B. die Kenntnis grammatischer Kategorien und ihrer Terminologie mit einschließt und im Zuge des L2-Erwerbs ausgebildet wurde.

Ab der vierten Sprache ändert sich das System nicht mehr grundlegend, sondern es kommen als zusätzliche Faktoren jeweils nur noch die unmittelbar zuvor gelernte Sprache bzw. deren *Interlanguage* hinzu. Außerdem wird natürlich das metasprachliche Bewusstsein weiter ausdifferenziert.

Zentral für den Erfolg beim Lernen sämtlicher Tertiärsprachen ist also die Art des Unterrichts der zuvor erlernten L2. Diese L2 ist in Deutschland für die große Mehrheit der Kinder obligatorisch das Englische.[4] Der Englisch-Unterricht ist also dafür verantwortlich, welche Lernerfahrungen und Strategien ausgebildet werden und wie komplex das metasprachliche Bewusstsein ausfällt. Den Englischlehrkräften kommt damit eine enorme Verantwortung für die weitere Fremdsprachenbiografie ihrer Schülerinnen und Schüler zu.

Leider wird bisher im Großen und Ganzen die Englisch-Didaktik dieser Verantwortung nicht gerecht, wenn man einmal von den löblichen Ausnahmen Doff

---

[3] Zum Interlanguage-Begriff vgl. Selinker 1972.
[4] Zum gescheiterten Versuch, in Baden-Württemberg das Französische zur obligatorischen L2 zu machen, vgl. Müller-Lancé 2008.

& Kipf (2007), Doff & Lenz (2011), Albertini &Tinnefeld (2010) und dem jahrzehntelangen Kampf von Helmut Johannes Vollmer (z.B. 1992, 2001a, 2001b) für mehr Sprachreflexion im Englischunterricht absieht. Ansonsten sind Englisch-Didaktik und Englisch-Unterricht einseitig auf Kommunikation und nur minimal auf Kognition ausgerichtet.

Hinzu kommt das innersprachliche Problem, dass das Englische im Vergleich zu den übrigen in Deutschland gelernten schulischen Fremdsprachen die reduzierteste Morphologie aufweist. Es ist also teilweise gar nicht möglich, von dieser Sprache aus interlinguale grammatikalische Brücken zu schlagen, weil z.B. Kategorien wie Genus, Kasus und Modus im Englischen kaum eigene formale Entsprechungen haben. Vom Englischen ausgehende Sprachreflexion wird also zwangsläufig stark lexikalisch orientiert sein müssen.

Genau in dieser Problematik liegt nun die *win-win*-Situation einer Kooperation von Englisch und Latein wie im Rahmen des Programms "Latein plus": Das Lateinische verfügt über exakt diejenigen grammatischen Kategorien, die dem Englischen "fehlen", und die Lateindidaktik hat in den letzten Jahrzehnten intensiv auf das Pferd "Sprachreflexion" gesetzt und dabei hervorragende Ansätze entwickelt. Deutlich eingeschränkt hingegen ist im Lateinunterricht der kommunikative Aspekt, so fehlt z.B. die Möglichkeit, mit gleichaltrigen Muttersprachlern in Kontakt bzw. Austausch zu treten. Die Koexistenz von Englisch und Latein in Kooperation kompensiert also jeweils die "Schwächen" der komplementären Didaktik.

In diesem Kontext stellt sich aus Sicht der Tertiärsprachenforschung allerdings ein terminologisches Problem: Da im Rahmen von "Latein plus" Englisch und Latein zeitgleich, nämlich in der 5. Jahrgangsstufe, gestartet werden, wäre es ein Akt der Willkür, eine der beiden Sprachen als L2 und die andere als L3 zu bezeichnen. Rein chronologisch käme diese Rolle sicher eher dem Englischen zu, denn diese Sprache wird vielerorts bereits in der Grundschule unterrichtet. Ein "echter" L2-Unterricht, der Fremdsprachenlernerfahrungen und ein metasprachliches Bewusstsein ausbildet, ist dies aber üblicherweise nicht. Faktisch geht es eher um das spielerische Gewöhnen an die Lautung einer anderen Sprache. Die höchst komplexe englische Orthografie wird in der Grundschule typischerweise ausgeblendet, im Lateinunterricht hingegen ist die Orthografie völlig unproblematisch, wird also in Klasse 5 von Anfang an eingesetzt. Hier kann sich die Lateindidaktik auf die in der Grundschule erworbenen Lerner-Erfahrungen mit der deutschen Orthografie stützen, die ja in ihren Phonem-Grafem-Korrespondenzen der lateinischen sehr ähnlich ist. Der Lateinunterricht profitiert hier von der Tatsache, dass das Erlernen der muttersprachlichen Orthografie im Gegensatz zum Erlernen der Muttersprache ein höchst bewusster Vorgang ist, wodurch Regelmäßigkeiten der Phonem-Grafem-Korrespondenzen tatsächlich in transferierbarer Form bekannt sind. Blickt man nun auf Orthografie und Morphosyntax des Englischen, bereitet also eher der Lateinunterricht dem Englischunterricht den Boden als umgekehrt. Hier profitiert das Englische in gewisser Weise als Tertiärsprache von den (parallel absolvierten) Vorleistungen des Lateinunterrichts. Auf der anderen Seite weist der Englischunterricht kommunikative Lernziele auf, die den Erwerb von Lernstrategien mit sich bringen (z.B. beim Vokabellernen oder bei Umschreibungstechniken) und entsprechend auch im Lateinunterricht genutzt werden können. Aus dieser Perspektive wäre also Latein die Tertiärsprache, die von Englisch als L2 profitiert.

Kurzum: In "Latein plus" sind die Rollen von L2 und L3 nicht klar verteilt. Sicher ist aber, dass der Erwerb einer anschließenden vierten Sprache enorm von der beschriebenen Flexibilität der Rollen profitieren wird.

Überhaupt darf Mehrsprachigkeit nicht als lineares Phänomen aufgefasst werden, in dem eine Sprache der anderen folgt. Nach Herdina & Jessner (2000, 2002) müssen die verschiedenen Sprachen eines Individuums als komplexes Gesamtsystem betrachtet werden. Für dieses multilinguale Sprachsystem gelten allgemein die folgenden Bedingungen:

- Das System ist dynamisch, d.h. es wird ständig hinzugelernt, und zugleich reversibel, d.h. es kann auch etwas vergessen werden. Je mehr Sprachen im System enthalten sind, desto mehr Aufwand muss der Lerner treiben, um das System einigermaßen stabil zu halten.
- Das System ist nicht linear, d.h. im frühen Stadium eines Sprachlernprozesses ist die Progression steiler als im Spätstadium, wo sich z.B. auch Lernplateaus ausbilden.
- Im System herrscht Interdependenz, d.h. jede Einzelsprache des Systems wird durch den Ausbau oder Abbau der anderen Sprachen mit tangiert.

- Das System ist komplex durch das Zusammenspiel der Faktoren Fremdsprachenbegabung, Art des Spracherwerbsprozesses, Motivation, Wahrnehmung der eigenen Sprachkompetenz, Selbstwertgefühl, Angst.

Das Gesamtsystem ist also komplexer als die Summe der vertretenen Einzelsprachen. Dieses Mehr im Vergleich zur Summe der Einzelsprachen wird auch als "M-Faktor" (<="Multilingualismus") bezeichnet (vgl. Marx & Hufeisen 2004, 208ff). So ist z.b. ein multilingualer Monitor Bestandteil des Systems, der nicht nur, wie beim Monolingualen, bewusst die Sprachproduktion überwacht, sondern auch spezielle Kommunikationsstrategien initiiert und die Einzelsprachen auseinander hält (Jessner 2004, 26f).

3.2 Vernetzung von Tertiärsprachen am Beispiel des Wortschatzes

Am auffallendsten sind die interlingualen Querverbindungen von Tertiärsprachenlernern im Bereich des Wortschatzes. Dieser ist daher besonders gut untersucht. So haben beispielsweise multilinguale Wortassoziationstests mit Studierenden der Romanistik (Müller-Lancé 2006, 355ff) gezeigt, dass Mehrsprachige auf Stimuli aus ihrer Muttersprache oder einer sehr gut beherrschten Fremdsprache überwiegend mit semantisch verwandten Wörtern reagieren, also z.b. mit Gegensätzen wie *schwarz* => *weiß*, *noir* => *blanc*, zumeist in der Sprache des Stimulus. Zwischensprachliche Assoziationen gab es v.a. dann, wenn aus anderen Sprachen Lexeme bekannt waren, die dem Stimulus semantisch und phonetisch ähnelten, sog. *cognates* (z.B. kat. *blanc* – span. *blanco* – frz. *blanc* – it. *bianco* – dt. *blank*), wenn geläufige Übersetzungsäquivalente trainiert waren (z.B. *noir* => *schwarz*), oder wenn die Sprache des Stimulus so schlecht beherrscht wurde, dass die Probanden nicht zu Reaktionen mit Lexemen aus derselben Sprache in der Lage waren. Ein Sprachwechsel bei der Assoziation war also umso wahrscheinlicher, je schlechter die Sprache des Stimulus beherrscht wurde. Dies bedeutete keineswegs automatisch einen Wechsel in die Muttersprache: Insgesamt entstammte etwa jede dritte Assoziation einer Fremdsprache (Müller-Lancé 2006, 403).

Wie nützlich dieses interlinguale Assoziieren sein kann, zeigte sich bei Übersetzungstests mit Laut-Denk-Protokollen. Selbst aus Sprachen, mit denen die Probanden vorher nie zu tun gehabt hatten, konnten sie sinnvoll übersetzen, indem sie ihre Kenntnisse aus anderen Sprachen im Rahmen von Inferenz- bzw. Erschließungsstrategien einsetzten – vorausgesetzt natürlich, es gab typologische Verwandtschaften zwischen der Testsprache und den jeweils individuell beherrschten Sprachen.

Im Folgenden die Übersetzung eines katalanischen Textauszugs durch eine deutsche Romanistikstudentin mit Kompetenzen in Englisch, Latein, Französisch und Spanisch, aber ohne Katalanisch-Kenntnisse:

Una dona intenta enverinar el marit: Un home de 37 anys, vei de Badajoz, ha denunciat la seva dona, a qui acusa d'intentar enverinarlo i d'abandonar el domicili conjugal. [...] (Avui, 18.1.1998, S. 26)

Lautdenkprotokoll Probandin CE (Müller-Lancé 2006, 315)

Also eine Frau versucht, ihren **Gatten** zu vergiften: *el marit*, <u>*le mari*</u>, ... ein **37jähriger Mann**, *home* von <u>*l'homme*</u> oder **l'hombre*, em *anys* ja von <u>*años*</u> oder <u>*ans*</u>, *vei de Badajoz* wöh, em *vei*, ... *vei de Badajoz* bdbdbd, em, ja vielleicht (3 sec.) der in Badajoz °**wohnt** oder aus Badajoz °**kommt** von ... von <u>*vivre*</u> oder von em <u>*venir,*</u> weiß ich nicht. *Ha denunciat la seva dona*, hat also *denunciat* hat **denunziert**, em (5 sec.) em <u>*denounce*</u>, em *la seva dona* heißt wohl **seine eigene** Frau, ... also *denunciat* hat sie **beschuldigt**, ja hat sie beschuldigt, em oder ange-...klagt?, ja, em , seine eigene Frau, der er **vorwirft** oder die er **anklagt**, <u>*accuser*</u> oder <u>*accuse*</u> em *intentar*, **vorzuhaben** von <u>*intend*</u>, em *enverinar-lo* ihn zu vergiften und *abun-abandonar* von <u>*abandonner*</u> und <u>*abandon*</u> em und das **eheliche Haus** zu **verlassen**, <u>*le domicile*</u> und em ... ja *conjugal* ist von <u>*coniunx*</u> auf Lateinisch, Gatt-e oder Gattin.

Legende:
- **Fettdruck**: Inferenzergebnisse
- °Kringel: Falsches Inferenzergebnis (Wort existiert aber in Zielsprache)
- *Asterisk: Form, die in der Zielsprache nicht existiert
- <u>Unterstrichen</u>: interlinguale Inferenzbasen

So wie der multilinguale Wortschatz hier zur Entschlüsselung unbekannter Formen beitrug, so kann er auch dabei helfen, neu zu erlernenden Wortschatz leichter zu memorieren. Je mehr Wörter bereits im Mentalen Lexikon abgelegt sind, desto leichter ist es, neuen Wortschatz mit diesen zu verknüpfen. Das mehrsprachige Mentale Lexikon ist also nicht wie ein Speicher zu verstehen, der irgendwann voll ist, sondern eher wie eine unendliche Kletterwand, in der jedes vorhandene oder zusätzlich erlernte Wort als Griff zum Vorankommen dient.

In der Nutzung dieser Klettergriffe zeigten sich jedoch große interindividuelle Unterschiede: Obgleich alle 21 Teilnehmer an den oben beschriebenen Tests in etwa vergleichbare Fremdsprachenkompetenzen hatten (häufigste Kompetenzabstufung: Deutsch > Englisch > Französisch > Spanisch > Latein), schöpften einige nicht das gesamte Spektrum ihrer Fremdsprachen für Assoziationen und Inferenzstrategien aus: Zwei Probandinnen nutzten im Rahmen der Tests nur eine einzige Fremdsprache, verhielten sich also wie Bilinguale (ich nenne sie deshalb "Bilinguoide"), zwei andere Probandinnen beschränkten sich auf ihre Muttersprache, verhielten sich also wie Monolinguale ("Monolinguoide"). Dies kann mit dem Temperament der Probanden zusammenhängen (Vermeidung von Risiko), aber auch mit der Aktivierung und der Art des Erwerbs der jeweiligen Fremdsprachen. Wer nie geübt hat, zwischen den Sprachen hin- und herzuspringen, bei dem werden sich die interlingualen Verbindungen auch nicht entsprechend bahnen (Müller-Lancé 2006, 458f).

4. Vernetzung des Lateinischen mit modernen Fremdsprachen im Unterricht

Geht es um die Abfolge schulischer Fremdsprachen im Unterricht, so ist zunächst einmal vorauszuschicken, dass nach meinen Studien mit etwa 200 Probanden an unterschiedlichen Bildungseinrichtungen die Reihenfolge des Erwerbs dieser Fremdsprachen für die später erreichte Zielkompetenz in einer bestimmten Sprache nebensächlich ist (Müller-Lancé 2006, 460ff). Der studierende oder berufstätige Erwachsene beherrscht diejenige Fremdsprache am besten, die er am häufigsten benutzt bzw. für deren Erwerb er die höchste Motivation mitbringt, nicht etwa zwangsläufig diejenige, die am Anfang seiner Schulkarriere stand.

Entsprechendes gilt für die Vernetzung von Sprachen: Lerner ziehen allgemein diejenigen Sprachen für Erschließungsstrategien heran, die sie besonders gut beherrschen, die momentan stark aktiviert sind oder die der Zielsprache typologisch am ähnlichsten sind, und nicht etwa die Sprachen, die sie zuerst gelernt haben.

Am Gymnasium herrschen allerdings in gewisser Weise Sonderbedingungen, weil die Lerner vergleichsweise jung sind und – von Migrationssprachen einmal abgesehen – für Vernetzungsstrategien nur diejenigen Sprachen zur Verfügung haben, die der jeweiligen Zielsprache im Curriculum voraus gehen oder zumindest parallel laufen. Aus dieser Perspektive kommt der Abfolge der Sprachen dann doch eine gewisse Bedeutung zu, und damit entsteht auch das Dilemma, durch das die gymnasiale Sprachenwahl jahrzehntelang charakterisiert war: Beginnt man das Fremdsprachencurriculum mit einer morphosyntaktisch komplexen Sprache wie dem Lateinischen, dann bestehen durch die Ausbildung eines differenzierten metasprachlichen Bewusstseins optimale Vernetzungsmöglichkeiten zu später gelernten weiteren Fremdsprachen, aber das Kommunikationsbedürfnis wird nicht gestillt; beginnt man hingegen mit einer morphosyntaktisch einfachen Sprache wie dem Englischen, dann stellt sich sehr schnell ein motivierender Kommunikationserfolg ein, aber Sprachreflexion und -vernetzung bleiben auf der Strecke.

Der mit "Latein plus" eingeschlagene Königsweg, den Beginn beider Sprachen miteinander zu kombinieren, schafft dieses Dilemma aus der Welt. Damit die Kombination von Latein und Englisch aber tatsächlich fruchtbar wird, müssen die Vermittlungstraditionen beider Sprachen überdacht werden.

4.1 Sonderstellung des Lateinischen aus der Tertiärsprachenperspektive

Vorhandene Kompetenz in einer bestimmten Sprache führt nicht zwangsläufig zu deren Nutzung im Rahmen des Erwerbs weiterer Sprachen: In meinen Untersuchungen wurde das Lateinische signifikant weniger für Assoziationen und Erschließungsstrategien fremdsprachlichen Wortschatzes genutzt als das Deutsche oder die übrigen Fremdsprachen der Probanden. Dies liegt aber nicht am Lateinischen selbst oder daran, dass es nicht zu den "lebenden" Fremdsprachen zählt, sondern an der Art seiner Vermittlung: Nur Wortschatz, der auch aktiv beherrscht wird, steht als Assoziations- oder Inferenzbasis zur Verfügung. So haben zwei meiner Probandinnen sogar ausgesprochen häufig über das Lateinische assoziiert und inferiert: Die eine war Lateinstudentin, die andere hatte am Gymnasium mit Latein-1 begonnen, das Lateinlernen aber nach dem Großen Latinum wieder eingestellt. Letztere bezeichnete mittlerweile Latein als ihre mit Abstand schlechteste Fremdsprache, hatte aber eben doch, genauso wie die Lateinstudentin, einiges an aktivem Lateinwortschatz parat (Müller-Lancé 2006, 405ff). Dieses Sondergut ist dem Umstand zu verdanken, dass traditionellerweise in Deutschland nur im Latein-1-Lehrgang und im Studium der Klassischen Philologie Wert auf aktive lateinische Sprachkompetenz gelegt wird. Es geht dabei zwar nicht um Kommunikation, aber es wird doch mehr oder weniger systematisch auch vom Deutschen ins Lateinische übersetzt, entsprechende Wortschatzübungen inclusive. Man wird sich also im Rahmen von "Latein plus" Gedanken machen müssen, wie man auf attraktive Weise auch zumindest aktive lateinische Wortschatzkompetenz vermittelt.

4.2 Anregungen zur Vernetzung von Englisch und Latein im Unterricht

Englisch ist in Mitteleuropa keine Fremdsprache im eigentlichen Sinne mehr, sondern längst eine Zweitsprache – in manchen Kontexten von Wirtschaft und Wissenschaft konstatieren wir bereits eine Diglossie-Situation mit Englisch für die offiziellen Anlässe und der jeweiligen Landessprache für die informelle Kommunikation. Es sollte daher nicht mehr Hauptaufgabe des Englisch-Unterrichts sein, maximalen sprachlichen Input und Output zu garantieren. Den können die Schülerinnen und Schüler auch außerhalb des Unterrichts bekommen. Auf diese Weise gäbe es Raum, den Englisch-Unterricht im Curriculum einmal zu unterbrechen und so Platz für weitere Sprachen zu schaffen. Damit aber im multilingualen System des Lernerindividuums (s.o.) die Englischkompetenz nicht zurückgeht, während der Englisch-Unterricht ausgesetzt wird, müsste sie parallel in einer ungesteuerten bzw. immersiven Erwerbssituation erhalten bzw. verbessert werden, also z.B. im bilingualen Sachfachunterricht. Wie ein solches Sprachencurriculum mit jeweiligem Wechsel von gesteuerten und ungesteuerten Erwerbsphasen aussehen könnte, hat kürzlich Britta Hufeisen entworfen (Hufeisen 2011, 272).

Um im Englischunterricht Brücken zum parallel verlaufenden Lateinunterricht zu schlagen bzw. auf die nachfolgenden Fremdsprachen vorzubereiten, muss in die englische Didaktik auch Sprachreflexion eingebaut werden (vgl. Doff & Kipf 2007, 257), d.h. es muss ein multilinguales metasprachliches Bewusstsein als Grundlage für individuelle Mehrsprachigkeit gefördert werden.

Hierzu gehört natürlich auch die Ausbildung einer entsprechenden *teacher language awareness* (Doff & Lenz 2011, 153). Englisch hat hier durch seine unbestrittene Dominanz eine große Verantwortung den anderen Sprachen gegenüber bekommen (Doff & Lenz 2011, 144) und darf nicht zum *language killer* werden. Dies gilt umso mehr, wenn mit der Kombination Englisch + Latein schon das schulische Fremdsprachenkontingent vieler Kinder ausgeschöpft ist.

Gleichzeitig muss der Englisch-Unterricht als Ziel die (*near-)native speaker*-Kompetenz aufgeben (die auf bilinguoide Sprecher abzielt, s.o.) und zu einer realistischen *interlanguage*-Kompetenz übergehen – aufgeklärte Englisch-Didaktiker fordern dies bereits (Doff & Lenz 2011, 143). Denn selbst wenn wir 20 Jahre lang Englisch auf der Schule lernten, würden wir dennoch das Englisch, das wir für den Beruf brauchen, erst *on the job* lernen.

Ziel des schulischen Fremdsprachencurriculums sollte ein multilingualer Lerner sein, der sich auch wie ein solcher verhält, und nicht etwa so wie die bilinguoiden oder monolinguoiden Probanden meiner Stichprobe (s.o.). Er soll durchaus in der- oder denjenigen Sprachen, die er beruflich oder in der Freizeit am meisten benötigt, ein bedarfsgerechtes Kompetenzniveau erreichen. Er sollte aber auch in der Lage sein, systematisch zwischen seinen verschiedenen Sprachen hin und her zu springen und jeweils diejenige Sprache für Erschließungs- oder Memorierungsstrategien heranzuziehen, die sich im konkreten Falle besonders gut dafür eignet. Anregungen für den entsprechenden Unterricht gibt es hierzu aus dem Frankfurter EuroCom-Projekt (z.B. Klein & Stegmann 2000), aus der Eurom4-Gruppe (z.B. Blanche-Benveniste et al. 1997) oder aus der von Franz-Joseph Meißner geprägten Rezeptiven Mehrsprachigkeitsdidaktik (z.B. Meißner & Reinfried 1998).

Alle genannten didaktischen Ansätze fokussieren zunächst einmal die Teilkompetenz des Leseverstehens, weil diese zwei große Vorteile bietet: Erstens entfällt der Stressfaktor "Zeit", d.h. der Lernende kann sich einen fremdsprachlichen Textauszug so oft und so lange anschauen, wie er will. Zweitens bietet die Grafie, zumindest in den Sprachen, die sich der lateinischen Schrift bedienen, üblicherweise mehr Hilfen zur Wiedererkennung von Wortverwandtschaften als die Phonie, schon deshalb weil in der genormten Orthografie viele phonetische Varianten, die in der gesprochenen Kommunikation zu Verständnisschwierigkeiten führen können (z.B. dialektale oder spontansprachliche Phänomene), gar nicht abgebildet werden. Auch historische Verwandtschaften (z.B. zwischen Englisch, älteren Sprachstufen des Französischen und dem Lateinischen oder Altgriechischen) werden in der Grafie besser ersichtlich als in der Phonie, weil die geschriebene Sprache in ihrer Entwicklung der gesprochenen Sprache immer hinterher hinkt. So ist beispielsweise die Buchstabenkombination <rh> im Deutschen und Englischen ein Indikator dafür, dass das entsprechende Wort mit hoher Wahrscheinlichkeit aus dem Altgriechischen stammt. In der Phonie wird dies nicht deutlich, weil sich die Aussprache des Buchstaben <r> in beiden Sprachen nicht von der Aussprache der Buchstabenkombination <rh> unterscheidet.

Da die genannten Lehransätze sich typischerweise an altersmäßig schon fortgeschrittene Lerner richten, wird auch deren Weltwissen systematisch zur Erschließung fremdsprachlicher Texte genutzt. Und schließlich werden gleich am Anfang der Fremdsprachenlehrgänge authentische Texte verwendet, was den Leseanreiz bzw. die Motivation steigert und damit einen der wichtigsten Faktoren des Lernerfolgs.

Die zentrale Neuerung der genannten Fremdsprachenlehrmethoden besteht aber darin, dass mehrere typologisch verwandte Fremdsprachen zugleich als Ziel erfasst werden. Damit bestehen große Übereinstimmungen mit dem Projekt "Latein plus", das ja in ähnlicher Weise versucht, das gleichzeitige Lernen zweier Fremdsprachen aufeinander abzustimmen.

Für das Vernetzen mehrerer Sprachen bedarf es zunächst einmal eines *tertium comparationis*, also einer Art Vergleichsmatrix, einhergehend mit einem entsprechenden kategoriellen bzw. terminologischen Apparat. Ein Vergleich der festen Wortstellung im Englischen mit der relativ freien Wortstellung im Lateinischen kann nur gelingen, wenn zuvor eine metasprachliche Beschreibungsgrundlage eingeführt wurde, wozu beispielsweise die Behandlung eines Satzmodells gehört. Gerade die in solchen Modellen vollzogene Trennung von Wortklassen und syntaktischen Funktionen war bisher geradezu ein Sondergut des Lateinunterrichts (Müller-Lancé 2001a) und sollte nun auch in den Unterricht des Englischen bzw. der anderen Fremdsprachen exportiert werden:

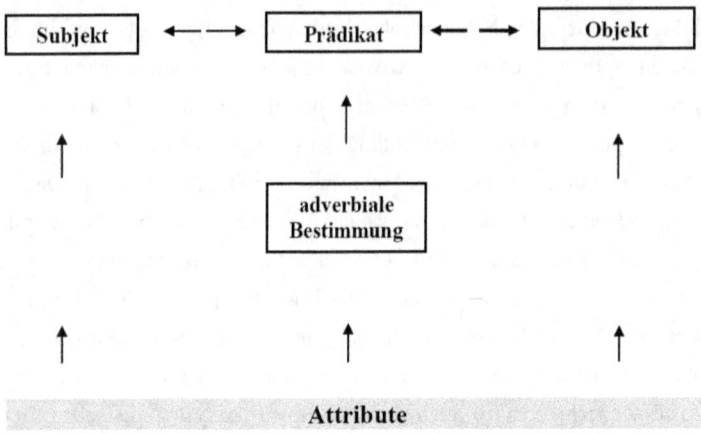

Abb.8: Vereinfachtes Satzmodell aus Lateinlehrbuch *Ostia Altera*
(*Cursus Grammaticus,* Siewert et al. 1995, 5)

Um das Englische im Vergleich mit anderen Sprachen zu charakterisieren, muss man im Englisch-Unterricht auch einmal all das thematisieren, was das Englische nicht aufweist, also z.B. auf Kategorien der Nominal- und Verbalflexion eingehen (Genus, Kasus, Modi, Personalflexion), wie sie das Deutsche und das Lateinische besitzen.

Hingewiesen werden sollte weiterhin auf englisch-lateinische Entsprechungen im Wortbildungsbereich. Vor allem Präfixe und Suffixe bieten sich für einen systematischen Vergleich an, weil hier mit einem sehr begrenzten aktiv zu lernenden Morphem-Inventar ein riesiger Wortschatzbereich in beiden Sprachen zumindest teilweise erschlossen bzw. bei der Neueinführung semantisch vorentlastet werden kann. Anzusprechen wären hier beispielsweise

- Fortsetzungen der lateinischen Präfixe
    - *a-/ab-/abs-*   'weg'   (lat. *absentia* / engl. *absence*)
    - *cum-/con-*   'mit, zusammen'   (lat. *connectio* / engl. *connection*)
    - *de-*   'herunter'   (lat. *descendere* / engl. *to descend*)
    - *dis-*   'auseinander' (lat. *distribuere* / engl. *to distribute*)
    - *ex-*   'hinaus'   (lat. *exitus* / engl. *exit*)
    - *in-/im-*   'hinein'   (lat. *infusio* / engl. *infusion*)
    - *inter-*   'dazwischen' (lat. *interiectio* / engl. *interjection*)

- *prae-*   'vor(her)'   (lat. *praedicere* / engl. *to predict*)
- *post-*   'nach'   (lat. *postmeridianus* / engl. *postmeridian*)

• Fortsetzungen der lateinischen Adjektivsuffixe
- *-bilis*   'machbar'   (lat. *impossibilis* / engl. *impossible*)
- *-osus*   'reich an etwas'   (lat. *gloriosus* / engl. *glorious*)

• Fortsetzungen der lateinischen Substantivsuffixe
- *-io/-sio/-tio*   'Handlung'   (lat. *vacatio* / engl. *vacation*)[5]
- *-mentum*   'Mittel'   (lat. *instrumentum* / engl. *instrument*)
- *-tor*   'tätige Person'   (lat. *instructor* / engl. *instructor*)
- *-tudo*   'Eigenschaft'   (lat. *altitudo* / engl. *altitude*)

Dabei kann die Frage vernachlässigt werden, ob die jeweiligen Wörter direkt aus dem Lateinischen oder auf dem Umweg über das (Alt-)Französische ins Englische gelangt sind. Dennoch würde es sicher nicht schaden, sondern im Gegenteil zum Erwerb weiterer Fremdsprachen motivieren, wenn man z.B. bei engl. *impossible* nicht nur auf die Verwandtschaft zu den lateinischen Bausteinen des Wortes, sondern auch auf das als Überlieferungsbrücke fungierende (alt-)französische Wort *impossible* oder weitere romanische Entsprechungen aufmerksam machte. Falls Englischlehrkräften die fachlichen Grundlagen hierfür fehlen, so sei ihnen der Kompaktkurs *Latein für Romanisten* (Müller-Lancé 2012, hier findet sich z.B. S.105ff eine ausführliche Übersicht der Suffixe mit ihren romanischen Entsprechungen) oder die *Lateinische Wortkunde für Alt- und Neusprachler* von Mader (2008) empfohlen.

Die Lernenden sollten also ermutigt werden, sich in beiden Sprachen sowohl über *top down*-Prozesse (z.B. Leitfragen wie: "Was könnte das für eine Textsorte sein?" "Um welche Orte, Personen, Themen geht es?") wie auch über *bottom up*-Prozesse ("Welche Wörter oder Wortbestandteile kenne ich schon aus anderen Sprachen?" "Welche Orthografiemuster kommen mir bekannt vor?" "Welche syntaktische Funktion könnte dieses Element haben?" "Welcher Wortklasse könnte es angehören?") an den Inhalt eines unbekannten Textes anzunähern, ganz ähnlich wie in dem Lautdenkprotokoll aus Abschnitt 3.2 (s.o.). Die Sprachenvernetzung sollte aber auch eingesetzt werden, um neuen Wortschatz

---

[5] mit Hinweis darauf, dass das *-n* der englischen Entsprechung sich über den lateinischen Akkusativ *vacationem* erklärt, der sich bei den meisten lateinischen Substantiven als unmarkierte Standardform durchgesetzt hat.

einzuführen oder bekannten Wortschatz zu vertiefen bzw. auszubauen bzw. zuhause zu repetieren.

Grundsätzlich sollten im Rahmen der Mehrsprachigkeitsdidaktik die Strukturen der verschiedenen Sprachen lehrerseitig vor allem dann aufeinander bezogen werden, wenn große Ähnlichkeiten oder aber starke Kontraste vorliegen (Thies 2002, 8). Beim Sprachenpaar Englisch / Latein wird allerdings – vom Wortschatz einmal abgesehen – Letzteres häufiger der Fall sein. Hier muss also jeweils aus der einen Sprache das ergänzt werden, was der anderen "fehlt".

Im Wortschatzbereich, der im Allgemeinen besonders fruchtbar für den Sprachvergleich ist, stellt sich allerdings ein konkretes Problem: Ausgerechnet im Englischen ist der hochfrequente Wortschatz, der typischerweise den Anfängerunterricht ausmacht, dominant germanischen Ursprungs und wird dadurch vom Lateinunterricht nicht unbedingt gestützt (Doff & Kipf 2007, 263f). Die Wortschatzprogression der beiden Curricula muss also besser aufeinander abgestimmt werden und darf nicht mehr ausschließlich von Frequenzkriterien bestimmt sein. Ebenso wichtig sollte das Kriterium sein, welcher Wortschatz im Hinblick auf Inferenzstrategien, Wortbildungsprozesse und generelle Produktivität das höchste Potenzial aufweist.

Bisher lag der Fokus meiner Anregungen stärker auf dem Englischunterricht. Aber auch im Lateinunterricht ist Umdenken angesagt. Dies ist vielleicht noch schwieriger zu erreichen, da sich der Lateinunterricht in seinem ständigen Zwang zur Selbstlegitimation in einem Dilemma befindet (Müller-Lancé 2006, 468). Er pendelt nämlich zwischen zwei Polen: Auf der einen Seite steht die Text- / Inhaltsorientierung. Sie macht den Lateinunterricht bei Schülerinnen und Schülern beliebt, aber in gewisser Weise auch beliebig. Denn die hier vermittelten Aspekte antiker Kultur könnte man auch im Rahmen zusätzlicher Stunden in Geschichte, Philosophie oder Deutsch unterbringen. Zur Vernetzung mit anderen Fremdsprachen trägt diese Ausrichtung des Lateins nicht bei. Im Gegenteil: Dadurch, dass das Fach Latein den Schülerinnen und Schülern die Möglichkeit gibt, eine weitere moderne Fremdsprache neben Englisch zu umgehen, ist er so geradezu ein Hindernis für europäische Mehrsprachigkeit und fördert die Monopolstellung des Englischen (vgl. Kipf 2006, 227).

Die andere Ausrichtung des Lateinunterrichts zielt auf Sprach- und Grammatikorientierung. Diese ist zwar hilfreich für das Erlernen weiterer Fremdsprachen, aber unattraktiv für viele betroffenen Lernenden, und zwar gerade für solche, die Latein wählen, um moderne Fremdsprachen zu vermeiden. Auch Versuche in den 1970er Jahren, diese Seite des Lateinunterrichts mit dependenz- oder transformationsgrammatischen Methoden zum Linguistik-Propädeutikum zu erheben, haben sich als wenig fruchtbar und denkbar unattraktiv erwiesen (Kipf 2008, 186).

Es muss also ein Weg für eine fremdsprachliche Orientierung gefunden werden, die auch am Übersetzen als Übung festhält (vgl. Kipf 2008, 184f). Nur so sichert der Lateinunterricht sein Alleinstellungsmerkmal. Er sollte aber materiell attraktiver werden, z.B. durch Einbeziehung von bilingualen Textausgaben und Paralleltexten, im Übrigen auch aus anderen Sprachen, nicht nur aus dem Deutschen. Daneben muss ein Minimum an hochfrequentem und in anderen Sprachen fortgesetztem Wortschatz auch aktiv gelernt werden, damit es für Transferprozesse zur Verfügung steht. Als Ziel wäre hier ebenfalls der Aufbau eines metasprachlichen Bewusstseins anzusehen.

Da man im Lateinunterricht weder das Problem einer möglichen Sprachenvermischung hat (diese tritt als Problem nur in der fremdsprachlichen Produktion auf), noch das Ziel maximaler Kommunikationskompetenz anstrebt, könnte der Lateinunterricht zum Hort des Sprachvergleichs an Schulen werden (vgl. Müller-Lancé 2001, 2004 und 2006, 469).

Ein solcher Sprachvergleich sollte auch die Ebene der Grafie ansprechen: Viele für den Lernenden rätselhafte Phänomene der englischen Orthografie lassen sich ja nur auf Basis der lateinischen Grafie erklären, was im Übrigen auch für die ähnlich kryptische französische Orthografie gilt. Während die Lerner vom Deutschen und Lateinischen her eine phonografische, d.h. nahe an der phonetischen Oberfläche orientierte Grafie gewohnt sind, müssen sie sich in Englisch und Französisch auf eine stark etymologisierende Grafie einstellen, die viel mehr mit der lateinischen Schreibung zusammen hängt als mit der phonetischen Realisierung in den jeweiligen modernen Fremdsprachen: vgl. z.B. die englische und französische Schreibung <nation> für die Lautungen engl. [ˈneɪʃən] und frz.

[nɑsj'ɔ̃] mit den einander deutlich ähnlicheren phonetischen und grafischen Kodierungen der Lexeme lat. *natio[nem]* und dt. *Nation*.

Das Französische sollte ohnehin, auch wenn die Lernenden noch keinen Französisch-Unterricht genießen, mit in den Sprachvergleich hineingenommen werden. Denn nur auf dem Umweg über die französische Laut- und Orthografie-Entwicklung lässt sich z.B. erklären, warum so viele lateinische [k]-Anlaute im Englischen als [tΣ]-Laut realisiert und mit <ch> geschrieben werden: vgl. lat. *camera* > engl. *chamber* (über altfrz. *chambre*); lat. *Carolus* > engl. *Charles* (über altfrz. *Charles*); lat. *capitulum* > engl. *chapter* (über afrz. *chapitre*); lat. *cappella* > engl. *chapel* (über altfrz. *chapele*). Das Englische bewahrt hier also alte französische Aussprachetraditionen aus der Epoche des 11. bis 15. Jahrhunderts, in der der englische Königshof stark normannisiert bzw. französisiert worden war, während sich im Neufranzösischen für diese Anlaute längst das [Σ] durchgesetzt hat (bei unveränderter Schreibung).

Gerade in der rezeptiven Mehrsprachigkeitsdidaktik (vgl. Meißner & Reinfried 1998), die den Lernenden im Anfangsstadium gerne mit authentischen Texten in schriftlicher Form konfrontiert, sind solche interlingualen Lesehilfen von fundamentaler Bedeutung. Überdies ist bei einem rezeptiv orientierten und grafiebasierten Sprachvergleich die Gefahr einer Überforderung der Lehrkräfte geringer, als dies bei der Produktion unterschiedlicher Fremdsprachen der Fall wäre.

Ein solcher Sprachvergleich kann natürlich auch Varietäten des Lateins betreffen: Zunächst einmal müsste man deutlich machen, dass das sog. "Klassische Latein" bei weitem nicht das einzige Latein darstellte, sondern lediglich von einer begrenzten Anzahl von Autoren in einer zeitlich begrenzten Epoche produziert worden war. Das Lateinische, das sich in den romanischen Sprachen und damit indirekt auch im Englischen fortgesetzt hat, weist jedoch starke Charakteristika von gesprochenen Lateinvarietäten auf, die man in der Linguistik der Einfachheit halber unter dem Begriff "Vulgärlatein" zusammenfasst (hierzu ausführlich Müller-Lancé 2012, 24ff). Man könnte nun deutlich machen, dass bestimmte Phänomene des Vulgärlateins sich durch unvollständigen Zweitspracherwerb erklären lassen, also im Sinne einer *interlanguage* (vgl. Müller-Lancé 2008a und 2006a, 62) – schließlich hat ja ein Großteil der Bewohner des Imperium Romanum das Lateinische ungesteuert als Zweitsprache erworben. So finden sich z.B. typische Vereinfachungserscheinungen in Deklination, Genus und Konjugation, die von den romanischen Sprachen fortgesetzt werden und die jeder Lateinlernende selbst schon einmal fälschlich angewandt hat (hier kann an die eigenen Sprachlernerfahrungen der Lernenden erinnert werden):

- klass.lat. *materies* > vulg.lat. *materia* (vgl. sp. *la madera*, it. *la materia*) => Bevorzugung der regelmäßigeren und damit leichter memorierbaren a-Deklination gegenüber der e-Deklination.
- klass.lat. *vinum* > vulg.lat. *vinus* (vgl. frz. *le vin*, sp. *el vino*, it. *il vino*) => Wegfall des Neutrums und (hier) Ersetzung durch das Maskulinum
- klass.lat. *esse* > vulg.lat. *essere* (vgl. sp. *ser*, it. *essere*, fr. *être*) => Reduktion des extrem unregelmäßigen Formenspektrums von *esse* und Angleichung an das regelmäßige Formenparadigma der konsonantischen Konjugation.

Diese Vereinfachungen betreffen zwar primär die romanischen Sprachen, können aber auch für Bewusstmachungen bezüglich des Englischen herangezogen werden. So kann z.B. der Deklinationswechsel und der Verlust des Neutrums im Vulgärlatein als Parallele dafür angeführt werden, dass es auch im Englischen einmal unterschiedliche Genera und Kasusformen gegeben hat, die im Laufe der Sprachentwicklung aufgegeben wurden. Dies hatten wir bereits am englischen Beispiel *vacation* gesehen, das auf den lat. Akkusativ *vacationem* zurückgeht, der wiederum als späterer Universalkasus in den romanischen Sprachen die anderen Kasusformen verdrängt hat. Die vulgärlateinische Markierung von *esse* mit dem üblichen Infinitivmarker *-re* zeigt das Bedürfnis, genau wie im Englischen alle Infinitive mit demselben Marker zu versehen – entsprechend dem *to* vor jedem englischen Infinitiv (vgl. *to do*).

Die Schülerinnen und Schüler lernen auf diese Weise, dass selbst die vermeintlichen Kontrastsprachen Englisch und Latein in ihrer Funktionsweise und in ihrem Wandel Gesetzmäßigkeiten unterworfen sind, wie sie für alle Sprachen dieser Welt gelten.

Für alle Sprachenlernenden dieser Welt gilt zuletzt und als Fazit, dass sich die lernerseitige Vernetzung verschiedener Sprachen aus neurologischen und kognitionspsychologischen Gründen gar nicht verhindern lässt. Wir sollten diese Vernetzungen also lieber systematisch nutzen anstatt zu versuchen, sie künstlich zu verhindern.

Bibliografie

AITCHISON, Jean. ³2003. *Words in the mind – an introduction to the mental lexicon.* Malden / Mass.: Blackwell.

ALBERTINI, A. Flavio & Tinnefeld, Thomas. 2010. „Englisch plus X – für eine nachhaltige, institutionalisierte Mehrsprachigkeit in Europa", in: *Beiträge zur Fremdsprachenvermittlung* 49, 3-15.

BIRBAUMER, Niels & Schmidt, Robert F. ³1996. *Biologische Psychologie.* Berlin & Heidelberg & New York: Springer.

BLANCHE-BENVENISTE, Claire et al. edd. 1997. *EuRom 4: Metodo de ensino simultâneo das línguas românicas – Metodo para la enseñanza simultánea de las lenguas románicas – Metodo di insegnamento simultaneo delle lingue romanze – Méthode d'enseignement simultané des langues romanes.* Firenze: La Nuova Italia Editrice (& by Université de Provence & Universidad de Salamanca & Università degli studi di Roma Tre & Universidade de Lisboa).

BLANK, Andreas. 2001. *Einführung in die lexikalische Semantik.* Tübingen: Niemeyer.

BÖRNER, Wolfgang & Vogel, Klaus edd. ²1997a. *Kognitive Linguistik und Fremdsprachenerwerb.* Tübingen: Narr (*Tübinger Beiträge zur Linguistik*; 375).

COWAN, W. Maxwell. ⁹1988. „Die Entwicklung des Gehirns", in: *Gehirn und Nervensystem* (o. ed.). Heidelberg: Spektrum der Wissenschaft (Verständliche Forschung), 100-110.

CRYSTAL, David. 1998. *Die Cambridge Enzyklopädie der Sprache.* Köln: Parkland (Übersetzung des engl. Originals von 1987).

DE GROOT, Annette M.B. 1993. „Word-Type Effects in Bilingual Processing Tasks: Support for a Mixed-Representational System", in: Schreuder, Robert & Weltens, Bert. edd. *The Bilingual Lexicon.* Amsterdam/Philadelphia: Benjamins (*Studies in Bilingualism* 6), 27-51.

DOFF, Sabine & Lenz, Annina. 2011. „Ziele und Voraussetzungen eines fächerübergreifenden Fremdsprachenunterrichts am Beispiel von Englisch und Latein", in: Elsner, Daniela & Wildemann, Anja. edd. *Sprachen lernen – Sprachen lehren. Perspektiven für die Lehrerbildung in Europa.* Franfurt a.M. et al.: Peter Lang, 141-156.

DOFF, Sabine. 2010. „Theorie und Praxis des bilingualen Sachfachunterrichts. Forschungsfelder, Themen, Perspektiven", in: ead. ed. *Bilingualer Sachfachunterricht in der Sekundarstufe. Eine Einführung.* Tübingen: Narr, 11-25.

DOFF, Sabine & Kipf, Stefan. 2007. „'When in Rome, do as the Romans do ...' Plädoyer und Vorschläge für eine Kooperation der Schulfremdsprachen Englisch und Latein", in: *Forum Classicum* 50/4, 256-266.

ENDER, Andrea. 2007. *Wortschatzerwerb und Strategieneinsatz bei mehrsprachigen Lernenden. Aktivierung von Wissen und erfolgreiche Verknüpfung beim Lesen auf Verständnis in einer Fremdsprache.* Hohengehren: Schneider.

ERVIN, S.M. & Osgood, C.E. 1954. „Second Language Learning and Bilingualism", in: *Journal of Abnormal and Social Psychology.* 49, Suppl., 139-149.
FALK, Walter. 2002. „Das „Biberacher Modell" – ein Erfahrungsbericht", in: *Altsprachlicher Unterricht* Jg. XLV, Heft 1, 20-24.
FRANCESCHINI, Rita & Hufeisen, Britta & Jessner, Ulrike & Lüdi, Georges. edd. 2003. *Gehirn und Sprache. Psycho- und neurolinguistische Ansätze.* Neuchâtel: Bulletin suisse de linguistique appliquée, numéro 78.
FRANCESCHINI, Rita. 2002. „Das Gehirn als Kulturinskription", in: Müller-Lancé, Johannes & Riehl, Claudia 2002, edd. *Ein Kopf – viele Sprachen: Koexistenz, Interaktion und Vermittlung.* Aachen: Shaker (*Editiones EuroCom*; 9), 45-62.
GREEN, David W. 1986. „Control, Activation, and Resource: A Framework and a Model for the Control of Speech in Bilinguals", in: *Brain and Language.* 27, 210-223.
GREEN, David W. 1998. „Mental Control of the Bilingual Lexico-Semantic System", in: *Bilingualism: Language and Cognition.* 1, 67-81.
HERDINA, Philip & Jessner, Ulrike. 2000. „The dynamics of third language acquisition", in: Cenoz, Jasone & Jessner, Ulrike. edd. *English in Europe. The acquisition of a third language*, Clevedon: Multilingual Matters, 84-98.
HERDINA, Philip & Jessner, Ulrike. 2002. *A Dynamic Model of Multilingualism: Perspectives of Change in Psycholinguistics.* Clevedon: Multilingual Matters.
HUFEISEN, Britta. 1998a. „L3 – Stand der Forschung – Was bleibt zu tun?", in: Hufeisen & Lindemann, 169-183.
HUFEISEN, Britta. 2011. „Gesamtsprachencurriculum: Weitere Überlegungen zu einem prototypischen Modell", in: Baur, Rupprecht S. & Hufeisen, Britta edd. *„Vieles ist sehr ähnlich". Individuelle und gesellschaftliche Mehrsprachigkeit als bildungspolitische Aufgabe.* Hohengehren: Schneider, 265-282.
HUFEISEN, Britta & Lindemann, Beate. edd. 1998. *Tertiärsprachen. Theorien, Modelle, Methoden.* Tübingen: Stauffenburg.
HUFEISEN, Britta & Marx, Nicole. 2007. *EuroComGerm - die sieben Siebe: Germanische Sprachen lesen lernen.* Aachen: Shaker.
JESSNER, Ulrike. 2004. „Zur Rolle des metalinguistischen Bewusstseins in der Mehrsprachigkeitsforschung", in: Hufeisen, Britta & Marx, Nicole. edd. *Beim Schwedischlernen sind Englisch und Deutsch ganz hilfsvoll. Untersuchungen zum multiplen Sprachenlernen.* Frankfurt et al.: Peter Lang, 17-32.
KIPF, Stefan. 2006. *Altsprachlicher Unterricht in der Bundesrepublik Deutschland. Historische Entwicklung, didaktische Konzepte und methodische Grundfragen von der Nachkriegszeit bis zum Ende des 20. Jahrhunderts.* Bamberg: Buchner.
KIPF, Stefan. 2008. „Schule im Umbruch – Perspektiven für den altsprachlichen Unterricht", in: Doff, Sabine. ed. *Visions of languages in education.* Berlin et al.: Langenscheidt, 181-193.
KLEIN, Horst G. & Stegmann, Tilbert D. 2000. *EUROCOMrom - Die sieben Siebe: Romanische Sprachen sofort lesen können.* Aachen: Shaker (*Editiones EuroCom*; 1).
KRASHEN, Stephen. 1981. *Second Language Acquisition and Second Language Learning.* Oxford & New York: Pergamon Press.
LEVELT, Willem J.M. 1989. *Speaking: From Intention to Articulation.* Cambridge, Mass.: MIT Press.

LEVELT, Willem. 1993. „Language Use in Normal Speakers and its Disorders", in: Blanken, Gerhard & Dittmann, Jürgen & Grimm, Hannelore & Marshall, John C. & Wallesch, Claus W. edd. *Linguistic Disorders and Pathologies. An International Handbook*. Berlin, de Gruyter (= Handbücher zur Sprach- und Kommunikationswissenschaft; 8), 1-15.
LEVELT, Willem J. M. & Roelofs, Ardi & Meyer, Antje S. 1999. „A theory of lexical access in speech production", in: *Behavioral and Brain Sciences*; 22, 1-75.
MADER, Michael. [4]2008. *Lateinische Wortkunde für Alt- und Neusprachler. Der lateinische Grundwortschatz im Italienischen, Spanischen, Französischen und Englischen*. Stuttgart: Kohlhammer.
MARX, Nicole & Hufeisen, Britta. 2004. „Multilingualism: Theory, Research, Methods, and Didactics", in: Bräuer, Gerd & Sanders, Karen. edd. *New Visions in Foreign and Second Language Education*. San Diego: LARC Press, 199-225.
MEIßNER, Franz-Joseph & Reinfried, Marcus. edd. 1998. *Mehrsprachigkeitsdidaktik. Konzepte, Analysen, Lehrerfahrungen mit romanischen Fremdsprachen*. Tübingen: Narr (*Giessener Beiträge zur Fremdsprachendidaktik*). Vgl. hierzu die Rezension von J. Müller-Lancé in *französisch heute* 2, 1999, 211-214.
MÜLLER-LANCÉ, Johannes. 2001. „Thesen zur Zukunft des Lateinunterrichts aus der Sicht eines romanistischen Linguisten", in: *Forum Classicum* 2, 100-106.
MÜLLER-LANCÉ, Johannes. 2001a. „Grammatikmodelle in modernen Fremdsprachenlehrwerken", in: Börner, Wolfgang & Vogel, Klaus. edd. *Grammatik lehren und lernen. Didaktisch-methodische und unterrichtspraktische Aspekte*. Bochum: AKS (Fremdsprachen in Lehre und Forschung; 29), 114-136.
MÜLLER-LANCE, Johannes & Riehl, Claudia. edd. 2002. *Ein Kopf – viele Sprachen: Koexistenz, Interaktion und Vermittlung*. Aachen: Shaker (*Editiones EuroCom*; 9).
MÜLLER-LANCÉ, Johannes. 2004. „Latein als Zielsprache im Rahmen mehrsprachigkeitsdidaktischer Konzepte", in: Klein, Horst & Rutke, Dorothea. edd. *Neuere Forschungen zur europäischen Interkomprehension*. Aachen: Shaker (Editiones EuroCom; 21), 83-94.
MÜLLER-LANCÉ, Johannes. [2]2006. *Der Wortschatz romanischer Sprachen im Tertiärsprachenerwerb. Lernerstrategien am Beispiel des Spanischen, Italienischen und Katalanischen*. Tübingen: Stauffenburg (Tertiärsprachen. Drei- und Mehrsprachigkeit; 7).
MÜLLER-LANCÉ, Johannes. 2008. „Französisch und Englisch im Übergang zum Gymnasium – Chronologie einer Tragödie im deutschen Südwesten", in: Frings, Michael & Vetter, Eva. edd. *Mehrsprachigkeit als Schlüsselkompetenz: Theorie und Praxis in Lehr- und Lernkontexten*. Stuttgart: ibidem, 109-131.
MÜLLER-LANCÉ, Johannes. 2008a. „Le latin vulgaire en tant que variété d'apprentissage", in: Wright, Roger. ed. *Latin vulgaire, latin tardif VIII. Actes du VIIIe colloque international sur le latin vulgaire et tardif. Oxford, 6-9 septembre 2006*. Hildesheim & Zürich & New York: Olms-Weidmann, 92-102.
MÜLLER-LANCÉ, Johannes. [2]2012. *Latein für Romanisten. Ein Lehr- und Arbeitsbuch*. Tübingen: Narr.
MÜLLER-LANCÉ, Johannes. 2013. „Sprachenvernetzung in Kopf und Unterricht", in: Doff, Sabine & Kipf, Stefan. edd. *English meets Latin*. Bamberg: Buchner, 13-31.
MULTHAUP, Uwe. 1995. *Psycholinguistik und fremdsprachliches Lernen: Von Lehrplänen zu Lernprozessen*. München: Hueber (*Forum Sprache*).

OOMEN-WELKE, Ingelore. 2011. „Sprachen vergleichen auf eigenen Wegen: Der Beitrag des Deutschunterrichts", in: Rothstein, Björn. ed. *Sprachvergleich in der Schule*. Hohengehren: Schneider, 49-70.

PARADIS, Michel. 1981. „Neurolinguistic organization of a Bilingual's Two Languages", in: Copeland, J.E. & Davis, P.W. edd. *The Seventh LACUS Forum*. Columbia, SC: Hornbeam Press, 486-494.

PARADIS, Michel. 2004. *A Neurolinguistic Theory of Bilingualism*. Amsterdam/Philadelphia: Benjamins.

POULISSE, Nanda. 1999. *Slips of the tongue. Speech errors in first and second language production*. Amsterdam/Philadelphia: Benjamins (*Studies in Bilingualism*; 20).

RAUPACH, Manfred [2]1997. „Das mehrsprachige mentale Lexikon", in: Börner, Wolfgang & Vogel, Klaus. edd. *Kognitive Linguistik und Fremdsprachenerwerb*. Tübingen: Narr (*Tübinger Beiträge zur Linguistik*; 375), 19-37.

SELINKER, Larry. 1972. „Interlanguage", in: *International Review of Applied Linguistics*. 10, 209-231.

SIEWERT, Walter & Steinmeyer, Angela & Tischleder, Hermann & Weddigen, Klaus. 1995. *OSTIA ALTERA. Texte und Übungen* und *Cursus grammaticus/Lesevokabular* Stuttgart: Klett.

SPITZER, Manfred. 1996. *Geist im Netz. Modelle für Lernen, Denken und Handeln*. Heidelberg & Berlin & Oxford: Spektrum.

THIES, Stephan. 2002. „Englisch und Latein", in: *Altsprachlicher Unterricht* Jg. XLV, Heft 1, 2-12.

WEINREICH, Uriel. 1953. *Languages in Contact*. The Hague: Mouton.

Onora la famiglia! Corleone und seine Spuren aus transatlantischer Perspektive. Ansätze einer fächerverbindenden Didaktik zwischen Englisch und Italienisch

Martin Blawid (Freigericht)

1. Problemaufriss und Zielsetzung

Der Themenbereich *Organisiertes Verbrechen* erfreut sich in den Oberstufencurricula der modernen Fremdsprachen länderübergreifend großer Beliebtheit. Was Außenstehende häufig überrascht, ist die Tatsache, dass sich dieses didaktische Interesse nicht ausschließlich auf die Faszination des Verbotenen, Gefahrvollen oder Subversiven reduzieren lässt. Beim genaueren Betrachten bietet die Auseinandersetzung mit mafiösen Organisationen im Fremdsprachenunterricht die Möglichkeit, historische Ursachen, kulturelle Dimensionen und Ausprägungsformen sowie Wirkungsbereiche und Entwicklungen der *Mafia* nachzuzeichnen. Dieser Ansatz, der den anschließenden Ausführungen zugrunde liegt, hinterfragt und problematisiert gängige Stereotypen, die Schülern[1] der gymnasialen Oberstufe in der Regel durch mediale Filter – früher vor allem: Filme, heute noch mehr: Videospiele – scheinbar vertraut sind. Das Phänomen *Mafia* wird dabei entmystifiziert und soziokulturell zumindest in Ansätzen erklärbar. Der Beitrag entwickelt Fragestellungen für einen fächerverbindenden Unterricht zwischen Englisch und Italienisch, stellt exemplarisch deren Erprobung anhand eines Romans bzw. einer Literaturverfilmung dar und wägt Perspektiven und Grenzen der Auflösung von Stereotypen vor dem Hintergrund einer Sensibilisierung für sozio-kulturelle Fragestellungen rund um das Thema *Mafia* ab.

Als Ausgangspunkt soll der Begriff der Stereotypen jedoch nochmals bemüht werden: Eine freilich nicht repräsentative Umfrage in einem Grundkurs Italienisch der Jahrgangsstufe Q3 in Hessen, bei der spontane Assoziationen zu einzelnen begrifflichen Konzepten gefragt waren, ergab auf das Stichwort *Italia* einen

---

[1] Das generische Maskulinum wird aus Gründen der besseren Lesbarkeit im Fließtext verwendet.

hohen Prozentsatz der Antwort *Mafia* sowie auf das Stichwort *Mafia* einen noch höheren Grad der Nennung des Begriffs *Italia*. Beide Antworten deuten bei allem Bewusstsein der fehlenden Empirie der Befragung an, wie engmaschig sich die stereotypenartige Verknüpfung der Konzepte zeigt. Die Wiederholung dieser entsprechenden Assoziationsübung in einem Englisch-Leistungskurs der gleichen Jahrgangsstufe führte zu beinahe identischen Ergebnissen. Umso erstaunter reagierten die Schüler auf meine Nachfrage als Lehrer, weshalb sie andere Länder und Nationalitäten als mögliche Antworten offenbar vollkommen aus dem Blick verloren hätten. Beide Lerngruppen – der GK Italienisch und der LK Englisch – waren nicht dazu in der Lage, das Phänomen *Mafia* als weltweite Erscheinung mit unterschiedlichen kulturellen Ausprägungsformen zu beschreiben. Ebenso wenig vermochten die Schüler, Begriffe bzw. Namen wie *Cosa Nostra*, *Chicago*, *Al Capone* oder *Corleone* in eine semantische Beziehung zueinander zu setzen, geschweige denn, die weltweiten Vernetzungsphänomene krimineller Organisationen an ihnen fundiert zu beschreiben.

Aus diesem Moment der Überraschung entstand die Idee und das angestrebte Lernziel der folgenden fächerverbindenden Unterrichtseinheit: Das Themengebiet *Mafia* sollte sowohl für den Englisch- als auch für den Italienischunterricht der gymnasialen Oberstufe aus kulturübergreifender Perspektive erschlossen werden, indem fachspezifische Erkenntnisse aus dem einen jeweils fachspezifische Leerstellen in dem anderen Fach schließen sollten. Dafür fiel die Wahl des konkreten Unterrichtsgegenstandes auf Mario Puzos 1969 erschienenen Roman „*The Godfather*" (ital.: „*Il Padrino*"), der 1972 von Francis Ford Coppola verfilmt und durch den Erfolg des Films einem noch breiteren Publikum bekannt wurde. Die Geschichte einer italienischen (genauer: sizilianischen) Migrantenfamilie im New York der 40er/50er Jahre des 20. Jahrhunderts, die sich im Zuge der zunehmenden Radikalisierung des organisierten Verbrechens der Metropole im Spannungsfeld zwischen Aufstiegsstreben, Tradition, Selbstjustiz und Korruption bewegt, bietet für beide Lerngruppen zahlreiche Ansätze, in die konkrete inhaltliche Unterrichtsarbeit einzusteigen und in der gemeinsamen Auseinandersetzung Wissenslücken zu schließen, um somit kompetenter mit dem Themenbereich *Mafia* umzugehen, wie im Folgenden zu zeigen sein wird.[2]

2. Curriculare Vorgaben

Zunächst jedoch bedarf dieser fächerverbindende Ansatz zumindest einer kurzen Begründung im Hinblick auf die Lehrpläne. An dieser Stelle werden exemplarisch Curricula aus Hessen und Rheinland-Pfalz zitiert: Dem derzeit noch gültigen Lehrplan der gymnasialen Oberstufe für das Unterrichtsfach Englisch (LK oder GK) in Hessen folgend, ließe sich das Thema *Mafia* insbesondere im Halbjahr Q1 unter Bezugnahme auf die übergeordneten Bereiche *USA, American Dream, Work ethic, Multiculturalism, Immigration* oder im Halbjahr Q3 als Veranschaulichung des Themenbereichs *Ideals and Reality* behandeln.[3] Der hessische Lehrplan für das Fach Italienisch (GK) legt eine Behandlung in Q2 unter dem Gesichtspunkt *Emigrazione e politica* oder in Q3 als Teil des Themenbereichs *Sfida all'autorità costituita/Criminalità organizzata* nahe.[4]

Der Blick nach Rheinland-Pfalz betont den fächerverbindenden Ansatz in der Sekundarstufe II, indem das „Verständnis für Menschen fremder Kulturen und deren spezifische Probleme" sowie die „Kenntnisse über wichtige geschichtliche Vorgänge" und „Einblicke in wichtige politische, soziokulturelle Erscheinungen und Probleme der Gegenwart" gefördert werden sollen.[5]

---

[2] Für Informationen über das Thema *Mafia* seien folgende Standardtexte empfohlen: Caruso (2008), darüber hinaus Marino (2012) sowie Dickie (2007). Zur Didaktisierung der Verfilmung lohnt es sich, folgende Online-Materialien zu sichten: Auf http://www.school-scout.de/3870-die-mafia?title=die-mafia werden Einstiegsinformationen zum Thema *Mafia* auf Deutsch gegeben; unter http://michaelvetrie.com/Godfather1.pdf findet sich eine englischsprachige Materialsammlung zur Didaktisierung der drei Teile der Verfilmung, die sich für die Arbeit im Computerraum empfiehlt, da multimediale Elemente wie z.B. Szenenausschnitte enthalten sind. Das entsprechende Lehrmaterial ist an folgender Stelle zu finden: http://michaelvetrie.com/Workbook_Godfather.pdf, jeweils Zugriff: 01.08.2016.
[3] Hessisches Kultusministerium. ed. 2010. *Lehrplan Englisch*, 57 bzw. 61.
[4] Ibid. ed. *Lehrplan Italienisch*, 29 bzw. 31.
[5] Ministerium für Bildung, Wissenschaft und Weiterbildung Rheinland-Pfalz. 1998, 33.

3. Dimensionen des Themas und Kompetenzen

Die Konsequenz des zuvor Genannten für die Unterrichtseinheit beinhaltet die Entscheidung, das Thema der Darstellung der *Mafia* anhand des Primärtextes „*Il Padrino*"/„*The Godfather*" in den Mittelpunkt zu stellen und den Unterricht methodologisch zu öffnen, indem beide Teilgruppen ihr fachspezifisches Vorwissen zunächst sammeln, ihre fachspezifischen Wissenslücken so präzise wie möglich formulieren, daraus eine an den Projektunterricht angelehnte Problemstellung formulieren und diese dann in Kooperation mit Schülern der anderen Teilgruppe sukzessiv in Angriff nehmen. Der Unterricht bleibt folglich in seiner Ausrichtung kooperativ, heuristisch und problemorientiert. Dabei ist es meines Erachtens wichtig, dass sich die gemischten Schülergruppen innerhalb des Lernprozesses sowohl der historischen als auch der aktuellen Dimension des Themas bewusst werden. So lernen die Schüler anhand des literarischen Textes bzw. des Films exemplarisch die Lebensbedingungen der italienischstämmigen Minderheit im New York des 20. Jahrhunderts kennen und erhalten Einblick in die historische Dimension des Themas *emigrazione / immigration* (jeweils aus der komplementären Perspektive der Länder Italien und USA). In Anlehnung an die von Wolfgang Klafki geforderte „exemplarische Bedeutung des Themas"[6] vermag dieser Ansatz Geschichte exemplarisch zu entdecken und sie mit der Ebene der Fiktionalität anhand eines literarischen Textes zu verknüpfen.

Beide Gruppen bringen im Bereich der Lernausgangslage bestimmte Voraussetzungen in die Diskussion ein: So könnte die Gruppe aus dem LK Englisch die historische Dimension des *American Dream* bzw. der Theorie des *melting pot* kompetent vorstellen, während die Gruppe aus dem GK Italienisch im Vorfeld spezifische Rechercheaufträge zum *Risorgimento* und der daraus resultierenden *Questione del Mezzogiorno* bearbeiten könnte. Diese ist ursächlich mit den Wellen der italienischen Einwanderer in die USA verbunden: Die im Roman bzw. Film entworfene Familie des Don Vito Corleone ist bereits zu Beginn eine exemplarische Einwandererfamilie in zweiter Generation, ebenso sind die einzelnen Familienmitglieder und Freunde der Familie exemplarische Exponenten der Vernetzung – auf der sozial-legalen Ebene (süd)italienischer Lebensart, auf der sozial-illegalen Ebene einer verbrecherischen Organisationskultur.

---

[6] Vgl. Klafki 2007, 251-284.

Die aktuelle Dimension des Themas, die auf die von Klafki formulierte Gegenwarts- und Zukunftsbedeutung eines Unterrichtsgegenstandes für die Schüler abzielt, beschäftigt sich mit historisch gewachsenen und im kulturellen Gedächtnis beider Länder bestehenden Tendenzen und Entwicklungslinien. So sollen Antworten auf Fragen wie: "What is the significance of specifically 'Italian' neighbourhoods in the US?", "What is meant by 'Little Italy'?", "Why do most Italian families still live in determinate areas in New York City?" oder: "Da dove viene l'espressione 'trovare l'America'?", "Qual è l'origine dei modi di dire 'avere uno zio in America' o 'fare l'Americano'?", "Perchè si sentò criticato Frank Sinatra quando uscì il film e chi si potrebbe offendere guardando il film oggi?", "Come viene rappresentata l'America, terra promessa?" gefunden werden.

Im Zusammenspiel von Faktenwissen über die historischen Hintergründe beider Kulturen und der Vertrautheit im Umgang mit aktuellen landeskundlichen Besonderheiten beider Kulturen sowie unter Berücksichtigung des literaturspezifischen Spiels mit Realität und Fiktion kann somit vor allem die kulturelle Reflexionskompetenz beider Schülergruppen trainiert und verbessert werden. Sie stellt für die vorliegende Unterrichtseinheit den inhaltlichen Schwerpunkt dar. In diesem Zusammenhang werden die Auswirkungen von Migrationsprozessen auf die unterschiedlichen Situationen des jeweiligen Herkunfts- und Ziellandes sowie – auf der Ebene der literarischen Figuren – auf ‚handelnde' Individuen und deren Schicksale transparent.

Darüber hinaus trainieren die Schüler ihre Medien- und Methodenkompetenz, indem sie die Romanvorlage als Primärtext und die Verfilmung als zweite Primärquelle miteinander vergleichen und – aus der jeweiligen Fachperspektive – im Hinblick auf historische Bezüge und Darstellungen landestypischer kultureller Phänomene analysieren. Dabei sollen auch literatur- und filmästhetische Techniken kennengelernt und in ihrer Wirkungsweise untersucht werden (beispielhaft etwa im Englischen: *point of view, camera perspective, setting and atmosphere* oder im Italienischen: *simbolismo dei colori, linguaggio del corpo* sowie Konzepte wie *prolessi, analessi* und *focalizzazione*). Ein weiterer möglicher Schritt in der Rubrik der Methoden- und Medienkompetenz ist der Einbezug der Ebene der Literatur- und Filmkritik, sodass die Abfolge 1. Textrezeption und -analyse, 2.

Filmrezeption und -analyse sowie 3. Kritikrezeption und -analyse vielversprechende Chancen auf eine tiefgründige Auseinandersetzung mit den Primärtexten in ihrem weiteren medialen Umfeld eröffnet.

Selbstverständlich erfolgt die Förderung konkreter sprachlicher Kompetenzen in den modernen Fremdsprachen Englisch und Italienisch über die gesamte Einheit und über das gesamte Spektrum der Fertigkeitsbereiche – der Skills – hinweg. Im Bereich des Hör-Sehverstehens üben die Schüler, spezifische Aufgabenformate anhand des Films zu bearbeiten; intensives und extensives Lesen bzw. Leseverstehen wird in der Auseinandersetzung mit dem Roman bzw. der Literatur- und Filmkritik trainiert. Das monologische und dialogische Sprechen üben sie durch Impulse zur Teilnahme an Gesprächen ebenso wie das Schreiben, wobei sich die Aufgaben sowohl auf heuristisch-analytische Schreibverfahren als auch auf Formen des kreativen Schreibens beziehen.

Die folgenden Abschnitte zeigen, wie die zuvor genannten Kompetenzen anhand ausgewählter Szenen bzw. Abschnitte aus Roman bzw. Film trainiert werden können.[7]

4. Exemplarische Arbeit im Unterricht I: *The Wedding Scene / Il matrimonio*

Die erste Szene – die Sequenz anlässlich der Hochzeit von Constanzia Corleone – erhält sowohl im Roman als auch im Film eine äußerst prominente Position: die der Exposition. Kunstvoll gelingt es Mario Puzo, über insgesamt 45 Seiten verschiedene Figuren, die für die weitere Progression der unterschiedlichen Handlungsstränge tragend sein werden, in den Erzählfluss einzuführen und in ihren Eigenheiten zu charakterisieren. Der heterodiegetische Erzähler mit Nullfokalisierung besitzt einen deutlichen Wissensvorsprung gegenüber den Figuren in der Erzählung; er erlaubt sich erläuternde Kommentare zum geschichtlichen Hintergrund ("The war with the Japanese had just ended so there would be no nagging fear [...] to cloud these festivities."[8]) und – ganz in der Tradition des ironisch-distanzierten *narrataire* – wertende Bemerkungen, die sich an einen

---

[7] Dabei handelt es sich aufgrund der begrenzten Darstellbarkeit in einem Artikel selbstverständlich um unvollständige und exemplarische Schilderungen, wobei das Ziel weniger darin besteht, Fragestellungen erschöpfend zu beantworten, als vielmehr darin, mögliche Unterrichtsabläufe aufzuzeigen.

[8] Puzo. 1978, 8.

bereits im Primärtext angelegten, fiktiven Leser zu wenden scheinen ("Luca Brasi was indeed a man to frighten the devil in hell himself"[9]). Coppolas enorme Detailtreue zeigt sich insbesondere darin, dass er dieser Strategie Puzos filmisch insofern folgt, als er sich ausgedehnt Zeit dafür nimmt, die Haupterzählstränge innerhalb der Eröffnungssequenz (das Anliegen Bonaseras, die „Sache" Johnny Fontane, die Liebe zwischen Michael und Kay, Luca Brasis Vergangenheit) wirkursächlich mit der Figur Don Corleones, genauer noch: mit der Position des Paten innerhalb der Familie Corleone, zu verknüpfen.

Ziel der Behandlung der Szene für beide Lerngruppen ist es, diese Position, die für den gesamten Handlungsverlauf entscheidend sein wird, herauszuarbeiten und in ihrer Bedeutung so zu verstehen, dass sie in der Analyse späterer Szenen (so zum Beispiel in der Gegenüberstellung der Positionen Don Corleones und Sollozzos zum Thema Drogenhandel) darauf kompetent zurückgreifen können. Als Vorbereitung und didaktische Hinführung zur Lektüre bzw. zur Rezeption des Filmausschnitts dient folgende an das Brainstorming angelehnte Fragestellung: "Hai un padrino in famiglia? Se sì, quale rapporto hai con il tuo padrino? Perché esiste l'istituzione di un padrino? Secondo te, quali differenze ci sono tra un padrino in una famiglia italiana e in una famiglia americana?".[10]

Durch die Einbindung eigener Erfahrungen wird der Grundgestus der Eingangssequenz als Familienszene transparent, was die Aufmerksamkeit der Schüler zunächst weg von der *Mafia* an sich auf die Ebene der Figuren lenkt. Die Schülergruppen analysieren die Sequenz – im Roman oder Film – im Anschluss aus unterschiedlichen Perspektiven, wobei eine Ausgangsfrage beiden Gruppen als Orientierung dienen soll: "In how far does the opening scene of the movie/of the novel represent an 'Italian' subculture in the US? To what extent may it be seen as a representation of succeeding or failing in the 'American Dream'?" Als Maßnahme zur Differenzierung kann unter Umständen auch folgender Zusatzauftrag erteilt werden: "Nel gabinetto privato del padrino, Bonasera, un becchino, chiede umilmente che Don Corleone gli 'faccia giustizia'. Spiega il concetto di

---

[9] Ibid. 22.
[10] Um den Gegebenheiten eines räumlich eingeschränkten Artikels zu entsprechen, werden im Folgenden englisch und italienisch formulierte Aufgabenstellungen jeweils abwechselnd angeführt. In der entsprechenden Unterrichtssituation erhalten die beiden Gruppen jeweils beide Versionen der Aufgabenstellung.

'giustizia' riportata in quella scena. Che tipo di 'giustizia' chiede il becchino, e qual è la reazione del padrino?" Die Differenzierung geht über das Familienfest hinaus und stellt zentrale Fragen des Ehre-Begriffs und der damit verbundenen (il)legalen Wiederherstellungsmaßnahmen in der Gesellschaft der USA der Nachkriegszeit ins Zentrum der Überlegungen. Leistungsstärkere Schüler aus beiden Gruppen erhalten dadurch Anreize, die Struktur der familiären Abhängigkeiten auf die einer mafiösen Organisation zu übertragen und sie als Gegenentwurf zu den legal verbrieften Bürgerrechten herauszuarbeiten. Zugleich könnte Bonaseras Problem Anlass zu einer ausführlichen Diskussion zu den Hoffnungen und Grenzen der Ideologie des *American Dream* geben.

Zur Unterstützung erhalten die Gruppen spezifische Lexikhilfen, die im folgenden Schaubild vereinfacht zusammengefasst werden:

> undertaker, wedding party, FBI, justice, to raise sb. according to American values, godfather, godson, the forces of law and order, honor, loyalty, trustworthiness
>
> becchino, nozze, padrino, consigliere, mafioso, boss, offrire un caffè, mostrare rispetto dinanzi a qn., chiedere un favore a qn., ricambiare un favore a qn., onore, affetto

Die Vorlage zur tabellarischen Gegenüberstellung der Positionen Bonaseras und Don Corleones könnte wie folgt aussehen:

> Parting from what you have found out in the previous step, sketch out the different positions regarding the concept of "justice" provided by Bonasera and Don Vito Corleone. Link your ideas to typically "American" and "Mediterranean" values/traditions.
>
> | Bonasera's position | justified by which tradition | Don Vito Corleone's position | justified by which tradition |
> |---|---|---|---|
> | | | | |

Nach dieser Annäherung an die Eröffnungssequenz könnte eine vertiefende Auseinandersetzung mit einigen darin enthaltenen Schlüsselzitaten erfolgen. Dabei bietet sich die Gruppe als Sozialform (eventuell auch durch Mischung der beiden Lerngruppen) an, in der Zustimmung ebenso wie Widersprüche und Zweifel offen artikuliert werden können. Als Zielsprache kann bei der Mischung

Englisch festgelegt werden, alternativ bietet sich die Abfolge sprachlich homogen – sprachlich heterogen an:

> Don Vito Corleone: "Questa non è giustizia. Tua figlia è ancora viva."
>
> Bonasera: "Io credo nell'America. L'America fece la mia fortuna. E io crebbi (=ho cresciuto) mia figlia come un'Americana."
>
> Don Vito Corleone: "Un giorno, e non arrivi mai quel giorno, ti chiederò di ricambiarmi il servizio."

Die genannten Didaktisierungen sind an dieser Stelle selbstverständlich exemplarisch – die Szene bietet bei näherer Betrachtung weit mehr an inhaltlicher (und sprachlicher) Brisanz. So wäre beispielsweise die Frage nach der Bedeutung des Begriffs *Respekt* ein interessanter Vergleichspunkt, anhand dessen sich die italienische und die amerikanische Kultur gegenüberstellen ließen. Den Schülern ist der Begriff ohnehin aus ihrer Lebenswelt vertraut, und so könnte die Frage, was sie unter Respekt verstehen, zunächst auf ihre Alltagserfahrungen, später auf die Sequenz im Roman bzw. Film und darüber hinaus auf ein interkulturelles Vergleichsniveau übertragen werden, bei dem deutlich herausgearbeitet werden könnte, dass die im Roman / Film geschilderte Bekundung von Respekt tradierten Mustern folgt, die sich erneut eng an die Figur des Familienoberhauptes knüpfen. Darüber hinaus enthält die Passage unterschiedliche Entwürfe dessen, wodurch sich die Figuren den Respekt ihrer Mitmenschen verdienen: durch die Bereitschaft, exzessive Gewalt einzusetzen (Brasi), durch Alter und Ansehen (Don Corleone), durch Popularität in einem Massenmedium (Johnny), durch Hinweise auf die Physis (Sonny) oder durch eine in Aussicht gestellte Karriere beim Militär (Michael).

Das Ergebnis der Beiträge aus den anfangs homogen, später heterogen zusammengesetzten Lerngruppen sollte darauf hinauslaufen, dass sich die Konzepte der *famiglia*, des *padrino* im Besonderen, des *rispetto*, der *giustizia* und des *American Dream* einer ursprünglichen Einwandererfamilie mosaikhaft ineinanderfügen und sich trotz ihrer unterschiedlichen Motivation – und gleich, aus welcher kulturellen Perspektive – immer wieder auf einen gemeinsamen Referenzpunkt zurückführen lassen: Don Vito Corleone.

5. Exemplarische Arbeit im Unterricht II: *Drugs Are a Dirty Business / La droga è sporca*

Die zweite Sequenz umfasst das Aufeinandertreffen Don Corleones mit Sollozzo, einem *mafioso* einer rivalisierenden New Yorker Familie. Sollozzo will dem *padrino* vorschlagen, gemeinsam in das im Entstehen begriffene, äußerst rentable Drogengeschäft der Stadt einzusteigen – der *padrino* lehnt das Angebot ab und erklärt im Anschluss, Drogen seien ein „schmutziges Geschäft". Die Sequenz markiert einen Wendepunkt innerhalb der Familiengeschichte Corleone: Sie fördert deutlich zu Tage, dass Don Corleone ein Repräsentant einer älteren Generation von Familienoberhäuptern ist, deren Primärziel nicht in der bedingungslosen Expansion von Macht, sondern in der Bewahrung eines Status quo bei der „Aufteilung" der geschäftlichen Interessen unter potenziell rivalisierenden Familienclans in New York besteht. Das Risiko muss aus seiner Perspektive kalkulierbar bleiben, um Schaden von der Familie abzuwehren. Das entspricht allerdings nicht der Ansicht Sollozzos, der Profitgier und Ruchlosigkeit in sich vereint.

Interessant ist, dass den Schülern sowohl nach der Rezeption des entsprechenden Abschnitts im Roman als auch im Film Gelegenheit gegeben werden kann, über die Beweggründe Don Corleones (und ggf. Sollozzos) zu spekulieren, wie das folgende Schaubild zeigt:

Parting from your reading/watching impressions, determine the different goals Don Vito Corleone and Sollozzo pursue in their 'business'! Which impact might this difference have on their relationship?

Don Vito's business interest/strategy	Sollozzo's business interest/strategy

---

Diese Vorbereitung könnte jeweils in einen inneren Monolog der beiden Parteien münden. Als methodische Umsetzung bietet sich in diesem Fall die „Alter-Ego-Technik" an, wobei beiden Figuren (Don Corleone und Sollozzo) jeweils ein „Alter Ego" zur Seite gestellt wird, das – im Zwiegespräch mit den Figuren oder über die „Rampe" zur Klasse hin – Vor- und Nachteile der inneren Monologe der Figuren reflektiert und kommentiert. Analog zur Hochzeitsszene zuvor kann dieser Arbeitsschritt zunächst gruppenteilig und sprachlich homogen, später aber auch sprachlich heterogen erfolgen, nachdem das Verständnis für beide Gruppen gesichert worden ist.

Ausgehend von den Ergebnissen dieser Sequenz und unter Einbezug der weiteren Handlungsstränge in Roman und Film ließen sich mehrere Profile von *Mafia*-Organisationen entwickeln, die Ziele und Methoden beinhalten und Entwicklungslinien anhand des Romans / Films nachzeichnen, wie die folgende Darstellung exemplarisch zeigt:

> famiglia Corleone a) (secondo Don Corleone): obbiettivo principale: proteggere la famiglia, salvaguardare l'equilibrio di potere a New York, evitare conflitti armati con le altre famiglie --- metodi: conservare lo status quo, limitarsi alle attività 'tradizionali' quali l'azzardo, la prostituzione, l'alcool, evitare la droga, articolare il rispetto dinanzi alle altre famiglie
> famiglia Corleone b) (secondo Sonny) / famiglia Sollozzo: obbiettivo principale: espansione di potere ad ogni costo --- metodi: investimento in droghe, assassinio di potenziali rivali

Analog zu der zuvor geschilderten exemplarischen Analyse der Hochzeitssequenz stellen diese Überlegungen ebenfalls nur ansatzweise dar, welch großes Potenzial die Gegenüberstellung der Positionen Don Corleones und Sollozzos für den Unterricht bietet. Selbstverständlich ist es in diesem Zusammenhang sinnvoll, in Schritte der Figurencharakteristik einzusteigen bzw. sie eventuell fortzuführen. Die Sequenz führt letztlich zur Eskalation des Konflikts zwischen den rivalisierenden Familien im Allgemeinen und zum Mord an Sonny bzw. dem Anschlag auf Don Vito Corleone sowie dem Aufstieg Michaels zum neuen *padrino* im Besonderen. Die Entwicklungslinien auf die entsprechende Szene zurückzuführen, ist aus erzähltechnischer Perspektive sehr interessant und aufschlussreich und führt bei den Schülern zu einem vertieften Verständnis der Grundkonflikte im Roman bzw. im Film.

6. Zusammenfassung und Perspektiven

Die vorliegende Ausarbeitung verfolgte das Ziel, Ansätze für eine fächerverbindende Behandlung der Themenbereiche *Mafia / Organisiertes Verbrechen* bzw. *Italienische Einwandererschicksale im 20. Jahrhundert in den USA* anhand des

Romans bzw. Films *"The Godfather"/"Il Padrino"* in der gymnasialen Oberstufe vorzustellen. Dabei wurden – ausgehend von der Betrachtung der Lernausgangslage eines Leistungskurses im Fach Englisch und eines Grundkurses im Fach Italienisch – exemplarisch Möglichkeiten aufgezeigt, die unterschiedlichen Kompetenzen, Vorstellungen und Erwartungen beider Lerngruppen durch die Arbeit an einem gemeinsamen Thema fruchtbar zu machen, wobei beide Unterrichtsfächer einerseits in ihrer Eigenständigkeit gewürdigt werden, um andererseits in der kooperativen Auseinandersetzung mit dem Thema eine dienende, erklärende und erhellende Funktion gegenüber dem jeweils anderen Unterrichtsfach zu übernehmen.

Als Ergebnis zeigt sich neben dem sprachlichen Zugewinn eine erhöhte Sensibilität in Bezug auf die kulturelle Mehrdeutigkeit des Phänomens *Mafia*, die die Schüler durch Erweiterung ihrer Perspektive in entsprechenden kommunikativen Kontexten – auch unter Einbezug ihrer neu gewonnenen Erkenntnisse aus dem jeweils anderen Fach – kompetenter und weltoffener agieren lässt.

Bibliografie:

CARUSO, Alfio. 2008. *Da cosa nasce cosa. Storia della mafia dal 1943 a oggi.* Milano: Longanesi.
DICKIE, John. 2007 *Cosa Nostra. Die Geschichte der Mafia.* Frankfurt a.M.: Fischer 2007.
HESSISCHES KULTUSMINISTERIUM. ed. 2010. *Lehrplan Englisch. Gymnasialer Bildungsgang. Jahrgangsstufen 5G bis 9G und gymnasiale Oberstufe.*
HESSISCHES KULTUSMINISTERIUM. ed. 2010. *Lehrplan Italienisch. Gymnasialer Bildungsgang. Jahrgangsstufen 8G bis 9G und gymnasiale Oberstufe.*
KLAFKI, Wolfgang. 2007. *Neue Studien zur Bildungstheorie und Didaktik. Zeitgemäße Allgemeinbildung und kritisch-konstruktive Didaktik.* Weinheim & Basel: Beltz.
MARINO, Giuseppe Carlo. 2012. *Storia della mafia. Dall'"Onorata società" a Cosa Nostra, la ricostruzione critica di uno dei più inquietanti fenomeni del nostro tempo.* Roma: Newton Compton.
MINISTERIUM FÜR BILDUNG, WISSENSCHAFT UND WEITERBILDUNG RHEINLAND-PFALZ. ed. 1998. *Lehrplan Englisch. Grund- und Leistungsfach. Jahrgangsstufen 11 bis 13 der gymnasialen Oberstufe* (Mainzer Studienstufe).
PUZO, Mario. 1978. *The Godfather.* London: Penguin.

Griechische Mythen in lateinischen Lehrwerken
Tamara Choitz (Andernach) &
Susanne Gippert (Bad Neuenahr-Ahrweiler)

Eine besonders enge Verbindung der Fächer Griechisch und Latein – wenn nicht die Verbindung schlechthin – ist im Bereich der Sekundarstufe I in den Lektionen lateinischer Lehrwerke gegeben, in denen der griechische Mythos umgesetzt wird.

In Lateinbüchern finden sich nämlich nach wie vor zahlreiche griechische Mythen behandelt – Tendenz allerdings fallend; die geografische Öffnung des Lateinunterrichts (das ganze Imperium wird zum Thema) und die zeitliche Öffnung hin zu Mittelalter und Renaissance drängen die griechischen Mythen zurück, die früher dominant waren, z.B. in *Ianua Nova*.[1]

1. Der Mythos bei den Griechen

Bevor man nun genauer betrachtet, wie der griechische Mythos in Lateinbüchern umgesetzt wird, sollte man sich zunächst fragen, wie die Griechen eigentlich selbst mit ihrem Mythos umgegangen sind. Erst dann kann man nämlich adäquat beurteilen, ob bzw. inwiefern die Umsetzung in den Lateinlehrwerken dem griechischen Mythos gerecht wird bzw. welche Möglichkeiten im griechischen Mythos angelegt sind, die in den Lehrbuchtexten bereits genutzt werden oder vom Lehrenden für seinen Lateinunterricht genutzt werden können. Ein ganz zentraler Aspekt des griechischen Mythos, dem gerade auch in diesem Kontext besondere Bedeutung zukommt, ist seine Flexibilität, d.h. es gibt zwar von jedem Mythos eine Art Vulgata, einen Kern, aber es existiert keine kanonische, in jeder Hinsicht verbindliche Form. Diese Freiheit des Mythos erstreckt sich auf verschiedenste Gebiete, auch auf solche, wo man zunächst Freiheiten nicht erwarten würde.

---

[1] Einige Mythen werden auch im Deutschunterricht behandelt – in der Sekundarstufe I als Mythos, in der Sekundarstufe II in literarischer Ausformung.

1.1 Die Geneaologie (Bsp. Aphrodite)

Bei Homer ist Aphrodite Tochter des Zeus und der Dione (*Ilias* 5, 370-418), bei Hesiod (*Theogonie* 176ff.) hingegen wird sie aus dem Schaum des Meeres geboren, der vom Glied des Uranos befruchtet wurde. Bei Hyginus (*fabula* 197) schlüpft sie aus einem Ei, welches von Fischern an Land gerollt und von Tauben ausgebrütet wurde (Adaptation des Geburtsmythos der syrischen Semiramis).

1.2 Der Ort (Bsp. Das Ende des Atridenfluches)

Der Atridenmythos ist vom Mythos her eigentlich in Mykene verortet, die Auflösung findet aber in der Trilogie des Aischylos vor dem Areopag in Athen statt, nämlich dort, wo die Tragödie aufgeführt wurde; der Orest des Euripides wiederum spielt und endet im Atridenpalast in Argos.[2]

1.3 Die Chronologie der Ereignisse (Bsp. Die Elektra-Dramen)

Bei Aischylos und Euripides kommt es zuerst zur Anagnorisis der Geschwister, woraus dann die gemeinsam geplante Intrige zur Ermordung resultiert. Bei Sophokles schmieden Orest, Pylades und der Pädagoge am Anfang die Intrige zur Ermordung; die Wiedererkennung der Geschwister in V. 1220 ist eine (unbeabsichtigte) Folge der Umsetzung der Intrige.

1.4 Beteiligte Personen (Bsp. Philoktet)

Aischylos, Sophokles und Euripides hatten je eine Tragödie dieses Namens geschrieben, die sich mit denselben Ereignissen befasste, nämlich damit, wie es den Griechen schließlich gelingt, den einst von ihnen ausgesetzten Philoktet wieder zur Kooperation mit dem Unternehmen Troia zu gewinnen. Sophokles' Version ist erhalten, und vor allem Euripides ist recht gut zu rekonstruieren:[3] Bei Euripides (431 aufgeführt) werben eine trojanische Gesandtschaft und eine griechische Gesandtschaft, und zwar unter Führung von Odysseus und Diomedes,

---

[2] Hinzu kommt noch ein weiterer Unterschied: Bei Aischylos und Euripides wird jeweils zuerst Aigisthos ermordet, und zwar im Bad wie seiner Zeit Agamemnon, bei Sophokles wird als erstes der Muttermord begangen und dann Aigisthos am Herd erschlagen.

[3] Hierzu s. Dio, *or*. 52 mit jeweils einer Zusammenfassung der drei Versionen der griechischen Tragiker und Dio, *or*. 59 zur Philoktet-Tragödie des Euripides.

um Philoktet, bei Sophokles (409 aufgeführt) wenden Odysseus und Neoptolemos eine List an, und bei Aischylos trat ihm wohl Odysseus allein gegenüber. Also: Odysseus und Philoktet werden vom Mythos immer konfrontiert, Begleiter und Methode variieren.

1.5 Charakteristik der Personen (Bsp. Odysseus)

Im Philoktet des Sophokles ist Odysseus der skrupellose Sophist, dem jedes Mittel recht ist, um sein Ziel zu erreichen. Am Ende wird er von den ‚Anständigen' von der Bühne gejagt. Im Aias desselben Dichters hat Odysseus hingegen Mitleid mit dem unglücklichen Protagonisten, und zwar mehr sogar als die Göttin Athene. Diese fordert ihn im Prolog auf, sich daran zu laben, wie Aias sich lächerlich macht, als er eine Schafherde abschlachtet, glaubend, er habe Odysseus und die Atriden vor sich – Odysseus aber hat keine Freude daran; denn er erkennt am Beispiel des unglücklichen Aias die Ausgeliefertheit des Menschen. Odysseus ist also – sogar beim selben Autor – nicht immer dieselbe Person.

1.6 Zentrale Fakten (Bsp. Helena)

Helena kommt nach Troia und löst damit den trojanischen Krieg aus. Doch ging sie aus freien Stücken mit, oder wurde sie mit Gewalt verschleppt? Der Rhetor Gorgias (490/485 v. Chr. bis 396/380 v. Chr.) spielt in seiner Rede auf Helena alle Varianten in alle Richtungen hin durch. Und damit nicht genug: Schon sehr früh kursierte eine Variante des Troia-Mythos, nach der nicht Helena selbst, sondern ein Trugbild in Troia gewesen sei.[4]

1.7 Ausgang

Man muss hier nicht die *Deus ex machina*-Dramen von Euripides und Sophokles bemühen, bei denen das Geschehen der Tragödie auf der Ebene der Menschen ‚eigentlich' anders endet, als es vom Mythos her enden sollte, sodass dann am

---

[4] Diese Fassung ist zuerst im Kontext der sog. *Palinodie* des Stesichoros (632/629-556/553 v. Chr.) zu fassen und wird dann in der Helena-Tragödie des Euripides ausführlich umgesetzt, bei der Menelaos mit dem Trugbild der Helena, das er aus Troia mitgebracht hat, nach Ägypten gelangt, wo er dann endlich die richtige Helena trifft. Auch Herodot 2,112 weiß von diesem Aufenthalt Helenas in Ägypten.

Ende ein Gott den ‚richtigen' Ausgang durch ein Machtwort wiederherstellt. Es gibt in der Tat auch Varianten, bei denen eine Sage auch anders ausgehen kann. So *kann* sogar Antigone in der Tat überleben: Überliefert ist diese Variante auf einer Vase aus Ruvo in Unteritalien (Sichtermann 1966, Taf. 115 und 117) – dort wird Antigone von Herakles weggeführt und damit gerettet.[5]

1.8 Die politische Vereinnahmung

Am Parthenon werden am Metopenfries an den vier Seiten verschiedene mythologische Schlachten abgebildet, z.B. die Eroberung Trojas durch die Griechen. Bei genauerer Betrachtung zeigt sich aber, dass dahinter eine politische Botschaft steht: Die Griechen / Athener besiegen die Barbaren, der Westen den Osten, d.h. es ist eine mythisch überhöhte Darstellung des athenischen Sieges über die Perser.

1.9 Die symbolische Deutung

Auf apulischen Grabvasen werden eine Reihe von Mythen dahingehend gedeutet, dass Aspekte dieser Mythen als Trost oder Hoffnung auf ein Leben nach dem Tod verstanden werden können; so wird z.B. Andromedas Errettung und sogar Niobes Schicksal zum mythischen Exemplum für eine Errettung aus dem Hades.[6]

Der griechische Mythos ist nicht nur in Details, sondern bisweilen auch in Essentials extrem flexibel. Für den Umgang mit dem griechischen Mythos in (lateinischen) Lehrwerken heißt das:
- Letztlich ist fast jede Art, einen Mythos zu erzählen, erlaubt, wenn sie nur stimmig ist und die Grundkonstellationen nicht falsch wiedergibt.
- In der Regel wird sich aber der Lehrbuchautor an eine konkrete Version anlehnen. Dann sollte man allerdings versuchen, soweit als möglich die Intentionen des Originals bei der Bearbeitung zu berücksichtigen.

---

[5] Ein Reflex dieser Variante ist aber auch noch bei Hygin zu fassen, auch wenn dort die Geschichte letztlich im Ganzen genauso ausgeht wie bei Sophokles (Hyg. 72). Hier flieht Antigone zunächst und bekommt einen Sohn von Haimon.

[6] Vgl. Niobe im 24. Gesang der *Ilias* (V. 599-620), wo ihre kurze Rückkehr ins Leben bereits Trostfunktion hat.

- Der griechische Mythos fordert aufgrund der ihm innaten Flexibilität insbesondere zu handlungsorientierten Methoden auf: Gerade hier bietet es sich nämlich an, Perspektiven zu wechseln. Wenn man dies tut, macht man letztlich nichts anderes als die griechischen Tragiker selbst.

2. Der Prolog der Antigone bei Sophokles

Natürlich ist für eine Lektion ‚Antigone' in einem Lateinlehrbuch die Vorlage die sophokleische Antigone,[7] und damit eine Tragödie, die bis heute in der sophokleischen Form, aber auch in verschiedenen Überarbeitungen noch häufig auf die Bühne gebracht wird. Bei der Interpretation der sophokleischen Version ist freilich zu beachten: Auch wenn Antigone den moralisch überlegenen Part zu haben scheint, wenn sie sich gegenüber dem ‚Tyrannen' Kreon auf die ungeschriebenen Gesetze beruft, darf zweierlei nicht vergessen werden: (1) Bestattungsverbote gegen Landesverräter waren durchaus gebräuchlich,[8] sind also für einen Griechen nicht so unmäßig und unmenschlich, wie sie uns vielleicht erscheinen; (2) auch Antigone überschreitet in ihrer Kompromisslosigkeit Grenzen und wird ihrerseits in gewisser Weise schuldig – Hamartia ist hier das aristotelische Stichwort.

Im Prolog werden generell für den Zuschauer, der ja den Plot kennt, Personen, Ort und Zeitpunkt der konkreten Tragödie näher definiert. Im Prolog der Antigone führt die Titelfigur ihre Schwester Ismene vor den Königspalast, um allein mit ihr reden zu können. Um dabei dem antiken Zuschauer klar zu machen, an welcher Systemstelle wir uns gerade befinden, sind nur einige Stichworte nötig, mehr nicht: Ödipus und der Labdakidenfluch (V. 2), Eteokles und Polyneikes (V. 15) und zunächst noch irgendein bisher nicht näher definiertes Verbot des Herrschers (V. 8).

Im Bereich ‚Personenzeichnung' zeigt der Beginn des Prologs (V. 1), dass Antigone bei ihrer Gesprächseröffnung auf engste geschwisterliche Vertrautheit

---

[7] An dieser Stelle wird hier auf eine Inhaltsangabe der sophokleischen Antigone verzichtet, ebenso wie auf eine Darstellung der Grundbedingungen der griechischen Tragödie. Dazu siehe Zimmermann (2005).

[8] Dies wird z.B. im zweiten Teil des sophokleischen Aias ausführlich thematisiert.

setzt. Gleichzeitig scheint sie zutiefst empört zu sein über etwas, was sie gerade erfahren hat. Dann wird Antigone deutlicher: Kreon hat für Eteokles ein Bestattungsverbot verhängt (V. 32). Nach der Formulierung der Fakten testet Antigone sofort Ismenes Haltung dazu aus, wobei sie sie mit der konkreten Formulierung von Anfang an deutlich unter Druck setzt (V. 38): „Du wirst bald zeigen, ob du recht geartet bist." Es wird sofort deutlich, dass Ismene sich gar nicht vorstellen kann, dass man hier überhaupt irgendetwas tun könnte; und als Antigone in V. 43 dann klar sagt, was sie vorhat, nämlich Eteokles zu bestatten, ist Ismene völlig überfordert: Sie zieht sich darauf zurück, dass ein solcher Widerstand von Frauen nicht geleistet werden könne (V. 61) und dass sie sich den Mächtigen beugen werde, weil sie eben nichts auszurichten vermag (V. 67).

Als Antigone merkt, dass sie in Ismene keine Mitstreiterin gewinnen kann, erklärt sie sich sofort für autonom: Sie wird es dann halt auch alleine tun (V. 69ff). Dann aber wird ihr Ton heftiger, und die gegensätzlichen Positionen und Charaktere der Schwestern treten deutlich zu Tage: Ismene traut sich Widerstand nicht zu (V. 78), sie hat Angst um Antigone (V. 82), bittet sie vorsichtig zu sein (V. 84), ihr letztes Wort an Antigone ist versöhnlich und sanft (V. 98): „doch wahrhaft lieb den Lieben." Antigone hingegen setzt ihre Schwester ins Unrecht – die berühmte Formulierung der ungeschriebenen Gesetze wird Sophokles sie erst vor Kreon aussprechen lassen – ; sie nennt deren Zurückhaltung „Vorwand" (80) und weist Ismenes Sorge um sie schroff zurück (V. 86ff). Sie wird sogar noch zwei Mal den Begriff „verhasst" auf ihre Schwester anwenden (V. 93f.). Ihr letztes Wort im Prolog ist *kalos thanein* – schön sterben (V. 97).

Sophokles erklärt also die unterschiedlichen Haltungen zum Bestattungsverbot aus den unterschiedlichen Charakteren der Schwestern: Antigone ist an Prinzipien orientiert und von kompromissloser Härte – gegen die Nächsten, die sie lieben, und gegen sich selbst; sie nimmt sogar ihren eigenen Tod bereitwillig auf sich, wenn sie nur die Prinzipien durchsetzt, denen sie sich verschrieben hat. Dadurch hat sie die Kraft, sich der geballten Macht des Regimes zu widersetzen. Die Kompromisslosigkeit ihrer Haltung macht Sophokles dabei durch die Folie ihrer Schwester besonders deutlich, die sich an den Gegebenheiten orientiert und sich den Machthabern unterordnet.

3. Sophokles' *Antigone* im Lehrwerk *Lumina*
3.1 Gattung

Die Tragödie *Antigone* steht im Mittelpunkt von Lektion 23. Der lateinische Lektionstext (Blank-Sangmeister 2008, 164f.) berücksichtigt im Ansatz die tragischen Elemente der *Antigone* des Sophokles, wird doch in der lateinischen Fassung der unlösbare tragische Konflikt zwischen der Pflichterfüllung gegenüber Religion, Familie und Staat thematisiert.

Darüber hinaus ist der Dialog zwischen Antigone und Ismene den Tragödienversen und dramatischen Dialogpartien bei Sophokles nachempfunden. Wie im Prolog der Tragödie des Sophokles werden in der lateinischen Fassung Personen, Ort und Zeit der Tragödie näher definiert.

3.2 Inhalt

Dem Lektionstext „Antigone" geht eine knappe deutsche Einleitung voraus, die den Ort der Handlung im Vergleich zum griechischen Original verfremdet:

> In einem Zimmer des Königspalastes zu Theben. Ismene sitzt in einem Sessel; sie liest ein Buch. Antigone kommt herein, geht rasch zum Fenster und sieht lange schweigend hinaus. Dann dreht sie sich zu Ismene um.

Der Sinn dieses kurzen Einführungstextes ist fraglich, es folgen im Laufe des Dialogs auch keine weiteren Regieanweisungen. Der ursprüngliche Gedanke war es gewiss, den Schülerinnen und Schülern eine moderne Kulisse sowie die konkrete Gesprächssituation der beiden Schwestern Antigone und Ismene vor Augen zu führen. Abgesehen davon, dass diese Einführung nicht unbedingt zum Textverständnis beiträgt und dass das Geschehen schon durch die genannten Requisiten in die Gegenwart verlagert wird, hätte man Überlegungen zur Umsetzung auf der Bühne auch die Schülerinnen und Schüler allein auf der Grundlage des lateinischen Textes anstellen lassen können.

Der Lektionstext umfasst, in Anlehnung an Sophokles' Prolog, das Gespräch zwischen Antigone und ihrer Schwester Ismene unmittelbar nach der Befreiung Thebens von der Belagerung durch die Argiver und dem tödlichen Zweikampf der feindlichen Brüder Eteokles und Polyneikes. Die zeitliche Einordnung geht aus dem Dialog zwischen den beiden Schwestern hervor.

Zu Beginn des Dialogs erinnert, anders als bei Sophokles, Antigone Ismene (Z. 2: *O soror cara*) zunächst an das Schicksal ihrer Familie (Z. 2: *Nullam novi fortunam malam, quam fatum nobis gentique nostrae non dedit*) – an ihren Vater Oedipus, der seinen Vater Laius ermordete und unwissend seine Mutter Iocaste heiratete, an Iocastes Selbstmord und Oedipus' Blendung. Die Vorgeschichte nimmt an dieser Stelle mehr Raum ein als bei Sophokles und wird gleich an den Anfang des Dialogs gestellt. Im Gegensatz zum antiken Zuschauer benötigen die Schülerinnen und Schüler hier mehr als nur einige Stichworte.

Ismene hingegen kennt das Schicksal ihrer Familie und wundert sich darüber, dass sie von der Schwester erneut daran erinnert wird (Z. 12: *Cur dolorem tam acrem nunc renovas?*, Z. 19: *Num tu moveris novis curis tam gravibus, ut iterum narres de fratribus?*). Antigone wiederum scheint erst jetzt zu bemerken, dass ihre Schwester die Neuigkeiten tatsächlich noch nicht kennt (Z. 21: *Immo vero! Nonne etiam audivisti Creontem [...] legem dedisse nefariam et periculosam?*).

An die Vorgeschichte anknüpfend erzählt Antigone Ismene schließlich vom Verbot des Königs Kreon (Z. 26: *Edixit rex*), den Leichnam des Bruders Polyneikes zu bestatten. Während Eteokles die Ehre einer Bestattung zuteil wird, fordert Kreon, dass der Körper des (Landesverräters) Polyneikes unbeerdigt bleibt (Z. 28-30: *Polynicem [...] Thebani relinquant insepultum!*) und den wilden Tieren überlassen wird (Z. 31-32: *Corpus praedae sit saevis bestiis*). Er droht mit Bestrafung, falls die Bürger sich nicht an diesen Befehl halten (Z. 34: *Is, qui legem ruperit meam, necetur!*).

Antigone jedoch ist fest entschlossen, Polyneikes selbst zu bestatten, und versucht, Ismene davon zu überzeugen, dass sie das für ihren Bruder tun müssen (Z. 39: *Debemus fratrem sepelire*), obwohl sie weiß, dass sie damit ihr Leben aufs Spiel setzt. Ismene zögert (Z. 41: *Nescio*), und das Gespräch endet mit Antigones Entschluss, den Bruder alleine zu begraben.

Sie beruft sich auf die Familie und die Religion (Z. 38-39: *Et deis parere et fratribus adesse nos sorores debemus.*) und hofft somit auf die Unterstützung durch die Götter. Mit ihrem Entschluss, dem Bruder die Bestattung nicht vorzuenthalten, endet der Dialog.

3.3 Charaktere

Neben der Vorgeschichte und dem Verbot des Königs interessieren sich Schülerinnen und Schüler besonders für das Verhältnis der beiden Schwestern Antigone und Ismene, deren ungleiche Charaktere in Sophokles' Tragödie jedoch viel stärker zum Ausdruck kommen als im lateinischen Text.

So wird zu Beginn des Dialogs ein ähnlich vertrautes Verhältnis vermittelt (Z. 2: *O soror cara, Ismene*), doch sind die beiden Charaktere weniger differenziert gezeichnet. Dementsprechend erscheint Antigone zwar von Anfang an der unwissenden Schwester überlegen, aber sie fordert Ismene weniger heraus als in der Fassung des Sophokles. Stattdessen gibt sie wörtlich wieder, was Kreons Verbot beinhaltet, und wartet dann erst einmal die Reaktion der Schwester ab. Diese äußert gleich ihren Zweifel (Z. 36: *Quid faciamus?*), nachdem sich die erste Empörung (Z. 35: *O fratres infelices! O tantam regis crudelitatem!*) gelegt hat. Als Antigone ihre Pläne offenbart, äußert Ismene ähnlich, aber viel knapper als bei Sophokles ihre Bedenken: dass sie als Frauen nichts auszurichten vermögen (Z. 41f.), dass sie sich der Macht des Königs nicht beugen können, ohne ihr Leben aufs Spiel zu setzen (Z. 42f.). Als Antigone daraufhin deutlich macht, dass sie ihre Pläne auch alleine umsetzen wird, hat Ismene in erster Linie Angst um ihre Schwester (Z. 48: *Quam timeo de salute tua, soror!*) und bittet sie, vorsichtig zu sein.

Dieser zögerlichen und vorsichtigen Haltung Ismenes steht auch im lateinischen Text Antigones Kompromisslosigkeit entgegen. Diese ist hier allerdings weniger radikal als in Sophokles' Tragödie. Sie bezieht die Schwester zwar ganz selbstverständlich in ihre Pläne mit ein (Z. 37f.: *Diu ne cogitemus, sed faciamus id, quod dei postulant, Ismene!*), ihr Ton ist aber weniger bedrohlich. Nachdem Ismene sich gegen ihre Mithilfe entschieden hat, ist Antigone gleich davon überzeugt, dass sie alleine handeln wird, dass die Götter ihr beistehen werden, dass sie nur ihre Pflicht gegenüber den Göttern und ihrer Familie erfüllen werde. Ismene bezeichnet sie als *ignava* (Z. 47), belässt es aber dabei und versucht nicht, sie noch zu überzeugen, macht ihr aber auch keine Vorwürfe.

Doch auch wenn die Charaktere der beiden Schwestern hier nicht so radikal gezeichnet sind wie bei Sophokles, so werden die unterschiedlichen Positionen Antigones und Ismenes zum Bestattungsverbot des Königs nichtsdestoweniger deutlich. Die Schülerinnen und Schüler erkennen am Ende des Dialogs, dass Antigone im Gegensatz zu Ismene bereit ist, ihr Leben aufs Spiel zu setzen und sich dem Staat zu widersetzen, um die Prinzipien von Religion und Familie zu wahren.

3.4 Sprache

Gleichzeitig wurde mit der *Antigone* des Sophokles ein Text ausgewählt, der sich für die Einführung der neuen grammatischen Strukturen, nämlich der Verwendung des Konjunktivs im Hauptsatz, hervorragend eignet.

So wird das grammatische Phänomen erst im zweiten Teil des Textes eingeführt, nachdem man sich im ersten Textteil auf den Inhalt konzentrieren konnte. Der Befehl des Königs Kreon, den Antigone hier wiedergibt, ist mit der erstmaligen Verwendung des *iussivus* verbunden, dessen Übersetzung für Schülerinnen und Schüler aufgrund des inhaltlichen Zusammenhangs sehr naheliegend ist.

In dem sich anschließenden Wortwechsel zwischen den beiden Schwestern werden Ismenes Zweifel / Überlegungen und Wünsche gegenüber der Schwester im *coniunctivus dubitativus / deliberativus* und *optativus* zum Ausdruck gebracht. Antigones Aufforderung andererseits steht im *coniunctivus adhortativus*.

Eindrucksvoll unterstreichen die unterschiedlichen Funktionen des Konjunktivs hier die unterschiedlichen Charaktere Ismenes und Antigones, aber auch die Macht Kreons. Diese Verbindung von Form und Inhalt lässt sich auch für die Interpretation nutzen.

3.5 Ideen für den Lateinunterricht

Neben der Faszination des Mythos – von König Ödipus haben die meisten gehört – besteht bei vielen Schülerinnen und Schülern ein grundsätzliches Interesse an menschlichen Themen, Problemen und Konfliktsituationen. Bei der Behandlung der *Antigone* ist es deshalb wichtig, den tragischen Konflikt, der sich aus dem Zusammenspiel von Familie, Staat und Religion ergibt, so zu gestalten, dass sich dieser auch nachvollziehen lässt.

Um eine Erwartungshaltung aufzubauen und die Schülerinnen und Schüler zunächst für die literarische Gattung der Tragödie sowie die griechische Vorlage des Sophokles zu sensibilisieren, empfiehlt es sich, ein Plakat einer zeitgenössischen Theaterproduktion zu zeigen, bevor der lateinische Lektionstext präsentiert wird.

Zum besseren Verständnis von Antigones komplexer Familiengeschichte (Z. 1-25) und dem auf Oedipus' Familie lastenden Fluch bietet es sich im Rahmen einer Vorerschließung dieser Textpassage an, einen Stammbaum erstellen zu lassen, auf dessen Grundlage man auch den ersten Teil des Dialogs zwischen Antigone und Ismene versteht.

Mit Antigones direkter Wiedergabe des ‚Edikts' von König Kreon (Z. 26: *Edixit rex*) ergibt sich die Übersetzung des *coniunctivus iussivus* aus dem inhaltlichen Zusammenhang und stellt sprachlich keine größere Schwierigkeit dar. Die inhaltliche Auseinandersetzung mit dem Bestattungsverbot und der Konflikt zwischen dem Staat (*ius*) auf der einen Seite und Familie und Religion (*fas*) auf der anderen werden hier vielmehr im Vordergrund stehen.

Antigones und Ismenes unterschiedliche Reaktionen auf das Verbot werden in dem sich anschließenden Dialog (Z. 35-51) durch die Verwendung des *coniunctivus adhortativus* einerseits und des *coniunctivus dubitativus / deliberativus* andererseits deutlich zum Ausdruck gebracht. Eine erste Charakterisierung ergibt sich aus der Übersetzung dieser Textpassage und rückt in den Mittelpunkt der sich anschließenden Textinterpretation.

Auch wenn die Sensibilisierung für Sophokles' *Antigone* – vor allem durch die Auseinandersetzung mit der tragischen Familiengeschichte – im Rahmen der Texterschließung möglich und auch nötig ist, so findet das griechische Original doch insbesondere bei der Interpretation Berücksichtigung. Ein Vergleich mit dem Text der *Antigone* des Sophokles ist an verschiedenen Textstellen möglich: Wer erzählt jeweils die tragische Familiengeschichte? Wie wird jeweils Kreons Verbot wiedergegeben? Wie werden jeweils die unterschiedlichen Positionen der beiden Schwestern dargestellt?

Die folgenden Ideen für den Lateinunterricht sind – ganz im Sinne der Flexibilität des Mythos – handlungsorientiert und berücksichtigen sowohl den Originaltext von Sophokles' *Antigone* (in einer zweisprachigen Ausgabe) als auch die Rezeption der Tragödie (z.B. in modernen Theaterproduktionen):

- Szenische Darstellung: Lest den Dialog zwischen Antigone und Ismene (Z. 35-51) und vergleicht die Positionen der beiden Schwestern bei Sophokles und im Lektionstext. Berücksichtigt dabei, welche Argumente sie jeweils vorbringen und wie sich die Positionen des griechischen Originals in der lateinischen Fassung umsetzen lassen (Intonation, Mimik, Gestik). Ergänzt entsprechende Regieanweisungen!
- Entwerft ein Standbild zum Dialog zwischen Antigone und Ismene (Z. 35-51), das die unterschiedlichen Reaktionen der beiden Schwestern auf das Verbot Kreons zum Ausdruck bringt.
- Bei Sophokles endet der Dialog zwischen Antigone und Ismene mit folgenden Worten: „Wenn du's denn willst, so geh. Ich weiß, dein Gang / Ist sinnlos, doch die Lieben liebst du recht." Verfasse einen inneren Monolog aus der Sicht Ismenes, der diesen Gedanken fortsetzt.
- Wähle einen Auszug aus dem Dialog zwischen Antigone und Ismene, der zu dem Foto aus einer modernen Theaterproduktion passt.
- In der griechischen Tragödie streitet Antigone auch mit Kreon. Verfasst ein Gespräch zwischen den beiden, in dem auch Kreons Sichtweise deutlich wird (Utz & Kammerer 2011, 149). Vergleicht Euren Dialog mit dem entsprechenden Auszug aus Sophokles' *Antigone*.

Bibliografie:

BLANK-SANGMEISTER, Ursula et al. 2008. *Lumina. Texte und Übungen.* Göttingen: Vandenhoeck & Ruprecht.

SICHTERMANN, Hellmut. 1966. *Griechische Vasen aus Unteritalien. Aus der Sammlung Jatta in Ruvo.* Tübingen: Wasmuth, K71 Taf. 115 und 117 (Bilderhefte des Deutschen Archäologischen Instituts Rom; 3/4).

UTZ, Clement & KAMMERER, Andrea. edd. 2011. *Prima nova. Latein lernen.* Textband. Bamberg: C.C. Buchners Verlag.

ZIMMERMANN, Bernhard. ^{3}2005. *Die griechische Tragödie.* München: Patmos.

Von „Nathalie" bis „Okno v Pariž" – Fremdsprachenunterricht zwischen drei Kulturen
Thomas Bruns (Trier)

In der deutschen Bildungslandschaft zählen Französisch und Russisch zu den Fremdsprachen, die an Regelschulen (v.a. Gymnasien und Gesamtschulen, aber auch Realschulen) sowie etwa an Waldorf- und Montessori-Schulen unterrichtet werden. Sie weisen institutionelle Gemeinsamkeiten, aber deutlich mehr Unterschiede auf: Beide sehen sich einer starken Konkurrenz durch andere Fremdsprachen ausgesetzt; das Französische im Vergleich zum Lateinischen und zunehmend zum Spanischen, das Russische im Vergleich zu allen westeuropäischen Idiomen, mittlerweile stellenweise auch zum Chinesischen. Das Spanische punktet durch seine Qualität als ‚Urlaubssprache', aber auch aufgrund seiner Verbreitung über den europäischen Kontinent hinaus, die nicht zuletzt Chancen auf dem weltweiten Arbeitsmarkt bieten kann. China ist eine riesige, bevölkerungsstarke Nation mit einem enormen wirtschaftlichen (Nachhol-)Bedarf und verspricht ebenfalls vielseitige berufliche Möglichkeiten, dies trotz eines politischen Systems, das diese ökonomischen Kontakte mal mehr und mal weniger zulässt. Russland ist ebenfalls ein riesiges Land mit einem fast unerschöpflichen Markt, der sich allerdings für westliche Unternehmen nicht immer als einfach darstellt. Der Boom der Perestrojka-Zeit mit ihren Joint Ventures und enormen Investitionen ist vergangen, trotzdem ist noch immer eine Vielzahl auch deutscher Unternehmen auf dem russischen Markt präsent, ohne dass dies in der Öffentlichkeit weithin bekannt ist. Die Entwicklung wie auch die Wahrnehmung dieser Aktivitäten unterliegen allerdings Schwankungen, die nicht nur durch die aktuelle Tagespolitik zu erklären sind. Vielmehr scheinen hier auf beiden Seiten noch immer Befindlichkeiten gewissermaßen subkutan eine Rolle zu spielen, die nur durch die jüngere Vergangenheit zu erklären sind, beginnend mit der kommunistischen Oktoberrevolution über den Überfall Hitler-Deutschlands auf die Sowjetunion und der deutschen Niederlage in diesem Zweiten Weltkrieg bis hin zum Kalten Krieg und der Herausbildung der beiden Machtblöcke in Ost und West. Der Fall des Eisernen Vorhangs bewirkte zunächst an der Oberfläche eine institutionelle, politische und wirtschaftliche Annäherung; die unter der Oberfläche liegenden Befindlichkeiten, Urteile und Vorurteile hüben wie drüben erwiesen und erweisen sich allerdings als deutlich langlebiger als während des Öffnungsprozesses erhofft. Für den institutionalisierten Russischunterricht bedeutet dies bis zum heutigen Tag, dass er seine Existenzberechtigung ständig und gegen eine Vielzahl von Widrigkeiten sichern muss. Sinkende Schüler- und – hierdurch bedingt – Lehrerzahlen lassen es ratsam erscheinen, die Kooperation mit anderen Fächern und hier vor allem mit anderen Fremdsprachenphilologien zu suchen und zu pflegen. Die Praxis zeigt leider, auch im universitären Bereich, dass die großen Sprachen solchen Kooperationswünschen oft genug eher zurückhaltend bis ablehnend gegenüberstehen, weil keine inhaltliche und/oder administrative Notwendigkeit einer Kräftebündelung gesehen wird. Ebenso sinnvolle Kooperationen mit Sachfächern, etwa in gemeinsamen Projekten, unterliegen naturgemäß zahlreichen institutionellen und organisatorischen Beschränkungen.

Basierend auf der soeben nur kurz angerissenen Situation der beiden Sprachenfächer Französisch und Russisch lauten die Kernfragen dieses Beitrages:
- Wie kann der Französischunterricht für den Russischunterricht fruchtbar gemacht werden – und umgekehrt?
- Welche Anknüpfungspunkte bieten sich in beiden Fächern an, um den sprachlichen (und kulturellen) Horizont der Schülerinnen und Schüler mit vertretbarem Mehraufwand zu erweitern?
- Wie können also die viel beschworenen Synergieeffekte erzielt werden?

Auf den ersten Blick scheinen die beiden Sprachen Französisch und Russisch keinerlei Anknüpfungspunkte zu besitzen; sie gehören unterschiedlichen Zweigen der indoeuropäischen Sprachfamilie an, sind und waren nie geografisch benachbart. Trotzdem zeigt uns die Welt- und damit auch die Kulturgeschichte eine Reihe von Aspekten auf, die beide Sprachen in unmittelbaren, zum Teil auch nur mittelbaren, Kontakt miteinander gebracht haben.

Werfen wir einen vergleichenden Blick auf andere Fremdsprachenpaare innerhalb der deutschen Schullandschaft, um die Besonderheiten des französisch-russischen Kontakts besser herauszustellen:

- Das amerikanische Englisch und das mexikanische Spanisch weisen historisch wie aktuell so intensive Kontakte auf, dass es innerhalb dieser Kontaktzone zu Misch- und Interferenzerscheinungen, dem sogenannten ‚Spanglish', gekommen ist.
- Latein und Italienisch verbindet nicht nur die Deckungsgleichheit des Sprachraumes, sondern Italienisch ist eine der romanischen Tochtersprachen des Lateinischen, es besteht also eine direkte genetische Verwandtschaft zwischen beiden Idiomen.
- Die Rolle des Lateinischen als erster internationaler Sprache der Wissenschaften verbindet sie auch mit dem Russischen, und zahllose gesamteuropäische Internationalismen bieten sich als Anknüpfungspunkte zwischen beiden Sprachen an.
- Ähnlich sind auch Griechisch und Russisch über den starken Einfluss des Griechischen auf die internationale wissenschaftliche Terminologie miteinander verbunden. Vor allem verbindet sie jedoch die wegweisende Rolle der griechisch-byzantinischen Kultur für die slavisch-orthodoxe Welt.

Die Tatsache, dass an deutschen Schulen i.d.R. zwei oder mehr Fremdsprachen unterrichtet werden, ist letztlich im Rahmen des Konzepts der Europäischen Mehrsprachigkeit zu sehen.

Eine Europäische Mehrsprachigkeit soll nach den Absichtserklärungen der Europäischen Kommission (1995, 1997) drei Perspektiven aufweisen:
- eine differenzierte Betrachtung von Kompetenzen und damit die Unterstützung der Entwicklung *rezeptiver Mehrsprachigkeit*
- die Realisierung des *gezielten Erwerbs von Teilkompetenzen* mit modularen Aufbaumöglichkeiten (z.B. fachsprachlicher modularer *approach* zur rezeptiven Lesekompetenz)
- die kognitive *Nutzung von Verwandtschaftsbeziehungen* zwischen Sprachen (u.a. durch die romanische Interkomprehensionsforschung)[1]

Bezüglich der Schulsprachen Russisch und Französisch zeigen sich in Deutschland bzw. den beiden ehemaligen deutschen Staaten ganz unterschiedliche Lehrtraditionen: In der DDR war Russisch unangefochten die 1. Fremdsprache, von

---

[1] http://www.eurocomcenter.eu/index2.php?lang=fr&main_id=3&sub_id=3&datei=konzept.htm; 01.08.2016)

vielen Schülerinnen und Schülern jedoch oft ‚ungeliebt' und nach der Wende schnell in Vergessenheit geraten. Demgegenüber war in der BRD traditionell Englisch die 1. lebende Fremdsprache, später auch Französisch, das seit einigen Jahren seinerseits eine wachsende Konkurrenz seitens des Spanischen zu spüren bekommt. Das rapide sinkende Interesse an Russisch nach der Wiedervereinigung, auch und vor allem in den neuen Bundesländern, akzentuierte die Frage nach der Motivation und Rechtfertigung des Russischunterrichts. Die – zeitweilige – Auflösung oder Ausblendung traditioneller Ost-West-Feindbilder führte nicht etwa zu einem steigenden Interesse an Russisch, vielmehr blieb das ‚Imageproblem' dieser Sprache bis zum heutigen Tage bestehen und erfährt durch die jeweiligen politischen Ereignisse kaum je eine Abmilderung, viel eher eine Verschärfung. Die einseitige Wiedereingliederung der Krim in den Staatsverband der Russischen Föderation und die verfahrene Situation in der Ostukraine fügten den russisch-deutschen Beziehungen erneut schweren Schaden zu, dessen Auswirkungen bis in alle Ebenen des Bildungssektors deutlich spürbar sind. Während Bundesaußenminister Steinmeyer Anfang 2015 demonstrativ deutsche Finanz- und Technologiehilfe bei der Beseitigung der beim Brand der Bibliothek der Moskauer Akademie der Wissenschaften entstandenen Schäden an unersetzlichen Kulturgütern anbietet, verschließen sich andererseits deutsche Universitäten und sonstige Bildungseinrichtungen der Durchführung von bereits geplanten Kooperationsmaßnahmen mit einem Russland, dessen politische Führung im Westen nicht (mehr) wohlgelitten ist. Mag dies z.T. auch als vorauseilender Gehorsam oder als Angst vor der eigenen Courage interpretiert werden, der Schaden für die deutsch-russischen kulturellen Beziehungen ist in jedem Fall immens. Die ohnehin prekäre Situation des Russischen oft nur als fakultative 3. Fremdsprache oder gar nur als Arbeitsgemeinschaft wird durch die in der deutschen Öffentlichkeit als unsicher wahrgenommene politische und ökonomische Lage in der GUS und speziell Russland weiter geschwächt. Demgegenüber kann es innen- und außenpolitisch bei unserem französischen Nachbarn drunter und drüber gehen – auf die Situation des Französischunterrichts in Deutschland hat dies, zumindest kurzfristig, keine messbaren Auswirkungen. Frankreich bleibt außenpolitisch ein fester Bündnispartner und für die Bundesbürger nach wie vor eines der beliebtesten Urlaubsländer. Russland aber ist ‚weit weg', kein typisches Urlaubsland und seine Menschen haben eine andere Mentalität. All dies führt dazu, dass Russischlehrkräfte in deutlich stärkerem Maße als Motivatoren und Kulturmittler wirken müssen als ihre Französisch-, Englisch- und Spanisch-Kolleginnen und -Kollegen. Umso wichtiger erscheint es daher, alle nur möglichen Hilfen zu nutzen, die den Russischunterricht attraktiver und effektiver gestalten helfen können.

Ein bereits seit vielen Jahren erfolgreich beschrittener Weg ist die Herstellung von Wortschatzäquivalenzen in Fremdsprachenlehrbüchern. In den Vokabelverzeichnissen von *Découvertes* oder *Green Line*, um nur zwei Beispiele zu nennen, wird an geeigneten Stellen auf ähnliche Wörter und ‚falsche Freunde' in anderen Fremdsprachen verwiesen. Hier zeigen allerdings die Autoren und Verlage von Englisch- und Französischlehrwerken wie zu erwarten nur wenig Motivation, die russische Sprache mit einzubeziehen. Die Initiative muss also von den Verantwortlichen der Russischlehrwerke ausgehen, ihrerseits die im deutschen Regelschulwesen weiter verbreiteten Fremdsprachen Englisch, Französisch und eventuell auch Spanisch (oder sogar Latein) heranzuziehen, um innereuropäische Parallelen aufzuzeigen und Unterschiede bewusster zu machen. Besonders einfach ist dies sicherlich im Bereich der Lexik zu realisieren, aber auch die Grammatik bietet hier vielerlei Anknüpfungspunkte, um bereits bekannte Erscheinungen für eine weitere Fremdsprache nutzbar zu machen. Das Projekt Russomobil hat hier ein kleines, beispielgebendes Werk vorgelegt: *Das leichteste russisch-deutsch-englisch-französische Wörterbuch der Welt* (Berlin o.J.), wobei das Adjektiv *leicht* nicht nur das Gewicht des 20 Seiten umfassenden Heftes meint, sondern gleichzeitig darauf hindeutet, dass die Konzeption des Nachschlagewerkes es er*leicht*ern soll, sich einen sprachübergreifenden, quasi internationalen Wortschatz anzueignen. Die Autoren haben deshalb eine Vielzahl von russischen Wörtern ausgewählt, die in allen oder den meisten der anderen Sprachen semantische und formal identische bzw. ähnliche Entsprechungen haben. Wer das Wort in einer der aufgeführten Sprachen beherrscht, kann es mit minimalem Mehraufwand auch in den anderen Sprachen für sich nutzbar machen. Im direkten Sprachvergleich fällt auf, dass die formalen Ähnlichkeiten (v.a. hinsichtlich der Aussprache) zwischen dem Russischen und Französischen in deutlich mehr Fällen gegeben sind als zwischen dem Russischen und dem

Englischen: ein gutes Argument für eine umfassende Inbeziehungsetzung dieser beiden Idiome schon im schulischen Fremdsprachenunterricht.

Ein systemhafter Ansatz zur Nutzbarmachung von Synergieeffekten ist die sogenannte Interkomprehension:

- Ihre Nutzung ist sinnvoll insbesondere bei genetisch miteinander verwandten Sprachen, da hier ein großer Bestand an gemeinsamen Wurzeln vorhanden ist. Entsprechend orientieren sich die bisherigen Interkomprehensionsstrategien an den jeweiligen europäischen Sprachfamilien bzw. -zweigen; wir haben es also mit einer slavischen Interkomprehension, einer romanischen Interkomprehension etc. zu tun.
- Für die praktische Nutzung einer Interkomprehension stellt sich unmittelbar die Frage nach der Umsetzbarkeit bzw. Anwendbarkeit im Schulunterricht. Zentrale Aspekte sind der Zeitfaktor, die meist, insbesondere im Russischen, heterogenen Vorkenntnisse der Schülerinnen und Schüler, die Gefahr der Überforderung oder der Abschweifung.
- Für die Inbeziehungsetzung von Französisch und Russisch ist das Fehlen einer Brückensprache zu konstatieren, die eine räumliche und damit in der Regel auch sprachgenetische Vermittlerfunktion übernehmen kann (wie dies etwa beim Ukrainischen für den polnisch-russischen Sprachkontakt der Fall ist).

Ein Sprachkontakt ist nicht möglich ohne Kontakte auf zahlreichen anderen gesellschaftlichen Ebenen. Für die Kontakte Frankreich ⇔ Russland ist hier zu denken an:

- *historische Kontakte*
  * militärische
  * politische
  * ökonomische
  * kulturelle (religiöse, literarische etc.)
  * sprachliche (lexikalische, grammatische)
- *aktuelle Kontakte:*
  Dabei gestalten sich politische und ökonomische Kontakte je nach ‚Wetterlage', und für kulturelle und sprachliche Kontakte stellt sich die Frage, ob sie auf Dauer ausreichen.

Einige Schlüsselparameter der zwischennationalen Kontakte im Laufe der (jüngeren) Geschichte:
- Französische Revolution ⇒ massenhafte Emigration französischer Adliger und Intellektueller u.a. nach Preußen und Russland
- Napoleonische Ära: Krieg Frankreichs gegen Russland 1812 ⇒ Niederlage Frankreichs, Besetzung durch russische Truppen (russ. *bystro* ‚schnell' ⇒ frz. *bistrot*; als Rückwanderwort findet sich heute wieder *bistro / бистро* im Russischen, mit der ‚französischen' Bedeutung)
- Frankophilie (pejorativ als Gallomanie bezeichnet) im Russland des 18. und 19. Jahrhunderts, Französisch als russische Kultursprache, die das Deutsche ablöst und von Adligen oft besser beherrscht wird als ihre russische Muttersprache
- Nikolaj Karamzin (1766-1826) als Freund der französischen Sprache ⇒ zahlreiche lexikalische und syntaktische Übernahmen aus dem Französischen (*Novij slog – Neuer Stil*); einer der Wegbereiter Puškins als dem Erschaffer der modernen russischen Literatursprache
- Kulturdebatte zwischen Slavophilen und ‚Westlern'
- Konzept des russischen Eurasiertums, das im Zusammenhang mit anderen Konzepten wie dem Russentum (*pan-russisme, grand-russisme, anti-russisme*) gesehen werden muss.

Dies alles scheint ‚weit weg' zu sein von unserer Gegenwart ⇒ Wie schlägt man den Bogen hierzu?

Die gesamteuropäische politische Situation wirkt sich nachhaltig auf die Situation von Romanistik (Französistik) und Slavistik (Russistik) in Deutschland aus: Während eine zunehmende Schließung Slavischer Institute an deutschen Universitäten zu beobachten und zu bedauern ist, bleibt die Situation der Romanischen Institute eher konstant (was auch hier nicht den Abbau von Stellen oder die Schließung von Einzelphilologien ausschließt).

Betrachten wir nun einige linguistische Aspekte des französisch-russischen Kontakts. Als erstes fallen wahrscheinlich Unterschiede in der Grammatik auf:
- Eine erste Hürde stellt das grafische System dar: Das Französische nutzt die Lateinschrift, Russisch hingegen die kyrillische, zum großen Teil aus dem Griechischen abgeleitete Schrift. Eine vergleichbare Problematik fehlt beim

Erlernen des Deutschen für Franzosen und umgekehrt (trotz Cédille, Umlauten etc.). Die gemeinsamen Wurzeln der zugrunde liegenden lateinischen und griechischen Alphabete können an einfachen Beispielwörtern demonstriert werden, wie sie in jedem Russisch-Anfängerunterricht verwendet werden (*ATOM, MAMA, KAKAO* etc.)
- Das phonetische bzw. phonologische System des Russischen gilt weithin als schwierig, die Aussprache als ungewohnt, hart, ‚zungenbrecherisch'. Hinzu kommt die Qualität des russischen Wortakzents als frei und beweglich, was die korrekte Intonation zusätzlich erschwert.
- Aspektsystem und Aktionsarten im Russischen: Die Nichtexistenz dieser Kategorien im Französischen (wie auch im Deutschen) kann die Schülerinnen und Schüler zum Gedanken verleiten, die anderen Sprachen seien ‚ärmer' als das Russische, das vermeintlich mehr Ausdrucksmöglichkeiten besitze. Hier besteht der besondere Reiz darin, den Schülerinnen und Schülern aufzuzeigen, dass das Französische und das Deutsche durchaus in der Lage sind, aspekt- und aktionsartliche Bedeutungen auszudrücken, nur eben andere sprachliche Mittel hierfür nutzen.
- Beim Tempus-Modus-System ist das Verhältnis zwischen beiden Sprachen genau umgekehrt: Hier scheint das Französische mit seinen 9 Tempora (+ Subjonctif) deutlich besser ausgestattet zu sein als das Russische mit nur 3 Tempora (+ Konjunktiv). Auch hier lernen die Schülerinnen und Schüler, dass die Ausdrucksmöglichkeiten in beiden Idiomen gleichwertig sind, nur eben unter Rückgriff auf unterschiedliche Redemittel.
- Die Existenz bzw. Nichtexistenz der Artikelkategorie, die wiederum Auswirkungen auf die Gestaltung bzw. Existenz einer Bestimmtheitskategorie hat, ist ein weiterer zentraler Aspekt der Sprachstruktur, der aufgrund seines Systemcharakters von überragender Bedeutung ist.
- Die Tatsache, dass die meisten russischen Adjektive sowohl in einer Lang- als auch in einer Kurzform auftreten können, hat weder im Französischen noch im Deutschen ein Analogon. Die hiermit verbundene Einteilung in attributive und prädikative Verwendung ist ebenfalls ein systemischer Charakterzug des Russischen, seine Vermittlung aber einem höheren Niveau der Sprachbeherrschung vorbehalten.

Gemeinsames im Wortschatz betrifft geografische Bezeichnungen, Historismen wie auch Elemente der russischen Gegenwartskultur. Hier nur einige Beispiele, die den Schülerinnen und Schülern etwa aus dem Geschichts- oder Geografieunterricht bekannt sein können:
- *la steppe*: (vgl. H. Heine: Einer Steppe glich das Ehebett, / Kalt und starr und grau von Eise.)
- *la toundra* (russ. *тундра, tundra* < sam. *tundar, tuoddar*)
- *la taïga* (russ. *тайга, tajga* < alt. *tayγa*)
- *le samovar* (russ. *самовар, samovar*)
- *la troïka* (russ. *тройка, trojka*)
- *le kalachnikov* (russ. *Калашников, Kalašnikov*)
- *C'est la Bérézina!* (russ. *Березина, Berezina*)
- *bolchevik, koulak, kolkhoze, pogrom, goulag*; *sovkhoz, datcha, intelligentsia*; *beluga, blini, zakouski, kvas*; *tsar, tsarevitche, tsarine, isba, rouble, kopeck*

Nicht zuletzt weil die traditionellen Lehrbücher den französisch-russischen Sprachkontakt nicht thematisieren, ist der Einsatz von zusätzlichen Medien, die alle Lernertypen ansprechen sollten, unerlässlich:
- Literatur (Texte im Original bzw. in der jeweiligen Übersetzung, zweisprachige Ausgaben)
- Musik (Chanson-Klassiker, Rocksongs ...)
- Filme (Klassiker, Modernes)
- Fachtexte (Terminologien sind stark internationalisiert, vgl. Computer, Internet, Sport)
- Fachliteratur wie Behr, Tafel etc. Hier ist zu fragen, ob, wo und wie man diese Materialien in den Unterricht einbauen kann („Block'- bzw. Projektunterricht). Geht man allein vor oder in Abstimmung mit Kolleginnen und Kollegen? Was sehen die Lehrpläne vor?

Der Einsatz von (audiovisuellen) Medien kommt nicht ohne die Verwendung von Stereotypen aus, die mal bewusst und mal unbewusst auftreten. Bewusst eingebrachte Stereotypen können dazu dienen, kulturelle Unterschiede zu akzentuieren, möglicherweise zu karikieren und zu persiflieren, um sie so für eine komparative Betrachtung und Diskussion greifbarer zu machen. Problematischer sind die unbewussten Stereotypen, die nicht als solche empfunden werden und deshalb in entscheidender Weise die vermeintlich objektive Wahrnehmung des Anderen determinieren. Auch hier können die Medien in vielfältiger Weise dafür eingesetzt werden, diese unbewussten Stereotypen auf die Ebene des Bewussten zu heben. So existieren in jeder Kultur Klischees und vorgefertigte Meinungen über andere Völker, Kulturen und Sprachen, die erst durch eine Bewusstmachung und vergleichende Gegenüberstellung mit den eigenen Werten und Normen verifiziert oder falsifiziert werden können.

Lieder wie das französische „Nathalie" von Gilbert Bécaud (1964) oder der russische Film „Okno v Pariž" (1993) sind Klassiker ihrer Genres, die nicht zuletzt deshalb so erfolgreich waren und sind, weil sie mit Klischees arbeiten und spielen, sie bestätigen oder konterkarieren, auf jeden Fall aber einen hohen Wiedererkennungswert über Generationen hinweg besitzen. Bei der Behandlung solcher Medien bewegen sich die deutschen Schülerinnen und Schüler, in stärkerem Maße als beim Einsatz gedruckter Lehrbücher, gleich zwischen drei Kulturen: ihrer eigenen, durch deren Prisma sie das Fremde zunächst einmal wahrnehmen, sowie der französischen und der russischen, die Gegenstand von Lied und Film sind und dort aus der jeweils anderen Perspektive dargestellt werden.

Eher traditionelle Hilfsmittel für den Einsatz im Unterricht (v.a. zur Wortschatzarbeit) könnten z.B. das oben bereits erwähnte Russomobil-Glossar sein, das französisch-russisch-französische Wörterbuch *Dictionnaire Russe* (Pauliat 2008), der Lernwortschatz nach Sachgruppen *Le Mot et l'Idée – Russe* (Duc Goninaz & Grabovsky 1995), als diachron-etymologisches Werk das *Dictionnaire russe-français d'etymologie comparée* (Sakhno 2001), für den Bereich der Idiomatik das ebenfalls komparative *Dictionnaire russe-français des locutions idiomatiques équivalentes* (Kravtsov 2005).

Bibliografie:

ÁLVAREZ, Dolores & CHARDENET, Patrick & TOST, Manuel. edd. 2011. *L'intercompréhension et les nouveaux défis pour les langues romanes*. Paris: Union Latine, Agence universitaire de la Francophonie.
BEHR, Ursula. ed. 2005. *Sprachen entdecken – Sprachen vergleichen*. Berlin: Cornelsen / Volk und Wissen.

Buchi, Éva. 2004. „Bolchevik, mazout, toundra : les emprunts lexicaux au russe dans les langues romanes : inventaire – histoire – intégration", in: *Revue des études slaves* 75, No. 3-4, 539-542.

Buchi, Éva: *La langue des revues féminines parisiennes du milieu du 19ᵉ siècle en tant que chaînon intermédiaire entre le russe et les parlers galloromans dialectaux (à propos du type cazavec n.m. "caraco")*, in: http://halshs.archives-ouvertes.fr/halshs-00004967 (01.08.2016).

Castagne, Eric. ed. *Les enjeux de l'intercompréhension*, in: http://logatome.eu/Enjeux%20intercomprehension.pdf (01.08.2016).

Duc Goninaz, Michel. & Grabovsky, Olga. ⁵1995. *Le Mot et l'Idée – Russe*. Paris: Ophrys.

Tafel, Karin et al. 2009. *Slavische Interkomprehension. Eine Einführung*. Tübingen: Narr.

Kiparsky, Valentin. 1975. *Russische historische Grammatik*. Bd. III: Entwicklung des Wortschatzes. Heidelberg: Carl Winter.

Klein, Horst G. & Stegmann, Tilbert D. 2000. *EuroComRom – Die sieben Siebe. Romanische Sprachen sofort lesen können*. Aachen: Shaker.

Kravtsov, Sergueï. 2005. *Dictionnaire russe-français des locutions idiomatiques équivalentes*. Paris: L'Harmattan.

Leroy, Sarah. 2006. „Glasnost et perestroïka. Les pérégrinations de deux russismes dans la presse française", in: *Mots. Les langages du politique*, 82, 65-78.

Müller, Klaus. 1995. *Slawisches im deutschen Wortschatz*. Berlin: Volk und Wissen.

Pauliat, Paul. 2008. *Dictionnaire Russe. Français-Russe, Russe-Français*. Paris: Larousse.

Russomobil. edd. o.J. *Das leichteste russisch-deutsch-englisch-französische Wörterbuch der Welt*. Berlin.

Sakhno, Sergueï. 2001. *Dictionnaire russe-français d'étymologie comparée. Correspondances lexicales historiques*. Paris: L'Harmattan.

Telling, Rudolf. 1988. *Französisch im deutschen Wortschatz*. Berlin: Volk und Wissen.

Weiterführende Links:

http://www.eurocomprehension.de/ (01.08.2016)

Lesen – Lernen – Leben:
Verbindendes in den Literaturen

Die griechische Komödie in Rom – die römische Komödie in Europa
Peter Riemer (Saarbrücken)

Jacob Burckhardt (1818-1897) preist in seinem berühmten Buch *Die Kultur der Renaissance in Italien*[1], erstmals veröffentlicht 1860, alle Vorzüge der italienischen Renaissance, nicht ohne dabei auf einen eklatanten Mangel hinzuweisen, und zwar auf den, dass die Kulturschaffenden des Quattrocento keinen selbstständigen Beitrag zum europäischen Drama geleistet haben. Um die von ihm hoch gelobte Welt der Renaissance von diesem einen Makel zu befreien, führt Burckhardt eine Erklärung an, die zu denken gibt (Burckhardt 1988, 228): „Das Drama, in seiner Vollkommenheit ein spätes Kind jeder Kultur, will seine Zeit und sein besonderes Glück haben."

Doch ist Zeit, wie Burckhardts These suggeriert, wirklich so notwendig? Wie sahen in dieser Hinsicht die Anfänge der dramatischen Literatur in Athen und in Rom aus? Wirft man zuerst einen Blick auf das Drama im antiken Rom, so ist es allerdings erstaunlich, in wie kurzer Zeit die römische Literatur bereits über einen Plautus verfügte, dessen Komödien in ihrer burlesken Art fast an Aristophanes erinnern. Man bedenke: Die römische Literatur begann im Jahre 240, unter anderem mit der Übersetzung von Homers Odyssee durch Livius Andronicus. Eben dieser Livius Andronicus führte im September des Jahres 240 v. Chr. in Rom (im Rahmen der Feiern nach dem Sieg über Karthago) auch das erste Drama in lateinischer Sprache auf. Es waren sogar zwei Stücke, eine Tragödie und eine Komödie, Übersetzungen griechischer Originale. Diese beiden Werke des Livius sind nicht erhalten, welche Vorlagen er benutzte, ist nicht bekannt; doch wir können annehmen, dass die Qualität dem Niveau eines literarischen Anfangs entsprach, wenngleich Livius, ein freigelassener Sklave griechischer Abstammung, nach den wenigen Fragmenten seines Gesamtwerks zu urteilen ein hellenistischer *poeta doctus* war. Schon eine Generation später trat Plautus auf den Plan, um das Jahr 200 v. Chr. herum, kurz darauf Terenz. Die Komödien des Plautus und des Terenz weisen eine ausgefeilte dramatische Technik auf,

---

[1] Jacob Burckhardt. [11]1988. *Die Kultur der Renaissance in Italien*. Stuttgart: Kröner.

und zwar mit jeweils anderen Eigenheiten; Unterschiede zum griechischen Drama sind klar feststellbar, sodass wir durchaus von einem eigenständigen römischen Drama sprechen dürfen. Man kann daher der lateinischen Literatur bescheinigen, dass sie in der kurzen Zeitspanne von etwa 50 Jahren von den ersten Versuchen auf dem Gebiet des Dramas schon bald zu einer Blüte gelangte, deren Nachhall in der Weltliteratur unverkennbar ist. Plautus und Terenz haben die europäische Komödie stark beeinflusst.

Bei den Griechen (auf sie hatte Burckhardt wohl sein Auge gerichtet) liegt eine größere zeitliche Spanne von mehr als 300 Jahren zwischen den wohl in der zweiten Hälfte des 8. Jh. v. Chr. niedergeschriebenen homerischen Epen, die zweifellos den literarischen Auftakt der griechischen Kultur bilden, und dem Höhepunkt des literarischen Schaffens in der Klassischen Periode des 5. Jh.

Doch dann stellen wir ebenfalls eine rasante Entwicklung in Athen fest. Zwischen den frühesten Aufführungen, soweit sie bezeugt sind, und der klassischen Zeit des attischen Dramas liegen nicht mehr als zwei Generationen: Von Thespis bis Sophokles 60 Jahre. Die Entwicklung der Komödie ging ähnlich rasant vonstatten: Bald nach der Einführung des Komödien-Agons (des Wettbewerbs um den Sieg an den Großen Dionysien) im Jahre 486 v. Chr. trat Aristophanes auf den Plan, der wohl fantasievollste Dichter der Antike. Er gab sein Debut 427. Von seinen Stücken sind elf vollständig erhalten. Die großen Dichter der Alten Komödie wurden in hellenistischer Zeit wie die Tragiker ebenfalls als Dreiheit erfasst. Das entnehmen wir der Satire 1,4,1 des Horaz: *Eupolis atque Cratinus Aristophanesque poetae*. Die Komödie des 5. Jh. unterschied sich ganz und gar von der Komödie späterer Epochen. Ihre Spezialität war die Persiflage, die Verspottung von Personen des öffentlichen Lebens oder von gesellschaftlichen Missständen. So attackierte man unverblümt bestimmte Politiker in den *Rittern* oder etwa die Auswüchse der von den Sophisten betriebenen Rhetorik und der blasphemischen Neuinterpretation kosmischer Vorgänge durch die Naturphilosophen in den *Wolken* oder die Prozesswut der Athener in den *Wespen*. Durch einen Beschluss der Volksversammlung wurde jedoch die namentliche Verspottung ab dem Jahr 415 v. Chr. untersagt (*Vögel*). Dadurch kam es zu einem Gattungswandel, die Komödie nahm sich in einer Phase von 400 bis 320, die man schon in der Antike als einen Übergang ansah und von der man deshalb als einer Mittleren Komödie sprach (*Mese*), jener Sujets an, die auf der tragischen Bühne behandelt wurden, der Mythen. Auf sie richtete sich nun der Komödienspott und suchte das Publikum über Mythenparodie und Mythentravestie zu unterhalten.

Die Neue Komödie in Athen

Die hiermit einhergehende Annäherung an die Tragödie hat deutliche und nachhaltige Spuren hinterlassen: Wie die Tragödie auf einen handlungsbezogenen Chor verzichtete und diesen zum Pausenfüller degradierte, so machte es die Komödie ebenso. In den Handschriften der Neuen Komödie finden wir nicht einmal mehr Texte aus den Chorpartien; es steht lediglich χοροῦ (= Auftritt des Chores) zu lesen; man wird wohl nur noch irgendwelche Repertoire-Musik eingesetzt haben. Die Komödie verzichtete auch auf andere Eigenheiten, z.B. auf die freie Ansprache des Komödiendichters an sein Publikum, die Parabase. Die Vielzahl der Schauspieler (Aristophanes brauchte oft sechs und mehr Sprechrollen gleichzeitig in einer Szene) war neuerdings dem strengen Dreischauspielergesetz der Tragödie unterworfen. Und die von Aristoteles für die Tragödie geforderte Einheit der Zeit (ein einziger Sonnenumlauf, nur eine Tagesspanne) wurde plötzlich auch in den komischen Stücken eingehalten, was natürlich gelegentlich für Scherze verwendet wurde. Wenn Medea in der gleichnamigen Tragödie Kreon, den König von Korinth, bittet, er möge ihr einen Tag Aufschub gewähren, ehe sie in die Verbannung geht, dann weiß der Zuschauer, dass an eben diesem Tag sich die tragische Katastrophe ereignen wird. Wenn der Parasit Chaireas in Menanders *Dyskolos* sich vor der unmittelbar bevorstehenden Begegnung mit dem Griesgram Knemon drückt und sagt, er wolle sich aber „gleich Morgen früh allein zu ihm begeben, jetzt da ich ja weiß, wo er wohnt" (Men. Dysk. 131ff.: ἀλλ' ἕωθεν αὔριον / ἐγὼ πρόσειμ' αὐτῶι μόνος, τὴν οἰκίαν / ἐπείπερ οἶδα.), dann wird das Publikum herzhaft gelacht haben in der festen Gewissheit: Der Feigling kommt nicht wieder; denn die Stücke kennen keinen nächsten Tag. Ein Gag dieser Art wäre in der Alten Komödie nicht möglich gewesen.

Personen und Handlungen der Neuen Komödie entstammen dem Alltagsleben des attischen Bürgertums. Nicht mehr die hohe Politik oder kulturelle Themen im Lichte einer allgemeinen Öffentlichkeit, nicht mehr die Tragiker und ihre Mythen, sondern schlicht die Familie und der einzelne Mensch, die Konflikte unter den Generationen (vor allem der Vater-Sohn-Konflikt) und die Einhaltung ethischer Normen im Umgang miteinander beherrschen die Komödienbühne in Menanders Zeit und danach. Man könnte sagen: Die Neue Komödie hat sich den Lehren der hellenistischen Individualphilosophie zugewandt. Sicherlich hat zu alledem auch die Entwicklung der zeitgenössischen Tragödie beigetragen, die sich sehr an Euripides orientierte. Aristoteles bemängelt ja in seiner Poetik, dass die neueren Tragiker ihre Stücke oft gut ausgehen lassen, und möchte, dass sie zu sophokleischer Dramengestaltung zurückfinden, als Muster-Tragödie nennt er den *König Ödipus*. Das schon bei Euripides aufscheinende Tyche-Konzept, vor dessen Hintergrund sich alles so oder so ereignen kann und es ganz in der Hand des Menschen liegt, was er aus den Zufälligkeiten des Lebens macht, wird nun in den verschiedensten Konstellationen in der Komödie ausgespielt.

Da hat z.B. in der Vorgeschichte eine Vergewaltigung stattgefunden, zufällig heiratet der Vergewaltiger später sein Opfer, ohne zu wissen, dass eine Identität von Opfer und Gattin besteht. Das aus der Gewalttat hervorgegangene und irgendwie dann an Fremde abgegebene Kind findet schließlich auf Irrwegen, wie es der Zufall will, und im Rahmen einer Gesamtaufklärung über die Geschehnisse der Vergangenheit zu den wahren Eltern zurück, die hierüber sehr erfreut sind. Ende gut, alles gut.

Oder: Ein junger Mann verliebt sich in ein Mädchen (soll ja hin und wieder vorkommen). Dieses Mädchen ist aber in einem anrüchigen Gewerbe tätig und ihrerseits schon vermietet, und zwar an einen Soldaten. Da braucht der Jüngling Geld, um sie von ihm freizukaufen. Finanzmittel sind vorhanden, aber sie gehören dummerweise dem Vater des jungen Mannes. Alles wird nun daran gesetzt, mit Hilfe eines treuen Dieners dem alten Herrn das nötige Geld abzuluchsen, was teils gelingt, teils nicht. Herrliche Verwicklungen ergeben sich, in denen vor allem der Diener als flinker Sklave (*servus currens*) ein Glanzstück nach dem anderen liefert. Zuletzt kommt heraus, dass es sich bei dem Mädchen gar nicht um eine genuine Hetäre handelt, sondern ausgerechnet um die vermisste echtbürtige oder natürliche Tochter des Nachbarn, in dessen Familie der Jüngling nach seines Vaters willen sowieso einheiraten sollte. Ende gut, alles gut.

Weitere komische Konflikte entstehen, wenn Vater und Sohn sich in dasselbe Mädchen verlieben oder wenn in einer Liebesbeziehung oder bei der Vermisstensuche Verwechslungen vorkommen, was bei Zwillingen zwangsläufig der Fall ist.

Die griechische Komödie in Rom

Solche Sujets fanden die römischen Dramatiker in den Stücken der griechischen *Nea* vor. Die Komödien von Menander, Diphilos, Philemon, Demophilos, Apollodor von Karystos u.a. wurden immer wieder in der Originalfassung aufgeführt, nicht nur in Athen, auch außerhalb, nicht zuletzt in Unteritalien, wo die Griechen seit dem 8. Jh. v. Chr. in vielen Kolonien ansässig waren. Auch konnten die publizierten Werke jederzeit gelesen werden, sofern man eine Kopie erworben hatte und über genügend Griechischkenntnisse verfügte. Griechischkenntnisse verbreiteten sich in den gebildeten Kreisen Roms durch eine Vielzahl griechischer Hauslehrer. Daneben gab es aber durchaus auch ein Bedürfnis, griechische Komödien einem größeren stadtrömischen Publikum vorzuführen – wohl schon in den allerersten Anfängen politisch motiviert und von den jeweiligen Ädilen in die Tat umgesetzt. Das war nur möglich mit Hilfe einer entsprechenden Latinisierung. Die Stücke mussten übersetzt werden, erstmals, wie schon gesagt, 240 v. Chr.

Diese übersetzten Komödien fanden Gefallen, je nachdem, wie sehr sie dem Geschmack und der Erwartung des Publikums entgegenkamen. Die einfachen Römer waren nämlich an eine eigene Possenspieltradition gewöhnt, in welcher szenisch improvisiert wurde. Mimus und Atellane, zwei Formen des italischen Stegreiftheaters, waren nun einmal so beliebt, dass Plautus auf einige ihrer Elemente nicht verzichten wollte. Die Selbstbezeichnung als Maccus (*Maccus vortit barbare*) verrät, dass Plautus wahrscheinlich ein Atellane-Schauspieler war. Maccus nannte man den Dummkopf.

Wie Plautus seine Übersetzungen attraktiv machte, soll am Beispiel des Begrüßungsspiels gezeigt werden.[2]

---

[2] Die folgenden Ausführungen insbesondere zu den plautinischen *Bacchides* basieren auf meinem Basisartikel „Plautus und Terenz", in: AU 1/2010, 4-11.

In der antiken griechischen Tragödie ist die Begrüßung entweder auf Floskeln beschränkt, oder sie entfällt ganz. Als Signal der Wiedersehensfreude gehört das Grüßen allerdings zur Anagnorisis. Das Glück, sich nach langer Zeit, nach einer schmerzlichen Trennung oder gegen alle Erwartung überhaupt wiederzusehen, bedarf szenischer Kommentierung und ist für eine dramatische Ausgestaltung besonders gut geeignet: Insofern geht mit dem Grußwechsel im Rahmen einer Anagnorisis oft ein kleines Spiel einher.

In der Neuen Komödie wird der Augenblick des Wiedersehens zur Standardsituation mit entsprechend vielen Arten der Abwandlung. Doch gemessen an den fantastischen Möglichkeiten, die dem Genos der Komödie zur Verfügung stehen, wirken die Begrüßungen, soweit wir sie in dem spärlich überlieferten Material noch vor uns sehen, geradezu lakonisch. Bei Menander findet sich über eine stereotype Grußformel hinaus kein weiteres Schema; die Begrüßung wird nie ausgespielt. So im *Misumenos*, wo Demeas und seine Tochter Krateia wieder zusammenkommen. Die Begrüßung fällt recht kurz aus (Mis. 210-215):

ΔΗ.	ὦ Ζεῦ, τίν' ὄψιν οὐδὲ προσδοκωμένην ὁρῶ;	210
(ΚΡ.)	τί βούλει, τηθία; τί μοι λαλεῖς; πατήρ ἐμός; ποῦ;	
(ΔΗ.)	παιδίον Κράτεια.	
(ΚΡ.)	τίς καλεῖ με; πάππα· χαῖρε πολλά, φίλτατε.	
(ΔΗ.)	ἔχω σε, τέκνον.	
(ΚΡ.)	ὦ ποθούμενος φανείς, ὁρῶ σ' ὃν οὐκ ἂν ᾠόμην ἰδεῖν ἔτι.	215

DEMEAS O Zeus, was für ein unverhoffter Anblick! KRATEIA Was willst du, Mütterchen? (*Die alte Dienerin flüstert Krateia ins Ohr.*) Was sagst du? Mein Vater? Wo? DEMEAS Krateia Kindchen. KRATEIA Wer ruft mich? Papa, ich grüße dich, Allerliebster! DEMEAS Hab ich dich, Kind. KRATEIA O du lang Ersehnter, ich sehe dich, von dem ich glaubte, ihn nie wieder mehr zu sehen.

Auf solche Art ereignet sich ein Wiedersehen in den Dramen des Menander. Reflexe dieser Dramaturgie finden sich auf Schritt und Tritt bei Terenz, wie etwa in der *Andria*: Dort treffen Mysis, die alte Dienerin der verstorbenen Hetäre Chrysis, und Crito, der Vetter der Verstorbenen, aufeinander. Mit Critos Erscheinen werden die Verwicklungen des Dramas ein Ende finden: Es wird sich herausstellen, dass Glycerium, die vermeintliche Schwester der Hetäre, in Wahr-

Die griechische Komödie in Rom – die römische Komödie in Europa. 135

heit eine athenische Bürgerin ist und obendrein die verloren geglaubte Tochter des Chremes, der schon lange bemüht ist, seine Tochter mit dem Nachbarssohn zu verheiraten. Erst einmal kommt es zu einer Wiedererkennung zwischen Crito und Mysis (Andr. 800-802):

CR. sed quos perconter video: salvete. MY. obsecro, 800
quem video? estne hic Crito sobrinu' Chrysidis?
is est. CR. o Mysis, salve! MY. salvo' sis, Crito.

CRITO Aber da sehe ich ja Leute, die ich fragen kann: Seid gegrüßt. MYSIS Ich fasse es nicht, wen sehe ich? Ist das hier nicht der Vetter der Chrysis? Er ist es. CRITO O Mysis, ich grüße dich! MYSIS Sei gegrüßt, Crito.

Abgesehen von einer einzigen Partie im *Rudens*, wo sich in Akt IV 4 eine regelrechte Anagnorisis-Parodie findet, wird das standardmäßige Wiederzusammenfinden von Familienangehörigen bei Plautus nie wirklich ausgespielt. Dafür ließ er aber kaum eine Gelegenheit aus, dem schlichten Gruß, den besten Wünschen, der Frage nach dem Wohlergehen ein kleines Spiel hinzuzusetzen. So im letzten Akt des *Rudens*: Dort kommen der Kuppler Labrax und der Sklave Gripus ins Gespräch (Rud. 1303-1306):

LAB. adulescens, salve. GRI. di te ament cum inraso capite. LAB. quid fit?
GRI. verum extergetur. LAB. ut vales? GRI. quid tu? num medicus, quaeso, es?
LAB. immo edepol una littera plus sum quam medicus. GRI. tum tu 1305
mendicus es? LAB. tetigisti acu. etc.

LABRAX Grüß dich, mein Junge. GRIPUS Mögen dich die Götter lieben, dich und deine Glatze. LABRAX Was macht man so? GRIPUS Man putzt einen Bratspieß. LABRAX Geht's gut? GRIPUS Was soll das? Bist du, bitteschön, ein Medicus (Arzt)? LABRAX Nein, ein Buchstabe mehr als Medicus. GRIPUS Dann bist du ein mendicus (Lump)? LABRAX Volltreffer. usw.

Solche Begrüßungseinlagen, gekoppelt an Wortwitz oder Situationskomik, sind vielfach anzutreffen; kaum ein Plautusstück kommt ohne derartige Intermezzi aus. Dass hier eine vorliterarische Prägung durchschimmert, also Momente des Stegreiftheaters in die Stücke eindringen, liegt auf der Hand. Müssen aber solche Einlagen wirklich nur auf den szenischen Augenblick beschränkt bleiben?

Im dritten Akt (III 6) der *Bacchides* (530-572) treffen zwei Freunde aufeinander, Mnesilochus und Pistoclerus, die sich lange nicht mehr gesehen haben;

einer kurzen Anagnorisis folgt ein längerer Gedankenaustausch über unzuverlässige Freunde und den allgemeinen Verfall der Sitten (Bacch. 534-560):

 PI. estne hic meu' sodalis? MNE. estne hic hostis quem aspicio meus?
 PI. certe is est. MNE. is est. PI. adibo contra. MNE. contollam gradum.   535
 PI. salvos sis, Mnesiloche. MNE. salve. PI. salvos quom peregre advenis,
 cena detur. MNE. non placet mi cena quae bilem movet.
 PI. numquae advenienti aegritudo obiecta est? MNE. atque acerruma.
 PI. unde? MNE. ab homine quem mi amicum esse arbitratus sum antidhac.

PISTOCLERUS Ist da nicht mein Freund? MNESILOCHUS Sehe ich da nicht meinen Feind? PISTOCLERUS Er ist es ganz gewiss. MNESILOCHUS Er ist es. PISTOCLERUS Ich gehe zu ihm. MNESILOCHUS Forschen Schritts voran! PISTOCLERUS Ich grüße dich, Mnesilochus. MNESILOCHUS Grüße dich. PISTOCLERUS Wenn du jetzt wieder hier bist und wohlauf, dann soll es doch ein gutes Essen geben. MNESILOCHUS Ein Essen, das mir auf die Galle geht, das schmeckt mir nicht. PISTOCLERUS Hat dich etwa bei der Ankunft eine Krankheit erwischt? MNESILOCHUS Und was für eine. PISTOCLERUS Woher kommt sie denn? MNESILOCHUS Von einem Mann, den ich bisher für einen Freund hielt.

Dass Begrüßungen in der *Nea* eine untergeordnete Rolle spielten, verdeutlicht im Vergleich hiermit der Passus der griechischen Vorlage. Die beiden Freunde tauschen in Menanders *Dis exapaton* lediglich den üblichen kurzen Gruß aus (Men. Dis ex. 103f.):

 Μο. ... χαῖρε, Σώστρατε.
 Σω. καὶ σύ. <Μο.> τί κατηφὴς καὶ σκυθρωπός, εἰπέ μοι;

MOSCHOS Sei gegrüßt, Sostratos. SOSTRATOS Du auch. MOSCHOS Wieso stehst du da so gebeugt und blickst ganz finster, sag doch?

Menander hat auf jede Übertreibung oder Überzeichnung verzichtet. Bei Plautus erleben wir dagegen eine ganz andere Szene. Von Menanders sensibler Dramaturgie ist nichts zu spüren. Sieht Moschos seinem Freund Sostratos die Sorgen an, die ihm ins Gesicht geschrieben stehen (Dis ex. 104f.: <Μο.> τί κατηφὴς καὶ σκυθρωπός, εἰπέ μοι; / καὶ βλέμμα τοῦθ' ὑπόδακρυ· μὴ νεώτερον / κακὸν κατείληφάς τι τῶν [γ'] ἐνταῦθα;), erkennen Mnesilochus und Pistoclerus einander nur aus der Ferne: räumlich und gedanklich. Von gegenüberliegenden Seiten her rüsten sie sich zu einem Begrüßungsduell. Das Wiedersehen gleicht im Ansatz einem Gefecht. Zwei Kontrahenten scheinen wie zum Kampf aufeinander loszugehen, der eine in freundschaftlicher, der andere in feindlicher Manier. Für den Zuschauer sind die Signale unüberhörbar und auch keinesfalls zu übersehen.

Es fallen die Vokabeln *sodalis* und *hostis* (Bacch. 534). Dem Gruß *salvos sis* wird zuerst noch ein spärliches *salve* entgegengebracht, was noch dem καὶ σύ der Vorlage entspricht, die Einladung zum Mahl aber abgelehnt mit der Begründung, ein solches würde nur die Galle erregen. Jetzt merkt Pistoclerus, dass mit seinem Freund irgendetwas nicht in Ordnung ist; er fragt nach dem Grund der 'Verstimmung' (*aegritudo*). Ein Mann, den er bis dahin für einen Freund hielt, habe ihm dies angetan, sagt Mnesilochus.

Das *cena*-Motiv ist ein plautinischer Zusatz, der die Begrüßung in ein Spiel überführt: Pistoclerus lädt seinen Freund zu einem Begrüßungsessen ein. Von einer solchen Einladung findet sich bei Menander keine Spur. Das *cena*-Motiv wird nun in den plautinischen *Bacchides* zweimal verwendet.

Chrysalus legte zuvor dem Freund seines Herrn bei der ersten Begegnung eine Essenseinladung in den Mund, um diese daraufhin mit Freuden anzunehmen (Bacch. 181-187):

CHR. pro di inmortales, Pistoclerum conspicor.
o Pistoclere, salve.
PIST. salve, Chrysale.
CHR. compendi verba multa iam faciam tibi.
venire tu me gaudes: ego credo tibi;   185
hospitium et cenam pollicere, ut convenit
peregre advenienti: ego autem venturum adnuo.

CHRYSALUS Bei den Göttern, da sehe ich den Pistoclerus. O Pistoclerus, sei gegrüßt. PISTOCLERUS Sei gegrüßt, Chrysalus. CHRYSALUS Keine große Rede, ich kürze es für dich ab: Du freust dich, dass ich angekommen bin. Ich glaube dir. Du versprichst (mir) ein hübsches Gastmahl, wie es sich gehört, zumal ich ja gerade von einer Reise zurückkehre. Ich sage, dass ich die Einladung annehme und kommen werde.

Pistoclerus geht nicht weiter darauf ein. Es ist ein Spiel, das die Verschmitztheit und Schlagfertigkeit des Sklaven demonstriert. Nach längerem Hin und Her fasst Pistoclerus dies in die Formel 'Chrysalus, immer noch der alte, noch immer zu Scherzen aufgelegt?': *iamne ut soles?* (Bacch. 203).

In den *Bacchides* dient der Gruß nicht nur dazu, die Heimkehr von Mnesilochus und Chrysalus und ihre ersten Berührungen mit den Daheimgebliebenen zu illustrieren. Mit Hilfe der *salutatio* wird z.B. auch die Hast des Nicobulus verdeutlicht, d.h. das Motiv hilft bei der Charakterisierung seiner Person. Der Alte kann es nicht abwarten zu erfahren, ob sein Sohn mit dem Geld heil angekommen ist. Doch Chrysalus zeigt sich nicht bereit, die Fragen zu beantworten, bis ihm ordnungsgemäß der Gruß entrichtet wurde (Bacch. 243-248):

CHR. servos salutat Nicobulum Chrysalus.
NIC. pro di inmortales, Chrysale, ubi mi'st filius?
CHR. quin tu salutem primum reddis quam dedi?   245
NIC. salve. sed ubinam'st Mnesilochus? CHR. vivit, valet.
NIC. venitne? CHR. venit. NIC. euax, aspersisti aquam.
benene usque valuit? CHR. pancratice atque athletice.

CHRYSALUS Diener Chrysalus entbietet Nicobulus einen Gruß. NICOBULUS Bei den Göttern, Chrysalus, wo ist mein Sohn? CHRYSALUS Warum erwiderst du nicht erst den Gruß, den ich gegeben? NICOBULUS Grüß dich, ja, aber wo steckt denn um alles in der Welt Mnesilochus? CHRYSALUS Er lebt, es geht im gut. NICOBULUS Ist er angekommen? CHRYSALUS Er ist angekommen. NICOBULUS Juhu, du hast mich gerade wiederbelebt. Ist es ihm die ganze Zeit gut gegangen? CHRYSALUS Bestens hat er sich durchgeboxt.

Auf die spätere Frage, wo denn um alles in der Welt Mnesilochus abgeblieben ist, antwortet Chrysalus (Bacch. 347): *deos atque amicos iit salutatum ad forum*. Ein wunderbares an den Begrüßungskomplex gekoppeltes Ritardando, die Verlegung von Begrüßungen ins Hinterszenische. Es kann lange dauern, bis der *adulescens* von seinen Freunden zurückkehrt, um dann schließlich auch den Vater zu begrüßen.

In der Briefintrige ist dem Grüßen ebenfalls eine besondere Rolle zugedacht. Bekanntlich werden zwei Briefe formuliert, beide sind von Chrysalus diktiert. Der erste coram publico, Mnesilochus weiß nicht, mit welchen Worten er den Brief beginnen soll (Bacch. 731-736):

CHR. scribe. MNE. quid scribam? CHR. salutem tuo patri verbis tuis.
PIST. quid si potius morbum, mortem scribat? id erit rectius.
CHR. ne interturba. MNE. iam imperatum in cera inest. CHR. dic quem ad modum.
MNE. "Mnesilochus salutem dicit suo patri." CHR. adscribe hoc cito:
"Chrysalus mihi usque quaque loquitur nec recte, pater,   735
quia tibi aurum reddidi et quia non te defrudaverim."

CHRYSALUS Schreib! MNESILOCHUS Was soll ich schreiben? CHRYSALUS Einen ganz persönlichen Gesundheitsgruß an deinen Vater, mit deinen eigenen Worten. PISTOCLERUS Soll er ihm nicht besser eine Krankheit, ja den Tod an den Hals wünschen? Das wäre richtiger. CHRYSALUS Unterbrich uns nicht. MNESILOCHUS Schon ist im Wachs, was angeordnet wurde. CHRYSALUS Sag, was steht da? MNESILOCHUS „Mnesilochus grüßt seinen Vater." CHRYSALUS Schreib das noch schnell dazu: „Chrysalus redet die ganze Zeit irgendwie auf mich ein und nicht rechtens, Vater, weil ich dir das Gold zurückgegeben habe und weil ich dich nicht betrogen habe."

Der zweite Brief, ebenfalls von Chrysalus diktiert, der dem schon arg gebeutelten Alten noch mehr Geld entlocken soll, ist gänzlich anders verfasst: Er beginnt ohne Gruß, was Chrysalus plakativ bemängelt (Bacch. 996-1001):

NIC. cerae quidem hau parsit neque stilo;
sed quidquid est, pellegere certum'st. 996a
"pater, ducentos Philippos quaeso Chrysalo
da, si esse salvom vis me aut vitalem tibi."
malum quidem hercle magnum. CHR. tibi dico. NIC. quid est?
CHR. non priu' salutem scripsit? NIC. nusquam sentio. 1000
CHR. non dabi', si sapies etc.

NICOBULUS Er hat jedenfalls nicht mit Wachs gespart und viel geschrieben, aber was auch immer es sein mag, fest steht: Ich lese es ganz durch. „Vater, gib bitte zweihundert Philippsmünzen an Chrysalus, wenn du willst, dass ich dir wohlbehalten und am Leben bleibe." Ach du Schreck, ein großes Übel, beim Herakles. CHRYSALUS Ich sage dir ... NICOBULUS Ja, was gibt es denn? CHRYSALUS Hat er keinen Gruß vorangestellt? NICOBULUS Ich kann keinen erkennen. CHRYSALUS Dann wirst du das Geld nicht rausrücken, wenn du bei klarem Verstand bist. usw.

Nicobulus will alles andere lieber tun, als auf den Sklaven zu hören, und wird hierdurch dazu verführt, Chrysalus das Geld – wie er glaubt – gegen dessen Willen in die Hand zu drücken.

Plautus verwendet die *salutatio* als Motiv in einer solchen Weise, dass die Handlung jeweils ironisiert wird. Die Handelnden werden durch Verdrehung oder einfache Umkehrung der Verhältnisse in ein heiteres Licht getaucht. Keineswegs beiläufige, sondern wesentliche Momente der *Bacchides*-Handlung erfahren durch Grußwechsel eine ironische Akzentuierung und Kommentierung; die Kenntnis bestimmter Sachverhalte beim Publikum voraussetzend, veranschaulichen die Grußeinlagen das mangelnde Wissen verschiedener Personen in bester Komödienmanier.

Anhand des Begrüßungsmotivs, das für das Stegreifspiel der Atellane sicherlich typisch war, sehen wir, wie Plautus italisches Kolorit in die griechischen Dramen hineinbrachte. So entsteht eine attraktive Spannung zwischen der griechischen Lebenswelt der Stücke (Spielort Athen oder andernorts in Griechenland) und dem burlesken römischen Zuschnitt. Terenz hat diese plautinische Dramaturgie in seinen späten Komödien, vor allem in den *Adelphen* nachgeahmt.

Die römische Komödie in Europa

Die Neigung, Komödien nach Art eines Plautus zu gestalten, war in der Antike so groß, dass im 1. Jh. v. Chr. ca. 130 Stücke unter seinem Namen kursierten, echte und unechte. Varro hat rund 20 Stücke für echt erklärt und damit kanonisiert. Vermutlich sind es gerade die Stücke (21 inkl. *Vidularia*), die wir heute noch in Händen haben. Nicht alle hat man im Mittelalter gekannt, sie waren erst seit dem Wiederauffinden einer Gruppe von 12 Stücken (also gut zwei Dritteln des Gesamtwerks) im Jahr 1429 durch Nikolaus von Kues wieder komplett. Man las während des Mittelalters hauptsächlich Terenz, dessen Dramen wegen ihrer menandrischen Charaktere gewissermaßen eine ethische Dimension haben. Ihre Handlungen wurden sogar in christlicher dramatischer Literatur nachgeahmt. Hier sei auf die Stücke von Hrotsvith von Gandersheim (935-973) hingewiesen, nach deren Urteil die terenzischen Dramen freilich unmoralisch waren und deshalb christliche Gegenstücke brauchten. Eine Ausnahme bildete Vitalis von Blois, der im 12. Jh. den *Amphitruo* und die *Aulularia* des Plautus in seiner Komödie *Geta* verarbeitet hat.

Erst im Florenz des Quattrocento lebte die römische Komödie, vor allem die plautinische, wieder richtig auf, zuerst in italienischen Übersetzungen, dann aber auch in neu gestalteten Werken. Zu den ersten neuzeitlichen Komödiendichtern zählten Ariost (1474-1533) mit den Stücken *La cassaria* (1508), *I suppositi* (1509) und *La lena* (1528) und Machiavelli (1469-1527) mit der *Andria* (ca. 1517, es handelt sich um eine Übersetzung des gleichnamigen Terenz-Stücks), der *Mandragola* (ca. 1518) und der *Clizia* (1525, an Plautus' *Casina* angelehnt). Ich möchte gewissermaßen stellvertretend für die Komödienrezeption der Neuzeit auf Machiavellis *Mandragola* eingehen.

Der Staatsphilosoph Niccolò Machiavelli, mit dessen Namen man nicht unbedingt die Gattung der Komödie verbindet, hat neben seinen großen politischen Traktaten (sein Hauptwerk ist bekanntlich *Il principe*, 'Der Fürst') eben auch Komödien geschrieben. In der *Mandragola* und in der *Clizia* ist der Handlungsort übrigens Florenz! Hier unterscheiden sich die Stücke schon in ihrem Ortsbezug deutlich von den antiken Vorbildern. Die *Mandragola* weist zudem etliche Zeitbezüge auf, ihre Handlung fällt konkret ins Jahr 1504. Wären seine staatsphilosophischen Schriften nicht so dominant rezipiert worden, dass wir so-

Die griechische Komödie in Rom – die römische Komödie in Europa. 141

gar – wenn es um dirigistische Einflussnahme in der Politik geht – von Machiavellismus sprechen, dann würden wir heute wahrscheinlich bei dem Namen Machiavelli vornehmlich an den Dichter der *Mandragola* denken. Das Stück wird heute noch oft gespielt.

Machiavelli, *Mandragola*

Ein junger Florentiner namens Callimaco erfährt in Paris, wo er aufgewachsen ist und 20 Jahre seines Lebens verbracht hat, dass in Florenz eine edle junge Frau lebt von unvergleichlicher Schönheit. Mit seinem Diener Siro reist er sogleich nach Florenz, um sich selbst davon zu überzeugen. Und wahrhaftig: Sie ist noch schöner, als er dachte. Es verlangt ihn, mit ihr zusammen zu sein. Sie ist aber verheiratet mit einem weitaus älteren Mann, einem Rechtsanwalt namens Nicia. Callimaco erfährt nun von einem Freund des Nicia – einem Heiratsvermittler, er heißt Ligurio –, dass die Ehe seit sechs Jahren schon besteht, aber kinderlos geblieben ist. Ligurio will dem verliebten Callimaco helfen und rät ihm, einen Arzt zu spielen und dem alten Nicia eine Kur zu verschreiben. Nicia erweist sich aber als störrisch und lehnt die Kur ab; da behauptet der erfinderische Ligurio ganz spontan, dass Callimaco eine Medizin besitze, mit deren Hilfe die Unfruchtbarkeit überwunden werden könne: einen Trank aus dem Saft der Alraune (it. *mandragola*), ihn müsse die junge Frau trinken. Nicia ist hoch erfreut, wird aber stutzig, als er hört, dass das Gift der Alraune für den ersten Mann, der mit der Frau schläft, tödlich sei (mit Wirkung innerhalb von acht Tagen). Nach einigem Hin und Her entwickelt Callimaco, der jetzt das Heft fest in der Hand hält, einen überzeugenden Plan: Man werde am Abend den erstbesten Jüngling von der Straße weg entführen und ihn zum Beischlaf 'zwingen'. Das letzte Hindernis, die Einwilligung der jungen Gattin Lucretia, gilt es zuvor noch zu überwinden (ich kürze ab): Ihre Mutter Sostrata und ihr Beichtvater, der Ordensbruder Timoteo, können Lucretia tatsächlich von der Rechtmäßigkeit der Sache überzeugen. Als alles schon klar scheint, fährt Callimaco der Schreck in die Glieder. Nicht er, sondern irgendein Fremder würde ja nun von dem ausgeklügelten Plan profitieren. Da kommt ihm die entscheidende Idee: Er wird sich selbst als fremder Jüngling verkleiden und entführen lassen. Und damit seine Abwesenheit in der Verschwörergruppe mit ihm, Nicia, Ligurio und Siro nicht auffällt, überredet er obendrein den Ordensbruder Timoteo, sich in entsprechender Verkleidung als seine Person, also als Callimaco, auszugeben. Alles gelingt aufs Vortrefflichste. Nicht Alraunensaft, sondern eine Art Glühwein wird verabreicht, ein Jüngling ergriffen und die Intrige nimmt ihren Lauf. Nicia hat sogar ein besonderes Auge darauf, dass die beiden jungen Leute nun ja auch wirklich in der Nacht den Beischlaf vollziehen und kann schließlich ganz beruhigt sein; die Todesgefahr scheint ihm sicher gebannt. In Callimaco aber rühren sich Gewissensbisse, er gibt sich Lucretia zu erkennen, gesteht ihr seine Liebe und stellt in Aussicht, sie zu heiraten, wenn Nicia einmal nicht mehr sein sollte. Lucretia hingegen hat Gefallen an ihm gefunden und sorgt am Ende dafür, dass er von Nicia als Hausfreund aufgenommen wird und einen Schlüssel für alle Räume erhält. So soll es ihm künftig immer möglich sein, des Nachts zu ihr zu kommen.

Machiavellis *Mandragola* ist ein Klassiker der Renaissance-Literatur. Man kann sagen, dass mit diesem Werk erstmals in nachantiker Zeit eine eigenständige

Komödie auf die Bühne kam, die durchaus an die Qualität eines Plautus oder Terenz heranreicht. Viele Quellen liegen dem Stück zugrunde. Natürlich sollte zuallererst Boccaccios *Decamerone* genannt werden, aus dem Machiavelli die Anregung zu der Liebesgeschichte geschöpft hat. Dass ein Mann, nachdem er von der Schönheit einer Frau erfahren hat, in Liebe zu ihr entbrennt und sich auf den Weg macht, sie kennenzulernen, und zuletzt ihre Zuneigung gewinnt, lässt sich mehrfach bei Boccaccio nachlesen. Und die Alraune als Zaubermittel geht auf mittelalterliche Quellen zurück. Was aber die komischen Konstellationen und Verwicklungen als solche angeht, so stand mit Sicherheit Plautus Pate. Denn in der plautinischen *Casina*, die Machiavelli im gleichen Zeitraum als Vorlage für seine *Clizia* genutzt hat, sind wesentliche Momente der *Mandragola* vorgebildet: Ein alter und ein junger Mann lieben dieselbe schöne, junge Frau; der eine (in der *Casina* ist es der ältere) von ihnen ist auf eine nächtliche Eroberung aus; diese geht am Ende mit einer Verkleidung einher; ebenfalls besteht zumindest dem Anschein nach 'Lebensgefahr' für den nächtlichen Beischläfer.

Plautus, *Casina*

Vater und Sohn haben sich in das gleiche Mädchen verliebt, in Casina nämlich, ein Findelkind, das im gemeinsamen Haus aufgewachsen ist. Heiraten kann der Alte (Lysidamus) das Mädchen nicht; er ist bereits verheiratet. Als Konkubine hätte er Casina gern, kann dies aber nicht offiziell arrangieren; er würde mehr als ein Gewitter bei seiner Frau Cleostrata heraufbeschwören. Daher fädelt er die Geschichte anders ein. Zuerst einmal schickt er seinen Sohn weit fort und entledigt sich auf diese Weise des lästigen Konkurrenten, der schon drauf und dran war, Casina zu heiraten. Zum zweiten artikuliert er seinen Willen, Casina solle den Verwalter Olympio zum Mann nehmen. Es sollte freilich nur eine Scheinheirat sein, die ihm, Lysidamus, den regelmäßigen Beischlaf mit Casina ermöglicht hätte, ohne dass Cleostrata davon erführe. Cleostrata hat aber die Absicht ihres Mannes längst durchschaut und erklärt, dass der Waffenträger ihres Sohnes Chalinus Casina heiraten werde; dies soll insgeheim auch nur pro forma geschehen, um das Mädchen zu beschützen, bis der Sohn zurückgekehrt ist. Da steht nun Wille gegen Wille. Per Losentscheid (Cleostrata zieht selbst das Los) wird festgelegt, welcher der beiden Sklaven Casina haben dürfe. Olympio gewinnt. Lysidamus triumphiert. Die Hochzeitsnacht rückt heran, Lysidamus glaubt sich seinem Ziel ganz nahe. Da ordnet Cleostrata heimlich an, dass Chalinus sich als Casina verkleiden soll. Sie lässt zugleich die fingierte Kunde umhergehen, dass Casina denjenigen, der die Nacht mit ihr verbringen wird, erdolchen werde. Kurioser kann es nicht kommen: Olympio führt die falsche Casina ins Brautgemach, in ein stockdunkles Zimmer (gemäß dem Plan der Cleostrata). In der Finsternis fingert Olympio, der nun seinerseits auch etwas von der Hochzeitsnacht haben will, nach dem vermeintlichen Dolch, um die Waffe zu beseitigen und sich Casinas dann noch vor seinem Herrn zu bemächtigen, findet aber nur etwas Schwertähnliches zwischen den Beinen der unechten Casina. Olympio stürzt schreiend davon. Lysidamus ergeht es kurz darauf in dem dunklen Brautgemach nicht besser. Die Intrige zu Casinas Eroberung ist gründlich gescheitert. Am Ende stellt sich heraus, dass es sich bei Casina um die verlorene Tochter des Nachbarn handelt; der Sohn des Hauses, Euthyniscus, soll und kann sie nun heiraten. Ende gut, alles gut.

Neben den vorhin schon genannten Parallelen Konkurrenz zwischen Jung und Alt (Euthyniscus – Lysidamus / Callimaco – Nicia), Verkleidung (Chalinus als Casina / Callimaco als Jüngling), Todesgefahr (Dolch / Alraunengift) und das Anstreben sowie das Erlangen nächtlichen Beischlafs (künstliche Dunkelheit / natürliche Nacht) weisen beide Komödien eine Reihe weiterer Übereinstimmungen auf: Ihre Haupthandlungsstränge stellen Intrigen dar. Callimaco kann Nicia schlecht direkt darum bitten, ihm das Bett seiner Frau zu überlassen. Nur ein fein ausgesponnener Plan führt ihn zum Ziel. Lysidamus versucht eine ähnliche Situation zu meistern: Er kann schlecht unter den Augen seiner Frau bzw. mit ihrem Wissen eine Affäre mit der jungen Sklavin beginnen. Besonders reizvoll an der *Casina* ist die Gegenintrige der Cleostrata, die zum erwartungsgemäßen *happy ending* der Komödie führt. Übertroffen wird der Intrigenkomplex der *Casina* aber durch die Art, wie Machiavelli seine Handlung strukturiert: Er lässt den gehörnten Alten selbst Teil des Intrigenteams sein und sichert ihm zum Schluss sogar die scheinbare Gewissheit zu, dass er einen großen Sieg errungen hat. Der Besiegte darf sich in der *Mandragola* als Sieger fühlen. Das dauerhaft angestrebte Konkubinat der Casina bleibt unerfüllt. Das Stück mündet in die von dem alten Lüstling Lysidamus vergeblich torpedierte Hochzeit des jungen Paares. Bei Machiavelli strebt Callimaco nur eine Nacht an und bekennt danach reumütig seine Tat. Das wiederum bringt ihm mehr ein, als er wollte. Er erreicht am Ende das, was Lysidamus verwehrt blieb: ein dauerhaftes Konkubinat. Es ist Machiavelli gelungen, alle Beteiligten zufriedenzustellen und sein Publikum mit einem Schmunzeln zu entlassen über den fantastischen Ausgang des Stücks.

Fazit

Machiavelli hat die Komödie neu ausgerichtet. Es sind noch die Impulse eines Plautus oder Terenz spürbar, aber die Freude an der Eigenleistung ihres Dichters ist der *Mandragola* genauso deutlich anzumerken, wie man es den *Bacchides* ansieht, dass sich Plautus in ihnen von Menander emanzipiert. Liest man die *Mandragola* vor diesem Hintergrund, so wird man sich köstlich amüsieren, wie

Nicia auf den Pseudo-Mediziner Callimaco hereinfällt, weil dieser über exzellente Lateinkenntnisse verfügt. Nicia lässt sich gewissermaßen vom 'Großen Latinum' blenden: Der neunmalkluge Dottore (sicherlich ein Vorläufer eben dieser Figur der Commedia dell'Arte) entpuppt sich als Dummkopf.

Die Entwicklung der Komödie im Europa der Neuzeit ist nicht so leicht schematisch zu erfassen wie die der Komödie in der Antike. Aber eines ist feststellbar: Impulse eines Plautus oder eines Terenz sind stets hilfreich gewesen. Man denke an Shakespeares *Comedy of Errors* (Vorlage: Plautus, *Menaechmi*) oder Molières *Les fourberies de Scapin* (Vorlage: Terenz, *Phormio*) und nicht zuletzt an die Nachwirkung des plautinischen *Amphitruo* bei Rotrou, Molière, Heinrich von Kleist, Girodoux, Peter Hacks.

Die Dichter der Moderne wollen die Komödie neu beleben. Das ist verständlich. Es hat ihnen aber bei allen Neuerungen der Rückgriff auf die antike Tradition nie geschadet, wie schon Machiavelli bewiesen hat.

„Star quality" – *Antony and Cleopatra* bei Shakespeare, Plutarch und Vergil
Susanne Gippert (Bad Neuenahr-Ahrweiler)

1. Shakespeare, *Antony and Cleopatra*

Star quality was what Antony and Cleopatra had – almost to excess. Both were legends in their own lifetimes, even before they met each other. (Gill 2002, 5)

Diese Faszination, die von Antonius und besonders Kleopatra schon zu Lebzeiten ausging, setzte sich nach ihrem gemeinsamen Tod fort. So finden sich schon bei der Darstellung des unglücklichen Liebespaares Dido und Aeneas in Vergils *Aeneis* deutliche Parallelen zu Antonius und Kleopatra, die auch Shakespeare später aufgreifen wird. Die Liebe zu Kleopatra spielt auch in der Antonius-Vita des griechischen Biografen Plutarch eine entscheidende Rolle und nimmt in der Parallelbiografie zu Marc Anton und Demetrios entsprechend viel Raum ein.

In der Literatur des Mittelalters weckte Kleopatra in Italien etwa das Interesse Boccaccios, der in seiner lateinischen Schrift *De claris mulieribus* bedeutende biblische, mythologische und historische Frauengestalten porträtiert, und in England das Interesse Geoffrey Chaucers, der eine seiner *Legends of Good Women* Kleopatra widmet.

Darüber hinaus konnte Shakespeare auf aktuelle dramatische Vorlagen zurückgreifen: eine Tragödie der Countess of Pembroke mit dem Titel *Antonius* (1592) sowie Samuel Daniels Tragödie *Cleopatra* (1594).

Daneben finden sich in Shakespeares *Antony and Cleopatra* zahlreiche mythologische Anspielungen, die auf seine gute Kenntnis der römischen Autoren Lukrez (*De rerum natura*) und Ovid (*Heroides*, *Fasti*) schließen lassen.

2. Plutarch: Sir Thomas North, *Parallel Lives of the Greeks and Romans* (1579)

Plutarchs Biografien las Shakespeare nicht im griechischen Original, sondern in der 1579 veröffentlichten englischen Übersetzung *Parallel Lives of the Greeks and Romans* von Sir Thomas North. Diese hatte er auch schon für *A Midsummer Night's Dream*, *The Tragedy of Julius Caesar* und *Timon of Athens* als Quelle hinzugezogen. Auch in *Coriolanus* – der wahrscheinlich wie *Antony and Cleopatra* 1608 entsteht – wird er später auf Norths Plutarch zurückgreifen (Wilders 1995, 56).

Shakespeare und Plutarch teilen ein vornehmliches Interesse an Charakterstudien, biografischen Details, Anekdoten, die ihnen wichtiger waren als die Heldentaten ihrer Protagonisten. Die geschichtlichen Ereignisse bilden dabei die entsprechende Kulisse, stehen aber nicht im Vordergrund der Darstellung bzw. Handlung.

Plutarchs Antonius-Biografie bietet vor diesem Hintergrund eine ideale Vorlage für Shakespeares Tragödie *Antony and Cleopatra*. Dabei konzentriert Shakespeare sich natürlich auf die gemeinsame Zeit der beiden Charaktere und ihr Verhältnis zueinander, sodass die Handlung auch erst zu einem Zeitpunkt einsetzt, als Antonius Kleopatra längst verfallen ist.

Höhepunkte aus Plutarchs Antonius-Biografie, die Shakespeare mitunter nahezu wörtlich aus Sir Thomas Norths englischer Übersetzung übernimmt, sind die Darstellung Kleopatras am Cydnus (Enobarbus' ‚barge speech' in *Antony and Cleopatra* II, ii), die Anekdote über Antonius' vermeintliche Erfolge beim Fischen (II, v) – Plutarch erzählt, dass Antonius' Leute etwas nachhelfen, damit er beim Angeln nicht ganz leer ausgeht –, Informationen über den Lebensstil des Antonius als Feldherr in Ägypten (II, ii) und die nächtlichen Ereignisse (Bacchus / Hercules) vor der Schlacht von Actium (IV, iii).

Ereignisse aus Plutarchs Biografie, die vor Antonius' Zeit mit Kleopatra liegen, bleiben entweder unberücksichtigt (z.B. Antonius' Kampagne gegen die Parther) oder werden später rückblickend erwähnt, dann allerdings auch mitunter wortwörtlich aus Norths *Parallel Lives* übernommen, wie zum Beispiel Julius Caesars Beziehung zur ägyptischen Königin oder Antonius' Rückzug über die Alpen nach der Niederlage von Mutina.

Was die Charaktere angeht, so tritt zum Beispiel Antonius' Ehefrau Octavia, die Schwester Octavians, die bei Plutarch einen ausdrücklichen Gegensatz zur ägyptischen Königin darstellt, bei Shakespeare kaum in Erscheinung. Durch Kleopatras Eifersucht ist sie aber dennoch präsent und nach Antonius' erneuter Heirat häufig ein Gesprächsthema in Alexandria.

Shakespeares Umgang mit Plutarch ist – neben den Porträts der Charaktere – auch wesentlich davon geprägt, dass er die narrative Form der griechischen Biografie in eine andere Gattung überträgt. Der mitunter moralisierende Erzähler fällt somit weg. Entsprechende Kommentare kommen entweder durch die Handlung selbst zum Ausdruck oder werden anderen Charakteren in den Mund gelegt. So übernimmt zum Beispiel der Römer Enobarbus zuweilen die Rolle des kommentierenden und moralisierenden Erzählers.

Schließlich beruhen auch Sprache und Stil, die Shakespeare für die Charaktere Antonius und Kleopatra wählt, auf einer Bemerkung Plutarchs über Antonius' Studium in Griechenland,

> [...] where he spent some time in military exercise and the study of oratory. He adopted what was called the Asiatic style of oratory, which was at the height of its popularity in those days and bore a strong resemblance to his own life, which was swashbuckling and boastful, full of empty exultation and distorted ambition. (Perrin 1920, 141)

Shakespeare imitiert in Antonius' und Kleopatras Sprache diesen asianischen Stil – etwa durch die Verwendung von Metaphern und Hyperbeln –, der laut Plutarch auch Ausdruck von Antonius' Persönlichkeit, moralischer Qualität und Lebensstil ist (Wilders 1995, 49-56). Gleichzeitig unterstreicht dieser Stil den Gegensatz zwischen Rom und Ägypten, zwischen ‚West' und ‚East'.

3. Vergil, *Aeneis* – Dido und Aeneas

Es liegt nahe, dass Vergil bei seiner Gestaltung der Beziehung zwischen Dido und Aeneas im vierten Buch seiner *Aeneis* Antonius und Kleopatra im Sinn hatte, lag die Schlacht von Actium doch erst wenige Jahre zurück, als Vergil an der *Aeneis* arbeitete. Es findet sich im Rahmen der Schildbeschreibung auch ein direkter Hinweis auf Antonius und Kleopatra in der Schlacht von Actium (*Aen.* 8, 685 ff.):

> hinc ope barbarica variisque Antonius armis,
> victor ab Aurorae populis et litore rubro,
> Aegyptum virisque Orientis et ultima secum
> Bactra vehit, sequiturque (nefas) Aegyptia coniunx.

Aber auch Shakespeare wird sich bei der Gestaltung seiner Tragödie *Antony und Cleopatra* an Vergil erinnert haben, der ja besonders im vierten Buch der *Aeneis* den idealen Stoff für eine Tragödie liefert. So diente die *Aeneis* auch schon als Vorlage für die Tragödie *Dido, Queen of Carthage* (1594) von Christopher Marlowe und Thomas Nashe, Zeitgenossen Shakespeares.

Vor diesem Hintergrund bietet sich ein Vergleich der Schauplätze und Charaktere in *Antony and Cleopatra* und der *Aeneis* an. Die Parallelen sind – zumindest bis zur Ankunft Mercurs, der Aeneas an seine Verpflichtungen erinnert – naheliegend. So wie Antonius sich entscheiden muss zwischen Octavia und Kleopatra, Rom und Ägypten, befindet Aeneas sich in einem ähnlichen Dilemma, zwischen seinem Pflichtgefühl gegenüber den Göttern, ein neues Troja zu gründen, einerseits und seiner Liebe zu Dido, mit der er in Karthago ein neues Leben beginnen könnte, andererseits.

Wie Antonius ist Aeneas in seiner Hingabe zu Königin Dido abgelenkt von seiner eigentlichen Mission. Mercur wirft ihm ja vor, angesichts des *otium* – vergleichbar mit Antonius' Lebensstil in Alexandria – seine Pflicht vergessen zu haben. Während Antonius sich gegen Rom und für Kleopatra entscheidet, mit der er schließlich gemeinsam in den Tod geht, verlässt Aeneas Karthago – erinnert in seinem Pflichtbewusstsein jetzt eher an Octavian als an Antonius – und lässt Dido verzweifelt zurück, bevor sie sich schließlich selbst das Leben nimmt.

Eine Gegenüberstellung der Charaktere Didos und Kleopatras ist für den Vergleich von besonderem Interesse. Beide waren sie verwitwete Herrscherinnen eines nordafrikanischen Königreiches, bemüht um die Vormachtstellung im Mittelmeerraum und damit eine Gefahr für Rom. Doch während die Königin von Karthago – als Stadtgründerin und nicht zuletzt durch ihre Loyalität zu Sychaeus über den Tod hinaus – zunächst eigentlich römischen Wertvorstellungen entspricht, stellt die Herrscherin Ägyptens diese auf den Kopf, indem sie die Staatsmänner Caesar und Marcus Antonius verführt und für Rom gefährlich wird.

Eine direkte Anspielung auf Vergils Epos findet sich im vierten Akt der Tragödie. Denn Antony selbst erinnert sich an die Begegnung von Dido und Aeneas in der Unterwelt, idealisiert diese letzte Begegnung jedoch und ignoriert, dass Dido sich von Aeneas abwendet:

> Where souls do couch on flowers we'll hand in hand
> And with our sprightly port make the ghosts gaze.
> Dido and her Aeneas shall want troops,
> And all the haunt be ours. Come Eros! Eros!
> (*Antony and Cleopatra* IV, xiv, 52-55)

Paradoxe und ambivalente Charakterzüge des Antonius werden durch diese Reminiszenz noch verstärkt.

4. Anregungen für fachübergreifende / fächerverbindende Unterrichtssequenzen

Die folgenden Themen verstehen sich ausdrücklich als Module, von denen im Rahmen einer Unterrichtsreihe zu Shakespeares *Antony and Cleopatra*, Vergils *Aeneis* oder Plutarch auch nur eines ausgewählt werden kann, ggf. mit Hilfe von Übersetzungen der lateinischen und griechischen Texte. Neben dem Textvergleich bieten sich nicht nur im Englisch-, sondern auch im Latein- und Griechischunterricht verschiedene Ansätze der szenischen Interpretation an (Hensel 2009, 4-5).

4.1 West und Ost: Rom und Alexandria
4.1.1 *virtus* und *pietas* vs. Luxus und Extravaganz

Shakespeares Tragödie beginnt unvermittelt mit einem Gespräch zwischen den Römern Philo und Demetrius (*Antony and Cleopatra* I, i, 1-13), deren ursprüngliche Bewunderung für Antonius angesichts seines Lebensstils in Alexandria in Geringschätzung umschlägt. Die Unvereinbarkeit römischer Wertvorstellungen mit den Ausschweifungen am Hofe Kleopatras wird illustriert durch den gleichzeitigen Einzug von Antonius, Kleopatra und deren Gefolge.

Weniger ausschweifend, aber dennoch luxuriös wirkt in Vergils *Aeneis* das Leben des Aeneas in Karthago an der Seite Königin Didos. Als Aeneas seine Verpflichtungen vergessen zu haben scheint, schaltet sich Jupiter ein, der Mercur schickt, um Aeneas an seine Aufgabe zu erinnern (*Aeneis* 4, 259-276).

Mögliche Aufgabe: Analyze how the Roman soldier Philo describes Antony's former greatness and his present decline (*Antony and Cleopatra* I, i, 1-13). Compare this contrast between Roman values and Egyptian lifestyle with Virgil's depiction of Aeneas staying in Carthage and neglecting his duties (*Aeneid* 1, 631-642; 4, 259-276). / Analysieren Sie, wie der römische Soldat Philo Antonius' frühere Größe und seine gegenwärtige Dekadenz (*Antony and Cleopatra* I, i, 1-13) beschreibt. Vergleichen Sie diesen Kontrast zwischen römischen Wertvorstellungen und ägyptischem Lebensstil mit Vergils Darstellung von Aeneas, der zunächst in Karthago bleibt und seine Pflichten vernachlässigt (*Aeneis* 1, 631-642; 4, 259-276).

4.1.2 Antonius' und Kleopatras Sprache

Vor dem Hintergrund von Plutarchs Bemerkung über Antonius' asianischen Stil als Ausdruck seiner extravaganten Lebensweise lassen sich auch Antonius' und Kleopatras Sprache in Shakespeares Tragödie näher untersuchen. Der übertriebene Stil passt zum Leben in Kleopatras Palast in Alexandria und bildet einen Kontrast zu dem vergleichsweise zurückhaltenden Sprachstil, der etwa von Octavius Caesar und Lepidus in Rom gepflegt wird. Auch Antonius scheint sich im Umgang mit Kleopatra den eher asianisch geprägten Stil anzueignen und im Rahmen seiner politischen Tätigkeiten in Rom wieder abzulegen.

Shakespeares sprachliche Umsetzung zeigt sich vor allem in der Verwendung von Hyperbeln (II, v, 78-9: „Melt Egypt into Nile, and kindly creatures / Turn all to serpents") und Metaphern (I, v, 26: „serpent of old Nile"), die in erster Linie in den ägyptischen Szenen verwendet werden.

Mögliche Aufgabe: Against the background of what Plutarch says about the Asiatic style of oratory (*Life of Antony* 2), examine the way of speaking Shakespeare fashions for Antony and Cleopatra in Act I. Show to what extent this style contributes to the contrast between Rome and Egypt. / Untersuchen Sie, ausgehend von Plutarchs Aussage über Antonius' asianischen Redestil (*Life of Antony* 2), wie Shakespeare Antonius' und Kleopatras Sprache im ersten Akt der Tragödie gestaltet. Zeigen Sie, inwiefern dieser Stil den Kontrast zwischen Rom und Ägypten hervorhebt.

4.1.3 Moderne Inszenierungen: Schauspieler, Kostüme, Requisiten

Auf der Bühne und im Film wird der Kontrast zwischen der westlichen und orientalischen Welt, zwischen Rom und Alexandria, nicht nur in Shakespeares Sprache, sondern auch durch die Auswahl von Schauspielern, Kostümen und Requisiten deutlich.

Mögliche Aufgabe: Show how 20th and 21st century stage productions (e.g. Shakespeare's Globe 2014) and films create and contrast the worlds of East and West, Alexandria and Rome in *Antony and Cleopatra* I, i. Consider actors, costumes and stage properties. / Zeigen Sie, wie moderne Theaterinszenierungen und Filme des 20. und 21. Jahrhunderts (z.B. Shakespeare's Globe 2014) den Gegensatz zwischen Ost und West, Alexandria und Rom, umsetzen. Berücksichtigen Sie dabei Schauspieler, Kostüme und Requisiten.

4.2 ‚The lover and the statesman'
4.2.1 Antonius' vergangene Größe

In Rom vermittelt Octavius Caesar anlässlich der Nachricht über Antonius' baldige Rückkehr zwei unterschiedliche Porträts seines Amtskollegen. Einerseits verleiht er seiner Verachtung Ausdruck, die er für Antonius' Lebenswandel empfindet, andererseits erinnert er sich an dessen Größe, die er einst bewunderte. Für das zweite Porträt des Antonius orientiert Shakespeare sich erneut an Plutarch und dessen Darstellung des vorbildhaften Feldherrn – der Inbegriff der *virtus* – bei seinem Rückzug über die Alpen.

Mögliche Aufgabe: Compare Plutarch's depiction of Antonius' retreat across the Alps (*Life of Antony* 17) with Octavius Caesar's account of his colleague's past greatness (*Antony and Cleopatra* I, iv, 57-72). Also consider Octavius' initial portrait of Antonius, a man „who is the abstract of all faults" (I, iv, 1-10). Decide why Shakespeare draws upon Plutarch here. / Vergleichen Sie Plutarchs Darstellung von Antonius' Rückzug über die Alpen (*Life of Antony* 17) mit dem Bericht des Octavius über die Größe seines Amtskollegen (*Antony and Cleopatra* I, iv, 57-72). Beachten Sie dabei auch Octavius' ursprüngliches Porträt des Antonius, eines Mannes „who is the abstract of all faults" (I, iv, 1-10). Begründen Sie, warum Shakespeare sich hier an Plutarch orientiert.

4.2.2 ‚good governance' vs. ‚passion'

In *Antony and Cleopatra* I, iii erfordert die politische Situation in Rom Antonius' unmittelbare Rückkehr. Kleopatra versucht, ihn mit allen Mitteln davon abzuhalten, Alexandria zu verlassen. Aber Antonius bleibt bei seiner Entscheidung.

Als Aeneas von Mercur an seinen politischen Auftrag erinnert wird und er unmittelbar danach zur Abreise entschlossen ist, stellt Dido ihn zur Rede. Doch auch Aeneas bleibt bei seiner Entscheidung. Das nächste Gespräch zwischen Dido und Aeneas findet erst wieder in der Unterwelt statt, als Dido Aeneas jedoch abweist.

Mögliche Aufgabe: Explore the complex emotional relationship between Antony and Cleopatra in *Antony and Cleopatra* I, iii, 13-106 as well as between Aeneas and Dido in *Aeneid* 4, 296ff. and 6, 455ff. Choose a technique of dramatic interpretation for the respective dialogues. / Analysieren Sie das komplexe emotionale Verhältnis zwischen Antonius und Kleopatra in *Antony and Cleopatra* I, iii, 13-106 sowie das zwischen Aeneas und Dido in *Aeneis* 4, 296ff. and 6, 455ff. Wählen Sie jeweils eine Methode der szenischen Interpretation.

4.2.3 Antonius' Gott: Dionysos / Hercules

Um Antonius' Größe als Soldat auf der Bühne deutlicher zum Ausdruck zu bringen, verändert Shakespeare Plutarchs Anekdote über den Gott Dionysos, der Antonius am Vorabend der Schlacht von Actium erscheint. Shakespeare hingegen lässt Hercules auf Antonius treffen und verleiht der Szene somit eine größere Dramatik (IV, iii, 21-22: „It is the god Hercules whom Antony lov'd / Now leaves him"). Der Vergleich mit Hercules unterstreicht Antonius' militärische Größe, die nach Aussage der Soldaten bei Shakespeare allerdings allmählich schwinde und einen glücklichen Ausgang der Schlacht zweifelhaft mache.

Die Parallele zu Hercules findet Shakespeare bei Plutarch an anderer Stelle, nämlich zu Beginn der Antonius-Biografie, als Plutarch auf die Ähnlichkeit mit Hercules-Porträts und -Statuen hinweist. Darüber hinaus erwähnt der griechische Biograf, dass die Antonier traditionell als Nachfahren von Anteon, dem Sohn des Hercules, galten und Antonius diese Vorstellung auch pflegte.

Mögliche Aufgabe: Compare the dialogue of the soldiers the night before the battle of Actium (*Antony and Cleopatra* IV, iii, 13-23) to Plutarch's account of this episode (*Life of Antony* 75). Why do you think Shakespeare puts emphasis on

Hercules, when Plutarch had rather stressed Dionysos? / Vergleichen Sie den Dialog der Soldaten in der Nacht vor der Schlacht von Actium (*Antony and Cleopatra* IV, iii, 13-23) mit Plutarchs Darstellung dieser Episode (*Life of Antony* 75). Erläutern Sie, warum Shakespeare hier – abweichend von Plutarchs Fassung – Hercules in Erscheinung treten lässt.

4.3 Kleopatra

4.3.1 ‚barge speech'

In *Antony and Cleopatra* (II, ii, 199-227) beschreibt Enobarbus das erste Zusammentreffen von Kleopatra und Antonius am Fluss Cydnus. Shakespeare übernimmt Plutarchs Darstellung mitunter nahezu wörtlich, aber poetisch überhöht, um Reichtum und Schönheit Kleopatras sowie die Atmosphäre auf dem Fluss noch wirkungsvoller zu illustrieren.

Eine vergleichbare Beschreibung von Glanz und Reichtum findet sich in Vergils *Aeneis* bei der Darstellung von Didos Palast (*Aeneis* 1, 697-711) zu Beginn des Festes, das die Königin ihren trojanischen Gästen zu Ehren veranstaltet.

Mögliche Aufgabe: Show how Shakespeare (*Antony and Cleopatra* II, ii, 199-227) turns Plutarch's account of Antony and Cleopatra's meeting (*Life of Antony* 26) into poetic narrative and consider its dramatic effect. Draw a comparison to Virgil's account of Dido in *Aeneid* 1, 697-711 and collect similarities as well as differences between Cleopatra and Dido. / Zeigen Sie, wie Shakespeare (*Antony and Cleopatra* II, ii, 199-227) Plutarchs biografische Darstellung des Treffens von Antonius und Kleopatra (*Life of Antony* 26) zu einer poetischen Darstellung umschreibt und berücksichtigen Sie den dramatischen Effekt. Ziehen Sie einen Vergleich zu Vergils Darstellung Didos in *Aeneis* 1, 697-711 und sammeln Sie Gemeinsamkeiten und Unterschiede zwischen Kleopatra und Dido.

4.3.2 Kleopatras Tod

Ihren Selbstmord sieht Kleopatra nicht mehr nur als Trost für ihre Einsamkeit nach Antonius' Tod, sondern auch als Triumph über Octavius Caesar. Selbst ihr Tod wirkt bei Shakespeare wie eine Inszenierung. So stirbt sie als Königin Ägyptens, als Siegerin über Octavius Caesar und als Ehefrau des Antonius.

Auch Dido inszeniert ihren Selbstmord – zumindest will sie, dass Aeneas auf der Fahrt das Feuer ihres Scheiterhaufens sieht, das ihn als Zeichen ihres Todes auf der weiteren Fahrt begleiten wird. Anders als Kleopatra zählt Dido kurz vor dem Tod noch einmal ihre politischen Leistungen auf, die sie – im Gegensatz zu Aeneas – bereits erreicht hat.

Mögliche Aufgabe: Characterize Cleopatra (*Antony and Cleopatra* V, ii, 279-297) and Dido (*Aeneid* 4, 651-665) in the moment of death. Rehearse and perform a majestic version of their respective speeches. / Charakterisieren Sie Kleopatra (*Antony and Cleopatra* V, ii, 279-297) und Dido (*Aeneis* 4, 651-665) im Moment des Todes. Studieren Sie eine Version dieser Reden ein, die den jeweiligen Charakter beider Königinnen zur Geltung kommen lässt.

4.4 Narrative und dramatische Elemente

Enobarbus – bei Plutarch der weniger bedeutende Domitius – ist bei Shakespeare ein eigenständiger Charakter, der aber gleichzeitig die Funktion des ironischen und distanzierten Kommentators einnimmt und viele Szenen eröffnet und schließt, vergleichbar mit dem Chor in der griechischen Tragödie. Mit seinen moralisierenden Kommentaren übernimmt Enobarbus somit die Rolle Plutarchs (Pelling 1988, 41).

Mögliche Aufgabe: Study the role and dramatic function of Enobarbus in Shakespeare's *Antony and Cleopatra* when he gives an account of Cleopatra's extravagances in the ‚barge speech' (II, ii, 199-227), anticipates the irresponsibility of Antony's decision to fight by sea (III, vii, 34-48) and recognizes his increasing thoughtlessness (III, xiii, 29-37). / Untersuchen Sie die Rolle und die dramatische Funktion des Enobarbus bei Shakespeare, wenn er in der ‚barge speech' Kleopatras Extravaganz bezeugt (II, ii, 199-227), Antonius' törichte Entscheidung für die Seeschlacht kommen sieht (III, vii, 34-48) und seine zunehmende Tollkühnheit wahrnimmt (III, xiii, 29-37).

Bibliografie

BERRY, Mary & CLAMP, Michael. edd. 1994. *Antony and Cleopatra*, Cambridge School Shakespeare. Cambridge: Cambridge University Press.

CLAUSS, Manfred. [3]2002. *Cleopatra*. Beck Wissen. München: C.H. Beck.

GILL, Roma. ed. 2002. *Antony and Cleopatra*, Oxford School Shakespeare. Oxford: Oxford University Press.
HENSEL, Andreas. 2009. „Szenische Interpretation im altsprachlichen Unterricht", in: *Der Altsprachliche Unterricht* 4, 2-13.
PELLING, Christopher. 1988. *The Life of Antony*. Cambridge: Cambridge University Press.
PERRIN, Bernadotte. ed. 1920. *Plutarch: Lives. Demetrius and Antony. Pyrrhus and Gaius Marius*. Cambridge, Massachusetts: Harvard University Press.
WILDERS, John. ed. 1995. *Antony and Cleopatra*. The Arden Shakespeare. London: Routledge.

Die Ringparabel als europäisches Thema: Gesta Romanorum – Boccaccio – Lessing

Ricarda Müller (Bad Kreuznach)

„Vor grauen Jahren lebt' ein Mann in Osten, / Der einen Ring von unschätzbarem Wert / Aus lieber Hand besaß" (III, 7, 395ff.) – so lässt Lessing in seinem Drama „Nathan der Weise" seine berühmte Ringparabel beginnen. Die älteste fixierte Form der Geschichte von den drei Ringen findet sich in der spätmittelalterlichen Geschichtensammlung der *Gesta Romanorum*, die schon seit einiger Zeit als Original-Anfangslektüre für den Lateinunterricht der Mittelstufe (wieder)entdeckt werden.[1]

> Ihr Umfang ist überschaubar, sie lassen sich einfach gliedern, die Inhalte sind durchweg spannend, der Zugang zum Verständnis und zur Interpretation leicht, auch wenn es sich um durchaus anspruchsvolle Problemstellungen handelt.[2]

Da viele Texte dialogisch aufgebaut sind und Konflikte ausgetragen werden, bieten sie zahlreiche Ansätze für handlungs- und produktionsorientierte Arbeitsformen.[3] Diese Vorteile für den Einsatz im Unterricht kommen nicht von ungefähr, denn der ursprüngliche Sinn der Sammlung war ebenfalls ein didaktischer, nämlich der Einsatz in Predigten und damit zur Belehrung und Erbauung auch der weniger Gebildeten.

---

[1] Nickel, Rainer. 2000. „Bibliografie zum Heftthema", in: *Der Altsprachliche Unterricht* 4/5, 15-18; Niemann, Karl-Heinz. 2011. „Quantum diligis me?", in: *Der Altsprachliche Unterricht* 1, 47-51.
[2] Niemann, 47.
[3] *Gesta Romanorum*, Nachwort Nickel, 267.

Abbildung 1: Die Geschichte von den drei Ringen

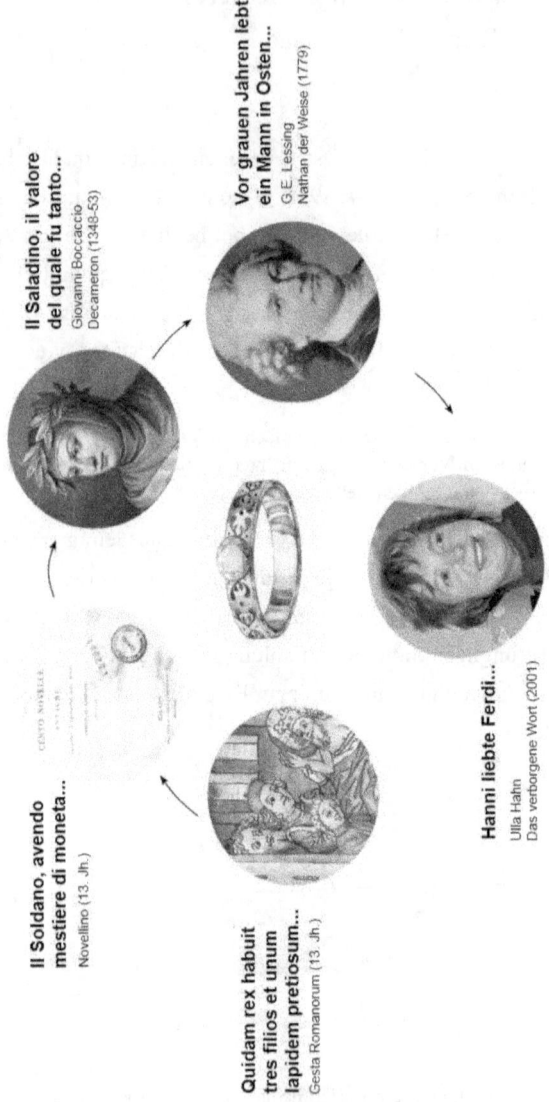

Foto Ulla Hahn: © Das blaue Sofa / Club Bertelsmann. Quelle: Wikimedia Commons. Lizenziert unter CC BY 2.0 (https://creativecommons.org/licenses/by/2.0/deed.en). Zeichnung Ring und Zusammenstellung: © Julie Heumüller. Abdruck mit freundlicher Genehmigung. Weitere Abbildungen: Gemeinfrei.

Die älteste Handschrift der *Gesta Romanorum* stammt von 1342, doch dürfte die Zusammenstellung auf jeden Fall bereits im 13. Jh. entstanden sein. Sowohl die lateinische als auch die bald darauf entstandenen volkssprachlichen Fassungen erfreuten sich großer Beliebtheit und fanden in ganz Europa weite Verbreitung. Die Überlieferungslage ist, begünstigt durch Anonymität des Autors oder Kompilators und Spuren mündlicher Überlieferung, unübersichtlich. Die „Vollversion" enthält 283 Kapitel, es gibt Teilsammlungen sowie Fassungen mit und ohne moralisierenden Deutungen. Der Titel „Die Taten der Römer" trifft nur auf einen Teil der Geschichten zu, zeigt aber das ursprüngliche Anliegen der Sammlung, nämlich antike Stoffe durch eine christliche Auslegung nutzbar zu machen. Die Zuschreibung der Geschichten zu historischen Personen ist unzuverlässig und dient lediglich der Markierung des gehobenen sozialen Kontextes, etwa: „quidam imperator erat, qui ..."

Die *Gesta Romanorum* enthalten sehr verschiedene Textsorten: Fabeln, Märchen, Mythen, Schwänke, Novellen, Liebesgeschichten, Kurzfassungen von Romanen, Anekdoten, Rechtsfälle, naturkundliche Kuriosa. Die Quellen werden nur pauschal genannt, oft falsch oder auch gar nicht; Quellenautoren sind die üblichen Verdächtigen: Seneca d.Ä., Plinius, Augustinus, Valerius Maximus, Macrobius, Livius, Cicero, Quintilian, Herodot, Ovid. Das Predigthandbuch steht in der Nachfolge antiker Rhetorikliteratur; hier wie dort dienten die eingestreuten *Exempla* der Veranschaulichung, lockerten die Rede auf und prägten sich den Zuhörern besonders ein, die auch heute noch oft von einem langen Vortrag nur die erzählenden Einschübe wiedergeben können. Neben antiken finden sich biblische, orientalische und christliche Stoffe. Diese große Vielfalt, die durchaus für den Erfolg verantwortlich war, wird durch den volkstümlichen Erzählstil doch zu einem Ganzen zusammengefügt. Der Satzbau ist einfach, als Nebensätze kommen so gut wie ausschließlich Relativsätze, Temporalsätze und faktische Sätze (mit *quod* und *ut* statt AcI) vor. Ein formelhafter Einleitungssatz und ein Quellenverweis zur Steigerung der Glaubwürdigkeit geben einen einheitlichen Beginn vor, der Erzählton bleibt auch bei den unglaublichsten Vorfällen sachlich – eben ein Märchenton, der mit dem Wunderbaren täglichen Umgang hat.

Viele Stoffe der europäischen Literatur sind für uns in den *Gesta* zum ersten Mal fassbar, wodurch diese große Bedeutung für die Erzählforschung erhalten:

> Fast jede Erzählung der Gesta Romanorum ist aufschlussreich und interessant für das Verständnis literargeschichtlicher Zusammenhänge und kulturhistorischer Beziehungen zwischen der Antike, dem Orient und den europäischen Ländern des Mittelalters.[4]

Den Erzählungen sind in der Regel moralisierende Deutungen angefügt, eingeleitet mit der Anrede an die Gläubigen („carissimi"), bezeichnet als „moralisatio", „reductio" (Übertragung) oder „applicatio" (moralische Nutzanwendung); Adverbien wie „allegorice", „mystice" oder „moraliter" verweisen auf den dreifachen Schriftsinn. Wenn man so will, haben wir eine mittelalterliche Form der Unterrichtsmodelle und -handreichungen vor uns, die v.a. dem unerfahrenen Prediger Hilfestellung leisten wollen. Hier werden die Personen, Gegenstände und Handlungen der Geschichte sozusagen von der Bildseite auf die Bedeutungsseite übertragen; häufig wird auf Bibelstellen verwiesen, die angeblich die gleiche Aussage transportieren. Damit werden die Geschichten zu *Exempla* des Menschlichen, die ihrer Zeitgebundenheit entkleidet werden und der „Vertiefung des christlichen Selbstverständnisses" dienen.[5] Ursprünglich enthielten viele Geschichten keine *moralisationes*, besonders bei den Liebes- und Abenteuergeschichten standen naturgemäß die Fabulierfreude und die spannende Handlung im Vordergrund.

Im Verlauf des 16. Jh. ließ das Interesse an den *moralisationes* nach; die *Gesta* wurden als Unterhaltungsbuch, weniger als Erbauungsbuch konsumiert, die erzählerisch nicht integrierte Moral wurde zunehmend als oberflächlich und geradezu gewaltsam empfunden.[6] In der Tat zielen die *moralisationes* nicht auf Auseinandersetzung mit dem Text oder versuchen, den kontroversen Fragen ethisch-theologisch auf den Grund zu gehen, sondern begnügen sich häufig mit vordergründigen Assoziationen.[7]

---

[4] Trillitzsch, 19; berühmte Beispiele sind Shakespeare, „König Lear" (GR 273), „Kaufmann von Venedig" (Kästchenwahl aus GR 109 und 251, Fleischpfand GR 195), Thomas Mann, „Der Erwählte" (Gregorius-Vita GR 81), Schiller, „Die Bürgschaft" (GR 108), „Gang nach dem Eisenhammer" (GR 283), weitere Beispiele bei Trillitzsch, 10f. und Wawrzyniak, 1206.
[5] Nickel, 261.
[6] Sauer, 1405ff.
[7] Nickel, 261 etwa zur Lucrezia-Geschichte, deren *moralisatio* weit hinter dem Tiefgang der Deutung des Augustinus zurückbleibt.

Die *moralisationes* stehen in Kontrast zum dialogischen Charakter der Erzählungen, sie wollen einseitig belehren und dulden weder Widerspruch noch kritische Überprüfung. Gerade das macht sie aber heute zu einem Ansatzpunkt, um die Diskussion über sie sozusagen historisch verzögert nachzuholen und so die Vieldeutigkeit der ursprünglichen Geschichten wiederherzustellen.

Die Geschichte von den drei Ringen taucht in den *Gesta Romanorum* in zwei Fassungen auf. In 89 mit dem etwas rätselhaften Titel „De triplici statu mundi" vererbt der Vater, ein *miles*, dem ältesten Sohn das Erbgut (also wohl Titel und Stammsitz), dem zweiten das Vermögen (er wird also mit Geld abgefunden), dem dritten einen kostbaren Ring, der mehr wert sein soll als das, was die beiden anderen bekommen. Die Konstellation spiegelt wie in vielen Märchen eine soziale Wirklichkeit: Für den Jüngsten bleibt nach dem Erbrecht nichts Nennenswertes mehr übrig, sodass er auf ideelle Dinge oder besondere Fähigkeiten angewiesen ist. Eher unmotiviert und gegen die Erzähllogik ist nun allerdings, dass der Vater den beiden anderen Söhnen gefälschte Ringe übergibt. Der Streit, der nach dem Tod des Vaters unter den Brüdern ausbricht, wird in knappen, alltagssprachlichen Sätzen geradezu szenisch dargeboten:

> [...] dixit primus filius: Ego habeo anulum patris mei preciosum. Secundus filius dicit: Tu non habes, sed ego habeo. Tercius dicit: Non est justum, quod vos habeatis, eo quod senior habet hereditatem et alius thesaurum; ergo racio dictat, ut ego anulum preciosum habeam.[8]

Schließlich erweist die Probe, dass nur der Ring des Jüngsten die Zauberkraft hat, Kranke zu heilen.

Die andere Fassung (210) setzt mit dem Dilemma des Königs ein: Er hat drei Söhne, aber nur einen kostbaren Ring; hier wird der Ring zum Symbol der besonderen Liebe des Vaters. Obwohl der Vater einen Sohn besonders liebt – „unum autem filium pre ceteris dilexit"[9], lässt er zwei Ringe nachmachen. Erst Boccaccio denkt die Situation psychologisch zu Ende: Dort liebt der Vater alle drei Söhne gleich und lässt zwei Fälschungen anfertigen, um keinen zu kränken. Die Art der Fälschung wird präzise beschrieben: In gleiche Ringe werden Glassteine eingesetzt, die aber aussehen wie wertvolle Edelsteine. Die drei Ringe übergibt der

---

[8] *Gesta Romanorum* ed. Oesterley, 417.
[9] Ibid, 619.

Vater „coram se" – also jedem für sich –, sodass zwangsläufig nach seinem Tod der Streit losbricht.

In der Version von 89 erweist die Krankenheilung den wahren Ring als magischen Gegenstand – und damit auch die besondere Liebe des Vaters für einen der Söhne. Die *moralisatio* deutet den *miles* als Jesus (sinnvoller wäre allerdings „deus"), die Söhne als „Iudaeos, Saracenos et Christianos". Den Juden habe er das Land der Verheißung hinterlassen, den Sarazenen die Reichtümer und die Macht dieser Welt[10] und den Christen den wahren Glauben; die Macht des Glaubens wird mit drei Bibelstellen belegt. Die Moralisation zu 210 geht nur noch von einer Zweiteilung in Echt und Falsch aus, wodurch sich die aggressivere, alle nicht-christlichen Bekenntnisse abwertende Schlussfolgerung ergibt:

> [...] manifestum est, quod (deus) populum Cristianum plus diligit, ideo anulum ei reliquit, qui cecos illuminat, morbos sanat, demones fugat et ceteras virtutes operatur. Iste anulus est fides katholica ...[11]

Während die *Gesta romanorum* dem apologetischen Zweig der Überlieferung zuzurechnen sind, tritt uns in den italienischen Novellen-Fassungen der skeptisch-aufklärerische Zweig der Toleranzfassung entgegen.[12] In der *Novellino* genannten Sammlung *Cento novelle antiche* aus der 2. Hälfte des 13. Jh. wird die Geschichte in den Kontext der Kreuzzüge eingefügt.[13] Durch diesen Rahmen erhält die Geschichte von den drei Ringen in dieser und allen folgenden Versionen eine neue Wendung: In einem Kontext der Judenfeindlichkeit und -verfolgung wird dem reichen Juden vom Sultan eine Fangfrage gestellt – das alte Märchenmotiv der „Halsfrage", deren Nichtbeantwortung mit dem Tode bestraft wird.

Die Handlung selbst hat Boccaccio ohne wichtige Änderungen aus dem *Novellino* in die Novelle I, 3 des *Decameron* übernommen, so auch die rationale Deutung der Wunderkraft des Rings. Dagegen hat Boccaccio in der Konstellation zwischen dem Sultan und dem Juden Veränderungen vorgenommen: Statt der Typisierung des *Novellino* erhalten die Figuren nun Namen. Saladin, der Sultan von

---

[10] Zum Bezug zu den Erfahrungen der Kreuzzüge s. Hudde, 696.
[11] *Gesta Romanorum* ed. Oesterley, 619.
[12] Die Priorität der beiden Zweige ist noch ungeklärt; in der hebräischen Version des in Spanien entstandenen *Schebet Jehuda* aus dem 15. Jh. ist evtl. eine alte Fassung des Toleranzzweiges erhalten: Hudde, 698.
[13] *Novellino*, 169-170, novella 73.

Kairo, der von vielen westlichen Schriftstellern idealisiert wurde, startet in der Novelle I, 3 als Sympathieträger, während der „ricco giudeo, il cui nome era Melchisedech, il quale prestava a usura in Alessandria" (55, 7) durch seinen Beruf als Wucherer von vornherein negativ konnotiert ist; dazu wird als jüdisches Klischee sein Geiz hervorgehoben: „ma sì era avaro" (ibid.). Doch im Verlauf der Geschichte verändern sich die Wertigkeiten: Saladin verliert im Auge des Lesers dadurch, dass er seine Klugheit („savio") nutzen will, um an das Vermögen des Juden zu kommen. Dieser gewinnt durch seine Rolle als Opfer und durch seine Klugheit, mit der er sich aus der Affäre zieht („savissimo"). Durch seine *saviezza* in diesem *duello dei savi*[14] wird der sozial Unterlegene zum Sieger. An der Frage nach der richtigen Religion besteht hier kein Interesse;[15] lediglich die Ununterscheidbarkeit der Religionen wird festgestellt – und erlaubt dem Juden, den Hals aus der Schlinge zu ziehen.

Doch – und nun kommt eine interessante gesellschaftliche Utopie, die Boccaccio nicht im *Novellino* vorfand: Während es im *Novellino* lakonisch heißt: „si lo lasciò andare"(170), spricht im *Decameron* Saladin offen mit Melchisedech über seine Geldsorgen, woraufhin dieser ihm freiwillig einen Kredit gewährt. Es wird betont, dass Saladin diesen vollständig zurückzahlt, was auf die rechtlich ungesicherte Situation der jüdischen Geldverleiher hinweist, welche öfter ihr Geld abschreiben mussten. So wurden auch die Kreuzritter als erstes zum Nachteil der jüdischen Verleiher von ihren Schulden entlastet. Darüber hinaus entsteht eine Freundschaft zwischen dem Sultan und dem Juden: „e sempre per suo amico l'ebbe e in grande e onorevole stato appresso di sé il mantenne" (57, 18). Damit haben wir den Entwurf einer sozialen Utopie[16] vor uns: Die Interessen der Vernünftigen lassen sich harmonisieren, das ist das Credo des aufsteigenden Bürgertums, dem Boccaccio und seine Leser angehören. Aufstieg und Überwindung der Standesschranken ist möglich durch Glück, Liebe, Seelenadel, Tüchtigkeit oder

---

[14] Petronio, 51.
[15] „Diese dem praktischen Leben zugewandte Haltung ist jedoch im Grunde der Verzicht auf eine eigene religiöse Weltanschauung" (Padoan, 161).
[16] „Il rapporto di amicizia ... non è solo l'avventura di due uòmini, ma anche un modello di civiltà, fondata innanzi tutto sulla tolleranza" (Baratto, 213).

eben *saviezza*.[17] So erweist sich der Humanismus als wirklicher Vorläufer der Aufklärung.

Die *saviezza*, lateinisch *sapientia*, ist ein Kernbegriff im *Decameron*. Boccaccios *savio* (*saggio* im heutigen Italienisch) liegt semantisch näher am griechischen *sophós* als am lateinischen *sapiens*. Es geht weniger um das philosophische Anliegen, die Ordnung der Welt zu verstehen und daraus abzuleiten, wie das Leben richtig zu gestalten ist. Näher ist Boccaccio an der pragmatischen Schläue eines Odysseus oder auch an der epikureischen Lustrechnung mit dem Ziel, möglichst hohen Gewinn an Vergnügen ohne Nachteile zu erzielen. Nur die Dummen sind ihren Trieben unterworfen, auch religiöser Fanatismus wird zu den *perturbationes* gezählt, mit denen sie sich und anderen das Leben unnötig schwer machen.[18]

Von der *moralisatio* der *Gesta Romanorum* ist Boccaccio weitmöglichst entfernt, die Einleitung der Erzählerin Filomena legt eine ganz andere Nutzanwendung nahe: „così il senno di grandissimi pericoli trae il savio e ponlo in grande e sicuro riposo" (ed. Branca 54, 4): „So rettet die Klugheit den Klugen aus den schlimmsten Gefahren und bringt ihn in Sicherheit". Boccaccios Desinteresse an theologischen Fragen zeigt sich auch, wenn man das Umfeld der *novella* I, 3 betrachtet: Nach den beiden antiklerikalen Satiren I, 1 und I, 2 kündigt Filomena an, da nun angeblich genug über Gott und die Wahrheit des Glaubens gesprochen wurde – „Per ciò che già e di Dio e la verità di nostra fede è assai bene stato detto" (ed. Branca 54, 3) –, nun eine Geschichte über das Verhalten der Menschen zu erzählen. Genau genommen geht es in keiner der vorangehenden Geschichten um Gott und die Wahrheit des Glaubens, sondern immer nur um die Leichtgläubigkeit der Menschen – und so erwartet der Leser auch in I, 3 keine tiefgehenden theologischen Überlegungen. Die Novelle scheint dem Leser nahezulegen, sich lieber weltklug und kooperativ zu verhalten, statt unlösbaren metaphysischen Problemen nachzuhängen und sich mit anderen Menschen womöglich darüber zu entzweien.

Das sieht bei Lessing nun ganz anders aus, der die bei Boccaccio bereits angelegte Toleranzbotschaft vollständig entfaltet. Nach der „Emilia Galotti" war Lessing als freier Schriftsteller vorerst gescheitert; er arbeitete sieben Jahre lang

---

[17] Padoan, 175; Baratto, 82-84.
[18] Petronio, 64.

als Bibliothekar in der Bibliothek des Herzogs von Braunschweig in Wolfenbüttel. Nach der Veröffentlichung der „Fragmente eines Unbekannten" (1774/77), einer kirchenkritischen Schrift, die sich gegen den Absolutheitsanspruch der Kirche und naiven Wunderglauben wandte, wurde Lessing unter Zensur gestellt. Er beschloss, die Auseinandersetzung auf der Theaterbühne weiterzuführen:

> Ich muss versuchen, ob man mich auf meiner alten Kanzel, auf dem Theater wenigstens noch ungestört will predigen lassen.[19]

Sein damaliger Widersacher, der Hamburger Hauptpastor J. M. Goeze (der auch wegen seiner pharisäerhaften Ausfälle gegen Goethes „Werther" bis heute durch den Deutschunterricht geistert), fand sich in der Figur des Patriarchen abgebildet.

Den Ablauf der Geschichte hat Lessing gegenüber Boccaccio so gut wie nicht verändert, denn schon dort war der Ablauf psychologisch durchdacht und erzähllogisch stringent konstruiert. Wie bei Boccaccio – „ancora ne pende la quistione" (ed. Branca 56, 16) – bleibt die Frage der Echtheit ungeklärt und unklärbar: „Der echte Ring war nicht erweislich" (446f.). Neu hinzugefügt hat Lessing den Spruch des Richters, der auf neue Weise die Wunderprobe der *Gesta* wieder aufgreift: Der Gedanke, dass die Ringe, nüchtern gemessen an ihrer sozialen und ethischen Wirkung, alle drei falsch sein können – das ist ein starker Seitenhieb auf die historisch gewachsenen Religionen, die sich von ihrem legitimen Ursprung entfernt haben, aber sich selbst für allein gültig halten. Dieser Gedanke könnte zu einer völligen Ablehnung der Religion und in den Atheismus führen, eine Zielrichtung, die Lessing völlig fernliegt. Deshalb eröffnet der Richter eine positive Möglichkeit, die Frage in produktiver Konkurrenz zu entscheiden:

> Es eifre jeder seiner unbestochnen / Von Vorurteilen freien Liebe nach! / Es strebe von euch jeder um die Wette, / Die Kraft des Steins in seinem Ring an Tag / Zu legen! komme dieser Kraft mit Sanftmut, / Mit herzlicher Verträglichkeit, mit Wohltun, / Mit innigster Ergebenheit in Gott / Zu Hülf! Und wenn sich dann der Steine Kräfte / Bei euren Kindes-Kindeskindern äußern: / So lad ich über tausend tausend Jahre / Sie wiederum vor diesen Stuhl. Da wird / Ein weiserer Mann auf diesem Stuhle sitzen / Als ich; und sprechen. Geht! (III, 7, 527ff.)

Gefordert werden die sozialen Tugenden der *caritas* und Toleranz gegenüber dem Andersdenkenden. So zieht Lessing aus dem Dilemma der drei Ringe konkrete

---

[19] Brief vom 6.9.1778, zitiert bei Jaspers, 262.

Handlungsanweisungen für ein gutes Leben. Würden sie befolgt, würden sich alle drei Ringe am Ende als echt erweisen, allein durch den guten Willen ihrer Träger; zugleich würde der Konflikt um die beste Religion aber durch den brüderlichen Umgang der Menschen gegenstandslos werden. Die Wunderkraft wird aus dem Ring heraus verlagert, der nur noch als Anstoß wirkt, um die wahren Wunderkräfte, die im Menschen selber liegen, zu entfalten. Die Metaphorik vom Besitz des wertvollen Rings als Besitz der Glaubenswahrheit, die alle Versionen der Ringparabel prägt, durchdenkt Lessing neu und vertieft sie philosophisch bis zu ihrer Auflösung.[20]

Die Einbettung der Ringgeschichte bei Boccaccio wird von Lessing weiter ausgearbeitet: Um den Kern der Parabel konstruiert er ein ganzes Drama. Ort der Fabel ist Jerusalem nach 1187, wo alle drei Religionen unter komplizierten Bedingungen eng zusammenlebten. Der jüdische Kaufmann Nathan muss sich besonders vorsichtig zwischen den Lagern bewegen, wo die schwelenden Konflikte jederzeit in offene Aggression umschlagen können.[21] Saladin stellt Nathan durch die Frage, welcher Glaube ihm am meisten eingeleuchtet habe, zwar eine Fangfrage, doch tut er es gleichsam widerwillig, da ihm die Instrumentalisierung und Manipulierung des Gegenübers wenig human erscheint.[22] Er will Geld und fordert zum Schein die Wahrheit – „als ob die Wahrheit Münze wäre" (III, 6, 352f.).[23] Im Verlauf des Gesprächs erwacht zunehmend Saladins echtes Interesse an der Antwort, sein Verständnis für Nathan wird zu begeisterter Zustimmung und offener Kritik am eigenen Verhalten.

---

[20] Zur Auflösung der Ringmetapher in einer am Text entwickelten Tafelanschrift s. Abb. 2; Grundstruktur bei Diekhans, 55.
[21] Jaspers, 297.
[22] III, 4.
[23] Zum Bild der Münze s. Schlütter, 68. – Gemeint ist, dass die Wahrheit nicht als geprägte Münze ausgegeben werden kann, sondern sorgfältig gewogen, also im Prozess des Dialogs erst erfahren werden muss. Das gleiche Bild verwendet auch Schiller in „Don Karlos" zur Meinungstyrannei der Regierung Philipps II.: „In ihren Münzen lässt sie Wahrheit schlagen / *Die* Wahrheit, die sie dulden kann. Verworfen / sind alle Stempel, die nicht diesem gleichen ... ich muss mich weigern, diese Stempel auszugeben. Ich kann nicht Fürstendiener sein." (3595-7, 3608-10).

Abbildung 2: Die Ringmetapher bei Lessing

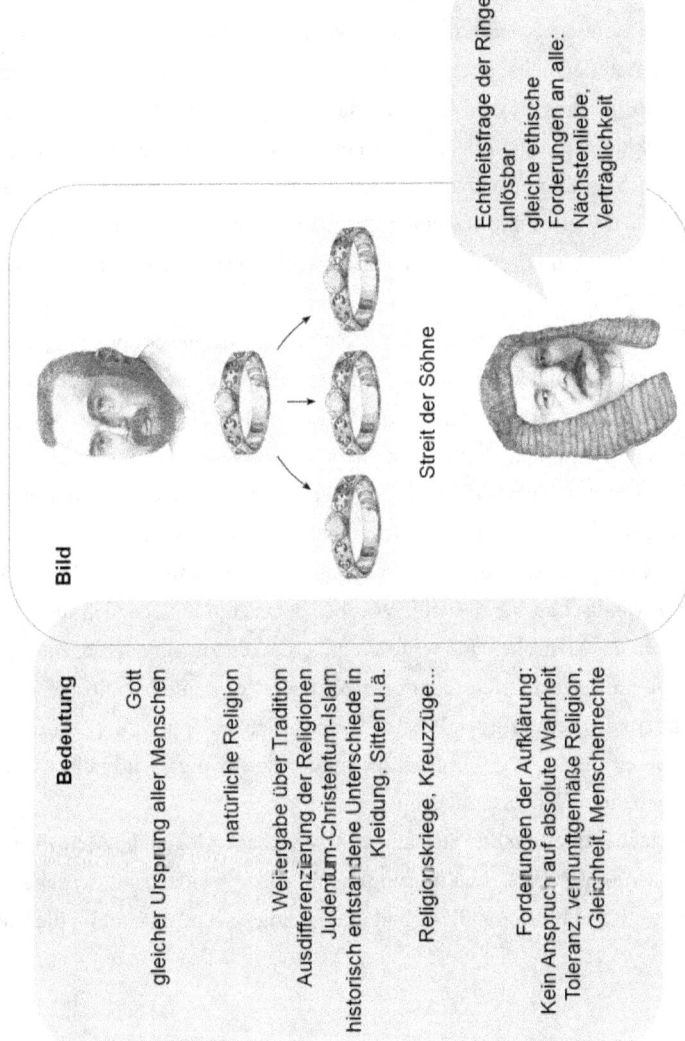

© Julie Heumüller. Abdruck mit freundlicher Genehmigung.

Folgerichtig bittet er am Schluss Nathan um seine Freundschaft; von Geld ist nicht mehr die Rede, bis Nathan von sich aus das Thema anspricht. So wird, was als Falle für den reichen Juden gedacht war, zum Erkenntnisprozess für den Sultan. Dabei repräsentiert Saladin den Adel, Nathan das Bürgertum, das zwar gesellschaftlich unterlegen ist, doch die Vernunft einzusetzen versteht. Im Wunschdenken des Bürgertums erkennt der Adel die geistige und moralische Überlegenheit des aufgeklärten Bürgertums an und bewirbt sich um dessen Freundschaft; die verhassten Standesgrenzen fallen noch nicht, aber sie verlieren angesichts des menschlichen Wertes ihre Bedeutung. So kann auch in Schillers „Bürgschaft" der Tyrann als Dritter im Freundesbunde in der Konsequenz dieser Freundschaft kein Tyrann bleiben.

Das ganze handlungsarme Stück besteht im Grunde aus Gesprächen, aus gelingenden Gesprächen der Selbstaufklärung und aus scheiternden der Verweigerung gegenüber der Ansprache der Vernunft. Letztlich stellt das ganze Drama eine Ausweitung der Ringparabel dar, da die drei Vertreter der drei Religionen bereits nach dem Rat des Richters handeln und gegenüber Notleidenden Menschlichkeit beweisen, ohne auf deren Religion zu achten: Sie sind also von Anfang an durch die Verwandtschaft des Denkens verbunden, noch bevor sich gegen Ende die leibliche Verwandtschaft herausstellt. Wie bei Boccaccio erweist sich also die Verträglichkeit des Menschen und seine Veränderbarkeit zum Positiven. Zur Erkenntnis des vernunftorientierten Sittengesetzes bedarf es keiner religiösen Vorschriften, sondern des vernünftigen Wortes, welches den anderen öffnet und zur Veränderung bereit macht. Was bei Boccaccio nur mitschwingt, wird bei Lessing zum Hauptthema und Herzensanliegen.

In einer Inszenierung des Staatstheaters Wiesbaden legen die Menschen in der Schlussszene ihre Kleider ab und tummeln sich in weißer Unterwäsche auf der Bühne[24] – als Bild für ihre Gleichheit und paradiesische Unschuld – die Mensch-

---

[24] Abbildung in: Hessisches Staatstheater, 54-55.

heit im Urzustand. Dabei ist die Utopie dieses Schlusses keine erbauliche Realitätsflucht, sondern ein Einspruch gegen die Wirklichkeit und zugleich warnende Prognose.[25]

Ein altes Märchenmotiv wandert durch die Jahrhunderte, Kulturen und Ideologien, an ihm konnte sich der Geist der Zeit erweisen. Die didaktische Begründung einer vergleichenden Lektüre auszuführen, ist nach der Verankerung in den Lehrplänen und vielen ausgearbeiteten Vorschlägen zur thematischen Lektüre nicht mehr nötig. Ein Schwerpunkt der Behandlung im Unterricht könnte die Erzähltechnik und damit verbunden die Gattungsfrage sein: Das Motiv wurde in verschiedene erzählende Textformen sozusagen „eingekleidet": Wir haben ein Märchenmotiv, das zum Gleichnis wurde, dann zur Novelle umgeformt und schließlich wieder zur Parabel, eingebettet in ein Drama, wurde. Im Gegensatz zu Boccaccios Novelle weisen die recht schlampig zusammengeschusterten Fassungen der *Gesta Romanorum* Sprünge und Brüche in der Erzähllogik auf. Doch der erzählerische Qualitätsmangel kann gerade zum Ansatzpunkt für die aktive Rezeption der Schülerinnen und Schüler werden, welche sich zur Füllung von Leerstellen in Rollentexten, Fortschreibungen, Parallel- und Gegentexten formulieren kann.

Der zweite Schwerpunkt könnte die Einbettung und damit die Instrumentalisierung der Geschichte sein: Hier bewegt sich die Geschichte zuerst vom religiösen Urgrund und der Unduldsamkeit des apologetischen, missionarischen Überlieferungszweiges in die weltliche Gleichgültigkeit der italienischen Novellisten (des skeptischen Überlieferungszweiges) und mit Lessing dann zurück ins Philosophisch-Theologische, nun allerdings betont verknüpft mit der aufklärerischen Botschaft der religiösen Toleranz. Hier bietet sich der Einsatz von verschiedenen Methoden des szenischen Interpretierens an, um den Gesprächsfaden über die Jahrhunderte hinweg wieder aufzunehmen.

Ein methodischer Vorschlag zum Vergleich der verschiedenen Gestaltungen in drei verschiedenen Zeiten und Sprachen wäre die Untersuchung in arbeitsteiligen

---

[25] Jasper, 280. Als hundert Jahre später in Wien während einer Nathan-Aufführung in einer Feuersbrunst 400 jüdische Zuschauer im Theater umkamen, lautete der Kommentar Richard Wagners: „Es sollten alle Juden in einer Aufführung des Nathan verbrennen." (Jasper, 282)

Kleingruppen, von denen jede einen Aspekt selbstständig in allen drei Geschichten verfolgt. Am Schluss werden die Ergebnisse in einem Wandplakat zusammengeführt und im Plenumsgespräch ausgewertet, sodass Entwicklungslinien in ihrer historischen Einbettung sichtbar werden. Ein weiterer möglicher Ansatz zur vertieften Textdeutung ist eine Analyse des Wortfelds *Weisheit* in den drei Sprachen Latein, Italienisch und Deutsch. Die vielfältigen semantischen Schattierungen können von den Schülerinnen und Schülern gesucht oder als vorgegebene Gegensatzpaare (z.B. vorsichtig – voreilig, clever – naiv, neugierig – beschränkt) zugeordnet werden.

Doch die Rezeption der Geschichte von den drei Ringen ist noch nicht zu Ende. Ulla Hahn erzählt in ihrem Bildungsroman „Das verborgene Wort", dem ersten Teil einer Trilogie, wie sich in den fünfziger Jahren ein Mädchen aus dem Arbeitermilieu in der tiefsten, sehr katholischen rheinischen Provinz aufmacht, um sich mit Hilfe der Hochsprache und der Literatur zu emanzipieren. An einer Schlüsselstelle hat Ulla Hahn Lessings Ringparabel eingefügt, welche hier erneut ihre Wirksamkeit beweist und ein „gemischtkonfessionelles" Liebespaar zusammenbringt: „Hanni liebte Ferdi ... Aber Ferdi war evangelisch. Schlimmer als vorbestraft".[26]

Und heute? Hat der Optimismus der Aufklärung Recht behalten? Ändert sich der Mensch, wenn man ihn nur richtig anspricht? Leben wir – um mit Kant zu fragen – wirklich in einem aufgeklärten Zeitalter? Fast täglich liefern die nationalen und internationalen Meldungen Anlass zum Zweifel. Ein gutes Verfahren wäre es sicher, statt des Trennenden das Verbindende zu betonen, wie es schon Moses Mendelssohn, das Urbild des Nathan, in einer heftigen Kontroverse Lavater vorschlug:

> Lassen Sie die Wahrheiten, welche wir gemeinschaftlich erkennen, erst ausgebreitet genug sein, alsdann wollen wir den Streit über die Punkte, die uns trennen, mit desto größerem Eifer fortsetzen.[27]

Genau das versucht auch das Projekt eines gemeinsamen Gotteshauses der drei abrahamitischen Religionen am Petriplatz in Berlin umzusetzen.[28]

---

[26] Hahn, Ulla. 2001. *Das verborgene Wort*. Stuttgart & München: Dt. Verl.-Anstalt, 195-203.
[27] Zitiert bei Jasper, 244 und 242.
[28] Bartetzko, Dieter. „Ein Lehr- und Bethaus für Berlin – Lessings Ringparabel wird Architektur", in: Frankfurter Allgemeine Zeitung, 14.09.2012.

Die Ringparabel als europäisches Thema 171

Abbildung 3: Die Schlussutopie: Alle Menschen werden Brüder ...

Nathan der Weise, Inszenierung des Staatstheaters Wiesbaden (2007), copyright Foto: martinkaufhold.de

Der israelische Schriftsteller Amos Oz gibt eine Geschichte seiner Großmutter wieder, welche aus dem Geist der Ringparabel zu stammen scheint:

> Vor vielen Jahren, als ich noch ein Kind war, erklärte mir meine Großmutter in sehr einfachen Worten den Unterschied zwischen Juden und Christen: „Christen glauben, dass der Messias schon einmal hier war und irgendwann wiederkommen wird. Die Juden bleiben dabei, dass der Messias erst kommen wird. Deswegen hat es so viel Zorn, Verfolgung, Blutvergießen und Hass gegeben. Warum kann man nicht einfach abwarten, was passiert? Wenn der Messias kommt und sagt „Wie geht es euch, schön euch wiederzusehen", dann müssen die Juden zugeben, dass sie sich geirrt haben. Wenn aber der Messias kommt und sagt „Hallo, schön euch kennenzulernen", dann muss sich die Christenheit bei den Juden entschuldigen. Bis dahin, sagte meine weise Großmutter, „leben und leben lassen". Sie war definitiv immun gegen Fanatismus und kannte das Geheimnis, in Situationen mit ungewissem Ausgang zu leben und mit ungelösten Konflikten umzugehen.[29]

Bibliografie:

Texte:

BOCCACCIO, Giovanni, a cura di Vittore Branca. 1976. *Tutte le opere di Giovanni Boccaccio*, vol. 4: *Decameron*, Milano: Montadori.
GESTA ROMANORUM, ed. Hermann Oesterley. 1872. Berlin: Weidmann, Nachdruck: 1963. Hildesheim: Georg Olms.
GESTA ROMANORUM, lat. und dt., ausgew., übersetzt und hg. v. Rainer Nickel. 1991. Stuttgart: Reclams Universal-Bibliothek.
GESTA ROMANORUM. Geschichten von den Römern, in vollstd. Übers. hg. v. Winfried Trillitzsch. 1973. Frankfurt a.M.: Insel Verlag.
LESSING, Gotthold Ephraim. *Nathan der Weise*, ausgew. u. eingel. v. Joachim Bark. 1981. München & Düsseldorf & Leipzig: Klett.
NOVELLINO E CONTI DEL DUCENTO, a cura di Sebastiano Lo Nigro. 1963. Torino: Unione Tipografico-Editrice Torinese.

Sekundärliteratur:

BARATTO, Mario. 1970. *Realtà e stile nel Decamerone*. Vicenza: N. Pozza.
DIEKHANS, Johannes & SCHÜNEMANN, Luzia. 2004. *Einfach Deutsch. G. E. Lessing „Nathan der Weise"*. Braunschweig & Paderborn & Darmstadt: Schöningh.
EIBL, Kurt. 1981. „G. E. Lessing: Nathan der Weise", in: Müller-Michaels, Harro. ed. *Deutsche Dramen*. Königstein: Athenäum, 8ff.
GERDES, Udo. 1981. „Gesta Romanorum", in: Ruh, Kurt et. al. edd. *Die deutsche Literatur des Mittelalters. Verfasserlexikon*. Bd. 3. Berlin & New York: De Gruyter, 25ff.
GROSSE, Wilhelm. 1987. *Lessings „Nathan" und die Literatur der Aufklärung*. Stuttgart & Leipzig: Klett.

---

[29] Zitiert nach: Hessisches Staatstheater, 56-69.

HESSISCHES STAATSTHEATER. ed. 2007. *Programmheft zu Nathan der Weise*. Wiesbaden.
HUDDE, Hinrich. 2004. „Die drei Ringe", in: *Enzyklopädie des Märchens*. Bd. 11. Berlin & New York: De Gruyter, 696ff.
JASPER, Willi. 2001. *Lessing, Aufklärer und Judenfreund*. München: Propyläen.
NIEMANN, Karl-Heinz. 2011. „Quantum diligis me?", in: *Der Altsprachliche Unterricht* 1, 47-51.
NIEWÖHNER, Friedrich. 1988. *veritas sive varietas. Lessings Toleranzbotschaft und das Buch von den drei Betrügern*. Heidelberg: L. Schneider.
PADOAN, Giorgio. 1964/1974. „Adel und Bürgertum im "Decameron"", in: Brockmeier, Peter. ed. *Boccaccios Decamerone*. Darmstadt: Wissenschaftliche Buchgesellschaft, 148-190.
PETRONIO, Giuseppe. 1935/1974. *Vorurteilslosigkeit und Weisheit*, in: Brockmeier, Peter. ed. *Boccaccios Decamerone*. Darmstadt: Wissenschaftliche Buchgesellschaft, 45-68.
SAUER, H. 1989. „Gesta Romanorum", in: *Lexikon des Mittelalters*. Bd. 4. Zürich & München: Artemis, Sp. 1408ff.
SCHLÜTTER, Hans-Jürgen. 1978. „"... Als ob die Wahrheit Münze wäre", in: *Lessing Yearbook* 10, 65ff.
WAWRZYNIAK, Udo. 1985/87. „Gesta Romanorum", in: *Enzyklopädie des Märchens*. Bd. 5. Berlin: De Gruyter, 1201ff.

Liebe entsteht beim Lesen von der Liebe
Abaelard und Héloïse, Francesca da Rimini und Paolo Malatesta, Floris und Blancheflor mit einem alexandrinischen Vorspiel und einem französischen Nachspiel des 19. Jahrhunderts. Anwendung für die Fächer Griechisch, Latein, Italienisch und Französisch

Johannes Kramer (Trier)

1. Plan der Darstellung

Wenn man Liebe in menschlichen Gesellschaften beschreiben will, dann kann man es natürlich nicht bei der biologischen Tatsache der gegenseitigen Annäherung von Wesen verschiedenen Geschlechts mit dem Ziel der Fortpflanzung der eigenen Spezies belassen, sondern man muss das Phänomen in die Kulturgeschichte einbetten, und man kann wohl in einer Kurzformel sagen, dass sich die literarischen Genera der verschiedenen Zivilisationen ohne das Phänomen Liebe jedenfalls nicht so entwickelt hätten, wie wir sie kennen, wobei übrigens von Anfang an die wohl typisch menschliche Form der homoerotischen Liebe – man denke nur an Enkidu und Gilgamesch oder an Achilles und Patroklos – eine sehr bedeutende Rolle gespielt hat. Es ist aber hier keineswegs meine Absicht, über Liebe als Bedingung für Literatur zu reden, sondern ich will das Phänomen der menschlichen Liebe mit einer anderen zutiefst menschlichen Fähigkeit, mit der Schriftlichkeit, verbinden: Liebe ist eben nicht nur eine Empfindung, die Menschen erleben, sie ist auch etwas, von dem man lesen kann. Im Folgenden soll es darum gehen, wie Männer und Frauen gemeinsam von der Liebe zwischen zwei anderen Personen lesen und sich dabei ineinander verlieben. Ich will das mit drei Beispielen aus dem Mittelalter belegen, die mit den Namen Abaelard und Héloïse, Francesca da Rimini und Paolo Malatesta sowie Floris und Blancheflor verbunden sind, wobei der erste einschlägige Text auf Latein, der zweite auf Italienisch und der dritte auf Französisch und Niederländisch abgefasst ist. Ein antikes Präludium führt mit der Geschichte um Akontios und Kydippe ins griechischsprachige Alexandria des 3. Jahrhunderts v. Chr., ein Nachspiel führt in die *France profonde* des 19. Jahrhunderts mit einem kleinen Seitenblick in die ländliche Tristesse um das Berlin der Gründerzeit.

2. Akontios und Kydippe

Ich beginne mit der heute wenig bekannten, aber in der Antike berühmten Liebesgeschichte zwischen Akontios von Keos und Kydippe von Naxos. Diese Story war besonders bei den Autoren fiktiver Briefe beliebt, und wir kennen sie beispielsweise in Griechisch von Aristainetos (*ep.* I, 10), einem Verfasser erotischer Briefe im 5. Jahrhundert n. Chr., und in Lateinisch aus Ovids *Heroides*, wo Brief 20 von Akontios an Kydippe und Brief 21 von Kydippe an Akontios gerichtet ist. Ich bringe den Inhalt der Geschichte zunächst in der Kurzfassung, die Herbert Hunger (1959, 17) ihr gegeben hat:

> Der junge Akontios aus Keos lernt bei einem Artemisfest auf Delos die Athenerin Kydippe kennen und lieben. Mit einer List weiß er das Mädchen zu gewinnen. Im Tempel rollt er ihr einen Apfel zu, in den er die Worte eingeritzt hat: „Bei Artemis, ich werde den Akontios heiraten". Kydippe hebt den Apfel auf, liest laut die Aufschrift und ist damit schon durch einen Schwur gebunden. Als der Vater wiederholt versucht, das Mädchen einem andern zu vermählen, sendet Artemis jedesmal eine Krankheit, so dass die Hochzeit vereitelt wird. Schließlich erhält Akontios seine Kydippe.

Diese Geschichte taucht in der antiken Literatur aber nicht nur in den Sammlungen fiktiver Briefe auf, sondern sie war vor allem in der dichterischen Fassung beliebt, die Kallimachos ihr im dritten Buch der *Aitia* gegeben hat, das vielleicht um 245 v. Chr. geschrieben wurde. Die *Aitia* sind uns nicht in einer mittelalterlichen Überlieferung erhalten, aber zwei Papyri des 3. und des späten 4. Jh. n. Chr. (*P. Oxy.* 19, 2211; 7, 1011) haben uns wesentliche Teile des Gedichtes beschert.

Für unseren Zusammenhang ist es wichtig, dass das Vorlesen einer schriftlich festgehaltenen Formulierung vor den Göttern als persönlicher Eid gilt: Akontios und Kydippe haben sich ein Eheversprechen gegeben, das durch die schriftliche Fixierung wie ein Ehevertrag wirkt. Das Vorlesen des Textes durch Kydippe bindet sie nach göttlichem Recht an Akontios. Eros hat Akontios, der als Knabe für die schöne Jungfrau Kydippe entbrannt war, den Apfeltrick, auf den er selbst nie gekommen wäre, verraten, und sie muss den Akontios jetzt ihr Leben lang ihren von Jugend an bestimmten Gatten nennen. Kallimachos fasst das in die folgenden vier Verse (67, 1-4 Pfeiffer):

Αὐτὸς Ἔρως ἐδίδαξεν Ἀκόντιον, ὁππότε καλῇ ἤθετο Κυδίππῃ παῖς ἐπὶ παρθενικῇ, τέχνην – οὐ γὰρ ὅγ' ἔσκε πολύκροτος – ὄφρα λέγοι μ[ιν] τοῦτο διὰ ζωῆς οὔνομα κουρίδιον.	Eros selbst lehrte Akontios, als er für die schöne jungfräuliche Kydippe als Knabe entbrannte, einen Trick (so raffiniert war er nicht), damit sie ihn lebenslang mit dem Namen Ehegatte bezeichne.

Dreimal misslingt eine von ihrem Vater für Kydippe arrangierte Hochzeit, weil die Götter ihr eine Krankheit schicken, beim vierten Mal fragt er das delphische Orakel, das ihm verkündet, dass ein gewichtiger Schwur bei Artemis eine Hochzeit der Kydippe verhindert, denn die Göttin weilte auf Delos, als Kydippe schwor, nur dem Akontios und keinem anderen Bräutigam folgen zu wollen (75, 22; 26-27 Pfeiffer).

Ἀρτέμιδος τῇ παιδὶ γάμον βαρὺς ὅρκος ἐνικλᾷ· ...	Ein schwerer Eid bei Artemis verhindert die Hochzeit der Tochter;
Δήλῳ δ' ἦν ἐπίδημος, Ἀκόντιον ὁππότε σὴ παῖς ὤμοσεν, οὐκ ἄλλον, νυμφίον ἐξέμεναι.	auf Delos war sie, als deine Tochter schwor, dem Akontios und keinem anderen als Bräutigam zu folgen.

Kydippes Vater folgt dem Rat des delphischen Orakels, lässt Akontios nach Naxos kommen und dort die Hochzeit mit Kydippe vollziehen. Aus der Ehe geht das Geschlecht der Akontiaden hervor.

Was kann man in der Schule mit der Akontios-Kydippe-Geschichte anfangen? Man wird weder die insgesamt sprachlich schwierige und außerdem noch durch einige Textlücken entstellte Kallimachos-Fassung mit ihren über hundert Versen zur Lektüre vorschlagen, noch wird man die langatmigen Brieffassungen lesen wollen. Eine geschickte Auswahl von Kallimachos-Versen kann vermitteln, was ein hellenistischer Dichter ist: Die alte homerische Götterwelt ist noch da, aber die Götter sind vermenschlicht, sie arbeiten mit Tricks, τέχναι, schriftliche Verträge binden wie in der Bürokratie des ptolemäischen Ägypterreiches, eine Kurzfassung hat der epischen Ausführlichkeit den Rang abgelaufen. Man wird Kallimachos ein, zwei Stunden gönnen, vielleicht nach der Homerlektüre, man wird diskutieren, warum die doch beliebten *Aitia* nicht in die mittelalterliche Tradition eingegangen sind und in welchem Maße Papyrusfunde unser Bild von der antiken Literatur bereichern.

Für unseren Zusammenhang ist wichtig: Die Liebe zwischen Akontios und Kydippe wird festgelegt durch eine schriftliche Formulierung, die Akontios vorgibt und Kydippe nachspricht. Ein schriftliches Dokument bestätigt vor den Göttern unwiderruflich die Bindung zwischen Mann und Frau.

Wie man in der Antike las, wissen wir in groben Zügen: Man hatte eine Papyrusrolle in beiden Händen, wobei man beim Aufrollen den Text von der linken in die rechte Hand laufen ließ. Reiche Leute hatten gelegentlich, aber keineswegs immer, einen Vorleser, aber man las normalerweise keine Texte in Gemeinschaft. Das wurde im Mittelalter, als die Lesefähigkeit zu etwas wurde, über das nur wenige Spezialisten verfügten, anders, als es in der Antike gewesen war, wo zumindest die Angehörigen der wohlhabenden Kreise, sowohl Männer wie Frauen, lesen konnten. Im frühen und hohen Mittelalter fehlte materiell ein preiswertes Schreibmaterial, wie es der Papyrus gewesen war. Man hatte nur Pergament zur Verfügung, und das war teuer. Schreiben und Lesen war auf die Klöster beschränkt, wobei in der dünnen Schicht der *clerici* auch die *clericae* zum Zuge kamen, denn die ehelosen Nonnen konnten natürlich genauso schön und sorgfältig schreiben wie ihre männlichen Standesgenossen.

Lesen lernte man von einem Erzieher, und auch junge Frauen wurden von einem Mann in der Lesefähigkeit unterrichtet. So etwas hatte es auch in der Antike gegeben, aber der *paedagogus* hatte einen so niedrigen Stand, dass das Entstehen einer engeren persönlichen Beziehung zwischen ihm und seinen vornehmen Schülerinnen immer die Ausnahme blieb. Immerhin, wir wissen, dass Q. Caecilius Epirota in den Verdacht geriet, eine Liebesbeziehung zu Attica, der Frau von M. Agrippa, angeknüpft zu haben; er wurde sofort aus dem Dienst entlassen (Sueton, *Gramm.* 16 = 1997, 959-960).

3. Abaelard und Héloïse

Eine der berühmtesten Liebesgeschichten des Mittelalters, die Beziehung zwischen dem seinerzeit 38 Jahre alten Kleriker Abaelard und seiner 17-jährigen Schülerin Héloïse, der Nichte des Pariser Kanonikers Fulbert, hat ihren Ursprung im gemeinsamen Lesen eines Textes. Abaelard war, wie wir sagen würden, ein verklemmter Intellektueller, der wenig Gelegenheit zum Kontakt zu Frauen gehabt hatte. In der *Historia calamitatum*, einem Selbstzeugnis über seine Leidensgeschichte, beschreibt Abaelard zunächst, durchaus von sich eingenommen, seine akademische Karriere und führt dann aus, dass er mit Frauen nicht recht umgehen konnte (PL 178, 126C):

Scortorum immunditiam semper abhorrebam, et ab excessu et frequentatione nobilium feminarum studii scholaris assiduitate revocabar, nec laicarum conversationem multum noveram.	Vor dem Schmutz der Dirnen schreckte ich immer zurück, und vom Zugang und Umgang mit vornehmen Frauen wurde ich durch die stetige Beschäftigung mit der Wissenschaft abgehalten; auf Unterhaltungen mit weltlichen Mädchen verstand ich mich nicht gut.

Die Gelegenheit zu einem Liebesabenteuer bot sich, als Fulbert seiner attraktiven und klugen Nichte Privatunterricht durch den vielversprechenden Gelehrten Abaelard angedeihen lassen wollte (Text nach PL 178, 126D-127A):

Erat quippe in ipsa civitate Parisius adolescentula quaedam nomine Heloissa, neptis canonici cuiusdam, qui Fulbertus vocabatur, qui eam quanto amplius diligebat, tanto diligentius in omnem quam poterat scientiam litterarum promoveri studuerat. Quae cum per faciem non esset infima, per abundantiam litterarum erat suprema. Nam bonum hoc, litteratoriae scilicet scientiae, in mulieribus est rarius: eo amplius puellam commendabat et in toto regno nominatissimam fecerat. Hanc igitur omnibus circumspectis, quae amantes allicere solent, commodiorem censui in amorem mihi copulare, et me id facillime credidi posse. Tanti quippe tunc nominis eram et iuventutis et formae gratia praeeminebam, ut, quamcumque feminarum nostro dignarer amore, nullam vererer repulsam.	Es gab damals in der Stadt Paris ein junges Mädchen namens Héloïse, die Nichte eines Kanonikers Fulbert, der sich, je mehr er sie liebte, desto sorgfältiger bemühte, sie in ihrer geistigen Ausbildung zu fördern. Sie war in ihrem Aussehen sehr ansehnlich, in ihrer hohen Bildung stand sie aber an höchster Stelle. Denn dieses Gut, also das literarische Wissen, ist bei Frauen sehr selten; umso mehr war das Mädchen ausgezeichnet und im ganzen Königreich bekannt geworden. Nachdem ich alles bedacht hatte, was verliebte Männer anlocken kann, beschloss ich, sie mir in einer angemessenen Liebe zu verbinden, und ich glaubte, das recht leicht tun zu können. Ich hatte nämlich damals einen so großen Namen, und ich zeichnete mich durch Jugend und Ansehnlichkeit so sehr aus, dass ich von keiner Frau, die ich meiner Liebe für würdig erachtete, eine Zurückweisung befürchten musste.

Die Rechnung des eitlen, durchaus an Selbstüberschätzung leidenden Pfaus, der immerhin doppelt so alt wie sein Opfer war, ging auf: Er zog bei Fulbert ein, der die Ausbildung seiner Nichte ganz in die Hände von Abaelard gab. Die Stunde der Offenbarung der Liebe beschreibt Abaelard folgendermaßen (PL 178, 128A-B):

Quid plura? Primum domo una coniungimur, postmodum animo. Sub occasione itaque disciplinae amori penitus vacabamus, et secretos regressus, quos amor optabat, studium lectionis offerebat. Apertis itaque libris plura de amore quam de lectione verba se ingerebant, plura erant oscula quam sententiae. Saepius ad sinus quam ad libros reducebantur manus, crebrius oculos amor in se reflectebat quam lectionis in scripturam dirigebat. [...] Quid denique? Nullus a cupidis intermissus est gradus amoris, et si quid insolitum amor excogitare potuit, est additum.	Was weiter? Zunächst lebten wir in einer häuslichen, dann in einer geistigen Einheit. Unter dem Vorwand des Lernens gaben wir uns also ganz der Liebe hin, und die geheimen Verstecke, nach denen die Liebe verlangte, bot das Studium der Lektüre. Die Bücher waren geöffnet, aber mehr Worte über die Liebe als über den Lesestoff drängten sich auf, und es gab mehr Küsse als Sentenzen. Die Hände griffen häufiger nach dem Busen als nach den Büchern, und öfter spiegelte sich die Liebe in den Augen, als dass sie auf die Schrift gerichtet wären. [...] Was weiter? Von den Verliebten wurde kein Liebesschritt ausgelassen, und wenn die Liebe etwas Besonderes erfinden konnte, haben wir es hinzugefügt.

Paris war damals eine kleine Stadt, der Klatsch von der Liebe des Professors zu seiner Schülerin verbreitete sich, und nach einigen Monaten entdeckte auch Fulbert die Sache und trennte die beiden. Als guter Humanist leitet Abaelard das

Auffliegen der geheimen Liebesbeziehung mit einem klassischen Zitat, einer Hieronymus-Stelle (*ep.* 48), ein (PG 178, 128D-129A):

Unde et illud est beati Hieronymi in epistola ad Sabinianum: «Solemus mala domus nostrae scire novissimi ac liberorum ac coniugum vitia vicinis canentibus ignorare. Sed quod novissime scitur, utique sciri quandoque contingit, et quod omnes deprehendunt, non est facile unum latere». Sic itaque pluribus evolutis mensibus et de nobis accidit. O quantus in hoc cognoscendo dolor avunculi! Quantus in separatione amantium dolor ipsorum! Quanta sum erubescentia confusus! Quanta contritione super afflictione puellae sum afflictus!	Darüber gibt es ein Wort des heiligen Hieronymus im Brief an Sabinianus: «Wir pflegen die Übel unseres Hauses als letzte zu erfahren und die Sünden der Kinder und Frauen zu ignorieren, wenn schon alle Nachbarn darüber reden. Aber was man als letzter erfährt, wird doch einmal klar, und es ist nicht leicht, dass einer das nicht weiß, was alle wissen». So geschah es nach mehreren Monaten auch mit uns. O welcher Schmerz des Onkels, als er das erfuhr! Welcher Schmerz der Verliebten, als sie getrennt wurden! O welche Scham mich erfasste! Welche Zerknirschung empfand ich über die Bloßstellung des Mädchens.

Wie so oft in der Realität und in der Literatur führt der Eintritt einer Schwangerschaft die Geschichte einer Lösung zu: Abaelard entführt Héloïse aus dem Hausarrest bei ihrem Onkel Fulbert und bringt sie bis zur Geburt des gemeinsamen Sohnes Astrolabius aufs Land zu seiner Schwester (PL 178, 129B):

Non multo autem post puella se concepisse comperit, et cum summa exsultatione mihi super hoc illico scripsit consulens, quid de hoc ipse faciendum deliberarem. Quadam itaque nocte avunculo eius absente, sicut nos condixeramus, eam de domo avunculi furtim sustuli, et in patriam meam sine mora transmisi. Ubi apud sororem meam tamdiu conversata est, donec pareret masculum, quem Astrolabium nominavit.	Nicht lange danach bemerkte das Mädchen, dass sie schwanger war, und voller Freude schrieb sie mir sofort darüber und wollte wissen, was ich jetzt zu tun vorhatte. In einer Nacht, in der ihr Onkel abwesend war, entführte ich sie nach unserer Verabredung aus dem Hause ihres Onkels und schickte sie sofort ohne jeden Aufenthalt in meine Heimat. Dort hielt sie sich so lange bei meiner Schwester auf, bis sie einen Jungen zur Welt brachte, den sie Astrolabius nannte.

Abaelard tritt dann in Verhandlungen mit Fulbert ein und verspricht, Héloïse insgeheim zu heiraten. In die literarische Darstellung dieser Entwicklung flicht Abaelard eine lange Erörterung ein, in der sich Héloïse gegen eine Heirat sträubt, weil sie dadurch der Wissenschaft eine Leuchte rauben würde – Abaelard stellt, wie man sieht, sein Licht durchaus nicht unter einen Scheffel. Fulbert ließ entgegen den Abmachungen die Heirat überall bekannt machen, und um Héloïse zu schützen, brachte Abaelard sie im Kloster von Argenteuil unter, wo sie als kleines Mädchen zur Schule gegangen war. Fulbert meinte jedoch, Abaelard wolle Héloïse nur abschieben, und rächte sich für die vermeintliche Schmach, indem er Abaelard kastrieren ließ (PL 178, 134A-B):

Avunculus et consanguinei seu affines eius opinati sunt me nunc sibi plurimum illuxisse et ab ea moniali facta me sic facile expedire. Unde vehementer indignati et adversum me coniurati nocte quadam quiescentem me atque dormientem in secreta hospitii mei camera quodam mihi serviente per pecuniam corrupto crudelissima et pudentissima ultione punierunt, et quam summa admiratione mundus excepit, eis videlicet corporis mei partibus amputatis, quibus id, quod plangebant, commiseram.

Der Onkel und seine Verwandten glaubten, ich hätte sie genügend betrogen und mich leicht der Sache entledigt, indem ich das Mädchen zur Nonne gemacht habe. Also waren sie erzürnt und haben sich gegen mich verschworen: In einer Nacht haben sie mich, der ich ruhig in einem abgeschiedenen Zimmer meiner Unterkunft schlief, durch einen mit Geld bestochenen Diener mit der grausamsten und schändlichsten Rache bestraft, die die Welt mit höchstem Erstaunen wahrnahm, indem die Teile meines Körpers abgeschnitten wurden, mit denen ich das, worüber sie klagten, begangen hatte.

Die weitere Lebensgeschichte von Abaelard, der Abt wurde und in polemischer Lehre starken Einfluss auf die zeitgenössische Theologie, Philosophie und Klostergeschichte hatte, und von Héloïse, die Äbtissin wurde und weiter in engem Kontakt mit Abaelard blieb, trägt nichts zu unserem Thema bei (dazu Thomas 1980). Wir wollen uns hier vielmehr der Struktur des Entstehens der Liebe zwischen Abaelard und Héloïse widmen:

1) Der Mann ist älter und lebenserfahrener als die junge Frau (*adolescentula, puella*).
2) Mann und Frau sind der *litteratoria scientia* zugewandt.
3) Mann und Frau können ungestört zusammen sein (*domo una coniungimur; secreti regressus, quos amor optabat*).
4) Beim gemeinsamen Lesen blickt man auf den Lesepartner bzw. die Lesepartnerin (*crebrius oculos amor in se reflectebat quam lectionis in scripturam dirigebat*).
5) Der amouröse Inhalt der Lektüre regt zu Gesprächen amourösen Inhalts an (*plura de amore quam de lectione verba se ingerebant*).
6) Die beim Lesen üblichen Bewegungen (Verfolgen der Zeile mit dem Zeigefinger, Umblättern der Seiten) erlauben körperliche Berührungen (*saepius ad sinus quam ad libros reducebantur manus*).

Es schließt sich die Frage an, was man mit der *historia calamitatum* in der Schule anfangen könnte. Sie ist natürlich vom Text her ein Gegenstand des Lateinunterrichts, in zweiter Linie gehört sie in den Geschichtsunterricht, und das Ganze spielt im mittelalterlichen Frankreich. Das Latein, das Abaelard schreibt, ist korrekt, aber nicht sehr schwierig. Die *historia calamitatum* ist ziemlich langatmig, aber die eigentliche Darstellung der Liebesgeschichte umfasst nur etwa drei Seiten. Mit einigen Kürzungen kann man daraus eine Fassung von etwa einer Seite Umfang zusammenstellen, die im Lateinunterricht Lesestoff für eine Woche bieten würde. Ganz ideal wäre es, wenn im Geschichtsunterricht gleichzeitig das mittelalterliche Klosterwesen um Cluny behandelt werden könnte.

4. Paolo Malatesta und Francesca da Rimini

Verlassen wir jetzt Abaelard, Héloïse und ihre Lesefrüchte und kommen zu einem vielleicht noch berühmteren Liebespaar des Mittelalters, das sich beim gemeinsamen Lesen näherkam, Francesca da Rimini und Paolo Malatesta, denen von Dante im 5. Gesang des *Inferno* (vv. 73-142) ein unvergängliches Denkmal gesetzt wurde. Den Namen Francesca nennt Dante erst in Vers 116, Paolo wird nicht beim Namen genannt; wir kennen den Namen und Verlauf der Geschichte, die sich 1284 abspielte, aus Boccaccios Dante-Kommentar. Francesca, die Tochter von Guido da Polenta, war mit dem hässlichen Gianciotto Malatesta verheiratet worden, um eine Aussöhnung zwischen den verfeindeten Häusern herbeizuführen. In der Abwesenheit von Gianciotto verliebte sich Francesca in dessen Bruder Paolo; als Gianciotto unerwarteterweise zurückkehrte, überraschte er das Liebespaar in flagranti und tötete beide, die in einem gemeinsamen Grab bestattet wurden.

In der *Divina Commedia* berichtet Francesca, die sich zusammen mit Paolo wie eine Taube aus der Schar der *peccator carnali* (v. 38) löst und auf Dante und Vergil zuschwebt, ihre Geschichte. In unserem Zusammenhang ist die Entstehung der Liebe zwischen Francesca und Paolo relevant. Dante fragt Francesca, wie Amor das zweifelnde Verlangen zur Gewissheit werden ließ (*Inferno* 5, 121-138).

E quella a me: «Nessun maggior dolore che ricordarsi del tempo felice nella miseria; e ciò sa 'l tuo dottore. Ma s'a conoscer la prima radice del nostro amor tu hai cotanto affetto, dirò come colui che piange e dice. Noi leggiavamo un giorno per diletto di Lancialotto come amor lo strinse: soli eravamo e sanza alcun sospetto. Per più fiate li occhi ci sospinse quella lettura, e scolorocci il viso; ma solo un punto fu quel che ci vinse. Quando leggemmo il disïato riso esser baciato da cotanto amante, questi, che mai da me non fia diviso, la bocca mi baciò tutto tremante. Galeotto fu il libro e chi lo scrisse: Quel giorno più non vi leggemmo avante».	Und sie sagte zu mir: «Es ist kein größerer Schmerz, als sich an die glückliche Zeit zu erinnern im Elend; und das weiß dein gelehrter Führer. Aber wenn du so großes Verlangen hast, die erste Wurzel unserer Liebe kennenzulernen, dann will ich es dir sagen wie jemand, der zugleich weint und spricht. Wir lasen eines Tages zum Vergnügen von Lanzelot, wie die Liebe ihn packte; wir waren allein und ohne jede Ahnung. Mehrmals ließ diese Lektüre uns die Augen erheben, und uns wurde das Antlitz bleich. Es war aber eine Stelle, die uns besiegte. Als wir lasen, wie der begehrte lächelnde Mund von einem solchen Liebhaber geküsst wurde, da hat der, der nun niemals von mir getrennt sein wird, meinen Mund heftig zitternd geküsst. Galeotto war das Buch und der es geschrieben hat: An diesem Tag lasen wir darin nicht weiter.

Fragen wir uns auch hier wieder, welche Faktoren bei der gemeinsamen Textlektüre die Liebesbeziehung fördern!

1) Mann und Frau lesen zum eigenen Vergnügen (*noi leggiavamo ... per diletto*).
2) Mann und Frau wissen beim Beginn der Lektüre noch nicht von ihrer Verliebtheit (*sanza alcun sospetto*).
3) Mann und Frau sind ungestört zusammen (*soli eravamo*).
4) Beim gemeinsamen Lesen blickt man auf den Lesepartner bzw. die Lesepartnerin (*li occhi ci sospinse quella lettura*).
5) Der amouröse Inhalt der Lektüre regt zur Nachahmung an (*quando leggemmo il disiato riso esser baciato da cotanto amante, questi ... la bocca mi baciò*).

Es liegen also weitgehend dieselben Faktoren wie bei der Abaelard-Héloïse-Geschichte vor, nur dass hier Mann und Frau gleichberechtigt sind und nicht ein Lehrer-Schüler-Verhältnis gezeichnet wird; es liegt auch keine Verführungsabsicht vor. Der Inhalt der Lektüre, nicht nur die Situation des gemeinsamen Lesens, spielt eine größere Rolle. Es geht um den 1181 verfassten Versroman *Lancelot du Lac* von Chrétien de Troyes, in dem König Arthurs Gemahlin Guenièvre bei einem vom Seneschall Galehaut vermittelten Treffen den sie schüchtern verehrenden Lancelot durch einen langen Kuss zur Liebe ermuntert. In der italienischen Prosaversion des Romans wird sprachlich mit dem Namen *Galeotto* gespielt, der als Appellativum *galeotto* 'ritterlicher Liebesbote' heißt, „la persona che fa da intermediario in una relazione amorosa" (E. De Felice & A. Duro). In der Francesca-da-Rimini-Episode ist die Situation des gemeinsamen Lesens die Voraussetzung für das Entstehen der Liebesbeziehung, aber der Anlass ist das Thema der Lektüre, der lange leidenschaftliche Kuss im *roman courtois*, der zur Nachahmung reizt.

Wenn man im Italienischunterricht die Schülerinnen und Schüler zu Dante hinführen will, dann ist zweifellos der Abschnitt über Francesca da Rimini und Paolo Malatesta ein geeignetes Stück: sprachlich zugänglich, mit 69 Versen recht kurz, leicht nachvollziehbar in der Strukturierung. Die textlichen Verbindungen zu Chrétien de Troyes sind in kurzen Erklärungen nachzuvollziehen. Wenn man Zeit hat, kann man die Bezüge zu den *canzoni* des *Dolce Stil Nuovo* und darüber hinaus zur provenzalischen Troubadour-Dichtung herausstellen; sie sind beispielsweise deutlich in der dreifachen *Amor*-Anapher (v. 100, v. 103, v. 106) zu sehen, mit der Francesca ihren Geliebten und sich als Opfer des unentrinnbaren *Amor* vorstellt:

«Amor, ch'al cor gentil ratto s'apprende,
prese costui della bella persona
che mi fu tolta; e 'l modo ancor m'offende.
Amor, ch'a nullo amato amar perdona,
mi prese del costui piacer si forte,
che, come vedi, ancor non m'abbandona.
Amor condusse noi ad una morte:
Caina attende chi a vita ci spense».
Queste parole da lor ci fur porte.

«Liebe, die schnell das edle Herz ergreift
ergriff diesen zu der schönen Gestalt,
die mir entrissen wurde; und die Art beleidigt mich noch.
Liebe, die keinem Geliebten das Lieben verzeiht,
ergriff mich nach ihm mit so mächtigem Verlangen,
das mich, wie du siehst, immer noch nicht verlässt.
Liebe brachte uns zu einem gemeinsamen Tod:
Kain erwartet den, der uns aus dem Leben vertrieb».
Diese ihre Worte drangen zu uns vor.

5. Floris und Blancheflor

Der soeben behandelte Abschnitt ist ein Juwel der Italianistik, der aber außerhalb des italienischen Kontextes wenig Wirkung entfaltet hat. Ein anderer mittelalterlicher Stoff liegt hingegen in fast allen Sprachen des damaligen Europa vor, nämlich die Geschichte von Floris und Blancheflor. Die Namen der Hauptfiguren variieren je nach Sprache: Französisch ist *Floire et Blancheflor* vorherrschend, italienisch ist es *Fiorio e Biancifiore,* spanisch *Flores y Blancaflor,* griechisch Φλόριος καὶ Πλατζία-Φλῶρα, mittelhochdeutsch *Flore und Blanscheflur,* mittelniederdeutsch *Flos unde Blankeflos,* mittelniederländisch *Floris ende Blancefloere,* englisch *Floris and Blancheflur.* Die Textgeschichte ist nicht einfach, es gibt im Prinzip eine ältere aristokratische Fassung aus der Zeit zwischen 1160 und 1170, die in den germanischen Fassungen nachgeahmt wurde, und eine jüngere, eher den populären *romans d'aventures* zuzurechnende Fassung vom Ende des 12. Jahrhunderts, die im mediterranen Raum erfolgreich war. Schließlich ist Boccaccios frühe Schrift *Filocolo* zu erwähnen, die den Stoff zum Ausgangspunkt hat.

Für unseren Zusammenhang sind die jüngere französische Fassung und die daran ausgerichteten Fassungen in den Sprachen des Mittelmeerraumes wenig ergiebig, weil sie das Lebensgefühl der *chansons de geste* wiedergeben, in denen es um ungehobelte, aber körperlich starke Haudegen geht, für die Bücher, Schule und klassische Bildung eine untergeordnete Bedeutung hatten. Weit interessanter ist die ältere französische Fassung und die daraus abgeleitete mittelniederländische Fassung, in der der gemeinsame Schulbesuch von Floris und Blancheflor, ihre gemeinsame Lektüre von Ovid und ihre gemeinsame Übung im Abfassen von Liebesbriefen eine wichtige Rolle spielen. Die niederländische

Fassung ist deutlicher in der Angabe der konkreten Lektürevorlagen und ihrer Umsetzung in die Realität.

Für das Thema Liebe und gemeinsames Lesen von der Liebe ist der Gesamtkontext des *romanz de Floire et Blancheflor* unerheblich: Floris, der Sohn des Heidenkönigs Felix, ist am gleichen Tage wie Blancheflor, die Tochter einer christlichen Gräfin aus Galizien, geboren. Die beiden Kinder wachsen zusammen auf, besuchen gemeinsam die Schule, verlieben sich, werden mehrfach getrennt und wieder vereinigt, wie es der Gattung des antiken und mittelalterlichen Romans entspricht, und können schließlich in Babylon heiraten und die Heiden bekehren. Für uns ist nur die Kindheitserzählung, der Schulbesuch, interessant.

Ich zitiere einige Verse aus der älteren altfranzösischen Fassung, die 1938 von Felicitas Krüger der Forschung zugänglich gemacht wurde. Der heidnische König befindet, dass sein Sohn Floire Lesen und Schreiben lernen muss, und benennt einen Lehrer zum Einzelunterricht. Floire will, dass seine Gefährtin Blancheflor dieselbe Bildung wie er selbst bekommt, übrigens ein schönes Zeugnis dafür, dass zumindest literarisch Frauen dieselben Bildungschancen wie Männern zugebilligt werden (vv. 209-219, Krüger 1938, 11).

Li sois commande son enfant	Der König befiehlt seinem Sohn,
qu'il aprenge, et cil en plourant	dass er lernen müsse, und der antwortet ihm
li respont: «Sire, que fera	weinend: «Majestät, und was wird Blanceflor
Blanceflors? Et dont n'aprendra?	machen? Wird sie etwa nichts lernen?
Sans li ne puis jou pas aprendre,	Ohne sie kann auch ich nicht lernen;
jou ne saroi lechon rendre».	Ich könnte keine Lektion wiedergeben».
Li rois respont: «Por vostre amor	Der König antwortet: «Euch zu Liebe
ferai aprendre Blanceflor».	will ich Blanceflor lernen lassen».
Et les vos andeus a escole!	Seht, da gehen die beiden zur Schule!
Cius fu mout liés de la parole:	Sie waren sehr froh über das Wort:
Ensamble vont, ensamble vienent.	Zusammen gehen sie, zusammen kommen sie.

Die antiken Autoren dienen den beiden Kindern als Handbücher zur Liebeskunst. Im französischen Text ist das recht allgemein ausgedrückt (vv. 227-242, Krüger 1938, 12):

Au plus tost que souffri nature	Sobald es die Natur zulässt,
ont en amer mise lor cure;	haben sie ihren Eifer auf die Liebe gerichtet;
en aprendre avoient boin sens,	darüber etwas zu lernen, hatten sie große Sorgfalt,
du retenir millor porpens.	und noch mehr, es zu behalten.
Livres lisoient paienors,	Bücher der Heiden lasen sie,
u ooient parler d'amors.	wo sie von der Liebe sprechen hörten.
En çou forment se delitoient,	Daran erfreuten sie sich sehr,
es engiens d'amors qu'il trovoient.	an den Künsten der Liebe, die sie dort fanden.

Cius livres les fist mout haster,	Diese Bücher trieben sie sehr zur Eile an,
dona lor sens d'aus entr'amer	gaben ihnen die Lust, sich gegenseitig zu lieben
que d'amor que de noureture	sowohl in wahrer Liebe wie in kindlicher Zuneigung,
qui lor avoit esté a cure.	was ihnen am Herzen gelegen hatte.
Ensamle lisent et aprendent,	Zusammen lesen und lernen sie,
a la joie d'amor entendent.	auf die Freude der Liebe verstehen sie sich.
Quant li repairent de l'escole,	Wenn sie von der Schule zurückkommen,
li uns baise l'autre et acole.	küsst und umarmt der eine die andere.

Der niederländische Paralleltext, die Diederic van Assenede (1230-1293) zugeschriebene Version *Floris ende Blancefloer*, nennt die antiken Lesestücke viel deutlicher und vermittelt so ein Bild davon, welche lateinischen Autoren man in der Mitte des 13. Jahrhunderts in Liebesdingen für kompetent hielt (vv. 327-343):

Ter minnen hadden si goede stade.	Zur Liebe hatten sie gute Gelegenheit.
Si waren beide van enen rade,	Sie waren beide einer Überzeugung,
van ere scoenheit, van enen sinne,	einer Schönheit, eines Sinnes,
ende even gestadech an die minne.	und gleichermaßen beständig in der Liebe.
Dat si oec dicke lesen horden	Dass sie auch oft lesen konnten
die treken, die ter minnen horden,	von den Listen, die zur Liebe gehörten,
ende mense oec te lesene sette	und man sie auch zum Lesen ansetzte
in Juvenale ende in Panflette	im Juvenal und im Pamphilus
ende in Ovidio de Arte Amandi,	und in Ovids *de arte amandi,*
daer si vele leerden bi,	dabei lernten sie viel,
dat hem bequam ende dochte goet.	das für sie nützlich war und ihnen gut schien.
Dus hadden si ter minne spoet.	Also hatten sie bei der Liebe Eile.
Die boeke dadense haesten so	Die Bücher ließen sie so zur Liebe
ter minnen, dat si dicke vro	hasten, dass sie beide sehr froh
beide waren ende in sorgen groet,	waren und zugleich in Sorgen,
dat si hadden liever te wesene doet	weil sie lieber tot gewesen wären
dan gesceden lange te sine.	als lange voneinander getrennt zu sein.

Anders als bei den Paaren Abaelard-Héloïse und Francesca-Paolo ist hier die gemeinsame Lektüre nicht der Anlass für die Entstehung der Liebe, sondern Floris und Blancheflor lieben sich von Anfang an, allerdings in *norreture* 'kindlicher Zuneigung', die noch zu einem echten *amor* bzw. zur *minne* erwachen musste. Wie bei den schon behandelten Liebesgeschichten ist auch hier das ungestörte ständige Zusammensein gegeben (v. 219: *ensamble vont, ensamble vienent*), auch hier ist gemeinsame Freude an der Lektüre gegeben, die Schönheit der Lesenden wird hervorgehoben (v. 224 *de biauté s'entresambloient*) – in der italienischen Version heißt es ganz deutlich: *Fiorio riguardava Biancifiore / di lei non si potea saziare.* Der amouröse Inhalt der Lektüre ist jedoch hier ganz massiv im Mittelpunkt: Die französische Version weist, milde tadelnd, allgemein darauf hin, dass sie „heidnische Bücher lasen, wo sie von der Liebe sprechen hörten" (vv. 231-232: *livres lisoient paineors, u ooient parler d'amors*); die niederländische Version nennt die zur Liebe anregenden Autoren namentlich, nämlich Juvenal mit seinen freizügigen Satiren, in denen die sexuellen Praktiken der dekadenten Gesellschaft der frühen Kaiserzeit deutlich beschrieben werden, dann die mittellateinische Kupplerkomödie *Pamphilus de amore*, der es nicht an drastischem sexuellen Realismus fehlt, und schließlich als Krönung Ovids *Liebeskunst*. Dieses Curriculum brachte Floris und Blancheflor, deren Lernbegierde ja betont wird, die *engines d'amors* (v. 234) bei, und es waren die Bücher, die sie zur Liebe eilen ließen: *die boeke dadense haesten ter minnen*.

Die Lektüre der lateinischen Liebesrezepte hat aber noch einen weiteren Nebeneffekt: Man lernt dabei gut Latein, und das ist nützlich, um sich poetische Liebesbriefe zu schreiben und Liebesgeflüster austauschen zu können, ohne dass die lateinunkundigen Laien das verstehen (vv. 257-272):

Et quant a l'escole venoient	Und wenn sie in die Schule kamen,
lor tables d'yvoire prenoient:	nahmen sie ihre Tafeln aus Elfenbein;
adont lor veïssiés escrire	dann hättet ihr sie sehen können,
letres d'amors sans contredire,	wie sie ohne Widerspruch Liebesbriefe schrieben
et de cans d'oisiaus et de flors,	und über Vogelgesang und über Blumen,
letres de salus et d'amours.	Gruß- und Liebesbriefe.
Lor graffes sont d'or et d'argent	Ihre Griffel sind aus Gold und Silber,
Dont il escrisent soutiument.	und damit schrieben sie geschickt.
Ens en un an et .XV. dis	Also hatten beide in einem Jahr und 15 Tagen
furent andoi si bien apris,	so gut gelernt,
que bien sorent parler latin	dass sie gut Latein reden konnten
et bien escrire en parkemin	und gut auf Pergament schreiben
et consillier oiant la gent	und sich vor den Leuten unterhalten
en latin, que nus nes entent.	auf Latein, so dass niemand sie verstand.

In der niederländischen Fassung ist der Gedanke, dass das Lateinische eine Geheimsprache unter Verliebten sein könnte, noch deutlicher ausgeführt (vv. 349-355):

Sint dat si leren begonsten,	Seit sie zu lernen begonnen hatten,
binnen vijf jaren die kinder consten	konnten die Kinder innerhalb von fünf Jahren
Laijn spreken wel te maten.	hervorragend Latein sprechen.
Doe mochten si in wege en in straten	Da konnten sie auf den Wegen und den Straßen
Ende in den hove seggen in Latijn	und am Hofe auf Latein einander
Haerlijk andren den wille sijn,	hervorragend ihre Meinung kundtun,
dattie leeke nit en mochten verstaan.	ohne dass die Laien etwas verstehen konnten.

Die Lektüre der Fachliteratur in Liebesdingen hatte also den nützlichen Nebeneffekt, dass man dabei Sattelfestigkeit im Lateinischen erreicht und eine geheime Sprache der Liebe zur Verfügung hat. Während man also heute Mühe hat, seinen Schülerinnen und Schülern die Vorzüge des Lateinischen klar zu machen, hatte das Mittelalter zumindest *eine* Antwort bereit: Die Laien, also die Leute ohne *Latinum*, bleiben vom Verständnis des bildungsschwangeren Liebesgeflüsters ausgeschlossen. Zumindest für das 12. Jahrhundert gilt also: *Latin is sexy!*

Was kann man nun in der Schule mit Floris und Blancheflor anfangen? Auf den ersten Blick wenig, denn der altfranzösische Text ist viel zu schwierig, um ihn mit überschaubaren Mitteln einem Lernerpublikum des Neufranzösischen zugänglich zu machen, und der niederländische Text ist im Rahmen einer Drittsprache ebenfalls ganz und gar unzumutbar. Andererseits ist die Geschichte des Schulbesuchs und der bei der Lektüre lateinischer Texte entstehenden Liebe so schön dargestellt und passt so gut zur Erfahrungswelt der Schülerinnen und Schüler, dass man ihnen damit einen Teil der Angst vor dem ungewohnten Mittelalter nehmen könnte. Als Ausweg bietet sich der Rückgriff auf Übersetzungen an. Die niederländische Version liegt leider in keiner Übersetzung vor, aber es gibt eine deutsche Übersetzung des französischen Originals (Kolmerschlag 1995, 253-362). Neufranzösische Übersetzungen gibt es einige, am empfehlenswertesten ist die „Traduction en français moderne" von Suzanne Hannedouche (1971). Hinzuweisen ist auch auf ein illustriertes Jugendbuch von Fabienne Daumas (1986). Im altfranzösischen Original umfasst die Kindheitsgeschichte 71 Verse (vv. 201-272), und man könnte die Übersetzung mit Schülerinnen und Schülern als kurze Einführung ins Mittelalter unter den Gesichtspunkten Unterricht für Mädchen und Jungen, Stellenwert der Lateinkenntnisse, Auswahl lateinischer Lektüren, Erscheinungsformen des *amor* behandeln.

Im Original könnte man jedoch im Italienischunterricht die vier Strophen in *ottava rima* des *Cantare di Fiorio e Biancifiore* lesen, die ins dritte Jahrzehnt des 14. Jahrhunderts gehören und die sprachlich nicht anspruchsvoll sind (vv. 1-32; Sapegno 1952, 810-811):

Dopo che furo cresciuti e allevati,	Nachdem sie herangewachsen und erzogen waren
e dodici anni ciascheduno avea,	und beide zwölf Jahre alt waren,
erano tanto insieme innamorati	waren sie so sehr ineinander verliebt,
ch' un sanza l'altro istare non potea.	dass keiner ohne den anderen sein konnte.
Tanto erano belli e dilicati	Sie waren so schön und zierlich,
che in questo mondo pari non avea.	dass es nichts Vergleichbares in dieser Welt gab.
Lo re Felice forte se pregiava	König Felice pries es sehr,
che l'un con l'altro si forte s'amava.	dass einer den anderen so sehr liebte.
Quando il gargion fue grande da imparare,	Als der Junge groß genug war, um zu lernen,
lo re gli disse: «Dolze figliuol mio,	sagte der König zu ihm: «Mein lieber Sohn,
io ti voglio a leggere mandare»,	ich will dich zum Leseunterricht schicken»,
e Fiorio disse: «Dolze padre mio,	und Florio sagte: «Mein lieber Vater,
a leggere niente voglio andare,	ich will überhaupt nicht zum Leseunterricht gehen,
se non vi mandi quella ch'io disio».	wenn du nicht auch die dahin schickst, die ich mag».
Lo padre disse: «Figliuol, volentieri»,	Der Vater sagte: «Mein Sohn, gerne»,
e fece rider donne e cavalieri.	und brachte die Damen und die Ritter zum Lachen.
E a leggere Fiorio fu mandato	Zum Leseunterricht wurde Fiorio geschickt
e Biancifior con lui insiememente;	und zugleich mit ihm Biancifiore;
e lo maestro molto n'è pregato	und der Lehrmeister wurde sehr gelobt
dalli baron dello re spessamente	von den Baronen des Königs
e dallo re molto è appresentato	und vom König wurde er mit Geschenken überhäuft,
perché insegnasse loro veramente;	damit er ihnen einen guten Unterricht erteile;
e lo maestro gl'insegna volontiero,	der Lehrmeister unterrichtete sie gerne,
e tostamente lesser lo saltero.	und bald lasen sie das Psalmenbuch.
E poi lesson lo libro dell'amore,	Und dann lasen sie das Buch der Liebe,
che li facea leggendo innamorare	das sie beim Lesen verliebt machte
e dava lor di tal ferite al core	und das ihnen solche Herzschmerzen zufügte,
che spesse volte i facea sospirare;	dass sie oftmals seufzen mussten;
e Fiorio riguardava Biancifiore	und Fiorio blickte Biancifiore an,
di lei non si potea saziare;	er konnte sich an ihr nicht satt sehen;
e lo maestro se ne fu accorto,	der Lehrmeister bemerkte das schnell,
al re Felice n'andò molto tosto.	und er ging sehr bald zum König Felice.

In dieser relativ kurzen italienischen Fassung sind alle Ingredienzen vorhanden, die wir erwarten, wenn Mann und Frau zusammen lesen: Fiorio und Biancifiore sind schon vor den Lesestunden bei einem Lehrmeister so ineinander verliebt ([3] *erano tanto insieme innamorati*), dass die Hofgesellschaft beim Gedanken, dass sie zusammen unterrichtet werden sollen, lachen muss ([16] *fece rider donne e cavalieri*), die beiden werden gemeinsam, *insiememente* [18], im Privatunterricht, also ohne dass weitere Personen anwesend wären, von einem *maestro* unterrichtet, Fiorio ist überwältigt vom Anblick Biancifiores ([29/30] *e Fiorio riguardava Biancifiore, di lei non si potea saziare*), und die Lektüre des *libro dell'amore* [25], also von Ovids *ars amandi*, verhilft der Liebe zum Durchbruch – immerhin, nachdem zuvor das heilige Buch der Psalmen ([25]

saltero), das nur in dieser Fassung erwähnt wird, Gegenstand des Unterrichts war. Ein typisch italienischer Zug ist vielleicht die überwältigende Wirkung, die das Betrachten von Biancifiores Schönheit auf Fiorio ausübt: Anregende Lektüre von Ovid mag die Liebesgefühle verstärken, aber in der berühmten *tenzone* der *Scuola Siciliana*, in der es um die Frage geht, was Liebe sei, schreibt Giacomo da Lentini, dass die Liebe, die einen mit Macht bezwingt, aus dem Anblicken mit den Augen entstehe (*quell'amor che stringe con furore | da la vista de li occhi ha nascimento*).

6. Musiklehrer und Schülerinnen im 17. bis 19. Jahrhundert

Die Tradition der Beschreibung einer liebesträchtigen Situation, in der sich eine Frau und ein Mann bei gemeinsamer Lektüre eines Textes näherkommen, endet mit einem medialen Bruch am Übergang des Mittelalters zur Neuzeit, weil sich einfach die Lesegewohnheiten ändern: Mit der Erfindung des gedruckten Buches, das ja einheitlichere Buchstabenformen, höhere Konsequenz in der Satzzeichensetzung und Abschnittmarkierungen mit sich brachte, bricht die Tradition des gemeinsamen Lesens ab, und Lektüre erfolgt jetzt still und einsam. Ein gewisses Nachspiel hat die gemischtgeschlechtliche Beschäftigung mit einer Vorlage noch im Musikunterricht, den man vornehmen jungen Mädchen vom 17. bis zum 19. Jahrhundert angedeihen ließ, wobei hier literarisch eher der komische Aspekt hervorgekehrt wird: Der Musiklehrer wird als borniter Schulmeister, als *pédant,* dargestellt, und er wird von einer aristokratischen Gesellschaft, die für ihren Lebensunterhalt nicht arbeiten muss, dafür bezahlt, dass er in einer untergeordneten Position mit seinem Talent seinen Lebensunterhalt verdient. Im komödiantischen Ambiente schlüpft der Liebhaber einer jungen Frau gerne in die Rolle eines Musiklehrers, um seiner Schülerin nahe zu sein oder unauffällig mit ihr zu sprechen. Ganz typisch ist hier die dritte Szene des zweiten Aktes des *Barbiere di Siviglia* von Gioacchino Rossini, wo der Conte Almaviva den Musiklehrer Don Basilio vertritt, um in Anwesenheit des misstrauischen Dottor Bartolo, der sein Mündel Rosina heiraten möchte, mit seiner Angebeteten einen musikalischen Liebesdialog auszutauschen. Die Situation ist sozusagen die Übertragung der mittelalterlichen Gegebenheit – zwei Personen rezitieren gemeinsam aus einer Vorlage – auf die Neuzeit, wo zwei Personen normalerweise nicht zusammen aus einem Buch lesen, wohl aber eine gemeinsame Notenvorlage benutzen. Wichtiger als das Zusammensein über einem Text ist aber der Inhalt des Textes, der in der Neuzeit die entscheidende Rolle spielt.

7. Gustave Flaubert und *Mme Bovary*

Im Titel hatte ich ein französisches Nachspiel aus dem 19. Jahrhundert versprochen. Das bietet mir Gustave Flaubert (1821-1880) mit seiner *Mme Bovary* (1856/1857). Als Mädchen hatte Emma Rouault, die spätere Mme Bovary, den 1787 erschienenen berühmten Roman *Paul et Virginie* von Jacques-Henri Bernardin de St. Pierre (1737-1814) verschlungen, der die schwül-stickige Atmosphäre der Insel Mauritius in einer ebenso schwül-stickigen Schreibart wiedergab, und als sie zur Erziehung ins Kloster gegeben wurde, las sie die frommen Biografien von Denis Frayssinous (1765-1841), Erzbischof von Rouen, und die romantischen Lebensbeschreibungen frommer und zugleich heldischer Frauen wie Jeanne d'Arc, Héloïse oder Agnès Sorel, aber vor allem erfreute sie sich an den schwülstigen Romanen, die eine *vieille fille* aus einer *ancienne famille de gentilshommes ruinés sous la Révolution* ihr auslieh. Im 6. Kapitel des 1. Teils werden die Personen beschrieben, die für Mme Bovary den Inbegriff des leidenschaftlich-luxuriösen Lebens ausmachen:

> Ce n'étaient qu'amours, amants, amantes, dames persécutées s'évanouissant dans des pavillons solitaires, postillons qu'on tue à tous les relais, chevaux qu'on crève à toutes les pages, forêts sombres, troubles du cœur, serments, sanglots, larmes et baisers, nacelles au clair de la lune, rossignols dans les bosquets, *messieurs* braves comme des lions, doux comme des agneaux, vertueux comme on ne l'est pas, toujours bien mis, et qui pleurent comme des urnes.

Das Leben der erwachsenen Mme Bovary scheitert daran, dass sie als Frau des provinziellen und langweiligen Landarztes auf ein Leben in romantischen Diealen hofft, die sie aus den Romanen kannte; diese Hoffnung muss an den Realitäten des Alltags scheitern.

Flaubert reduziert die Rolle der Literatur also auf den Inhalt: Mme Bovary hat von romantischer Liebe gelesen und will diese in ihrem Leben erleben, sie will also wie Cervantes' *Don Quijote* aus der Fiktion Realität werden lassen, banaler gesagt: Hochfliegende Geschichten wiederholen sich nicht im spießbürgerlichen Rouen. Der Inhalt der Bücher ist einer überspitzten Romantik verpflichtet, die banale Realität funktioniert aber nach anderen Gesetzmäßigkeiten, und in diesem Gegensatz können Frauen zugrunde gehen.

8. Schluss

Wir haben verfolgt, wie die schriftliche Fixierung von Liebe Einfluss auf die Liebe selbst nehmen kann: Kydippe kann der Liebe zu Akontios nicht entrinnen, weil sie vor Artemis einen schriftlichen Liebeseid vorgelesen hat – *scripta manent*. Im Mittelalter liest man gemeinsam mit lauter Stimme, und wenn Frauen und Männer das zusammen tun, kann die literarische Liebe auf dem Papier zur tatsächlichen Liebe in der Realität werden; das geschah Abaelard und Héloïse sowie Francesca da Rimini und Paolo Malatesta in der historischen Realität, Floris und Blancheflor in der dichterischen Fiktion, aber in allen drei Fällen spielt weniger der Inhalt des gelesenen Textes als vielmehr das körperliche Zusammensein bei der Lektüre die Hauptrolle. In der Neuzeit, als man gelernt hatte, einsam und leise zu lesen, tritt dieser Faktor zurück, während der Inhalt der Lektüre in den Vordergrund tritt: Man wünscht sich, dass die Fiktion des Buches zur gelebten Realität werden möge. Dafür kann man viele Beispiele nennen, und natürlich lässt einen Flauberts *Mme Bovary* an Theodor Fontanes *Effi Briest* denken; aber das ist ein weites Feld, auf das ich als klassischer Philologe und Romanist nicht eingehen kann und will.

Bibliografie:

CALLIMACHUS. ed. Rudolfus Pfeiffer. 1949. Vol. I: *Fragmenta*. Oxford: Clarendon Press.
CONTE DE FLOIRE ET BLANCHEFLOR. ed. Eliane Kolmerschlag. 1995. Interpretation und Übersetzung. Frankfurt et al.: Peter Lang.
Felice, Emidio de & Duro, Aldo. 1975. *Dizionario della lingua e della civiltà italiana contemporanea* Firenze: Palumbo.
FLOIRE ET BLANCHEFLOR. ed. Suzanne Hannedouche. 1971. Traduction en français moderne. Narbonne: Cahiers d'Études Cathares.

FLOIRE ET BLANCHEFLOR. ed. Fabienne Daumas. 1986. Adaptation en français moderne et présentation. Paris: Larousse.
HUNGER, Herbert. 1959. *Lexikon der griechischen und römischen Mythologie*. Wien: Hollinek.
Krüger, Felicitas. ed. 1938. *Li romanz de Floire et Blancheflor in beiden Fassungen nach allen Handschriften mit Einleitung, Namenverzeichnis und Glossar neu herausgegeben*. Berlin: Matthiesen.
POETI MINORI DEL TRECENTO. ed. Natalino Sapegno. 1952. Milano & Napoli: Riccardo Ricciardi.
SUETONIUS TRANQUILLUS, GAIUS. ed. Hans Martinet. 1997. *Die Kaiserviten / De vita Caesarum. Berühmte Männer / De viris illustribus*. Düsseldorf & Zürich: Artemis & Winkler.
THOMAS, Rudolf. 1980. *Petrus Abaelardus (1049-1142). Person, Werk und Wirkung*. Trier: Paulinus.

Iphigenie in Orem und in Aulis
Neil LaBute, Aischylos und Euripides
Kurt Roeske (Ober-Olm)

Wenn die gepriesene Harmonie der Welt, das Weltfinale durch die Qual eines einzigen schuldlos gemarterten Kindes erkauft werden muss, dann ist sie nichts wert.

F. M. Dostojewski

Ein modernes englisches Drama wird mit zwei griechischen Dramen des 5. Jahrhunderts v. Chr. verglichen. Der Vergleich konfrontiert die moderne Welt der Ereignisse, die ohne metaphysischen Bezug, ohne die Gewissheit einer sinnstiftenden Instanz auskommt, mit der Welt der Antike, in der eine göttliche Instanz Sinn stiftet, indem sie Fehlverhalten straft.

1. LaBute

Neil LaBute ist ein amerikanischer Dramatiker. Er wurde 1963 geboren. 1999 ist die Trilogie „Bash", deren erstes Stück den Titel „Iphigenia in Orem" trägt, in New York uraufgeführt worden. 2001 erlebte Hamburg die deutsche Erstaufführung. In allen drei Stücken geht es um Mord. Durchschnittsmenschen begehen ihn und erzählen davon, einfach so, als wäre nichts Besonderes geschehen.

Der Ort der Handlung der ersten Geschichte ist Orem, eine kleine Stadt in den USA, südlich von Salt Lake City. Der Erzähler arbeitet als Angestellter im mittleren Management einer Firma. Er erzählt: Im Beruf herrscht Stress, ein Überlebenskampf. Er ist verheiratet. Vor einigen Jahren hat er ein Kind verloren, ein Mädchen, Emma, 5 Jahre alt. Das Ehepaar hat noch drei Kinder, zwei ältere Schulkinder und ein Baby. Eines Tages beauftragt ihn seine Frau, auf das Baby aufzupassen. Es liegt im Nebenzimmer. Seine Frau und seine Schwiegermutter verlassen das Haus. Als sie zurückkehren, ist das Kind tot, erstickt, es hat sich in der Decke verheddert.

Die Mordkommission ermittelt: Es fällt ihr auf, dass das Kind sehr weit unten liegt, falsch herum. Sie zweifelt daran, dass es eines natürlichen Todes gestorben ist. Die Polizei nimmt das tote Kind mit, es soll obduziert werden. Ergebnis: Es gibt keine Verdachtsmomente. Neun Monate später wird Joe geboren. Das Leben geht weiter.

Rückblende: Die Firma war gerade übernommen worden. Vier Personen der Abteilung, in der der Erzähler arbeitete, sollten entlassen werden. Drei standen fest. Jetzt ging es nur noch um ihn und eine Frau. Sie war tüchtig und erfolgreich. Das Verhältnis zwischen beiden war gespannt. Am Morgen informiert ihn ein Freund, er habe gehört, dass er – der Erzähler – entlassen werde. Der Betroffene sieht seinen Lebensstandard, mehr noch, seine Existenz bedroht. Er hat Angst vor der Zukunft. Er hört das Kind im Nachbarzimmer schreien:

> Hear it. (BEAT) i wasn't asleep...i couldn't have been, i mean, i've tried to believe it, make myself believe it, too, but i wasn't, or i never would've heard her; the baby, emma, in the other room. as i was standing there i heard her cry out from inside the bedroom. i did ... (BEAT) when i got to the doorway she was already under the blankets, she was, i swear, under them and fighting to get out. it just reflexes, i guess, because she wasn't big enough to do anything about it, i mean, she'd just started to crawl a few weeks before that, and she was tiny for her age, the doctors said that ... but she'd managed to get herself down under that comforter. i rushed in there, to the edge of the carpet at the bedroom door and then, i don't know, something stopped me like some invisible force had reached out and took hold of the back of my shirt and yanked me to a halt ... i looked in at her again, the little yelp kind of coming up from her as she blundered around in there... it almost looked like when your puppy, as a kid, or the family cat, you know, would get put under the blankets for a laugh, it was like that. almost this little ... mound ... wandering around in there. it was nearly absurd, to walk in on something like this, i mean, you just could never been ready for a thing like that, and because of that, that specific part of it, the unreality ... i was able to make the decision, in that moment, standing there watching my daughter fight for her life, i made my decision. this is very hard to ... anyway, remember i said i hated to waste things? well, when i looked at it, i mean, rationally, for even half-a-second there in the hallway, i realized that's what this was, an opportunity. and i wasn't going to waste it ... (BEAT) so i – i'm just gonna say this, because it's a little ... so i went into the room and stood there by the bed, i stood there and pulled up the comforter by one corner and i saw her then. her little fine sandy hair and her ... i just kind of coaxed her down a bit. down a bit further with the edge of my foot, turned her a touch and down and then i dropped the covers back and walked out ... there was one little sound emma made, you could bearly hear it. but i just kept walking, back out to the loveseat, there in the family room, and layed down and made myself go to sleep. put a pillow over my head so i couldn't hear ... and drifted of.

Ich höre sie. (Pause). Ich hab nicht geschlafen. Ich konnte nicht, ich meine, ich hab versucht, zu glauben, dass ich geschlafen habe, ich hab versucht, mich zu zwingen, es zu glauben. Aber ich hab nicht geschlafen, sonst hätte ich sie ja nicht gehört. Das kleine Baby, Emma, im anderen Zimmer. Als ich dastand, hörte ich sie schreien, da drinnen, im Schlafzimmer, ja, wirklich. (Pause). Als ich an der Tür war, da war sie schon unter der Decke, sie war drunter, ich schwör's, und wollte sich freistrampeln. Das sind, glaub ich, nur Reflexe, sie war ja noch gar nicht groß genug, um so etwas fertigzubringen. Ich meine, sie hatte ja gerade erst angefangen zu krabbeln, vor ein paar Wochen, und sie war zart für ihr Alter, sagten die Ärzte. Aber immerhin: Sie hatte es fertiggebracht, unter die Tagesdecke zu kommen. Ich ging schnell hinein, bis zum Teppichrand an der Schlafzimmertür, und dann, ich weiß nicht, wie, hielt mich etwas zurück. Es hielt mich zurück, als wenn eine unsichtbare Kraft die Hand nach mir ausstreckt, mich von hinten am Hemd packt und mich stoppt. Ich habe nochmal zu ihr hingeguckt, nach dem zarten Wimmern, das man von ihr hörte, als sie da so strampelte. Es sah fast so aus, wie man als Kind den kleinen Hund oder die Familienkatze, Sie kennen das sicher, unter die Decke gesteckt hat, einfach zum Spaß, ja, so war es, beinahe, dieser kleine Hügel, der da unter der Decke herumwanderte, fast absurd, auf so etwas zu stoßen, ich meine, auf so etwas kann man ja nicht gefasst sein, und nur deswegen, wegen dieser Merkwürdigkeit, dieser Unwirklichkeit, konnte ich einen Entschluss fassen. In dem Augenblick, als ich dastand und beobachtete, wie meine Tochter um ihr Leben kämpfte, fasste ich meinen Entschluss, es ist ziemlich schwer, es zu ... Wie auch immer, erinnern Sie sich noch, wie ich sagte, dass ich es hasse, etwas zu verschwenden, eine Gelegenheit nicht zu nutzen? Na ja, als ich die Sache betrachtete, ich meine, vernünftig durchdachte, da wurde mir im Bruchteil einer Sekunde klar, dort im Flur, dass es das war, was es war, nämlich eine günstige Gelegenheit, und es kam mir nicht in den Sinn, sie nicht zu nutzen. (Pause). Und so – ich will das jetzt nicht sagen, denn es ist ein bisschen ... – also, ich bin in das Zimmer gegangen, und dann stand ich am Bett, und ich stand da und heb die Tagesdecke an einer Ecke hoch, und in dem Augenblick sah ich sie, ihre kleinen zarten blonden Härchen, und sah sie in dem Augenblick und schubste sie sachte ein wenig drunter, und mit der Fußspitze noch ein bisschen weiter drunter, drehte sie etwas um und drunter, ließ die Decke fallen und ging dann raus ... Emma gab noch einen letzten schwachen Laut von sich, kaum hörbar. Aber ich ging weiter, zurück zu meinem Sessel im Wohnzimmer, legte mich hin und zwang mich, einzuschlafen, zog ein Kissen über meinen Kopf, damit ich nichts hören konnte, und dann war ich weg.

Er rettet seinen Job. Er überlegt: Ist nicht das Schicksal schuld? Es wäre anders gekommen, wären die beiden Frauen etwas früher zurückgekehrt, hätte das Kind nicht geweint, hätte er fest geschlafen.

Sechs Monate später erfährt er, dass der Freund ihm mit dem Anruf nur einen Streich habe spielen wollen. Er habe ihn nur über das Wochenende verunsichern, am Montag aufklären wollen. Das Kind ist umsonst getötet worden, jedenfalls zu früh, über die Entlassung war noch nicht entschieden worden.

Interpretation: Der namenlose Mann, der seine Entlassung fürchtet, ergreift eine Gelegenheit, die sich ihm bietet, um sich gegenüber der Konkurrentin einen Vorteil zu verschaffen, einen Mitleidsbonus. Er weiß, was er tut, über die unsichtbare Kraft, die Hand, die nach ihm greift und ihn stoppen will, macht er sich keine Gedanken. Er handelt in vollem Bewusstsein, er ist ohne Einschränkung verantwortlich. Er beruhigt sein Gewissen, indem er auf das Schicksal verweist. Er empfindet keine Skrupel. Er bereut nichts.

Das Leben nimmt seinen gewohnten Gang, es belohnt ihn mit einem Kind, das neun Monate später geboren wird. Seine Frau ist und bleibt ahnungslos. Es geht dem Mann um seine Arbeit, seinen Lebensstandard, seine Karriere. Niemand treibt ihn zu der Tat. Er begeht das perfekte Verbrechen. Die Tat bleibt ungesühnt.

Das neu geborene Kind ersetzt das verstorbene. Ein Menschenleben ist ersetzbar, zählt nicht. Ein Mensch wird instrumentalisiert, in den Dienst des eigenen Nutzens gestellt. Der Täter ist und bleibt der nette Nachbar von nebenan.

2. Aischylos: Agamemnon

Der Text: „Agamemnon" ist der Titel des ersten Stücks einer Trilogie, der „Orestie" des Aischylos, die im Jahr 458 v. Chr. in Athen aufgeführt worden ist. Aischylos stammte aus Eleusis und lebte von 525/24 bis 456/55 v. Chr.

Agamemnon, der König von Argos, wird in seiner Heimat zurückerwartet. Er war der Führer des Heereszuges gegen Troja. Die Griechen haben gesiegt.

Der Chor, alte Männer, die nicht mehr kriegstauglich waren, blickt auf die Anfänge zurück. Die Flotte ankerte im Hafen von Aulis an der Ostküste von Euböa. Nordwinde verhinderten die Ausfahrt. Der Seher Kalchas wusste Rat: Die Göttin Artemis müsse durch das Opfer Iphigenies, der Tochter Agamemnons, versöhnt werden. Nur so könne eine Schuld Agamemnons gesühnt werden.

Ein Chor gehört zu jeder Tragödie. Er ist eines der Elemente, aus denen sich die Tragödie entwickelt hat, wohl ursprünglich der Gemeindechor. Er ist Mitspieler, nicht Mithandelnder. Er kommentiert das Geschehen.

Winde wehten vom Strymon her, hinderten die Ausfahrt,
brachten Hunger und brachten Gefahr für die ankernde Flotte,
schürten Angst, schonten nicht Schiffe und Tauwerk,
dehnten die Zeit und rieben durch die Leere die junge argeische Mannschaft auf.
Der Seher nannte ein Mittel, das für die Heerführer drückender war
als der schlimme Sturm, und er verwies auf Artemis.
Da schlugen die Atriden mit ihren Herrscherstäben die Erde und weinten.
Agamemnon, der Ältere, sagte:
Ein schweres Vergehen ist es, nicht zu gehorchen,
ein schweres, mein Kind zu töten, die Zierde des Hauses,
die Vaterhände am Altar zu beflecken mit dem strömenden Blut des Mädchens.
Was ist ohne Leid, ohne Übel?
Wie soll ich die Schiffe verlassen, die versammelte Streitmacht verraten?
In heftigem Begehren drängt es mich voll Eifer
zu dem windstillenden Opfertod des Mädchens.
Er ist gerechtfertigt. Er möge alles zum Guten wenden.
Als er sich unter das Joch der Notwendigkeit gebeugt,
als sich sein Sinn ins Gottlose, Unreine, Unheilige gewandelt hatte,
beschloss er, alles zu wagen.
Denn die Menschen macht unselige, Schlimmes ratende Verblendung tollkühn,
der Ursprung des Leids.
Er nahm es auf sich, die Tochter zu opfern
für den Krieg um ein Weib, für die Ausfahrt der Schiffe.
Die Bitten, die Rufe nach dem Vater, das junge Leben
galten nichts den kampfgierigen Feldherrn.
Der Vater sprach das Gebet, dann befahl er den Dienern,
das Mädchen, ohne zu zögern, wie eine Ziege, in Tücher gehüllt,
kopfüber auf den Altar zu heben,
den schönen Mund mit einem Knebel daran zu hindern, dem Haus zu fluchen,
es zu zügeln mit Kraft und stummer Gewalt.
Ihr safranfarbiges Gewand glitt zu Boden.
Sie bat die Priester mit dem Blick ihrer Augen um Mitleid.
Sie glich einem stummen Bild. Sie wollte sprechen,
hatte sie doch oft im Speisesaal des Vaters gesungen,
als Mädchen dem Vater zuliebe mit reiner Stimme beim Spendenguss
den glückverheißenden Paian gesungen. (VV. 192-247)

Interpretation: Das Geschehen wird doppelt bewertet, subjektiv von Agamemnon und objektiv von außen, vom Chor. Agamemnon sieht sich in einer Zwangslage. Wie er sich auch entscheidet, er wird schuldig. In dieser Situation drängt es ihn, die Tochter zu töten. Der Impuls gilt ihm als ein Zeichen dafür, dass er richtig handelt.

Der Chor verurteilt ihn. Die Tat war „gottlos, unrein, unheilig". Agamemnon und sein Bruder sind „kampfgierig". Sie morden das Mädchen „um des Krieges und eines Weibes willen". Die Opferhandlung ist blasphemisch. In der Art, wie sie mitleidlos vollzogen wird, wird die Grausamkeit der Täter offensichtlich. Der Chor erkennt das Dilemma nicht an. Agamemnon hätte sich gegen den Krieg entscheiden müssen.

Für Agamemnon steht mehr auf dem Spiel als für den namenlosen Erzähler LaButes. Von seiner Entscheidung ist ein ganzes Heer betroffen, das Opfer des Mädchens vollzieht sich im öffentlichen Raum. Und trotzdem gilt das vernichtende Urteil des Chors.

Klytaimestra tötet ihren heimkehrenden Ehemann Agamemnon, der, wie sie zur Begründung sagt,

> so ohne Zögern seine Tochter opferte,
> als ginge es nur um den Tod von einem Lamm.
> Es gibt auf reichen Feldern viele von der Art.
> Es war mein liebes Kind, das er geopfert hat,
> damit der Wind nicht weht, der aus dem Norden kommt.   (VV. 1415-1418)

Klytaimestra rächt ihre Tochter und wird dafür später auch mit dem Leben bezahlen. Agamemnon handelt wie der Mann bei LaBute, aber er kommt nicht wie dieser mit dem Leben davon.

3. Euripides: Iphigenie in Aulis

Der Text: Euripides gehört mit Aischylos und Sophokles zu den bedeutenden Tragödiendichtern des 5. Jahrhunderts v. Chr. Er ist der jüngste. Er hat von ca. 480 bis 406 gelebt. Er war Athener. Die „Iphigenie in Aulis" ist postum aufgeführt worden. Entscheidet sich Agamemnon bei Aischylos schnell und ohne Skrupel, so durchlebt er bei Euripides den Konflikt zwischen seiner Rolle als Vater und als Feldherr. Agamemnon schildert die Situation in Aulis:

> Versammelt ist das Heer, zum Kampf bereit,
> und wir verharren hier in Aulis, denn es weht kein Wind.
> Wir wissen keinen Rat. Da weissagt Kalchas uns,
> der Seher, dass wir Iphigenie, mein Kind,
> der Artemis, die diese Ebene bewohnt,
> zum Opfer bringen sollen. Dann verheißt er guten Wind.

> Und Sieg verheißt er über Troja. Doch es wird uns nichts
> zuteil, verweigern wir uns dem Gebot.
> Als ich das hörte, gab ich dem Talthybios sogleich
> den Auftrag, dass er klar und laut befiehlt,
> das ganze Heer nach Hause zu entlassen, da ich keinesfalls
> der Mörder meiner Tochter werden will. Jedoch
> mein Bruder hat es dann geschafft, dass ich mich überreden ließ.
> Ich bat in einem Brief an meine Frau, der gut versiegelt war,
> die Tochter herzusenden, dass sie hier
> Achilleus' Frau wird. Seinen Ruhm
> und seine Leistung habe ich gepriesen und hinzugefügt,
> er folge den Achäern nicht,
> wenn er nicht eine Frau von uns nach Phthia bringen kann.
> Ich überzeugte meine Frau, indem ich sie belog
> mit einem falschen Hochzeitsfest. Dass ich sie so betrog,
> das wissen außer mir nur Kalchas und Odysseus und mein Bruder, nur wir vier.
> Das war nicht gut, was ich entschied,
> und deshalb schreibe ich nun einen besseren Entschluss
> in diesen Brief, den ich in dunkler Nacht
> entsiegelt und dann wiederum
> gesiegelt habe, wie du es gesehen hast, mein alter Freund.
> Nun also nimm den Brief und bringe ihn
> nach Argos. (VV. 87-112)

Talthybios ist der Herold, Phthia ist die Heimat des Achilleus. Dieser Agamemnon weiß sofort, dass nichts den Frevel rechtfertigt, die Ehefrau zu belügen und zu betrügen, nichts, die eigene Tochter zu töten. Aber er ist – anders als bei LaBute – nicht allein. Sein Bruder gewinnt Einfluss auf ihn und überredet ihn, seinen Entschluss zu revidieren.

Dann kehrt er aber zu seiner ersten Entscheidung zurück. Sie war die bessere. Er war, sagt er ein wenig später, nicht bei Verstand, als er sich seinem Bruder fügte. Dass ihn die Weigerung, Iphigenie zu opfern, ins Unglück stürzen wird, weiß er (VV. 136/37). Anders als der Erzähler bei LaBute und anders als der Agamemnon des Aischylos entscheidet er sich gegen die Karriere, gegen Ruhm und Ehre.

Menelaos fängt den Boten ab, entreißt ihm den Brief, entsiegelt und liest ihn. Er stellt Agamemnon zur Rede:

> Als mit dir das Heer der Griechen hier nach Aulis kam,
> warst du ein Niemand, fassungslos durch göttliches Geschick,
> weil dir Wind zur Ausfahrt fehlte. Und die Griechen forderten,

alle Schiffe zu entlassen, sich in Aulis nicht umsonst
abzumühen. Wie enttäuscht warst du, wie elend war dein Blick,
wenn du nicht, der Herr von tausend Schiffen, mit dem Heer
in das Land der Troer einfällst. Du riefst mich,
fragtest mich, welchen Ausweg ich dir finde und woher
Hilfe kommen kann, dass du nicht dein Amt verlierst
und den schönen Ruhm. Als Kalchas dann im göttlichen Bezirk dir riet,
der Artemis dein Kind zu opfern, und der Flotte gute Fahrt verhieß,
warst du glücklich, wolltest gern das Opfer bringen. Und du schickst
ohne Zwang, von dir aus – stelle es nicht anders dar –,
einen Brief an deine Frau und bittest sie, dein Kind
herzuschicken, vorgeblich, sie werde des Achilleus Braut.
Doch jetzt denkst du anders, bist ertappt, wie du ein neues Schreiben schickst:
Mörder deiner Tochter willst du nicht mehr sein.
Gut, doch ist es noch derselbe Himmel, der das,
was du damals sagtest, weiß. ...
Ich beklage sehr das arme Griechenland,
das, obwohl es etwas Großes tun will,
ablässt von den Gegnern, den Barbaren, Menschen ohne Wert, die uns
höhnisch verlachen. Und dafür trägst du mit deinem Kind die Schuld.

(VV. 345-360. 365-367)

Interpretation: Bei LaBute folgt auf die Verhüllung, in der die Unschuld des Mannes erwiesen zu sein scheint, die Enthüllung, in der der Erzähler den tatsächlichen Tathergang schildert. Hier ist es umgekehrt. Der Verhüllung Agamemnons folgt die Enthüllung durch Menelaos.

Agamemnon hätte den Heereszug ohne Ehrverlust abbrechen können. Eitelkeit und Ruhmsucht haben ihn daran gehindert. Als Kalchas das Opfer Iphigenies forderte, war er sofort und freudig dazu bereit, sie um seiner Karriere willen zu töten, nicht anders als der Agamemnon des Aischylos. Er belügt sich selbst, wenn er von Beginn an gegen das Opfer gewesen sein will und es so darstellt, als habe erst der Bruder ihn überredet. In dem Selbstbetrug offenbart er, dass er sehr wohl weiß, wie frevelhaft die Ermordung seiner Tochter ist.

Als er schließlich bereut und seinen Entschluss revidiert, da ist es Menelaos, der ihn des Verrats an der großen Sache der Griechen beschuldigt. Aber Agamemnon entgegnet:

Meine Tochter werde ich nicht töten, nicht dein schlechtes Weib
strafen gegen alles Recht und zum Gewinn für dich,
während mir die Tränen fließen Tag und Nacht,
weil ich frevelte an meinem Kind und Unrecht tat.

(VV. 392-395)

Das schlechte Weib ist Helena, die der trojanische Prinz Paris aus Sparta entführt hat. Um ihretwillen wird der Krieg geführt.

Es ist die Tragik des Agamemnon, dass die Reue zu spät kommt: Klytaimestra und Iphigenie treffen im Lager ein. Damit ist das, was bisher eine Sache von vier Männern war, zu einer Angelegenheit der Öffentlichkeit geworden. Nun ist erneut eine Zwangslage entstanden, die eine Entscheidung erfordert. Ist der Verzicht auf das Opfer noch möglich? Agamemnon glaubt, in das Netz eines Daimons verstrickt zu sein (VV. 443/44). Selbst als der Bruder einlenkt, wähnt er sich dem Schicksal willenlos ausgeliefert: Kalchas, Odysseus – sie werden es nicht hinnehmen, dass das Heer entlassen und nachhause geschickt wird. In dieser Situation flüchtet er sich in die Vorstellung, Iphigenie sterbe für das Recht, für die Freiheit Griechenlands. Er schlüpft in die Opferrolle.

Iphigenie übernimmt die Rechtfertigung ihres Vaters und geht freiwillig in den Tod. Am Schluss berichtet ein Bote von der wunderbaren Rettung. Artemis hat es so gefügt, dass an ihrer Stelle ein Tieropfer dargebracht worden ist. Das Heer rüstet sich zur Abfahrt.

Artemis ist die Göttin der Natur und der Jagd. Sie wird von den Frauen bei der Geburt angerufen, und sie bringt mit ihren Pfeilen den Tod. Ursprünglich wird der Mythos von der Entführung der Iphigenie in ein anderes Land vielleicht den schmerzlosen Tod gemeint haben.

Euripides und LaBute

Ein Mensch stirbt durch einen Menschen, durch den Vater, dort ein Kind, hier ein junges heiratsfähiges Mädchen. Die Väter sind Mörder, sie töten um ihrer Karriere willen, und sie tun es mit Erfolg.

Sie entscheiden sich spontan. Der moderne Vater setzt die Entscheidung sogleich in die Tat um, und er hat keine Skrupel, der euripideische Vater hat Zeit nachzudenken. Er bereut, aber zu spät. Er sucht und findet eine Rechtfertigung. Er verleiht dem Tod seiner Tochter einen Sinn jenseits seiner persönlichen Interessen. Im Gegensatz dazu hat LaButes Mann sein Kind möglicherweise umsonst getötet.

Bei LaBute wird das tote Kind durch ein neu geborenes ersetzt, Iphigenie wird gerettet. Aber: Für LaButes Vater geht das Leben folgenlos weiter, Agamemnon wird seine Tat büßen: Klytaimestra droht ihm einen Empfang an, wie er ihn verdient hat:

> Er hat mit List gehandelt, feige und des Atreus unwürdig. (V. 1457)

Der Tod der Iphigenie war durch den Mythos vorgegeben, nicht aber die Gedanken, Motive und Verfahren derer, die ihn herbeiführen. Agamemnon versagt als Feldherr und Vater gleichermaßen.

Im antiken Drama geht es um Schuld und Sühne, im modernen Stück weder um Schuld noch um Sühne. Im antiken Drama wirkt eine sinnstiftende Instanz, im modernen Stück die Polizei, aber sie vermag die Balance zwischen Tat und Sühne nicht herzustellen. Menschen irren, Götter nicht. In LaButes Welt gibt es keinen Gott. Wird er vermisst?

Der Tod für das Vaterland –
Zwei Gefallenenreden: Perikles und Abraham Lincoln
Kurt Roeske (Ober-Olm)

1. Die Gefallenenrede des Perikles

431 v. Chr. war der Krieg zwischen den mächtigsten Stadtstaaten der damaligen griechischen Welt ausgebrochen, zwischen Athen und Sparta. Ein Jahr später hielt Perikles eine Rede zu Ehren der Gefallenen des ersten Kriegsjahres. Es war üblich, die Toten nach Athen zu überführen und sie in einem Staatsgrab beizusetzen. Auf dem im Töpferviertel, dem Kerameikos, gelegenen Friedhof war ein Teil für Staatsgräber reserviert. Hier sprach Perikles. Er war für diese Aufgabe gewählt worden. Seit mehr als 30 Jahren bestimmte er damals schon die Geschicke Athens. 429 starb er an einer Seuche, die man als Pest bezeichnete.

Wir lesen die Rede bei Thukydides, dem Autor der Geschichte dieses Peloponnesischen Krieges. Er hat sie etwa um 400 v. Chr. verfasst. Antike Historiker haben Reden niemals wörtlich überliefert. Selbst wenn sie es gekonnt hätten, hätten sie es nicht getan. Die Reden mussten in den Stil des Werks eingeschmolzen werden. Dabei sind die Autoren nicht willkürlich vorgegangen; sie haben sich vielmehr an bestimmte, von Thukydides formulierte methodische Vorgaben gehalten. Sie mussten die historische Situation analysieren und die politische Einstellung des Redners kennen. So wissen wir zwar nicht, was Perikles wirklich gesagt hat, dürfen aber davon ausgehen, dass der Historiker den Gesamtsinn der Rede richtig wiedergegeben hat.

Perikles beginnt mit einer den Regeln der antiken Rhetorik geschuldeten Reflexion über das Verhältnis des Redners zu den Hörern, des Wortes zur Tat. Dann gedenkt er der Vorfahren und preist sie für das, was sie geschaffen und den Nachgeborenen vererbt haben. Er fährt fort:

> Was die weitere Entwicklung der Macht angeht, so haben wir, die wir jetzt leben und so ziemlich im besten Mannesalter stehen, sie gemehrt. Wir haben die Stadt mit allem so ausgestattet, dass sie im Krieg und im Frieden völlig autark ist. Von unseren und unserer Väter Kriegstaten, durch die die Macht Schritt für Schritt erworben worden ist – sei es, dass wir oder unsere Väter den Angriff eines Barbaren oder eines Griechen mutig abgewehrt haben –, schweige ich. Ich will nicht weitschweifig über etwas sprechen, das

wir alle kennen. Mit welcher Lebenshaltung wir das erreicht haben und welchen Einrichtungen die Stadt ihre Größe verdankt, das will ich darlegen, bevor ich mich dem Preis der Gefallenen zuwende. Ich glaube, dass solche Worte in dieser Stunde nicht unangemessen sind und dass es für alle, die hier versammelt sind, Bürger und Fremde, nützlich ist, sie zu hören. (Buch 2, Kap. 36)

Die Polis Athen wird von ihren Bewohnern konstituiert. Sie hat keinen Bezug zu einer metaphysischen Instanz, von der sie Gesetze, Regeln, Werte empfängt. Ihr Ziel ist die Autarkie, und dieses Ziel hat sie in der perikleischen Gegenwart durch die Tapferkeit ihrer Bürger, durch die Lebenseinstellung ihrer Bewohner und durch die Art, wie sie verwaltet wird, erreicht.

Im Folgenden umreißt Perikles das Wesen der Demokratie:

> Die Verfassung, nach der wir leben, ahmt nicht die Gesetze anderer bewundernd nach, viel eher sind wir ein Vorbild für andere, als dass wir uns nach ihnen richten. Sie heißt ‚Demokratie', weil die Herrschaft nicht von wenigen ausgeübt wird, sondern von der Mehrheit der Bürger. Alle Bürger sind in ihren persönlichen Belangen vor dem Gesetz gleich. Im Hinblick auf die Stellung im öffentlichen Leben, die Wertschätzung, die jedem ihm zuteil wird, genießt niemand auf Grund seiner Herkunft im Gemeinwesen einen Vorteil. Nur die Verdienste zählen. Und es ist auch kein Hindernis, wenn jemand auf Grund seiner sozialen Stellung arm ist. Es kommt nur darauf an, dass er für die Stadt etwas zu leisten vermag. Durch Freiheit ist der Umgang gekennzeichnet, den wir als Bürger miteinander pflegen. Was den üblichen gegenseitigen Argwohn im täglichen Tun und Treiben angeht, so zürnen wir unserem Nachbarn nicht, wenn er einmal über die Stränge schlägt, und wir lassen ihn auch nicht unseren Ärger spüren, der, wenn er auch keinen Schaden anrichtet, so doch einen kränkenden Eindruck hinterlässt. Privat verkehren wir rücksichtsvoll miteinander, als Bürger des Staates orientieren wir uns an dem Achtung gebietenden Maßstab des Rechts, und wir tun das hauptsächlich aus frommer Scheu. Wir gehorchen den jeweiligen Amtsinhabern und den Gesetzen, in erster Linie denen, die zum Schutz derer erlassen sind, die Unrecht erleiden, und den ungeschriebenen, deren Übertretung nach allgemeinem Urteil Schande bringt. (Kap. 37)

Demokratie heißt, dass der Staat sich auf die Mehrheit stützt, dass er die öffentlichen Angelegenheiten nicht im Interesse einer Minderheit handhabt. Demokratie bedeutet Herrschaft der Mehrheit über die Minderheit. Demokratie ist ein Gegenbegriff zu Aristokratie oder Oligarchie, der Herrschaft einer Minderheit über die Mehrheit.

Die Demokratie ist gekennzeichnet durch die Chancengleichheit der Bürger und ihrer Gleichheit vor dem Gesetz (Isonomie). Über die Stellung des Bürgers im Staat entscheiden nicht Herkunft oder Besitz, sondern ausschlaggebend ist nur die Leistung.

Die Demokratie ist gekennzeichnet durch Freiheit. Freiheit heißt, dass ein jeder leben darf, wie er will, solange er die Freiheit der anderen achtet, den Anweisungen der jeweils gewählten Obrigkeit und den Bestimmungen der Gesetze folgt.

Die geschriebenen Gesetze haben insbesondere die Aufgabe, den Menschen zu ihrem Recht zu verhelfen, denen Unrecht zugefügt wird. Über die geschriebenen Gesetze hinaus erheben die ungeschriebenen Anspruch auf Geltung. Sie schreiben vor, sich Schwachen und Hilfsbedürftigen gegenüber rücksichtsvoll und mitmenschlich zu verhalten, Fremde zu achten, sich den Eltern gegenüber dankbar zu erweisen und die Toten zu ehren.

Herrschaft des Rechts im öffentlichen Raum und Mitmenschlichkeit im privaten Bereich kennzeichnen die Demokratie der Polis Athen. Sie hält die Mitte zwischen Tyrannei und willkürlicher Zügellosigkeit. Geht es dem Staat nach außen um Autarkie, so dient er im Innern dazu, jedem ein genussvolles Leben zu ermöglichen, das größtmögliche Glück der größtmöglichen Zahl zu verwirklichen. Den Zusammenhalt garantieren gemeinsame Feste und Riten. Nach dem, was ein jeder glaubt, wird nicht gefragt.

> Wir haben auch dafür gesorgt, dass unserem Geist sehr viele Möglichkeiten geboten werden, sich von den Mühen des Alltags zu erholen. Wir haben Wettkämpfe und religiöse Opferfeste begründet. Sie finden das ganze Jahr über statt. Unsere häuslichen Einrichtungen sind so prächtig, dass sie uns täglich erfreuen und Trübsal verscheuchen. Dank der Größe der Stadt strömt aus aller Welt alles zu uns herein, und wir können von uns behaupten, dass wir die Güter der anderen Menschen mit ebenso großem vertrauten Genuss ernten wie die eigenen. (Kap. 38)

Zum demokratischen Staat gehört, dass die Bürger über ein gewisses Maß an Bildung verfügen, die sie befähigt, an der Kultur, an Kunst, Wissenschaft und Dichtung teilzuhaben, und die sie in die Lage versetzt, Sachverhalte fundiert zu beurteilen. Die Demokratie beruht darauf, dass die Bürger selbst den Staat verwalten und gestalten. Voraussetzung dafür ist, dass sie zu allen Gremien und Ämtern wählbar sind.

> Wir lieben das Schöne und halten Maß, und wir lieben die Weisheit, ohne an Tatkraft einzubüßen. Des Reichtums bedienen wir uns als Mittel zur Tat, nicht, um in der Rede damit anzugeben. Es ist keine Schande, einzugestehen, dass man arm ist, vielmehr, der Armut nicht handelnd entkommen zu wollen. Dieselben Bürger kümmern sich in gleichem Maß um ihre privaten Angelegenheiten wie um die Belange des Staates. Sie sind, auch wenn sie anderen Beschäftigungen nachgehen, durchaus in der Lage, sich über die Probleme des Staates ein Urteil zu bilden. Nur wir betrachten einen, der sich um all das

nicht kümmert, nicht als einen Bürger, der seine Ruhe liebt, sondern als einen, der zu nichts nutze ist. (Kap. 40,1-2)

Perikles fährt fort, das Leben der Menschen in Athen zu charakterisieren und zu preisen. Dann leitet er über zu den Gefallenen selbst und zu den Hinterbliebenen.

> Für eine solche Stadt haben diese Männer in edler Gesinnung gekämpft, und für sie sind sie gefallen. Sie wollten sie nicht verlieren. Und unter den Überlebenden ist sicher niemand, der nicht bereit wäre, für sie Mühen auf sich zu nehmen. ... Gemeinsam haben sie ihr Leben geopfert. Für diesen Einsatz hat jeder Einzelne von ihnen die Anerkennung empfangen, die niemals altert, und das ausgezeichnetste Grab; ich meine nicht das, in dem sie liegen, sondern vielmehr jenes, in dem ihr Ruhm bei jeder Gelegenheit, die Anlass zum Reden oder Handeln bietet, weiterlebt. Denn hervorragenden Männern dient jedes Land als Grab. Nicht nur die Inschriften auf den Säulen in der Heimat halten das Andenken an sie wach, sondern auch in der Fremde wohnt unaufgeschrieben die Erinnerung an sie, an ihre Gesinnung noch mehr als an ihre Taten. Indem ihr ihnen nun nacheifert und davon überzeugt seid, dass Freiheit das Glück begründet, dass Freiheit aber Mut braucht, habt keine Angst vor den Gefahren des Krieges. (Kap. 41/43)

Am Schluss spricht Perikles den Eltern der Gefallenen, den Söhnen und Brüdern und den Frauen Trost und Mut zu. Er entlässt sie mit den Worten: „Und nun klagt, ein jeder um den, den er zu beklagen hat, und geht" (Kap. 46). Für eine solche Stadt lohnt es sich, zu kämpfen und das Leben aufs Spiel zu setzen. Für eine solche Stadt zu kämpfen, heißt zugleich, für das Glück, das jedem in ihr zuteil wird. Das Glück aber ist die Freiheit, die es jedem ermöglicht, seine Fähigkeiten bestmöglich zu entfalten und für die Gemeinschaft nutzbar zu machen. Freiheit kann es nur geben, wenn die Bereitschaft besteht, sich entschlossen für sie einzusetzen und sie zu verteidigen. Freiheit schließt die Verpflichtung ein, Verantwortung für die Gemeinschaft zu übernehmen. Aristoteles wird den Menschen ein *zoon politikon* nennen, ein auf die Polis bezogenes Wesen. Von einem *animal sociale* sprechen die Römer.

Der Tod der Gefallenen erfährt eine doppelte Sinngebung: Als Tod für die Polis und als ein individueller Tod. Das abgeschlossene Leben darf als geglückt angesehen werden, es verheißt Nachruhm. Die Demokratie ist eine Staatsform, die aus dem Bewusstsein erwächst, dass es kein Wissen gibt, aus dem politische Entscheidungen einfach abgeleitet werden können. Jede neue Situation erfordert erneutes Nachdenken, erneute Beratung. Demokratie ist eine Staatsform der Bescheidenheit und des Zweifels.

Die antike Demokratie ist in mehrfacher Hinsicht defizitär, wenn man sie an der modernen repräsentativen Demokratie misst:
- Es gibt keine formulierten, einklagbaren Menschenrechte.
- Es gibt keine Gewaltenteilung.
- Gleichheit und Freiheit beziehen sich nur auf die Bürger. Fremde, Frauen und Sklaven sind ausgeschlossen.
- Es gibt keine Minderheitenrechte. Die Minderheit muss sich dem Recht der Herrschenden, d.h. der Stärkeren, beugen. In diesem Sinn wird auch heute noch Demokratie häufig missverstanden.

Andererseits hat man zu Gunsten der direkten Demokratie geltend gemacht, dass sie schneller handlungsfähig ist. Die Volksversammlung berät und entscheidet durch Abstimmung. Langwierige Verfahren, um Kompromisse auszuhandeln, kennt sie nicht. Das System ist für Stadtstaaten von überschaubarer Größe geeignet, auf moderne Flächenstaaten lässt es sich nicht übertragen.

In die Präambel des „Vertrags über eine Verfassung in Europa" ist folgendes Zitat aus der Rede des Perikles aufgenommen worden: „Die Verfassung, die wir haben, ... heißt Demokratie, weil der Staat nicht auf wenige Bürger, sondern auf die Mehrheit ausgerichtet ist." Die Initiatoren waren sich der Implikationen dieser Definition offenbar nicht bewusst. Der Staat im modernen Sinn ist auf das Wohl aller Bürger ausgerichtet, auf das Gemeinwohl.

Wenn auch der antiken Polis jeglicher metaphysische Bezug fehlt, kann sie doch so wenig wie die Bundesrepublik auf Werte verzichten, die sie voraussetzt. Es sind die ungeschriebenen Gesetze, deren Geltung auf der Überzeugung beruht, dass Sterblichkeit, Gebrechlichkeit und die Begrenzung der Erkenntnisfähigkeit Wesensmerkmale der Menschen sind. Der Demokratie ist das Bewusstsein der Unvollkommenheit des Menschen eingeschrieben.

2. Die „Gettysburg Address" des Abraham Lincoln

Abraham Lincoln hat von 1809 bis 1865 gelebt. Er lehnte die Sklavenhaltung ab, obwohl er aus einem Staat stammte, der sie befürwortete. 1837 protestierte er mit anderen schriftlich gegen die Sklaverei. 1846 wurde er in den Kongress gewählt, 1861 trat er sein Amt als gewählter Präsident an. Kurze Zeit später erklärten 13 Staaten des Südens ihren Austritt aus den Vereinigten Staaten. Es begann der Sezessionskrieg. In den beiden ersten Kriegsjahren war der Erfolg auf der Seite der Abtrünnigen. Im Juli des Jahres 1863 gelang es den Nordstaaten endlich, bei Gettysburg einen Sieg über ihre Gegner zu erringen. 1864 endete der Krieg mit der Niederlage der Südstaaten. In demselben Jahr wurde Lincoln wiedergewählt. Ein Jahr später wurde er in Ford's Theatre in Washington D.C. erschossen. Lincoln war ein gläubiger Mensch. Er glaubte an die Vorsehung Gottes. Er hat nie einer Kirche angehört.

Gettysburg, ein Städtchen mit ca. 2500 Einwohnern, liegt in Pennsylvanien etwa 100 km nördlich der Hauptstadt. In der Schlacht, die vom 1. bis 3. Juli 1863 tobte, waren mehr als 8000 Soldaten ums Leben gekommen, verwundet worden oder vermisst. Am 19. November desselben Jahres wurde ein Soldatenfriedhof eingeweiht. Die Festrede hielt der Harvard-Professor für altgriechische Geschichte Edward Everett. Er war der erste Amerikaner, der, in Göttingen promoviert, einen in Deutschland erworbenen Doktortitel führte. Er sprach zweieinhalb Stunden. Seine Rede nahm Bezug auf die Gefallenenrede des Perikles. Nach ihm ergriff der Präsident das Wort. Seine Rede umfasst 272 Wörter. Sie dauerte weniger als drei Minuten. Sie gilt heute als eine Rede, mit der die USA ein zweites Mal gegründet worden sind. Damals wurde sie kaum beachtet, von vielen sogar verspottet. Erst nach Lincolns Ermordung 1865 begann man, sie als das politische Testament des Präsidenten zu würdigen. Manchen gilt sie heute als das „vollkommenste Stück politischer Prosa in englischer Sprache".

> Four score and seven years ago our fathers brought forth upon this continent a new nation, conceived in liberty, and dedicated to the proposition, that all men are created equal. Now we are engaged in a great civil war, testing, whether that nation, or any nation so conceived and so dedicated, can long endure. We are met on a great battle-field of that war. We are met to dedicate a portion of it as the final resting-place of those who here gave their lives that the nation might live. It is altogether fitting and proper that we should do this. But in a larger sense we cannot dedicate, we can not consecrate, we cannot hallow the ground. The brave men, living and dead, who struggled here, have consecrated it fare above our power to add or detract. The world will little note nor long remember, what we say here, but it can never forget what they did here. It is for us, the living, rather to be dedicated here to the unfinished work that they have thus far so nobly carried on. It is rather for us to be here dedicated to the great task remaining before us – that from these honored dead we take increased devotion to the cause for which they gave the last full measure of devotion, that we here highly resolve that the

dead shall not have died in vain, that the nation shall, under God, have a new birth of freedom and that the government of people, by the people and for the people, shall not perish from the earth.

Vor viermal zwanzig und sieben Jahren haben unsere Väter auf diesem Kontinent eine neue Nation ins Leben gerufen, in Freiheit gezeugt und dem Grundsatz verpflichtet, dass alle Menschen gleich geschaffen sind. Jetzt stehen wir mitten in einem gewaltigen Bürgerkrieg, der darüber entscheidet, ob dieser Staat – oder jeder so entstandene und solchem Grundsatz verpflichtete Staat – dauerhaft bestehen kann. Wir sind auf einem großen Schlachtfeld dieses Krieges zusammengekommen. Wir sind gekommen, um einen Teil davon denen als letzte Ruhestätte zu weihen, die hier ihr Leben ließen, damit diese Nation leben möge. Es ist nur recht und billig, dass wir das tun. Aber in einem tieferen Sinn können wir diesen Boden gar nicht weihen, können wir ihn nicht segnen und nicht heiligen. Die tapferen Männer, ob lebend oder tot, die hier gekämpft haben, haben ihn schon auf eine Weise geweiht, der wir auch nicht annähernd etwas hinzufügen oder wegnehmen können. Die Welt wird kaum zur Kenntnis nehmen noch sich lange an das erinnern, was wir hier sagen – aber sie kann niemals vergessen, was jene hier taten. Es ist vielmehr an uns, den Lebenden, dass wir hier dem unvollendeten Werk geweiht werden, das jene, die hier kämpften, so opferbereit befördert haben. Es ist vielmehr an uns, dass wir uns der großen Aufgabe, die noch vor uns liegt, hier weihen,

- dass wir die Toten ehren durch noch mehr Hingabe an die Sache, für die sie das höchste Maß an Hingabe aufbrachten,
- dass wir hier feierlich erklären, diese Toten sollen nicht umsonst gestorben sein,
- dass die Nation mit Gottes Beistand eine Neugeburt der Freiheit erlebe
- und dass die Herrschaft des Volkes durch das Volk und für das Volk von dieser Erde nicht mehr vergehen soll.

(Übersetzung nach Ekkehart Krippendorff)

Die Rede beginnt mit einer Zahl: „Viermal zwanzig und sieben Jahre" – so alt war Abraham, als ihm sein Sohn geboren wurde. So alt, will Lincoln sagen, ist nun unser Staat mit Gottes Hilfe geworden. „Viermal zwanzig und sieben Jahre" sind seit 1776, dem Jahr der Unabhängigkeitserklärung, vergangen.

„Väter" sind im Alten Testament Abraham, Isaak, Jakob und seine Söhne. Sie sind die Stammväter Israels. Die Unabhängigkeitserklärung ist so etwas wie „die heilige Schrift" Amerikas. Mit ihr haben „die Väter" einen Staat „ins Leben gerufen", „gezeugt", dessen Zukunft nicht weniger verheißungsvoll ist als die des Volkes, das die Väter des Alten Testaments begründet haben. Amerika ist ein lebendiges Wesen, ein Geschöpf Gottes.

Freiheit und Gleichheit aller Menschen sind die Grundprinzipien, die dem Staat als Gottes Geschöpf eignen. Gleich sind alle Menschen, unabhängig von

Herkunft, Rasse, Religion und Sprache. Der Anspruch ist universal. Es geht nicht nur um Amerika, sondern um jeden Staat, „der so entstanden und solchem Grundsatz verpflichtet ist".

Wie kann einem solchen Staat Dauer verliehen werden? Durch „Hingabe", „dedication", seiner Bürger. Der Begriff knüpft Individuum und Staat emotional aneinander.

Begriffe, die aus der Sprache der Religion stammen, prägen die Rede. Lincoln spricht wie ein von Gott gesandter Missionar, der beauftragt ist, der Nation eine Neugeburt zu ermöglichen. Die Soldaten, die in Gettysburg gekämpft haben und dort gefallen sind, haben den Boden „geweiht", die Lebenden sind aufgerufen, sich dem unvollendeten Werk „zu weihen", der großen Aufgabe, die noch vor ihnen liegt. Wie die Toten sich durch „Hingabe" („dedication") ausgezeichnet haben, wird von den Lebenden „Hingabe" gefordert, damit die Nation neu geboren wird. Es genügt nicht, eine Erklärung abzugeben, es muss „feierlich" („highly") erklärt werden.

Politik und Religion sind eine Symbiose eingegangen. Mit den Worten „Neugeburt der Freiheit" kehrt die Rede zum Anfang zurück und verknüpft 1776 und 1863.

„Gott" und „Freiheit" sind die Schlüsselbegriffe des Schlusssatzes. Das Gottesgeschenk der Freiheit in der Welt zu verbreiten, ist der Auftrag des neu gegründeten Staates. Ihm fühlt sich das Land noch heute verpflichtet. Amerika ist das Werkzeug, mit dem Gott die Welt formt. „Die letzte und beste Hoffnung der Welt" hatte Lincoln 1862 Amerika in seiner Jahresbotschaft an den Kongress genannt. Der amerikanische Historiker Walter Russel Mead spricht von einem „Messiaskomplex". Als Barack Obama 2009 als der 44. Präsident der Vereinigten Staaten vereidigt wurde, beschwor er die von Lincoln begründete Tradition, als er sagte:

> The time has come, ... to carry forward that precious gift, that noble idea, passed on from generation to generation: the god-given promise, that are all equal, all are free and all deserve the chance to pursue their full measure of happiness.

> Es ist an der Zeit, ... unser wertvolles Geschenk weiterzugeben, diese erhabene Vorstellung, übermittelt von Generation zu Generation, das von Gott gegebene Versprechen, dass alle gleich sind, alle frei sind und alle eine Chance verdienen, ihr volles Maß an Glück zu erstreben.

Es gibt neben der Rückbesinnung auf die Väter einen zweiten Bezugspunkt amerikanischen Selbstverständnisses: die Geschichte von Mose, vom Exodus des jüdischen Volkes aus Ägypten, von seiner Ankunft im Gelobten Land und schließlich von dem Bund, den Gott mit ihm schließt (2. Mose 32,26-28).

In der Urkunde des im Jahre 1630 gegründeten sogenannten „Arbella-Bundes" heißt es unter anderem:

> So steht es zwischen Gott und uns. Wir sind für die Aufgabe, die vor uns liegt, in einen Bund mit Ihm eingetreten. Wir werden bestätigt finden, dass der Gott von Israel mitten unter uns ist. ... Denken wir daran: Wir werden wie eine Stadt auf einem Berg sein, die Augen aller Menschen werden auf uns gerichtet sein. ... Lasst uns deswegen ein Leben wählen von der Art, dass wir und unsere Nachkommen Seiner Stimme gehorchen und Ihm treu ergeben sind. Denn auf Ihm beruhen unser Leben und unser Glück.

In der Rede, die Martin Luther King am 3. April 1968, am Vorabend seines Todestages, in der Mason Temple Church in Memphis, Tennessiee, gehalten hat, hat er an Mose erinnert, als er sagte, dass Gott ihm, Martin Luther King, erlaubt habe, auf den Berg zu steigen und das Gelobte Land zu sehen, in das das Volk einziehen werde.

Präsident Barack Obama hat in seiner zweiten Inauguralrede 2013 wohl ebenfalls den Bund Gottes mit dem Volk Israel im Sinn gehabt, wenn er mit Blick auf Amerika „von Gott und Seinem Volk auf Erden" gesprochen hat.

Synopse

Athens demokratische Staatsform zeichnet sich durch die säkulare Grundidee aus. Die polytheistische Religion kannte keinen gesetzgebenden Gott. Der Mensch musste und durfte ohne Anleitung durch höhere Mächte aus eigener Kraft zu einer Form friedlichen und einvernehmlichen Zusammenlebens in einem Staat finden. Dass die Entwicklung schließlich zu einer Demokratie geführt hat, hängt nicht nur mit den politischen Erschütterungen der Perserkriege zusammen, sondern auch mit der philosophischen Überzeugung, dass kein Mensch über ein absolutes Wahrheitswissen verfügt. Daraus lässt sich die Folgerung ableiten, dass die Menschen – bezogen auf die Bürger – gleich sind und frei gegenüber jeglicher Bevormundung. Gleich sind sie auch in ihrer Hilfsbedürftigkeit und Sterblichkeit. Darin, dass diese Werte in der Praxis gelebt worden sind, besteht das über die Jahrtausende wirkende Vermächtnis Athens, so sehr sich auch die identitäre Demokratie im Lauf der Jahrhunderte zu einer repräsentativen gewandelt und fortentwickelt hat.

Das Amerika des Arbella-Bundes und Abraham Lincolns erfährt seine Legitimation von Gott. Diese Tradition ist, wie wir gesehen haben, bis heute ungebrochen. Anders als in Europa ist die Einstellung der Menschen zur Religion nicht durch eine religionskritische Philosophie beeinflusst worden. Die vom Christentum geprägte mittelalterliche Vorstellung vom Staat wirkt fort. Der Glaube an den Schöpfergott ist, so unterschiedlich die Ausprägungen auch sein mögen, so lebendig wie eh und je. Wer die Rede Lincolns liest, versteht die missionarische Ausrichtung der amerikanischen Außenpolitik.

Die Berufung auf Gott und der Anspruch auf Universalität unterscheiden Lincolns Rede von der des Perikles. Von Gleichheit und Freiheit sprechen beide. Bei Lincoln sind die Werte religiös begründet, bei dem antiken Politiker anthropologisch. Lincoln hat die ganze Welt im Blick, Perikles denkt im Horizont der Stadtstaaten Athen und Sparta. Beide Redner verheißen den Toten Ruhm in der Nachwelt, beide rufen die Lebenden auf, das Werk, für das jene gestorben sind, fortzuführen. Perikles wendet sich an die Hinterbliebenen, Lincoln spricht „von uns, den Lebenden".

Der Text basiert auf dem Buch
ROESKE, Kurt. 2014. *Wege in die Welt der Antike. Über Dichtung und Religion, Philosophie und Politik.* Würzburg: Königshausen & Neumann, 251-262.

Andere Länder – andere Sitten?!
Sprachen erschließen, Kulturen verbinden

Inter- und transkulturelles Lernen im romanischen Tertiärsprachen- und im altsprachlichen Unterricht (Fokus: Spanisch, Italienisch, Griechisch)
Daniel Reimann (Duisburg-Essen)

1. Geschichte und Gegenwart der Beschäftigung mit (zielsprachigen) Kulturen im Fremdsprachenunterricht

In der jüngeren Geschichte des Fremdsprachenunterrichts seit dem 19. Jahrhundert lässt sich eine Auseinandersetzung mit der fremdsprachlichen Kultur jenseits der Literatur erstmals in der neusprachlichen Reformbewegung der zweiten Hälfte des 19. Jahrhunderts feststellen. Sie manifestiert sich in einer so genannten **Realienkunde**, in der es darum geht, einzelne Gegenstände und Fakten über das zielsprachige Land kennenzulernen und zu sammeln, um so zu einer Kenntnis der Zielkultur zu gelangen. Die Realienkunde ist im Kontext des Positivismus und innerhalb der Philologien auch im Kontext der altertumswissenschaftlichen Realienkunde zu sehen (vgl. die monumentale *Real-Encyclopädie der classischen Altertumswissenschaft*, 1837ff.). Auf die Realienkunde folgt in den ersten Jahrzehnten des 20. Jahrhunderts die sog. **Kulturkunde**, in der ein vertiefteres Verstehen der anderen Kultur intendiert wird. Dabei versucht man, von einer Einheit von Kultur und Nation ausgehend, den Nationalcharakter fremder Völker zu eruieren und zu vermitteln. Hier kann eine Parallele in der etwa gleichzeitig etablierten idealistischen Sprachwissenschaft (z.B. Vossler) gesehen werden. Der hermeneutisch begründete kulturkundliche Ansatz – ab 1925 in den preußischen Rahmenrichtlinien fassbar – sah die Kenntnis fremder Kulturen v.a. mit dem Ziel vor, die eigene Kultur besser zu verstehen (vgl. Reinfried 2013, 38). Erkenntnisse der Kulturkunde konnten folglich leicht unter den Vorzeichen der nationalsozialistischen Ideologie missbraucht werden; in dieser Zeit wurde unter den Vorzeichen der **Wesenskunde** versucht, ideologisch überformte Erkenntnisse zum Volkscharakter anderer Nationen zu vermitteln. Während Italien bereits mit dem ersten Weltkrieg Sympathien verloren hatte (Hausmann 2008, 466f.), hatte die Beliebtheit der spanischen Sprache in der Folge der Neutralität der hispanophonen Staaten in den Kriegshandlungen bereits seit den 1920er Jahren zugenommen (Reinfried 2013, 32). Mit der nationalsozialistischen Reform des Unterrichtswesens der Jahre 1935/1936ff. wurde Englisch für alle Schulen verpflichtend und das Französische zum Wahlpflichtfach abgewertet (z.b. Hausmann 2008, 62 & 64; Reinfried 2013, 29ff.). Zugleich wurden das Spanische und das Italienische als Sprachen wichtiger politischer Partner grundsätzlich mit dem Französischen (wohlgemerkt mit Wahl(pflicht)fachstatus, d.h. maximal jeweils drei Wochenstunden in drei Schuljahren) gleichgestellt (Hausmann 2008, 65; vgl. auch Reinfried 2013, 31 sowie die sehr kurzen Richtlinien in Christ & Rang 1985, 165f.). Insbesondere das Spanische, das man aufgrund damals noch engerer Beziehungen der hispanoamerikanischen Staaten mit Spanien als wirtschaftlich, aber – gerade nach dem Kriegseintritt der USA – auch politisch bedeutsame Sprache erachtete, erlebte einen Aufschwung (vgl. z.B. Hausmann 2008, 495ff.). Darüber hinaus galt für den Unterricht in den (romanischen) Fremdsprachen, dass deutschkundliche Lernziele (vgl. Reinfried 2013, 35), mithin Themen wie „der Führermythos, die Kriegsverherrlichung, der Kolonialismus, der Rassenkult und der Blut- und Bodenmythos" zu berücksichtigen waren (Hausmann 2008, 74). Aus dem Missbrauch kultureller Inhalte in der Zeit des Nationalsozialismus erklärt sich, dass in den ersten Jahren nach dem Zweiten Weltkrieg eine explizite Auseinandersetzung mit den zielsprachigen Kulturen im Fremdsprachenunterricht nicht angestrebt war; vielmehr konzentrierte man sich auf sprachliche und literarische Inhalte. Erst mit der zunehmenden Politisierung und Soziologisierung der Gesellschaft nach 1968 kann eine so genannte **landeskundliche Wende** des Fremdsprachenunterrichts verzeichnet werden. Nunmehr wird die – gerade auch gegenwärtige, gesellschaftliche und politische – Realität der Zielkultur wieder interessant; auf diese Zeit gehen Textsammlungen für die Oberstufe zurück, die überwiegend aus thematisch angeordneten Zeitungsartikeln usw. bestehen. Für das Spanische, das sich (neben dem Italienischen) mit der Oberstufenreform des Jahres 1972/73 gerade in Nordrhein-Westfalen als curriculares Fach bis zum Leistungskurs etablieren kann, darf etwa die Reihe *Panoramas del Mundo Hispánico – Arbeitsbücher für Spanischkurse in der Sekundarstufe II* aus den 1980er Jahren erwähnt werden. Zu den Inhalten landeskundlichen Unterrichts zählt auch die Auseinandersetzung mit

Stereotypen (s.u.); Ziel ist nunmehr ganz dezidiert die Völkerverständigung in einem zusammenwachsenden Europa und einer globalisierten Welt. Das Ziel einer „transnationalen Kommunikationsfähigkeit" wird in den sog. Stuttgarter Thesen zur Landeskunde im Französischunterricht des Jahres 1982 unterstrichen (Robert Bosch Stiftung / Deutsch-französisches Institut 1982). Mit dem Ziel der Völkerverständigung ist bereits der Grundstein für eine Weiterentwicklung des Landeskundeunterrichts gelegt: Denn um zu einer solchen zu gelangen, reicht deklaratives Wissen über den kulturellen Hintergrund des Kommunikationspartners nicht aus, sondern man muss auch auf diesen eingehen können, indem man sich in seine Perspektive hineinversetzt, seine Argumentationen verstehen kann usw. Dies fokussiert der Ansatz des **interkulturellen Lernens**, der in der deutschsprachigen Fremdsprachendidaktik aufs engste mit dem Konzept des **Fremdverstehens** verknüpft ist, das, zusammen mit dem romanistischen Fachdidaktiker Herbert Christ (1929-2011), insbesondere von dem Anglisten Lothar Bredella (1936-2012) geprägt und in dem bisher einzigen fremdsprachendidaktischen DFG-Graduiertenkolleg „Didaktik des Fremdverstehens" (1991-2003) vor allem in den 1990er Jahren an der Universität Gießen elaboriert wurde. Für die Spanischdidaktik ist ein Kristallisationspunkt dieser Entwicklung der von Walther L. Bernecker und Ursula Vences im Jahr 2001 in der Reihe *Theorie und Praxis des modernen Spanischunterrichts* des Deutschen Spanischlehrerverbandes herausgegebene Sammelband *Von der traditionellen Landeskunde zum interkulturellen Lernen* (Bernecker & Vences 2001). Diese immanente Entwicklung der Fremdsprachendidaktik ist vor dem Hintergrund des erziehungs- und bildungswissenschaftlichen Diskurses zu verstehen: Das Konzept des interkulturellen Lernens war in der Pädagogik bereits in den 1980er Jahren als Fortschreibung einer sog. **Ausländerpädagogik** entwickelt worden, welche seit den 1970er Jahren, ausgehend von einer Defizit-Hypothese („kompensatorische Pädagogik", vgl. Hauenschild 2010, 151), Einwandererkindern die Integration in die deutsche Gesellschaft erleichtern sollte („Assimilationspädagogik" bzw. „Übergangs-Assimilation" im Hinblick auf eine spätere Re-Migration, ebd.), wobei ein Schwerpunkt im Bereich der Sprachförderung bestand (vgl. z.B. den „Förderunterricht" für Schülerinnen und Schüler mit Migrationshintergrund an der Universität Duisburg-Essen seit 1974). Zielgruppe solcher Programme waren seinerzeit auch die Kinder der zahlreichen spanischen Arbeitsmigrantinnen und -migranten, die auch einen bedeutenden Anteil an den frühen Schülerkontingenten des curricularen Spanischunterrichts (als „Fremdsprache") hatten. Ab den 1980er Jahren wurde im Kontext der **interkulturellen Pädagogik** der Blick von den Defiziten einzelner Gruppen auf die Differenzen zwischen Kulturen verlagert (Hauenschild 2010, 152), wobei

> [d]ie Betonung kultureller Verschiedenheit […] Gefahr [läuft], die Diskriminierung von Minderheiten ungewollt zu verstärken und somit einer weltweiten Tendenz zur Re-Ethnisierung Vorschub zu leisten: Durch die Thematisierung von Differenzen (re-)produzieren sie sich selbst […] (Hauenschild 2010, 152).

Die Fremdsprachendidaktik, wie auch die Pädagogik selbst, erkannten sodann in den 1990er Jahren das Potenzial des interkulturellen Lernens für alle Schülerinnen und Schüler, also auch für diejenigen ohne Migrationshintergrund. Die KMK erhob interkulturelle Bildung und Erziehung mit entsprechenden Empfehlungen im Jahr 1996 zu einer Querschnittsaufgabe für alle Bildungseinrichtungen (KMK 1996, aktualisiert 2013). In dieser Zeit stehen begegnungspädagogische und konfliktpädagogische Ansätze im Zentrum des Interesses (Hauenschild 2010, 153). Georg Auernheimer (zuletzt 2012) führt als grundlegende Prinzipien interkultureller Pädagogik an:

- Gleichheit und
- Anerkennung

Als ihre Ziele nennt er:

- Verstehen und
- Dialogfähigkeit.

Leitmotive interkultureller Pädagogik seien folglich:

- das Eintreten für die Gleichheit aller ungeachtet der Herkunft,
- die Haltung des Respekts für Andersheit,
- die Befähigung zum interkulturellen Verstehen,
- die Befähigung zum interkulturellen Dialog.

Wolfgang Nieke (2008, 75f.) benennt seinerseits zehn Ziele interkultureller Pädagogik:

- Erkennen des eigenen, unvermeidlichen Ethnozentrismus,
- Umgehen mit der Befremdung,

- Grundlegen von Toleranz,
- Akzeptieren von Ethnizität, Rücksichtnehmen auf die Sprachen der Minoritäten,
- Thematisieren von Rassismus,
- das Gemeinsame betonen, gegen die Gefahr des Ethnizismus,
- Ermuntern zur Solidarität, Berücksichtigen der asymmetrischen Situation zwischen Mehrheit und Minoritäten,
- Einüben in Formen vernünftiger Konfliktbewältigung – Umgehen mit Kulturkonflikt und Kulturrelativismus,
- Aufmerksamwerden auf Möglichkeiten gegenseitiger kultureller Bereicherung,
- Thematisieren der Wir-Identität: Aufheben der Wir-Grenze in globaler Verantwortung oder Affirmation universaler Humanität

Ab den 1990er Jahren, u.a. vor dem Hintergrund des konstruktivistischen Paradigmas, verstärken sich Reflexionen um „Diversity-Pädagogik" und um die Integration von Universalismus und Kulturrelativismus, die eine Weiterentwicklung der interkulturellen zu einer **transkulturellen Pädagogik** andeuten (vgl. z.B. Göhlich et al. 2006b, 21; Schöfthaler 1984; Datta 2005, 2010; Gippert & Götte & Kleinau 2008; Darowska & Lüttenberg & Machold 2010). Sie basieren u.a. auf dem kulturphilosophischen Ansatz von Wolfgang Welsch (einführend z.B. Welsch 2010). Einer der ersten Beiträge in den deutschsprachigen Erziehungswissenschaften, in denen der Begriff eingeführt wird, ist Schöfthaler (1984). Er ist im Kontext der Debatte um die Weiterentwicklung der Ausländerpädagogik der siebziger Jahre und der interkulturellen Pädagogik der achtziger Jahre zu verorten. Man sieht, zunächst in migrationspädagogischem Kontext, in transkultureller Erziehung, anders als im interkulturellen Lernen und in „multikultureller Erziehung", welche auf eine Integration von Minderheiten in bestehende Gesellschaftsstrukturen zielen, eine Erziehung, die „Kinder von Mehrheiten *und* Minderheiten" betrifft (Schöfthaler 1984, 16). Aus pädagogischer – und in der Folge fremdsprachendidaktischer – Sicht bedeutend ist die Evidenz von Transkulturalität auf der Mikroebene des Individuums. Hier kann man – letztlich in Anlehnung an Welsch – davon ausgehen, „dass die individuelle Entwicklung durch mehrere kulturelle Herkünfte und Verbindungen in Richtung auf eine interne Pluralität beeinflusst ist" (Hauenschild 2010, 157). Es gibt inzwischen auch erste empirische Belege, die dafür sprechen, dass „Transkulturalität" heute als generelle Lernvoraussetzung, nicht nur bei Lernenden mit sogenanntem „Migrationshintergrund", gelten darf (Hauenschild 2010, 157f. mit weiterführender Bibliografie).

2. Definitionen interkultureller Kompetenz

Astrid Erll und Marion Gymnich legen ein Modell der interkulturellen Kompetenz vor, das die drei Komponenten

- affektive Kompetenz
- kognitive Kompetenz
- pragmatisch kommunikative Kompetenz

umfasst, welche sie grafisch als einander teilweise überlagernde Bereiche darstellen (Erll & Gymnich 2011, 11, Grafik ebd.).

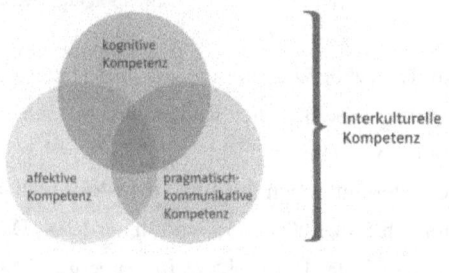

Abb. 1: Modell der interkulturellen Kompetenz nach Erll & Gymnich 2011

Die einzelnen Kompetenzen bzw. Kompetenzbereiche umschreiben sie dabei wie folgt:

affektive Teilkompetenz
- Interesse und Aufgeschlossenheit gegenüber anderen Kulturen
- Empathie und Fähigkeit des Fremdverstehens
- Ambiguitätstoleranz

kognitive Teilkompetenz
- Wissen über andere Kulturen (kultur- bzw. länderspezifisches Wissen)
- kulturtheoretisches Wissen (Wissen über die Funktionsweisen von Kulturen, kulturelle Unterschiede und deren Implikationen)
- Selbstreflexivität

pragmatisch-kommunikative Teilkompetenz
- Einsatz geeigneter kommunikativer Muster
- Einsatz wirkungsvoller Konfliktlösungsstrategien (ibid., 12-14).

Speziell für den Fremdsprachenunterricht haben Daniela Caspari und Andrea Schinschke ein entsprechendes Modell entwickelt, das die drei Bereiche „Wissen", „Können / Verhalten" und „Einstellungen" umfasst (Caspari & Schinschke 2007, 2009). Dieses Modell weiterentwickelnd, hebt Andrea Rössler drei Dimensionen bzw. Komponenten interkultureller Kompetenz hervor, die letztlich pointierter als das viel rezipierte Modell Byrams 1997 den Kern dessen, was interkulturelle (kommunikative) Kompetenz ist, erfassen (Rössler 2010, 141ff.). Dies sind je eine

- affektive und attitudinale Komponente
- wissensbezogene und analytische Komponente
- handlungsorientierte Komponente.

Im affektiv-attitudinalen Bereich manifestiert sich interkulturelle Kompetenz entsprechend den Forderungen der interkulturellen Pädagogik und der Didaktik des Fremdverstehens etwa in Haltungen wie Neugierde und Offenheit, Empathie und Flexibilität, Relativierung der eigenen Standpunkte und Ambiguitätstoleranz usw. (vgl. ibid., 142f.). Die wissensbezogen-analytische Komponente konstituiert sich über die drei Bereiche:

- allgemeines Wissen über Kultur und Kommunikation
- Wissen über die Beziehung zwischen Sprache und Kultur
- soziokulturelles Wissen über Zielländer (ibid., 143f.).

Im Bereich des „Wissens über die Beziehung zwischen Sprache und Kultur" sind etwa das Wissen über *hotwords, frames* und *scripts* sowie über para- und nonverbale Aspekte der Kommunikation verortet (ibid., 144). Den Bereich der handlungsorientierten Komponente unterteilt Rössler wiederum in die beiden Bereiche

- interkulturell relevantes rezeptives und produktives Können und
- interkulturell relevante Kommunikationsstrategien (ibid., 145),

wobei hier die Übergänge fließender scheinen. Grundsätzlich zielt der erste Bereich eher auf interkulturelle Kompetenz im Allgemeinen (z.B. Erkennen kulturell bedingter Textsortenspezifika), der zweite Bereich eher auf interkulturelle kommunikative Kompetenz (z.B. Verfügen über *turn-taking*-Kompetenz in der Fremdsprache). Der *Plan curricular del Instituto Cervantes* etwa spiegelt diese drei Bereiche in den Abschnitten „Referentes culturales", „Saberes y comportamientos socioculturales" und „Habilidades y actitudes interculturales" (Instituto

Cervantes 2006). Im *Plan curricular* werden diese Kategorien in Bezug auf Spanien und die Hispanophonie auch mit ausführlichen inhaltlichen Anregungen gefüllt (A1/A2, 363-469; B1/B2, 513-619; C1/C2, 535-641). In den Bildungsstandards für das Abitur des Jahres 2012 steht „interkulturelle kommunikative Kompetenz" grafisch über den zwei weiteren bedeutenden Kompetenzbereichen „Funktionale kommunikative Kompetenz" und „Text- und Medienkompetenz" (KMK 2012, 11). Dadurch wird sie – anders als noch in den Bildungsstandards für den Mittleren Schulabschluss, in denen sie nur als „interkulturelle Kompetenz" figuriert (vgl. KMK 2003, 8) – zu einem übergeordneten Bildungsziel für die Ebene des Abiturs erhoben. Durch diese Akzentverschiebung wird der im integrierten Modell der transkulturellen Kompetenz (s.u.) angesprochenen Progression auf kognitiver und sprachlicher Ebene Rechnung getragen. Die Bildungsstandards greifen zwar wesentliche Aspekte verschiedener oben referierter Definitionen und Modelle des interkulturellen Lernens auf, integrieren es aber zu einem eigenen, neuen, wenngleich wenig ausdifferenzierten Modell:

> Interkulturelle Kompetenz stellt ein wesentliches Element des fremdsprachlichen Bildungskonzepts der gymnasialen Oberstufe dar. Sie manifestiert sich in fremdsprachlichem Verstehen und Handeln. Aus diesem Grund wird sie als interkulturelle kommunikative Kompetenz bezeichnet. Ihre Dimensionen sind Wissen, Einstellungen und Bewusstheit (KMK 2012, 13, vgl. auch 20-22).

Grafisch wird dies wie folgt veranschaulicht (KMK 2012, 11):

Interkulturelle kommunikative Kompetenz
Verstehen   Handeln
Wissen   Einstellungen   Bewusstheit

Abb. 2: Interkulturelle kommunikative Kompetenz

Übergeordnet sind also die Prozesse des Verstehens und des Handelns (das auch als „Verständigung" hätte bezeichnet werden können, vgl. Abschnitt 3), welche in den Bildungsstandards auf Wissen, Einstellungen und Bewusstheit basieren. Das Modell der Bildungsstandards darf – wie für dieses Dokument legitimierbar – auch in diesem Bereich als ein zwischen den Ländern ausgehandelter Minimalkonsens gelten.

3 Das Modell der transkulturellen kommunikativen Kompetenz

In Fortführung verschiedener Modelle der interkulturellen (kommunikativen) Kompetenz habe ich 2011ff. ein Modell der transkulturellen kommunikativen Kompetenz vorgeschlagen und v.a. seit 2015 weiterentwickelt (z.B. Reimann 2011, 2013, 2014b). Auch dieses Modell kann weder als umfassend noch als die Operationalisierung inter- bzw. transkultureller Kompetenz abschließend ermöglichend angesehen werden. Allerdings stellt es den Versuch dar, eine Operationalisierung von Lernprozessen erleichternde Stufung mit der Beschreibung verschiedener Dimensionen kultureller Lernprozesse zu integrieren. Es handelt sich um ein integrierendes, gestuftes Modell, in dem das Kontinuum von Landeskunde, Inter- und Transkulturalität die Progression des individuellen Lernprozesses widerspiegelt: „Landeskunde", inter- und transkulturelle Kompetenz widersprechen sich nicht, sondern ergänzen sich insofern, als soziokulturelles Orientierungswissen Grundlage für den Aufbau interkultureller Kompetenz sein kann. Diese wiederum, d.h. die (Er-)Kenntnis des Selbst und des Anderen, die Erkenntnis der im Sinne der Transdifferenz nicht zu leugnenden Differenzen und das (Fremd-)Verstehen sind unabdingbare Voraussetzungen zum (tendenziell) späteren Erreichen einer tatsächlichen transkulturellen kommunikativen Kompetenz im Sinne einer Kompetenz zur Verständigung über Sprach- und Kulturgrenzen hinweg. Es handelt sich, wie im Folgenden grafisch angedeutet, um einander überlagernde Sphären oder Schwerpunktsetzungen, nicht um klar trennbare Abfolgen: Inter- und sogar transkulturelles Lernen kann gleichzeitig zum oder sogar vor dem landeskundlichen Lernen einsetzen usw.; dennoch ist eine substanzielle Erweiterung inter- bzw. transkultureller (kommunikativer) Kompetenz nur auf der Grundlage eines vertieften soziokulturellen Orientierungswissens bzw. interkultureller Kompetenz möglich, d.h., der Lernprozess wird in seinen Schwerpunkten durchaus der genannten Reihenfolge Landeskunde – interkulturelles Lernen – transkulturelles Lernen entsprechen. Dabei integriert das Modell die drei Dimensionen inter- (und trans-)kultureller Kompetenz nach Erll & Gymnich (2011), die Wirkungsrichtungen im Sinne Deardorffs (Bertelsmann-Stiftung 2006) und die von mir bereits an anderer Stelle vorgeschlagene taxonomische Stufung in inter- (Verstehen) und transkulturelle Kompetenz (Verständigung) (vgl. Reimann 2011ff.). Dadurch wird verdeutlicht, dass das soziokulturelle

Orientierungswissen v.a. die kognitive Dimension inter- und transkultureller Kompetenzen betrifft und letztgenannte weiterhin jeweils über eine emotional-affektive und eine handlungsbezogen-konative Komponente verfügen. Dabei führt die affektive Komponente tendenziell eher zu einer internen Wirkung im Sinne der (Persönlichkeits-)Bildung, welche sich v.a. über das (Fremd-)Verstehen entwickelt, während die konative Dimension v.a. als die externe Wirkung zu verstehen ist, die zur Verständigung in der Interaktion mit einem Kommunikationspartner führt.

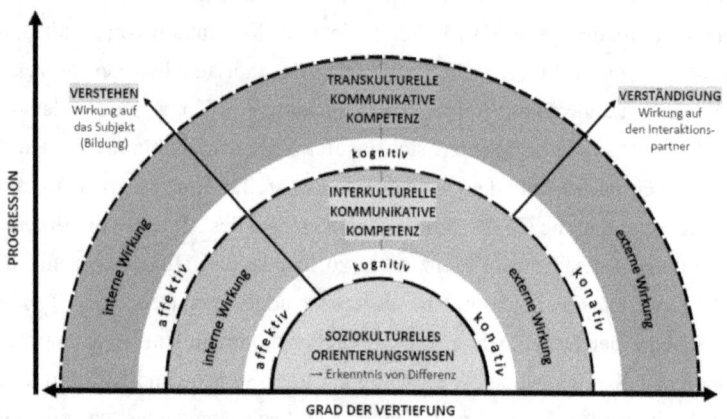

Abb. 3: Integrierendes Modell von Landeskunde, inter- und transkultureller kommunikativer Kompetenz im Fremdsprachenunterricht

Die grundlegende Rolle des sprachlichen Lernfortschritts wird dabei durch die vertikale und die horizontale Achse am Rand der Grafik verdeutlicht: Die vertikale Dimension repräsentiert dabei die Dauer und – im Regelfall damit verbunden – die Progression des Sprachenlernens. Die horizontale Achse bzw. die horizontale Dimension der drei Kreise deutet dagegen den Grad der Vertiefung an, der in den einzelnen Teilbereichen erreicht werden kann. Somit wird deutlich, dass auch interkulturelles und transkulturelles Lernen auf einem wenig entwickelten sprachlichen Kenntnisstand möglich ist, eine reflektierte Vertiefung in der Fremdsprache realistischer Weise aber erst bei fortgeschrittenen Sprachkenntnissen. Da aber die kognitiven Fähigkeiten mit fortgeschrittenem Alter, gerade im Fall der so genannten spät beginnenden Fremdsprache – eine Position in schulischen Sprachlernbiografien, die immer wieder gerade auch dem Italienischen und dem Spanischen zukommt –, auch zu einem Zeitpunkt, zu dem die Sprachkenntnisse wenig entwickelt sind, durchaus inter- und transkulturelle Reflexionen erlauben, impliziert die Forderung nach transkulturellem Lernen auf der Ebene der Sprache auch Offenheit für ungezwungene Sprachmischung, wie sie echt mehrsprachige Individuen an den Tag legen, insbesondere auch in Bezug auf die Interaktion im fremdsprachlichen Klassenzimmer (vgl. z.B. Weinrich 1983, Butzkamm u.a. 1973, 2009). In jüngerer Zeit bevorzugte Formen der freieren Sprachmittlung (z.B. informelles Dolmetschen) sind insofern transkulturelle kommunikative Aufgaben *par excellence* (vgl. z.B. Leitzke-Ungerer 2008, Rössler 2008).

4 Mehrwert des altsprachlichen Unterrichts für die inter- und transkulturelle Bildung

Der Beitrag des (modernen) Fremdsprachenunterrichts zur inter- und transkulturellen Bildung ist in zahlreichen Veröffentlichungen nicht abschließend, jedoch hinlänglich erörtert und an unterrichtspraktischen Beispielen exemplifiziert worden. Der potenzielle Beitrag des altsprachlichen Unterrichts zur inter- und transkulturellen Bildung scheint mir indes, zumindest explizit, weder von der altsprachlichen Didaktik vertieft reflektiert noch von der neusprachlichen Didaktik und der allgemeinen (Gymnasial-)Pädagogik ausreichend zur Kenntnis genommen worden zu sein. Diesbezüglich sollen im abschließenden Kapitel dieses Beitrags, soweit im hier auferlegten Rahmen möglich, einige Perspektiven für die weitere Forschung und Unterrichtsentwicklung aufgezeigt werden.

Das Potenzial insbesondere des Lateinunterrichts im Hinblick auf die sprachliche Integration von Schülerinnen und Schülern mit nichtdeutscher Herkunftssprache, mithin für einen bedeutenden Aspekt der Entwicklung inter- und transkultureller kommunikativer Kompetenz, ist im Umfeld des Lehrstuhls für Didaktik der Alten Sprachen der Humboldt-Universität zu Berlin untersucht worden (z.B. Kipf 2014); entsprechende Projekte und Studien werden dort weiter vertieft.

Auf der Ebene der kulturellen Inhalte und Themen des altsprachlichen Unterrichts bietet sich ein Blick in das bayerische Kompetenzmodell des altsprachlichen Unterrichts an (Akademie für Lehrerfortbildung und Personalführung Dillingen 2013, 212):

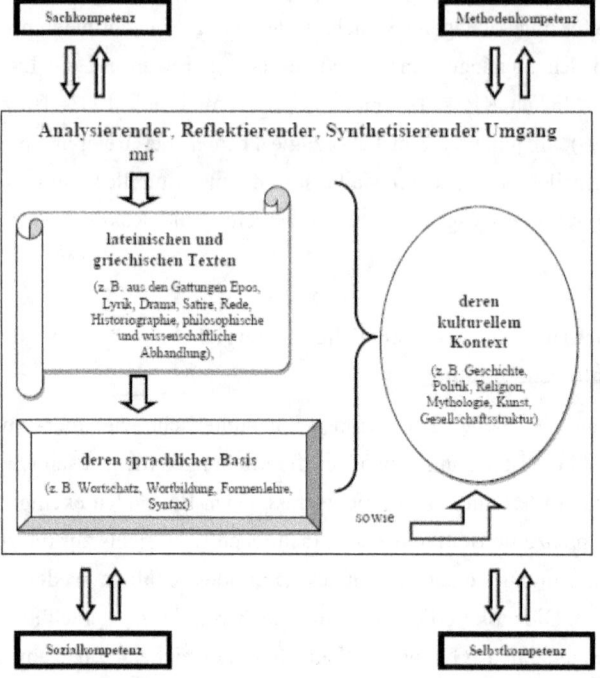

Abb. 4: Bayerisches Kompetenzmodell des altsprachlichen Unterrichts (ALP 2013, 212)

(Inter- oder trans-)Kulturelle Kompetenz wird hier nicht explizit als eigener Kompetenzbereich ausgewiesen, dennoch werden analysierende, reflektierende und synthetisierende Zugriffe auf Texte in „deren kulturellem Kontext" als zentral für den Kompetenzerwerb erachtet. Aus den Erläuterungen zu den genannten Zugriffen wird deutlich, dass wesentliche Aspekte inter- und transkulturellen Lernens hier zum Tragen kommen (ibid., 212ff.):

1. Analysierender Umgang:

c) mit deren kulturellem Kontext

Leitidee: *Die Schülerinnen und Schüler können einen Zugang zu den historischen und soziokulturellen Verhältnissen der griechischen und römischen Antike und deren Nachfolgekulturen finden.*

Erläuterung: Bei der Untersuchung verschiedener Materialien und Quellen arbeiten sie typische Merkmale der antiken Kultur sowie ihrer Nachfolgekulturen heraus. Sie erfassen historische, soziokulturelle und geistesgeschichtliche Kontexte von griechischer und lateinischer Literatur und bauen so ein auch für die Gegenwart relevantes Orientierungswissen auf.

2. Reflektierender Umgang:

c) mit deren kulturellem Kontext

Leitidee: *Die Schülerinnen und Schüler können charakteristische Verhältnisse der griechischen und römischen Antike nach sachgerechten Kriterien beurteilen und die Bedeutung der klassischen Antike für die Entwicklung Europas bis heute würdigen.*

Erläuterung: Sie setzen sich mit verschiedenen Gesichtspunkten der antiken Kultur intensiv auseinander, sodass sie zu einer kritischen Stellungnahme und ausgewogenen Würdigung gelangen. Sie reflektieren das Weiterleben der antiken Kultur und Literatur in Mittelalter und Neuzeit sowie die geschichtliche Bedingtheit der europäischen Kultur, überprüfen Faktoren historischer Prozesse und erschließen sich die Tragweite antiker Leistungen für die kulturelle Entwicklung Europas bis zur Gegenwart.

3. Synthetisierender Umgang:

c) mit deren kulturellem Kontext

Leitidee: *Die Schülerinnen und Schüler können Einzelphänomene der griechisch-römischen Antike und ihrer Nachfolgekulturen mit deren jeweiligem Kontext verknüpfen und die dabei gewonnenen Erkenntnisse zu anderen Epochen und Kulturen sowie zur eigenen Lebenswirklichkeit in Beziehung setzen.*

Erläuterung: Sie stellen Beziehungen zwischen griechischen bzw. römischen Kulturdokumenten und deren historischen, soziokulturellen und geistesgeschichtlichen Kontexten her. Ihr Orientierungswissen machen sie sich sowohl bei der umfassenden Interpretation des jeweiligen Dokuments als auch bei der Übersetzung von Texten zunutze. Sie vergleichen die Verhältnisse der griechisch-römischen Antike mit denen anderer Epochen, fremder Kulturen sowie ihrer eigenen Lebenswelt. Sie erörtern die sachlichen Befunde und nehmen einen differenzierten persönlichen Standpunkt mit begründeten Werturteilen ein.

Die Operationen Analyse – Reflexion – Synthese bewegen sich dabei in einem Bereich, der im Sinne der oben genannten Kategorien etwa die „kognitive Teilkompetenz" bei Erll & Gymnich (2011), die „wissensbezogene und analytische Komponente" bei Rössler (2010) bzw. die Aspekte „Wissen" und „Bewusstheit" der Bildungsstandards (vgl. jeweils Abschnitt 2) abdeckt und letztlich bis in den Bereich des (Fremd-)Verstehens führt. Was bei einem Blick auf den altsprachlichen Unterricht aus fremdsprachendidaktischer Perspektive im Hinblick auf Potenziale und ggf. sogar Mehrwert des altsprachlichen Unterrichts meines Erachtens deutlicher herausgestellt werden könnte als bislang geschehen, ist ein Aspekt, den ich hier mit der Formel „doppelte Alteritätserfahrung" bezeichnen möchte: Während Alteritätserfahrung im Unterricht der neueren Sprachen im Allgemeinen, wenn man von Ausnahmen und der Gleichzeitigkeit des Ungleichzeitigen absieht, im Regelfall eher „diatopisch" orientiert ist, d.h. sich auf fremde Regionen in deren gegenwärtiger Verfasstheit bezieht, so tritt im altsprachlichen Unterricht zu der diatopischen Fremdheitserfahrung (Italien, Griechenland, *Romania continua* und *submersa*) eine diachrone Fremdheitserfahrung zum Tragen.

Abb. 5: Überwiegend eindimensionale Alteritätserfahrung im neusprachlichen Unterricht

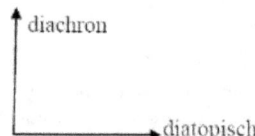

Abb. 6: Zweidimensionale Alteritätserfahrung im altsprachlichen Unterricht

Dass der neusprachliche Unterricht andere Vorteile im Hinblick auf die Entwicklung inter- und transkultureller Kompetenz, insbesondere im Hinblick auf die konative oder Handlungs-Ebene bietet, steht außer Frage. Auch kann im fremdsprachlichen Unterricht punktuell – und ggf. stärker, als dies derzeit geschieht – die historische Dimension integriert werden (vgl. etwa im Fach Spanisch das Thema *Malinche*). Dennoch kann in der dem altsprachlichen Unterricht eingeschriebenen Mehrdimensionalität der Alteritätserfahrung ein Mehrwert des Latein- und

Griechischunterrichts im Hinblick auf die Entwicklung inter- und transkultureller Kompetenz gesehen werden, der bislang wenig unterstrichen und explizit genutzt wurde.

Auf der Ebene der Inhalte und Themen des altsprachlichen Unterrichts können etablierte Felder des inter- und transkulturellen Lernens im neusprachlichen Unterricht bedient werden: so die nonverbale Kommunikation, wenn etwa im 22. Gesang der *Ilias* die griechische Verneinungsgeste, den Kopf nach hinten zu legen, beschrieben wird (X, 205):

ἄλλοισιν δ' ἀνένευε καρήατι δῖος Ἀχιλλεὺς
οὐδ' ἔα ἰέμεναι ἐπὶ Ἕκτορι πικρὰ βέλεμνα,
μή τις κῦδος ἄροιτο βαλών, ὃ δὲ δεύτερος ἔλθοι.]

(*Aber den anderen bedeutete winkend der edle Achilleus / gegen Hektor doch nicht die spitzen Geschosse zu schnellen, / dass ja keiner ihm raubte den Ruhm, als erster zu treffen.*), wenn man Sprach- und Kulturmittlung im Sinne freierer Formen der Übertragung (Zusammenfassung, Paraphrase) systematisch in den altsprachlichen Unterricht integriert oder wenn Erinnerungsorte, die implizit schon immer Gegenstand des altsprachlichen Unterrichts sind, zielgerichtet im Hinblick auf ihre Bedeutung für Europa in den Unterricht integriert werden, um nur einige Beispiele zu nennen.

5 Methoden eines inter- und transkulturellen Fremdsprachenunterrichts

In einer Überblicksdarstellung (mit weiterführender Bibliografie) erstellen Grau & Würffel 2007 folgende Typologie von Übungen und Aktivitäten zum interkulturellen Lernen im Fremdsprachenunterricht:

a) Wahrnehmungsschulung, z.B.
„- Freie Assoziationen zu Bildern, detaillierte Beschreibung von Bildern oder Filmsequenzen, um den Lernenden für die eigene Seh-, Wahrnehmungs- und Verstehensprozesse zu sensibilisieren […]
- Bildbeschreibungen in dem bewussten Dreischritt „wahrnehmen / beschreiben, Hypothesen bilden, persönliche Eindrücke formulieren", um den Automatismus aufzubrechen, der den Betrachter meist – ohne dass es ihm auffiele – von der Wahrnehmung direkt zur kulturabhängigen Wertung führt […]

- Die gleiche Geschichte aus verschiedenen Perspektiven erzählen lassen [...]
- Wahrnehmungsreduktion, Übungen zu Sinnestäuschungen, um sich einzelner Sinne bewusster zu werden [...]"

b) Sprachreflexion über Begriffsbildung und Begriffserschließung, z.B.
„- Untersuchungen eines Wort- [...] oder erweiterten Begriffsfeldes [...], um seine konnotativen Bedeutungen, seine Verknüpfungen mit anderen Wörtern [...] zu erfassen. [...]
- Aus Assoziogrammen von Muttersprachlern zu einem Begriff Mehrfachnennungen herausziehen, [... - z.b. beim Schüleraustausch]"

c) Einblicke in fremde Welten und Kulturvergleich, z.B.
„- Literarische Texte als Zugang zu einer fremden Welt (Bredella [...])
- Analyse von kulturspezifischen Werten in Werbung (z.B. Produktwerbungen, die länderspezifisch unterschiedlich sind) [...]
- Kulturvergleich von Zeit- und Raumkonzepten, Aspekten des Alltagslebens (Wohnen, Einkaufen etc.) durch Mini-Befragungen von Angehörigen der Zielkultur mit vorher gemeinsam ausgearbeiteten Fragebögen [...]
- Untersuchung von situationsabhängigen Verhaltensweisen in Filmen oder literarischen Texten, z.B. Begrüßungsszenen in *soap operas* [...]"

d) Entwicklung kommunikativer Kompetenz in interkulturellen Kontaktsituationen, z.B.
„- Dramapädagogische Übungen und Rollenspiele [...]. Sie sprechen insbesondere die Gefühlswelt der Lernenden an und erleichtern das ganzheitliche Hineinversetzen in eine andere Rolle und den damit verbundenen Perspektivenwechsel. Außerdem kann der fremdkulturelle Umgang mit non-verbalen Kommunikationsmitteln entdeckt und ausprobiert werden [...]
- Planspiele und Simulationen, die ein vollständiges Eintauchen der Lernenden in einen fremden Kontext ermöglichen, z.B. eine internationale Verhandlungssituation [...]
- Klassenkorrespondenzen zu unterschiedlichen Themen oder literarischen Texten über verschiedene Medien [...]" (Grau & Würffel 2007, 312-314).

Diese Ansätze und Verfahren finden teilweise auch schon im altsprachlichen Unterricht Anwendung. Um inter- und transkulturelle Lernprozesse zu initiieren, könnten einige dieser Methoden verstärkt und gezielt im Latein- und Griechischunterricht eingesetzt werden. Zugleich stellt der altsprachliche Unterricht, mit dem in Abschnitt 4 vorgestellten bayerischen Kompetenzmodell und der hier eingeführten Mehrdimensionalität der Alteritätserfahrung, ein interessantes Komplement des neusprachlichen Unterricht im Hinblick auf die Entwicklung transkultureller kommunikativer Kompetenz dar.

Bibliografie:

ALP. 2013. AKADEMIE FÜR LEHRERFORTBILDUNG UND PERSONALFÜHRUNG. ed. *Fachdidaktik Latein*. Dillingen: Akademie für Lehrerfortbildung und Personalführung.
AUERNHEIMER, Georg. ⁷2012. *Einführung in die Interkulturelle Pädagogik*. Darmstadt: Wissenschaftliche Buchgesellschaft.
BERNECKER, Walther L. & VENCES, Ursula. edd. 2010. *Von der traditionellen Landeskunde zum interkulturellen Lernen*. Berlin: tranvía.
BERTELSMANN-STIFTUNG. 2006. *Interkulturelle Kompetenz – Schlüsselkompetenz des 21. Jahrhunderts?* Thesenpapier der Bertelsmann-Stiftung auf der Basis der Interkulturellen-Kompetenz-Modelle von Dr. Darla K. Deardorff. Gütersloh: Bertelsmann.
BUTZKAMM, Wolfgang. 1973. *Aufgeklärte Einsprachigkeit*. Heidelberg: Quelle & Meyer.
BUTZKAMM, Wolfgang. 2009. *The Bilingual Reform. A Paradigm Shift in Foreign Language Teaching*. Tübingen: Narr.
BYRAM, Michael. 1997. *Teaching and Assessing Intercultural Communicative Competence*. Clevedon et al.: Multilingual Matters.
CASPARI, Daniela & SCHINSCHKE, Andrea. 2007. „Interkulturelles Lernen. Konsequenzen für die Konturierung eines fachdidaktischen Konzepts aufgrund seiner Rezeption in der Berliner Schule", in: Bredella, Lothar & Christ, Herbert. edd. *Fremdverstehen und interkulturelle Kompetenz*. Tübingen: Narr, 78-100.
CASPARI, Daniela & SCHINSCHKE, Andrea. 2009. „Aufgaben zur Feststellung und Überprüfung interkultureller Kompetenzen im Fremdsprachenunterricht – Entwurf einer Typologie", in: Hu, Adelheid & Byram, Michael. edd. *Interkulturelle Kompetenz und fremdsprachliches Lernen. Modelle, Empirie, Evaluation. Intercultural competence and foreign language learning. Models, empiricism, assessment*. Tübingen: Narr, 273-287.
CHRIST, Herbert & RANG, Hans-Joachim. 1985. *Fremdsprachenunterricht unter staatlicher Verwaltung 1700 bis 1945*. Band III: Neuere Sprachen I. Tübingen: Narr.
DAROWSKA, Lucyna & LÜTTENBERG, Thomas & MACHOLD, Claudia. edd. 2010. *Hochschule als transkultureller Raum? Kultur, Bildung und Differenz in der Universität*. Bielefeld: transcript.
DATTA, Asit. ed. 2005. *Transkulturalität und Identität. Bildungsprozesse zwischen Exklusion und Inklusion*. Frankfurt a.M.: Verlag für Interkulturelle Kommunikation.
DATTA, Asit. ed. 2010. *Zukunft der transkulturellen Bildung – Zukunft der Migration*. Frankfurt a.M.: Brandes/Apsel.
ERLL, Astrid & GYMNICH, Marion. ²2011 (¹2010). *Interkulturelle Kompetenzen. Erfolgreich kommunizieren zwischen den Kulturen*. Stuttgart. Klett.
GIPPERT, Wolfgang & GÖTTE, Petra & KLEINAU, Elke. edd. 2008. *Transkulturalität. Gender- und bildungstheoretische Perspektiven*. Bielefeld: transcript.
GÖHLICH, Michael et al. edd. 2006a. *Transkulturalität und Pädagogik. Interdisziplinäre Annäherungen an ein kulturwissenschaftliches Konzept und seine pädagogische Relevanz*. Weinheim & München: Juventa.
GÖHLICH, Michael et al. 2006b. „Transkulturalität und Pädagogik", in: Göhlich et al. 2006a, 7-29.
GRAU, Maike & WÜRFFEL, Nicola. 2007. „Übungen zur interkulturellen Kommunikation", in: Bausch, Karl-Richard & Christ, Herbert & Krumm, Hans-Jürgen. edd. ⁵2007 (¹1989). *Handbuch Fremdsprachenunterricht*. Tübingen & Basel: Francke, 312-314.

HAUENSCHILD, Katrin. 2010. „Transkulturalität – (k)ein Leitbild für die Weiterentwicklung Interkultureller Bildung?", in: Datta, 148-166.
HAUSMANN, Frank-Rutger. ²2008 (¹2000). *„Vom Strudel der Ereignisse verschlungen". Deutsche Romanistik im „Dritten Reich".* Frankfurt a.M.: Vittorio Klostermann.
INSTITUTO CERVANTES. 2006. *Plan curricular del Instituto Cervantes.* Madrid: Instituto Cervantes/Edelsa.
KIPF, Stefan. ed. 2014. *Integration durch Sprache. Schüler nichtdeutscher Herkunft lernen Latein.* Bamberg: C.C. Buchners.
KMK. 2003. STÄNDIGE KONFERENZ DER KULTUSMINISTER DER BUNDESREPUBLIK DEUTSCHLAND. ed. *Bildungsstandards für die erste Fremdsprache (Englisch/Französisch) für den Mittleren Schulabschluss. Beschlussfassung vom 4.12.2003.* Neuwied: Luchterhand.
KMK. 2012. STÄNDIGE KONFERENZ DER KULTUSMINISTER DER BUNDESREPUBLIK DEUTSCHLAND. ed. *Bildungsstandards für die fortgeführte Fremdsprache (Englisch / Französisch) für die Allgemeine Hochschulreife (Beschluss der Kultusministerkonferenz vom 18.10.2012).* (Druckfassung: 2014. Köln: Wolters Cluwer).
LEITZKE-UNGERER, Eva. 2008. „Informelles Dolmetschen zwischen zwei Fremdsprachen – Vorschläge für Mehrsprachigkeit im Unterricht", in: Frings, Michael & Vetter, Eva. edd. *Mehrsprachigkeit als Schlüsselkompetenz: Theorie und Praxis in Lehr- und Lernkontexten.* Stuttgart: ibidem, 239-255.
NIEKE, Wolfgang. ³2008. *Interkulturelle Erziehung und Bildung.* Wiesbaden: Verlag für Sozialwissenschaften.
REIMANN, Daniel. 2011. „Diatopische Varietäten des Französischen, Minderheitensprachen und Bilinguismus im transkulturellen Fremdsprachenunterricht", in: Frings, Michael & Schöpp, Frank. edd. *Varietäten im Französischunterricht.* Stuttgart: ibidem, 123-168.
REIMANN, Daniel. 2013. „Transkulturelle kommunikative Kompetenz – ein neues Paradigma für den Fremdsprachenunterricht", in: Franke, Manuela & Schöpp, Frank. edd. *Auf dem Weg zu kompetenten Schülerinnen und Schülern: Theorie und Praxis des kompetenzorientierten Fremdsprachenunterrichts im Dialog.* Stuttgart: ibidem, 165-180.
REIMANN, Daniel. 2014. „Transkulturelle kommunikative Kompetenz im Unterricht der romanischen Sprachen", in: id. *Transkulturelle kommunikative Kompetenz in den romanischen Sprachen. Theorie und Praxis eines neokommunikativen und kulturell bildenden Französisch-, Spanisch-, Italienisch- und Portugiesischunterrichts.* Stuttgart: ibidem, 11-95.
REINFRIED, Marcus. 2013. „Die romanischen Schulsprachen im deutschen Schulwesen des Dritten Reichs: Sprachenpolitische Maßnahmen und bildungsideologische Diskurse", in: Klippel, Friederike & Kolb, Elisabeth & Sharp, Felicitas. edd. *Schulsprachenpolitik und fremdsprachliche Unterrichtspraxis. Historische Schlaglichter zwischen 1800 und 1989.* Münster: Waxmann, 29-47.
ROBERT-BOSCH-STIFTUNG & DEUTSCH-FRANZÖSISCHES INSTITUT. edd. 1982. *Fremdsprachenunterricht und internationale Beziehungen. Stuttgarter Thesen zur Rolle der Landeskunde im Französischunterricht.* Göttingen: Bleicher.
RÖSSLER, Andrea. 2008. „Die sechste Fertigkeit? Zum didaktischen Potential von Sprachmittlungsaufgaben im Französischunterricht", in: *Zeitschrift für Romanische Sprachen und ihre Didaktik* 2/1, 53-77.
RÖSSLER, Andrea. 2010. „Interkulturelle Kompetenz", in: Meißner, Franz-Joseph & Tesch, Bernd. ed. *Spanisch kompetenzorientiert unterrichten.* Seelze: Kallmeyer, 137-149.

SCHÖFTHALER, Traugott. 1984. „Multikulturelle und transkulturelle Erziehung – zwei Wege zu kosmopolitischen kulturellen Identitäten", in: *International Review of Education* 3, 11-24.

WEINRICH, Harald. 1983. „Sprachmischung und Fremdsprachendidaktik", in: *Der fremdsprachliche Unterricht* 67, 207-214.

WELSCH, Wolfgang. 2010. „Was ist eigentlich Transkulturalität?", in: Darowska & Lüttenberg & Machold, 39-66.

Frankophone Autoren zwischen zwei Kulturen am Beispiel Maghreb – Frankreich
Norbert Becker (Mainz)

Millionen Menschen verlassen jedes Jahr aus den verschiedensten Gründen ihre Heimat: Kriege, Verlust ihres Wohnsitzes, Bedrohungen an Leib und Leben, Klimakatastrophen, Dürre, Hunger, Sehnsucht nach einem besseren Leben, nach gerechteren politischen und wirtschaftlichen Strukturen, Streben nach Reichtum und Glück. Es gibt also ganz verschiedene Gründe für Migration. Dazu kommt u.a. noch Anwerbung wie z.B. im 19. Jh. von polnischen Bergarbeitern oder von Maghrebinern als Soldaten der französischen Armee oder im 20. Jh. von Türken für die deutsche Industrie. Kinder von diesen sind z.B. Nationalspieler, Bundestagsabgeordnete usw. geworden. Auch in der Intellektuellenschicht spielen sie eine wichtige Rolle wie z.B. Navid Kermani und viele andere. Das deutet schon darauf hin, dass man sich hüten muss, Migranten als etwas Nebensächliches und nicht zum Eigentlichen Gehöriges anzusehen, das nicht Teil der eigenen überkommenen Gesellschaft ist. Ohne Migranten wäre Rom nicht gegründet worden: Es war der Trojaner (aus Kleinasien) Aeneas. In unserer Zeit hat der aus Algerien stammende und uns allen bekannte Schriftsteller und Philosoph Albert Camus dem französischen Geistesleben des 20. Jh. wichtige Impulse gegeben. Die politischen, wirtschaftlichen und zeitgeschichtlichen Ereignisse bringen es mit sich, dass die Bevölkerungsbewegungen und auch die Mobilität in und um Europa erheblich zugenommen haben und zweifellos sogar noch weiter zunehmen werden. Migration wird das große gesellschaftliche Thema der nächsten Zukunft sein. Will der Unterricht auf der Höhe der Zeit sein und auch zur Bewältigung von Gegenwart und Zukunft beitragen, ist es eine wichtige Aufgabe, sich mit den positiven und negativen Seiten in mentaler, generationsbezogener und sprachlicher Hinsicht zu befassen. Die Literatur der Migranten zeigt viele Facetten in deren Reaktionen und persönlichen Entwicklungen. Der Sprachunterricht hat unter anderem die wichtige Aufgabe, Differenzierungsvermögen und Verständnis für deren Lage zu wecken und so letztlich damit auch zur Betrachtung der eigenen Situation beizutragen, die ja ebenfalls von zahlreichen Asylsuchenden geprägt ist und noch lange geprägt sein wird. Da das Phänomen „Migration" viele europäische Länder betrifft, ist es ein idealer Gegenstand für eine sprachübergreifende Betrachtung.

Die sehr engen Beziehungen zwischen Frankreich und den Ländern des Maghreb stellen ein vorzügliches und nuancenreiches Feld für die Beobachtung von Migrantenliteratur im Französischunterricht dar, wobei das enge Verhältnis zwischen Frankreich und dem Maghreb sowie Teilen des subäquatorialen Afrikas wie z.B. Senegal eine Besonderheit bildet. Das heute selbstständige Algerien war sogar lange als Mutterland behandelt worden. Sein Freiheitskampf führte in Frankreich als Reaktion unter de Gaulle zum Tod der IV. Republik und zu einer einschneidenden Verfassungsänderung, nämlich zur heute noch existierenden V. Republik. Durch zahlreiche französische Schulen im Ausland war auch der Boden bereitet für viele Maghrebiner, die nach Frankreich kamen. Aufgrund der besseren Sprachkenntnisse gegenüber anderen Migranten bestand nicht die Notwendigkeit von Koautoren wie in Italien, sondern die Schriftsteller konnten sich auf ihre bereits vorhandenen sprachlichen und literarischen Kenntnisse stützen. Die thematische und gehaltliche Entwicklung insgesamt spiegelt bis zu einem gewissen Grade die Zeitstufen und persönlichen Erfahrungen wider, die bei der Betrachtung berücksichtigt werden müssen. Wir beginnen bei unserer Betrachtung mit einem Klassiker der Gegenwart von Mina Oualdlhadj, einer jungen, aus Marokko stammenden und jetzt im frankophonen Belgien wohnenden Autorin, um dann jedoch die Chronologie berücksichtigend je ein weiteres typisches Werk dreier wichtiger Autoren verschiedener Zeitstufen für unsere Überlegungen auszuwerten.

Der Roman *Mina et Aïcha* (in der deutschen Schulausgabe: *Aïcha entre deux mondes*) zeigt die unterschiedlichen Erlebnis- bzw. Reaktionsarten von zwei Migrantengenerationen, nämlich den Eltern, die einen erheblichen Teil ihres Lebens in ihrer Heimat verbracht haben und davon geprägt wurden, und ihren Kindern, die in dem neuen Land eine neue, eben andere Heimat gefunden und sich dieser nun völlig angepasst haben. Dabei geht die Autorin in aufschlussreicher Weise sehr differenzierend vor. Die jüngere Generation wird vertreten durch zwei Freundinnen: Mimi, die in Belgien geboren ist, kennt die Heimat der Eltern nur vom Erzählen, während Aïcha erst im Grundschulalter nach Belgien gekommen ist. Dadurch ist in ihrer Familie die Spannung zwischen den Generationen nicht so groß wie in Mimis Familie, wo noch eine strikte Rollenverteilung herrscht. Die Mutter hat ihren Arbeitsbereich in der Küche, während der Vater, der sich wie ein Pascha verhält, völlig dem Fernsehen verfallen ist. Aïchas Vater war zuerst nach Belgien gekommen und arbeitete dort, um etwas für die geplante Unterkunft der Familie zurückzulegen, die dann nach einigen Jahren nachkam. Aïcha musste in der Schule vor allem sprachlich viel arbeiten, während Mimi, die ja in Belgien geboren wurde, sprachlich völlig assimiliert ist. Der Leser wird also angeleitet zu differenzieren: *immigré* ist nicht gleich *immigré*. Es gibt da erhebliche Unterschiede, wenn auch die Grundspannung „Herkunftsland – Gastland" bleibt. Die Autorin beschreibt eine Fülle von Erlebnissen, bei denen die Heranwachsenden die interkulturellen Differenzen erfahren. Dies betrifft alle Ebenen und Zeiten des Jahres. Weihnachten ist für die muslimische Familie kein Fest, Nikolaus kein Ereignis wie für die anderen Einheimischen. Wie soll sich da die Familie verhalten? Wie kann sie die islamischen Feste, z.B. das Ende des Ramadan begehen? Wie sollen sich die Mädchen im Schulsport verhalten, wie beim Schwimmunterricht? Aufschlussreich für das unterschiedliche Verhalten der Generationen ist auch eine Begegnung auf der Straße, wo der Vater die modisch chic gekleidete Tochter in einer Mädchengruppe nicht erkennt und hinterher von „leichten Mädchen" spricht. Für ihn fallen Mode und Moral zusammen. Er hält die eigentlich harmlose Gruppe für Mädchen minderer Moral. Der Anpassungsprozess der Tochter verläuft nicht ohne – für die Leserin und den Leser – amüsante Überraschungen und Missverständnisse. So verrät sie z.B., ohne sich dessen bewusst zu sein, in der Schule, dass sie vor einem muslimischen Fest einen Hammel im Keller haben, was natürlich verboten ist, zumal dieser Hammel ja geschlachtet werden soll. Kinder werden verwöhnt und genießen alle möglichen Freiheiten. Treten Mädchen in die Pubertät ein, ändert sich dies schlagartig. So durfte Aïcha z.B. nicht an einer Klassenfahrt teilnehmen, obwohl sie bereits 18 Jahre alt war und nur Mädchen dabei waren. Sie durfte eben keine Nacht außer Haus verbringen. Dies und vieles andere der gleichen Tendenz weckt natürlich heftige Protestgefühle, zumal sie die eigenen Lebensbedingungen mit denen ihrer westlichen Freundinnen vergleicht und sie um ihre größeren Freiheiten beneidet. Im übrigen ist die Sehnsucht nach europäischer Lebensweise ein wichtiges Motiv vieler maghrebinischer Autoren, gleich ob sie in Frankreich oder Algerien leben. Obwohl der Kurzroman von Mina Oualdlhadj ein moderner Klassiker der Migrantenliteratur ist, kann in diesem Rahmen nicht auf die vielen Einzelheiten, die realistisch, anschaulich und zutreffend die Situation der *immigrés* schildern, eingegangen werden.

Es sei nur noch kurz die Schürzung des Knotens und die anschließende Lösung erwähnt. Mimi heiratet, um von den dominanten Eltern loszukommen. Ihre Ehe scheitert jedoch nach kurzer Zeit. Sie sucht Trost und Stärkung bei ihrer Freundin und beginnt im Gespräch, ihre Eltern ein wenig zu verstehen: vorher Landbewohner, jetzt Städter, mehrfacher Wechsel der Kleidungsformen, zunächst unbekannte Sprache, andere religiöse Sitten usw. Sie bedauert im Stillen, sie nicht um Verzeihung gebeten zu haben für alles, was sie falsch gemacht hat oder gemacht haben könnte, wie es eine gute islamische Sitte ist, wenn man sich voneinander verabschiedet. Die Gelegenheit bietet sich am Ende, wo auch die Mutter will, dass sie ihr verzeiht, bevor sie selbst zurück nach Marokko aufbricht. So endet dieser spannungsgeladene Roman einer Migrantenfamilie doch versöhnlich und zeigt vor allem Wege zum Gelingen von menschlichen Beziehungen. Wir haben hier eine realistische und durchdachte, facettenreiche und mehrere Generationen berücksichtigende Beschreibung zweier Familien, wobei zweifellos sehr viele typische interkulturelle Erfahrungen der Autorin – selbst Migrantin – geschickt eingebaut sind.

Der Roman von Mina Oualdlhadj stellt die interkulturelle Situation von Migranten der Jetztzeit dar. Zu den Darstellungen einer dagegen erheblich früheren Situation der Kulturbeziehungen gehört der humorvolle Roman *La Civilisation, ma Mère* des Marokkaners Driss Chraïbi (1926-2007). Hier wird der europäische Einfluss der Zivilisation sehr positiv gesehen. Der Autor beschreibt genüsslich eine vierköpfige marokkanische Familie. Der Vater, der seine Frau geheiratet hat, als sie erst 13 Jahre alt und so noch völlig von ihm abhängig war, hat zunächst eine dominante Rolle in der sich bildenden Familie. Die beiden Söhne gehen jedoch auf eine französische Schule und werden auf diese Weise in die moderne Welt eingeführt. Gleichzeitig werden sie so befähigt, ihre Mutter aus einem ursprünglichen, vortechnischen und vormedialen Zustand in die Moderne zu geleiten. Der Autor macht dies in sehr vielen, oft humorvollen Szenen sichtbar. So gerät die Mutter in großes Staunen, als Elektrizität ins Haus gelegt wird. Sie glaubt, dass sich in dem Radio – damals ein wohl größerer Kasten als heute – ein kleines Männchen befindet. Aus Mitleid, Dankbarkeit und Sorge stellt sie ihm abends etwas zum Essen hin. Die Brüder sind ängstlich, sie könne am nächsten Tag doch enttäuscht sein, wenn sie alles unberührt wiederfindet, und nehmen dies ganz spät am Abend wieder weg. Sie ist also morgens überglücklich, weil in ihren Augen das Männlein so reagiert hat und somit weiter seinen Dienst verrichten kann. Als die Mutter zum ersten Mal mit ihren Söhnen im Kino ist, ist sie von dem, was sie sieht, so erfüllt, ja gebannt, dass sie es für die Wirklichkeit hält. Sie erlebt es – wie alles andere – ohne Medienbewusstsein, ohne Verfremdung. Als im Film einige Bösewichte dem guten Helden eine Falle stellen, ihm auflauern, ruft sie ganz laut im Kino, er solle aufpassen und die Gefahrenquelle meiden. Ihre beiden Söhne, also die Vertreter der nächsten Generation, die europäische Bildung bzw. technisch weiterentwickelte Zivilisation aufgenommen hat, tragen entscheidend zur Selbstständigkeit ihrer Mutter bei. Der von der Tradition beeinflusste Vater sieht dies nicht ohne innere Bedenken. Er ist aber doch tolerant und offen, manchmal sogar ein bisschen stolz auf die Entwicklung seiner Frau. Als der Erzähler am Ende des ersten Teils des Romans zum Studium nach Frankreich geht, beschreibt sein Bruder ihm brieflich die weitere Entwicklung ihrer Mutter. Hatte sie vorher wesentliche Impulse von ihren Söhnen erhalten, so ist sie jetzt erheblich selbstständiger geworden und nutzt auch die gewonnene Souveränität, um mit anderen, vornehmlich Frauen, mehr Freiheit und politischen Einfluss im Sinne von Frieden und Emanzipation zu gewinnen. Ihr politisches Agieren wird immer vielseitiger. Sie organisiert Demonstrationen, Versammlungen, Diskussionen. Während der Konferenz von Casablanca übergibt sie sogar eine Resolution an de Gaulle. Ausschlaggebend für die Deutung und die zeitliche Einordnung ist die Tatsache, dass der Vertreter der Tradition, der Vater, völlig bekehrt ist und seine geliebte und anerkannte Frau fast für eine Prophetin hält. Diese Ansicht und neue Einsicht stellt er in einen natürlich einfachen politischen und soziologischen Kontext. Gerade diese Entwicklung im mentalen, moralischen und intellektuellen Bereich ermöglicht den Hauptpersonen Beziehungen von einer wohltuenden Zartheit untereinander, die im Verlauf der wachsenden Emanzipation der Frau noch zunimmt. Aus dem eher unbeteiligten, nur an Geschäften interessierten

Mann ist ein Ehemann geworden, der seine Frau bewundert, liebt und im Notfalle bereit ist, sie zu schützen. Was macht das Gelingen, das Fruchtbarmachen der Spannungen aus? Dies ist sicher der respektvolle Zusammenhalt der gesamten Familie. Man will trotz aller unterschiedlichen Standpunkte einander nicht verletzen. Der konservative, traditionsorientierte Vater muss etwas von seiner dominanten Position opfern. Trotz seiner tiefen Verwunderung vertraut er seiner Frau. Die Kinder belehren diese respekt- und liebevoll und führen sie zu einem selbst verantworteten und modernen Leben, in dem sie später sogar eine politische Führungsrolle übernehmen kann. Mit Respekt, Toleranz und Liebe wird die Mutter aus dem „Urzustand" in eine technische und kulturelle Moderne geführt. Gleichzeitig aber wird auch dem Herkunftsland des Autors, Marokko, ein Weg gezeigt, der zu dem Einflussland führt. Dieses Zielland hat in dieser frühen Phase zweifellos die führende Rolle. Allerdings ist auch der tiefe Respekt gegenüber dem Herkunftsland unverkennbar.

Natürlich ist in diesem großen Spannungsverhältnis auch leicht ein menschliches Scheitern möglich, wie es in der Folge immer wieder von den Schriftstellern beschrieben wird, z.B. von der Marokkanerin Fadéla Sebti in *Moi, Mireille quand j'étais Yasmina* oder von dem Tunesier Albert Memmi in *L'étrangère* (in der maghrebinischen Ausgabe: *Agar*). Dieses Spannungsverhältnis endet bei Fadéla Sebti tragisch mit der Selbsttötung der einen Hauptperson, obwohl die Liebe zu Beginn sehr groß ist. Aber auch bei Albert Memmi fängt alles so voller gegenseitiger Zuwendung an, dass der Leser von dem tragischen Ende zunächst nichts ahnen kann. Die beiden Kulturkreise werden in *L'étrangère* verkörpert durch je eine Person: Marie ist eine praktizierende französische Katholikin aus dem Elsass, die Reflexion betonend; er ein tunesischer Jude, impulsiv, ungläubig, spontan. Sehr wichtig für die Beurteilung ist die Angabe der Örtlichkeit: zunächst Paris, wo der psychisch und physisch erschöpfte einsame Student heftig erkrankt. Einige Kommilitonen, darunter Marie, nehmen sich seiner an. Langsam kommen die beiden sich näher, wobei die großen Unterschiede hinsichtlich ihrer Herkunft keine Rolle spielen. Alles geht sehr gut in Frankreich. Sie heiraten und siedeln nach Tunis, seiner Heimat über, wo seine Großfamilie die beiden empfängt. Nach ihrer Ankunft übergibt sein Vater seine Funktion als verantwortliches Familienoberhaupt dem Sohn, der nun für das Erbe, für die Erhaltung der Tradition zu sorgen hat. Das bedeutet neue Pflichten hinsichtlich der Großfamilie. Die Marie unbekannten Zeremonien und Riten z.B. am Passahfest bleiben ihr auch in der Folge völlig fremd. Im übrigen sieht auch er keinerlei religiöse Bedeutung in diesen Riten. Die Umgebung und die ihr unverständliche Tradition setzen ihr erheblich zu, was auch ihn wiederum provoziert. Obwohl er sich immer wieder vor sie stellt, bildet diese Situation doch einen Spaltpilz, der dann umso stärker zu wirken beginnt, als nach der Geburt ihres Sohnes dieser beschnitten wird und sie dies nicht verhindern kann. Eine weitere Vertiefung der Krise ist das Weihnachtsfest, das sie früher in ihrem Elternhaus immer sehr ausgiebig mit Liedern, Vorlesen, Mette usw. gefeiert haben und das jetzt völlig übergangen wird. Beide versuchen sich im Dialog der psychologischen Situation bewusst zu werden. Dabei erkennen sie die Schwierigkeiten und auch den häufig auftretenden Spannungsbogen: Zurückstau und Aufladen – Entladen durch erneuten Gefühlsausbruch. Der Roman endet damit, dass sie ihn, als wieder einmal diese Konstellation eintritt, um einen Wagen bittet und dann losfährt. Was dann geschieht, wird nicht *expressis verbis* gesagt. Das Ende ist also bis zu einem gewissen Grade offen, selbst wenn unsere Gedanken in eine bestimmte Richtung gelenkt werden.

Die Aussage des Romans wird realistisch und mit Feingefühl beschrieben. Das kulturell sehr verschiedene Paar scheitert letztlich an der kulturellen Divergenz, obwohl es diese immer wieder zu überbrücken versucht. Es geht gut in Frankreich, wo beide auf sich allein gestellt sind, sie auf niemand Rücksicht nehmen müssen und niemand ihnen in ihren persönlichen Lebensstil hineinredet. Die Probleme, die sie stören und denen sie nicht gewachsen sind, beginnen im anderen Land. Zwar ist nach Ansicht des Autors *un couple mixte* am besten geeignet, die Spannungen zwischen den Kulturen zu entschärfen bzw. zu überbrücken, jedoch ist die Gefahr des Scheiterns sehr groß, wenn mangelnder Abstand von den eingefahrenen kulturellen Gleisen, unzureichende Selbstständigkeit und Freiheit von der starren, eigenen Tradition den Blick, die Einsicht verstellen, wozu sich gelegentlich sogar noch ein gewisses Überlegenheitsbewusstsein gegenüber anderen gesellen kann. Auch kann unterschwellig das Verhältnis zwischen *colonisateur* und *colonisé* eine Rolle spielen, was im Unterbewusstsein bei allem guten Willen doch manche Reaktionen negativ beeinflussen kann.

Das Scheitern einer interkulturellen Ehe wird auch von der Marokkanerin Fadéla Sebti in *Moi Mireille, lorsque j'étais Yasmina* detailliert und mit innerer Anteilnahme beschrieben, wobei die juristische Komponente bei ihr eine besondere Rolle spielt. Zu Beginn sind die Liebe und die Begeisterung für das Fremde sogar so stark, dass sie, *Mireille,* einen neuen Namen annimmt: *Yasmina.* Aber auch hier wird die Situation der Frau im andern Land, hier Marokko, in der neuen Familie erheblich beschnitten und sie juristisch so eingezwängt, dass sie sich mit Barbituraten das Leben nimmt, da sie in der aussichtslosen Situation diese untergeordnete und abhängige Rolle der Frau nicht ertragen kann. In der Aussage ähneln sich die Romane von Albert Memmi und Fadéla Sebti. Beide sind hervorragende Diskussionsgrundlagen und eignen sich auch als Schullektüre.

Eine ganz andere, zutiefst humane Komponente interkultureller Beziehungen wird von der algerischen Schriftstellerin der nächsten Generation Maïssa Bey in *Un voyage – quelles coïncidences* (Schulausgabe; algerischer Originaltitel: *Entendez-vous dans les montagnes ...*) beschrieben. Es gelingt ihr, eine sehr anregende und interessante Vergangenheitsbewältigung im algerisch-französischen Verhältnis zu entwickeln. Sie lässt sich dabei von Bernhard Schlinks *Der Vorleser* anregen. Gleichzeitig ist dies aber auch ein ganz neuer Ton in den interkulturellen Darstellungen: Die literarische Suche nach der Wahrheit und das Staunen über die Wandelbarkeit des Menschen. Es ist also tiefer und grundsätzlicher als nur eine Auseinandersetzung zwischen zwei Völkern / Nationen oder Kulturkreisen. Gleichzeitig werden persönliche Erlebnisse in die Darstellung eingearbeitet. Maïssa Bey hat ihren Vater, einen algerischen Französischlehrer, im algerischen Befreiungskampf (1954-1962) verloren. Er war von französischen Soldaten gefoltert und dann getötet worden. Man könnte sich leicht vorstellen, dass sie Hassgefühle, Wut darüber und dergleichen äußert und die ehemalige Kolonialmacht heftig ablehnt. Das ist aber nicht der Fall. In ihrem spannenden Roman schildert sie, wie drei Reisende sich in einem Eisenbahnzug begegnen: ein älterer Herr, offenkundig ein Arzt, eine Dame mittleren Alters, eine Algerierin, die vor den Islamisten nach Frankreich geflohen ist, und eine jüngere Französin, die sich für Algerien interessiert, da ihr Großvater dort ein Siedler gewesen und dann nach dem Rückzug der Franzosen nach Frankreich (1962) zurückgekehrt ist. Zunächst schweigen sie und beschäftigen sich mit sich selbst. Durch ein überraschendes

Ereignis jedoch, bei dem die Frau das Buch fallen lässt, das sie gerade zu lesen begonnen hat, fangen sie an, ein wenig miteinander zu sprechen. Öfter werden Gedanken- und Erinnerungsfetzen der beiden Hauptpersonen – die Algerierin und der ältere Herr – in kursiver Schrift eingeblendet. Der Leser erhält dadurch mehr Informationen als die beiden Gesprächspartner jeweils übereinander. So erfährt er, dass der ältere Herr als Soldat in Algerien war. Es sind mehr und mehr grässliche Erinnerungen, die sich diesem aufdrängen. Es standen sich dort Partisanen und das französische Militär gegenüber. Fast wider Willen teilen sich die beiden Personen Einzelheiten aus ihrer Vergangenheit mit. Geschickt werden von der Autorin Ort und Assoziationen, die sich mit den Lokalitäten verbinden, verknüpft. Dabei hat das Gespräch eine gewisse Automatik angenommen in Richtung auf Erhellung. Die Fokussierung wird immer enger. Der Leser, der ja einen weitaus höheren Informationsstand als die beteiligten Personen hat, ahnt schon länger einen erheblichen Teil der Wahrheit. Als sie am Zielbahnhof ankommen, hilft der nette Herr der Mitreisenden beim Aussteigen. Als Letztes sagt er ganz unvermittelt, fast wie gezwungen, dass sie ihrem Vater ähnelt. Mit diesem letzten Satz kann der Leser definitiv die Lösung erraten. Eigentlich ist jetzt für den Leser kein Zweifel mehr möglich.

Für Maïssa Bey ist die Frage wichtig, wie ein ganz normaler, ja sogar ausgesprochen netter Mensch, hier ein Arzt, sich in Ausnahmesituationen zu unmenschlichen Aktionen, selbst wenn diese befohlen werden, missbrauchen lässt. Diese Fragestellung ist auch bei *Der Vorleser* von Bernhard Schlink von zentraler Bedeutung. Maïssa Bey greift diesen Roman, der sich auch mit Vergangenheitsbewältigung befasst, ganz bewusst auf. Die Autorin, die selbst schweres Leid von der Besatzungsmacht erlitten hat, sieht die interkulturellen Beziehungen in einem ganz neuen Licht. So bietet z.B. das besagte Land, Frankreich, den durch einen Bürgerkrieg in Algerien verjagten Flüchtlingen Zuflucht wie der Frau in dem Abteil. Wir erfahren auch an anderer Stelle etwas von ihrer Sympathie für die europäische Lebensweise. Sie benutzt die interkulturellen Verhältnisse, um die Janusköpfigkeit des Menschen zu zeigen. Trotz ihres schweren Schicksals sucht sie frei von Ressentiments nach Wahrheit. Dies steht für sie noch höher als ländergebundene nationale Details.

Dass für Maïssa Bey übergeordnete Ziele wichtig sind, zeigt sich immer wieder.

Gerade die kulturellen Unterschiede, die sie andeutet, tragen dazu bei, dies zu verdeutlichen. So spielt das *Humanum*, das Versöhnliche immer wieder eine wichtige Rolle, so z.b. auch in ihrer Novelle *Deux amours,* wo eine algerische Familie nach dem Aufbruch der französischen Siedler (nach 1962) in das Haus einer französischen Familie eingezogen ist. Auf dem Speicher findet das Mädchen das Tagebuch der Tochter der ehemaligen Bewohner. Es enthält vor allem die Liebesgeschichte zwischen ihr und Jean-Paul. Die junge Algerierin ist davon fasziniert, so dass sie alles innerlich nacherlebt, die Orte aufsucht und große Sehnsucht nach dieser freieren, autarkeren Lebensweise hat, wo die Liebe sich ungezwungener äußern kann. Am liebsten würde sie der „Heldin" Marie nach Frankreich nachreisen, um sie zu treffen. Sie sucht auch die Örtlichkeiten auf, wo Marie sich aufgehalten hat.

Versuchen wir Bilanz zu ziehen, so stellen wir eine Veränderung des Verhältnisses zwischen den beiden Kulturkreisen – Herkunftsland / Aufnahmeland – fest: Am Anfang steht die Angabe der großen Distanz, in der der eine kulturellzivilisatorische Bereich als fortschrittlich und überlegen und der andere dementsprechend als entwicklungswürdig angesehen wurde. Das wird von Driss Chraïbi mit Liebe und Respekt auch für die menschliche Bedeutung wirkungsvoll beschrieben. Erheblich problematischer wird es in einer späteren Zeit, wenn in der allerengsten menschlichen Beziehung – der Ehe – eine Lebensform der anderen, in diesem Falle die freiere der traditionellen, fremden aufgedrängt wird. Umso dramatischer ist es, wenn der dafür Verantwortliche sogar selbst nicht von seiner Lebensform überzeugt ist, wie es Albert Memmi und Fadéla Sebti angeben. Sehr differenziert und konkret beschreibt Mina Oualdlhadj die vielfältige Problematik. Sie benutzt dazu die Erlebnisse, die sich aus den verschiedenen Erfahrungsbereichen ergeben. Besonders erfreulich ist der Ansatz, mit dem es gelingt, die erheblichen Spannungen zu lösen. Eigentlich noch schlimmer sind Erfahrungen wie die bei Maïssa Bey. Dennoch tragen humane und friedfertige Gesinnung, intellektuelle Souveränität und persönliche Erfahrungen in beiden Kulturen zu einer überlegenen und versöhnlichen Grundhaltung bei, die die beiden Kulturen als Ergänzungen und nicht als sich ausschließende oder gar einander feindliche Gegensätze sieht, und zu beiden „ja" sagt, wie sie es später in ihrer autobiografischen Betrachtung *L'une et l'autre* eingehend beschreibt. Ein neuer global orientierter und wissensdurstiger Geist ist Voraussetzung für die spannende Darstellung, bei der der Leser neue, vertiefte Einsichten gewinnt und Bereicherung durch die beiden Kulturen erfährt.

Bibliografie:

BEY, Maïssa. 2008. *Entendez-vous dans les montagnes.* Éd. de l'Aube. Schulausgabe: 2014. *Un voyage – quelles coïncidences!* Mainz: Verlag Donata Kinzelbach.
BEY, Maïssa. 2009. *L'une et l'autre.* La Tour d'Aigues: Éd. De l'Aube.
CHRAIBI, Driss. 1972. *La Civilisation ma Mère.* Paris: Ed. Gallimard. Schulausgabe: 2004. Mainz: Verlag Donata Kinzelbach.
KERMANI, Navid. 2009. *Wer ist wir? Deutschland und seine Muslime.* München: C.H. Beck.
MEMMI, Albert. 1984. *Agar.* Paris: Arléa (Collection Folio). Schulausgabe: 2007. *L'étrangère.* Mainz: Verlag Donata Kinzelbach.
OUALDLHADJ, Mina. 2008. *Ti t'appelles Aïcha, pas Jouzifine!* Waterloo: Éd. Clepsydre. Schulausgabe: 2010. *Aïcha entre deux mondes.* Mainz: Verlag Donata Kinzelbach.
SCHWEMER, Kay. 2015. „La guerre sans nom. Schwierige Erinnerung an den Algerienkrieg mit dem Roman ‚Entendez-vous dans les montagnes …'", in: *Der fremdsprachliche Unterricht Französisch* 137, 18-22.
SEBTI, Fadéla. 1995. *Moi, Mireille, lorsque j'étais Yasmina.* Casablanca: Éd. Le Fennec.

Homophobie vom Altertum bis in die Gegenwart
Tamara Choitz (Andernach) &
Hildegard Herschbach (Neuerburg)

Homosexualität in der Antike

Für eine Behandlung dieses Themas im Unterricht ist vor allem eine Kooperation der Fächer Griechisch und Russisch sinnvoll,[1] und zwar deshalb, weil sich zwischen der Haltung im alten Griechenland und der heute vom russischen Präsidenten Putin propagierten ein grundsätzlicher Unterschied auftut, der für Schülerinnen und Schüler unmittelbar Diskussionsstoff bieten dürfte. Hierzu müssen den Schülerinnen und Schülern letztlich nur die einschlägigen Texte vorgelegt werden. Sie sprechen für sich.

Die sexuelle Ausrichtung eines Menschen wurde jedenfalls im alten Griechenland in keiner Weise als Problemthema wahrgenommen; jeder Mensch ist, auch in dieser Hinsicht, wie er eben ist. Es gab nicht einmal den Reflex einer Diskussion darüber, dass im sexuellen Bereich dies ‚normal' ist und jenes nicht.

Homosexualität wurde im antiken Griechenland nicht verfolgt, versteckt, verachtet, sondern war in verschiedenen Bereichen des Lebens ganz offen und selbstverständlich präsent. Der Grund dafür ist darin zu sehen, dass Homosexualität in der griechischen Gesellschaft in keiner Weise tabuisiert, sondern im Gegenteil seit alters her verankert war, und zwar in der Weise, dass ein junger Mann (ΕΡΩΜΕΝΟΣ) (12-18 Jahre) mit einem älteren (ΕΡΑΣΤΗΣ) in der Regel auf bestimmte Zeit eine Liebesbeziehung einging. Anhand der spezifischen Altersstruktur ist hier freilich bereits eingangs festzuhalten, dass nach unseren Rechtsvorstellungen dabei die Grenzen zwischen Pädophilie und Homosexualität fließend waren.

Dieser Offenheit entsprechend war es denn auch über einige Persönlichkeiten, die in Gesellschaft oder Kunst eine prominente Rolle spielten, allgemein bekannt, dass sie (auch) homosexuelle Partnerschaften unterhielten, so z.B. Sappho von

---

[1] Dabei ist natürlich auch eine weitere Anbindung an die gemeinschaftskundlichen Fächer möglich, aber die Ausgangsbasis sind hier die Materialien der Sprachfächer Griechisch und Russisch.

Lesbos, Pausanias, Sokrates (und Alkibiades) und Alexander der Große. Und da für die Griechen Mythos und Geschichte aufs Engste zusammengehörten, finden sich auch im griechischen Mythos homosexuelle Paare.

Kunst

Neben Darstellungen, die nach heutigen Kategorien unter Pornografie fielen, gibt es in der griechischen Vasenmalerei auch dezentere Anspielungen auf homosexuelle Liebesverhältnisse, so z.B. in den sogenannten Kalos-Inschriften,[2] die in reichlicher Zahl – etwa 300 sind bekannt – auf hauptsächlich rotfigurigen Vasen aus Athen überliefert sind. ‚Kalos' heißt ‚schön' und findet sich ab ca. 550 v.Chr. kombiniert mit einem Männernamen immer wieder als Vaseninschrift.[3] Eine direkte Verbindung zum konkreten Vasenbild besteht meist nicht, die Kalos-Inschrift soll nur einen besonders schönen jungen Mann hervorheben, bekannt machen, preisen. Hinzu treten Vasenbilder, die nackte Athleten[4] zeigen und die zur Bewunderung männlicher Schönheit aufrufen wollen.

Literatur

Homoerotische Literatur, die die Liebe zwischen Männern zum Thema hat, ist z.B. belegt für Solon, Pindar, Kallimachos, Philostratos, Meleager und die Anthologie. Einen der wichtigsten Belege für die hohe Wertschätzung in der Gesellschaft, die dergestaltige homosexuelle Partnerschaften im klassischen Athen genossen haben, liefert dabei Platon (Arbeitsblatt, Text 1).

Weibliche Homosexualität findet sich in literarischem Zusammenhang bei Sappho und in den Hetärengesprächen von Lukian. Das berühmteste Beispiel von Liebe unter Frauen dürfte aber wohl sicher Sapphos Gedicht sein, in dem sie den schweren Abschied von einem geliebten Mädchen beschreibt, das nun von ihr als ihrer Erzieherin weggeht, um zu heiraten (frg. 2 D.).[5]

---

[2] Klein, Wilhelm. ²1898. *Die griechischen Vasen mit Lieblingsinschriften*; Brenne, Stefan. 2000. „Indices zu Kalos-Namen", in: Tyche 15, 31-53. Teils sind es von Anfang an angebrachte und mitgebrannte Inschriften, z.T. nachträglich angebrachte Graffiti.
[3] Ganz selten gibt es auch Frauennamen.
[4] Scanlon, Thomas Francis. 2002. *Eros and Greek athletics*. Oxford: University Press.
[5] Dieses Gedicht wurde von Catull ins Lateinische übertragen, dabei aber die Konstellation Frau-Frau zur Konstellation Mann-Frau verändert (c. 51: *Ille mi par esse deo videtur*).

Den pornografischen Darstellungen auf Vasen entsprechen dabei in gewissem Sinne die z.T. doch recht derben Anspielungen in der sog. Alten und Mittleren Komödie, wo Verspottung von Homosexualität bzw. homosexueller Praktiken – neben Spott auf andere Aspekte des Lebens – steht. Auch dies ist ein weiterer Beleg dafür, dass Homosexualität im alten Griechenland ‚nichts Besonderes' war. Ein konkretes Beispiel aus Aristophanes, dem Meister der Alten Komödie, möge dies illustrieren (Arbeitsblatt, Text 2).

Römische Zeit

Bei den Römern beginnt dann langsam eine Veränderung bei der Bewertung von Homosexualität. Zwar gibt es auch dort (noch) relativ offen ausgelebte homosexuelle Beziehungen. Das bekannteste Beispiel hierfür ist sicher die Liebesbeziehung zwischen dem stark griechisch orientierten Kaiser Hadrian und seinem Lieblingsknaben Antinoos (2. Jh. n.Chr.). In der Literatur jedoch werden homosexuelle Praktiken bei den Römern im besten Falle verspottet, wie in dem Lied, das die Soldaten bei Caesars Triumph über Gallien sangen (Sueton, Divus Iulius 49; Text 3).

Vor allem aber wurden jetzt – im Unterschied zur attischen Komödie – Hinweise auf homosexuelle Neigungen gezielt zur Herabsetzung des politischen Gegners eingesetzt, z.B. bei Catull c. 57, 1-3:

Pulcre convenit improbis cinaedis,	Wunderbar ist die Sympathie der Unzucht.
Mamurrae pathicoque[6] Caesarique.	Bei Mamurra, der ‚Männerhur', und Caesar.
Nec mirum: maculae pares utrisque.	Und das ist nicht zum Wundern: gleiche Makel.
	(übers. v. W. Eisenhut, München 1962)

Christentum

Diese Tendenzen, die bereits bei den Römern begonnen haben, werden dann nach dem Sieg des Christentums verstärkt. Einer der ersten Belege für diese Sicht auf Homosexualität findet sich in einem medizinischen Traktat des Caelius Aurelianus aus dem 5. Jh. n.Chr. Dieser Traktat ist die Neubearbeitung eines

---

[6] Georges, Lateinisches Handwörterbuch: „einer, der Unzucht mit sich treiben läßt".

Werkes des griechischen Arztes Soranos (2. Jh. n. Chr.) und behandelt die Krankheiten des Menschen vom Scheitel bis zur Sohle. Caelius reichert es darüber hinaus mit moralischen Kommentaren an. Von Interesse in diesem Kontext ist vor allem das Kapitel ‚*De morbis chronicis* IV 9 = *De mollibus sive subactis, quos Graeci* malthacos *vocant*' / ‚Chronische Krankheiten: Weichlinge oder solche, die flachgelegt werden, die die Griechen *malthakoi* nennen' (Text 4), in dem deutlich wird, dass Homosexualität nun als ‚krankhaft' gedeutet wird.

Für ein Arbeitsblatt zu diesem Themenkomplex wurden einige besonders prägnante der oben vorgestellten Texte ausgewählt; natürlich können auch die anderen im obigen Artikel zitierten Texte ebenfalls hinzugezogen werden. Die Texte sind dabei zweisprachig gegeben, damit eine schnelle Durchführung möglich ist bzw. damit auch die Schülerinnen und Schüler, die nicht Griechisch lernen, eingebunden werden können.

Bibliografie (Griechisch / Latein)

BOEHRINGER, Sandra. 2007. *L'homosexualité féminine dans l'Antiquité grecque et romaine.* Paris: Les Belles Lettres.
DIERICHS, Angelika. 2008. *Erotik in der Kunst Griechenlands* (= Sonderband der ANTIKEN WELT). Mainz: Philipp von Zabern.
DOVER, Kenneth James. 1983. *Homosexualität in der griechischen Antike.* München: Beck.
HALPERIN, David. 2002. *How to Do the History of Homosexuality.* Chicago: University of Chicago Press.
SCANLON, Thomas Francis. 2002. *Eros and Greek athletics.* Oxford: University Press
SCHRIJVERS, Petrus. 1985. *Eine medizinische Erklärung der männlichen Homosexualität aus der Antike* (Q. Caelius Aurelianus, vor allem: De morbis chronicis IV 9, hrsg., übers. und komm.). Amsterdam: Grüner.
WILLIAMS, Craig. 1999. *Roman Homosexuality – Ideologies of Masculinity in Classical Antiquity.* New York: Oxford University Press.

Arbeitsblatt

Text 1: Platon, Symposion 178b

πρεσβύτατος δὲ ὢν μεγίστων ἀγαθῶν ἡμῖν αἴτιός ἐστιν. οὐ γὰρ ἔγωγ' ἔχω εἰπεῖν ὅτι μεῖζόν ἐστιν ἀγαθὸν εὐθὺς νέῳ ὄντι ἢ ἐραστὴς χρηστὸς καὶ ἐραστῇ παιδικά.

Wie nun der älteste, so ist er (= Eros) uns auch der größten Güter Urheber. Denn ich meines Teils weiß nicht zu sagen, was ein größeres Gut wäre für einen Jüngling als gleich ein wohlmeinender Liebhaber, oder dem Liebhaber ein Liebling. (aus: Fr. Schleiermacher: Platon, Symposion)

Text 2: Aristophanes, Vögel 137-142 (Euelpides beschreibt eine für ihn ideale Stadt)

ὅπου ξυναντῶν μοι ταδί τις μέμψεται
ὥσπερ ἀδικηθεὶς παιδὸς ὡραίου πατήρ·
'καλῶς γέ μου τὸν υἱὸν ὦ Στιλβωνίδη
εὑρὼν ἀπιόντ' ἀπὸ γυμνασίου λελουμένον
οὐκ ἔκυσας, οὐ προσεῖπας, οὐ προσηγάγου,
οὐκ ὠρχιπέδισας, ὢν ἐμοὶ πατρικὸς φίλος.'

Wenn einer schwerbeleidigt sich bei mir beklagt, ein Vater eines hübschen Knaben: „So? Schön von dir, Stilbonides! Mein Söhnchen, das frischgebadet du beim Ringhof trafst, mir nicht zu grüßen, küssen, mitzunehmen – und auszugreifen – du, mein alter Freund.
(aus: Aristophanes, Sämtl. Komödien, hrsg. und überarb. v. H.J. Newiger, übers. v. L. Seeger, München 1976)

Text 3: Sueton, Divus Iulius 49 (Lied, das Caesars Soldaten bei seinem Triumphzug über Gallien gesungen haben)

Gallias Caesar subegit, Nicomedes Caesarem.
Ecce Caesar nunc triumphat, qui subegit Gallias,
Nicomedes non triumphat, qui subegit Caesarem.

Gallien unterwarf Caesar, Nicomedes Caesar.
Schau nur, nun triumphiert Caesar, der Gallien unterwarf,
Nikomedes triumphiert nicht, der Caesar unterwarf.
Nikomedes = König von Bithynien, bei dem Caesar seinen ersten Kriegsdienst leistete.

Text 4: Q. Caelius Aurelianus, De morbis chronicis IV 9

(1-4) Molles sive subactos Graeci malthacos vocaverunt, quos quidem esse nullus facile virorum credit: Non enim hoc humanos ex natura venit in mores, sed pulso pudore libido etiam indebitas partes obscoenis usibus subiugavit... (7) Tum denique volentes veste ... , quae sunt a passionibus corporis aliena, sed potius corruptae mentis vitia. (14) .. et maioribus se peccatis involvunt. (16) Nam sicut foeminae Tribades appellatae ... sui sexus iniuriis gaudent.

(1-4) Jeder Mann zweifelt wohl daran, dass es die sogenannten Weichlinge, die die Griechen *malthakoi* nennen, überhaupt gibt. Denn nicht aufgrund natürlicher Veranlagung gelangte dies in die menschlichen Sitten und Gebräuche, sondern Schuld daran war die Wollust, die die Schamhaftigkeit vertrieb und einem obszönen Gebrauche sogar Teile unterworfen hat, die dafür nicht bestimmt sind. (7-9) Dann versuchen sie in ihrer Begierde durch weibische Kleidung ... zu verführen, welche nichts mehr mit einer Krankheit des Körpers zu tun haben, sondern eher die Verirrungen eines verdorbenen Geistes sind. (14) ... und verstricken sich in noch größere Fehler / Sünden. (16-24) So wie nämlich Frauen, die Tribaden genannt werden ... sich an der Schändung des eigenen Geschlechts erfreuen.

Homophobie in Russland – ГОМОФОБИЯ в РОССИИ

Ein Beitrag zur Förderung der Wertschätzung von Menschen

Die Haltung zur Homosexualität im alten Griechenland und vor allem auch die gegenwärtige Liberalisierung der gesellschaftlichen Bewertung von Homosexualität in Deutschland lässt die aktuelle Entwicklung in Russland nur schwer verständlich erscheinen. Gleichgeschlechtliche Lebensweisen sind in Russland weitestgehend unsichtbar. Homosexualität und Homosexuellen begegnet man mit Unverständnis, Vorurteilen, Ablehnung, Feindschaft. Dieser Beitrag beleuchtet mögliche Gründe und Ursachen für die aktuellen Entwicklungen.

Gesetzliche Vorgaben

An erster Stelle müssen die gesetzlichen Vorgaben bezüglich Homosexualität vom Juni 2013 zur Verdeutlichung der Ernsthaftigkeit der Lage von Homosexuellen in der Russischen Föderation betrachtet werden.[7] Der Gesetzestext hebt hervor, dass diese Verschärfung der gesetzlichen Lage zum Schutz der Kinder erfolgt. Es handelt sich hier explizit um das Verbot der „Propaganda von nicht-traditionellen sexuellen Beziehungen gegenüber Minderjährigen".[8] Das Gesetz wurde einstimmig mit nur einer Enthaltung vom Parlament verabschiedet.[9]

Zuwiderhandeln zieht Strafen nach sich.[10] Privatpersonen können mit Strafen bis zu 115 Euro, Personen in einem öffentlichen Amt mit bis zu 1200 Euro, Vereine und Unternehmen mit rund 11000 Euro belegt werden. Vereine und Unternehmen können für 890 Tage geschlossen werden. Höhere Strafen drohen bei Verbreitung der ‚Propaganda' über das Internet oder ein anderes Massenmedium.

---

[7] Russischer Gesetzestext „О внесении изменений в статью 5 Федерального закона «О защите детей от информации, причиняющей вред их здоровью и развитию» и отдельные законодательные акты Российской Федерации в целях защиты детей от информации, пропагандирующей отрицание традиционных семейных ценностей" http://ru.wikisource.org/wiki/%D0%A4%D0%B5%D0%B4%D0%B5%D1%80%D0%B0 %D0%BB%D1%8C%D0%BD%D1%8B%D0%B9_%D0%B7%D0%B0%D0%BA%D0% BE%D0%BD_%D0%BE%D1%82_30.06.2013_%E2%84%96_135-%D0%A4%D0%97, Zugriff: 01.08.2016

[8] Ibid.

[9] http://lenta.ru/news/2013/06/11/second, Zugriff: 01.08.2016.

[10] Vgl. Fußnote 7.

Ausländer können zudem bis zu 15 Tage in Gewahrsam genommen werden, außerdem droht ihnen die Ausweisung.[11] Laut Umfrage des Allrussischen Zentrums der Erforschung der öffentlichen Meinung (WZIOM = Всероссийский центр изучения общественного мнения) und des Levada-Zentrums[12] befürworten 88% der Bevölkerung das Gesetz, und 42% aller Befragten befürworten die Strafbarkeit der Homosexualität.[13]

Geschichtliche Entwicklung

Gesetzliche Vorgaben zur Homosexualität in der Sowjetunion: Von 1933 bis 1993 galt der Verfassungsartikel 121. In diesem Artikel wurde Мужеложство (der Beischlaf mit Männern) unter harte Strafen gestellt: bis zu fünf Jahre Zwangsarbeit oder Gefängnis oder auch Unterbringung und Zwangsbehandlung in psychiatrischen Kliniken. Nach dem Zerfall der Sowjetunion änderten sich die gesetzlichen Vorgaben. Seit 1993 sind für Erwachsene homosexuelle Handlungen legalisiert, und seit 1999 gilt Homosexualität nicht mehr als Geisteskrankheit.

Aktuelle Situation

Durch die Verschärfung der Gesetze von Juni 2013 (s.o.) bedingt, kann man feststellen, dass Homosexualität zwar weiterhin legal ist, aber weitestgehend gesellschaftlich tabuisiert wird, da Homosexualität und Kinderschändung in eine enge Verbindung gebracht werden.[14]

In diesem Zusammenhang muss auch die geänderte Gesetzeslage, das Verbot der homosexuellen ‚Propaganda', gesehen werden. Vor

---

[11] http://www.itar-tass.com/politika/626827, Zugriff: 01.08.2016;
http://www.zeit.de/2013/34/homophobie-russland, Zugriff: 01.08.2016.

[12] http://www.levada.ru, Zugriff: 01.08.2016 und http://www.quarteera.de/news/umfragedes levada-zentrumshomophobestimmungeninrussland, Zugriff: 01.08.2016.

[13] http://de.ria.ru/miscellaneous/20130517/266137139.html, Zugriff: 17.11.2013. Der Artikel wurde aktualisiert und erscheint zum aktuellen Zeitpunkt unter der Internetadresse http://de.sputniknews.com/panorama/20130517/266137139/Halb-Russland-fr-Zwangsheilung-und-Strafen-fr-Homosexuelle.html, Zugriff: 01.08.2016.

[14] https://www.openpetition.de/petition/online/gesetz-gegen-die-propaganda-von-homosexua litaet-in-russland (siehe auch für Bildquelle), Zugriff: 01.08.2016.

diesem Hintergrund betrachtet, ist das Verbot von Adoptionen durch gleichgeschlechtliche Ehepaare, auch aus dem Ausland,[15] nur konsequent. Zum Schutz von Kindern besteht das Verbot jeglicher positiver Äußerungen über Homosexualität in Anwesenheit von nicht-volljährigen Personen und das Verbot jeglicher positiver Äußerungen über Homosexualität in und durch Medien aller Art. Diskutiert werden weitreichende Einschnitte in das Familienleben. So soll Eltern, die nicht-traditionelle sexuelle Beziehungen zulassen, das Sorgerecht für ihre adoptierten und leiblichen Kinder entzogen werden. Gleichgeschlechtliche Partnerschaften werden vom Staat nicht anerkannt.[16]

Bezeichnungen für homosexuelle Personen
- nicht traditionell sexuell Orientierte
- Пидерасты – Päderasten
- Педик – Kurzform für Päderast, abfälliges Wort für Schwule in der Alltagssprache
- Pädophile: Schwulsein wird mit Pädophilie gleichgesetzt
- Содомиты – Sodomiten
- Голубые – „Blaue"

Bewertung von Homosexualität durch Religion, Gesellschaft und Politik
Auch die Positionen der Religionsgemeinschaften tragen zur gesellschaftlichen Ächtung bei. Die Russisch-Orthodoxe Kirche ist der Ansicht, das Gesetz leiste einen besseren Schutz der Gesellschaft vor unmoralischen westlichen Einflüssen. Homosexualität sei ein Übel und die Ursache des Zerfalls traditioneller Familien.

---

[15] http://de.ria.ru/politics/20130419/265973740.html, Zugriff: 01.08.2016
[16] http://www.zeit.de/2013/34/homophobie-russland
http://de.sputniknews.com/politik/20130408/265893082/Putin-fhrt-unterschiedliche-Einstellung-zu-Homo-Ehen-auf.html
http://de.sputniknews.com/panorama/20130517/266137139/Halb-Russland-fr-Zwangsheilung-und-Strafen-fr-Homosexuelle.html
http://de.sputniknews.com/politik/20130419/265973740/Duma-Abgeordneter-warnt-Europa-knnte-Russland-Homo-Ehen.html, jeweils Zugriff: 01.08.2016

Die gleichgeschlechtliche Ehe sei ein Laster, welches zur Zerstörung der Persönlichkeit führe.[17] Der Islam lehnt Homosexualität ab, weil dieses Verhalten zum Ende der menschlichen Rasse führe, und das Judentum bezeichnet Homosexualität als Perversität und Verstoß gegen die Moral.

Eine Umfrage des Levada-Zentrums[18] zeigte im Mai 2013 folgende Ergebnisse:
- Verbot jedweder öffentlichen Bekundung von Homosexualität (ca. 75%)
- Zwangsheilung und strafrechtliche Verfolgung von LGBTI (51%)
- LGBTI sollten in Ruhe gelassen werden (ca. 31%)
- Hilfe bei der Integration in die Gesellschaft (8%)

Als „Propaganda von Homosexualität" gelten (auch in den Augen der Bevölkerung):
- Talkshows, Fernsehsendungen, Artikel über LGBTI
- Persönliche Gespräche mit Vertretern sexueller Minderheiten
- Fernsehsendungen über die ‚Ursachen' von Homosexualität
- Demonstrationen, Aktionen zum Schutz der Rechte von sexuellen Minderheiten
- Belletristik, Kinofilme, die gleichgeschlechtliche Beziehungen darstellen
- Gay-Prides
- Aufwachsen von Kindern mit gleichgeschlechtlichen Eltern
- Freies Zeigen homosexueller Gefühle, wie Küssen und Umarmen, in der Öffentlichkeit

Als mögliche Gründe für homophobe Haltungen werden angeführt:
- Befürwortung des Verbots der ‚Propaganda' von Homosexualität (67%)
- Angst, dass die eigenen Kinder oder Enkel Opfer von homosexueller ‚Propaganda' werden können (61%)
- Glaube daran, dass das Gesetz die Sorge um die Sittlichkeit der Bevölkerung und die Stärkung der Moral zur Grundlage hat (60%)

---

[17] http://www.spiegel.de/politik/ausland/russland-will-schwulenpropaganda-landesweit-verbieten-a-824655.html, Zugriff: 01.08.2016
[18] http://www.quarteera.de/news/umfragedeslevadazentrumshomophobestimmungeninrussland Zugriff: 01.08.2016

Einen wichtigen Beitrag zur Herabwürdigung von Schwulen und Lesben liefern auch populäre Parlamentsabgeordnete, wie z.B. der radikale Sankt Petersburger Abgeordnete Vitalij Milonov, ein populärer Gast in Talkshows des russischen Staatsfernsehens und oberster Gay-Basher, welcher die Meinung vertritt, Schwule und Lesben brauchten Heilung und diese würden sie in der Kirche finden.[19] Mit seinen Äußerungen trifft Milonov die Stimmung in der Gesellschaft.

Die gesellschaftliche Situation von Schwulen und Lesben ist gekennzeichnet durch Angst vor Ausgrenzung[20], Angst vor Gewalt – Schlägertrupps verabreden sich in Schwulenforen zu Scheindates und verprügeln ihre Opfer („Remont" = Reparatur); die Taten werden gefilmt und online veröffentlicht.[21] Resultate sind Geheimhaltung[22] (vgl. Levada: 89% der Befragten geben an, unter ihren Bekannten keine Schwulen oder Lesben zu haben) und Scheinehen von Schauspielern und Politikern. Schwulen und Lesben fehlt der Mut, sich zu outen, da die Risiken, ausgestoßen oder gar getötet zu werden, zu hoch sind.

Und trotzdem gibt es eine russische Schwulenbewegung.[23] Als Eckdaten ihrer Entwicklung könnte man folgende Werke und Ereignisse anführen:

- *You I Love* (2004) – Dreiecksgeschichte (1 Frau, 2 Männer)
- *Wesseltschaki* (2009) – Tragikomödie – Drag Queens
- *You and I* (2011) – lesbische Liebesgeschichte
- August 2012 – Madonna ruft auf ihrem Konzert in Russland zur Toleranz gegen Homosexuelle auf (Klage abgewiesen)[24]

---

[19] http://www.zeit.de/2013/34/homophobie-russland, Zugriff: 01.08.2016.
[20] http://www.faz.net/aktuell/politik/ausland/europa/kampagne-gegen-homosexuelle-russland s-altes- neues-feindbild-12561226.html, http://moskaucalling.wordpress.com/, http://www.zeit.de/politik/2013-05/russland-gesetze-ngo-homosexualitaet, jeweils Zugriff: 01.08.2016.
[21] http://de.sputniknews.com/politik/20130120/265354964.html, Zugriff: 01.08.2016.
[22] http://korrespondent.net/world/russia/1514257-zakon-o-gej-propagande-v-rossii-liniya-rask ola, Zugriff: 01.08.2016.
[23] http://www.nzz.ch/aktuell/feuilleton/uebersicht/als-schwuler-kuenstler-haelt-man-hier-jetzt-besser-den-mund-1.18177745, http://www.sueddeutsche.de/kultur/homophobie-und-k unst-in-russland-hier-werdet-ihr-nicht-gluecklich-jungs-1.1762744, Zugriff: 01.08.2016.
[24] http://www.berliner-zeitung.de/panorama/homophobie-in-russland-protest-gegen-auftritt-von-elton-john,10808334,24432592.html, Zugriff: 01.08.2016

- Dezember 2012 – Lady Gaga (Konzert in Sankt Peterburg) animiert angeblich Jugendliche zum Coming Out (Klage des Stadtverordneten Vitalij Mironov)
- Serie *Glee* (2013) – 2. Staffel spät in der Nacht – Kuss von Kurt und Blain wurde herausgeschnitten
- 2013 – Projekt der Verfilmung von P. I. Čhaikovskijs Leben (Regisseur: Kirill Serebrennikov) zunächst gescheitert – soll nun ohne Thematisierung der Homosexualität verfilmt werden

Bekannte russische Homosexuelle
- Pëtr Il'ič Čhaikovskij[25] (1840-1893) – Komponist
- Marina Cvetaeva (1892-1941) und Sofija Parnok (1885-1933) – Dichterinnen
- Rudol'f Nuriev (1938-1993) – Tänzer
- Vladimir Malakhov (Berliner Staatsballett)
- Popsänger Boris Moiseev – er outete sich in den frühen 90ern, widerrief aber im Jahr 2010
- 1999-2011 – Pop-Duo t.A.T.u. (Тату = Та любит Ту = Elena Katina und Julija Volkova) – sie praktizierten tabulose Spiele auf der Bühne mit eindeutigen Anspielungen auf eine lesbische Beziehung, die als bewusstes Brechen von Tabus verstanden wurden
- Anton Krasovskij, 38, Journalist – er verlor seinen angesehenen Job beim Internetfernsehen nach dem Outing: „Ich bin schwul und genauso ein Mensch wie Wladimir Putin oder Dmitri Medwedew."[26]

Versuch einer Erklärung für extreme Homophobie in Russland
Dies kann nur der Versuch einer Erklärung sein, denn es spielen sehr viele Aspekte eine Rolle. Zum einen fällt auf, dass sich Gewalttäter gegen Schwule und Lesben sicher fühlen können. Sie werden nicht zur Rechenschaft gezogen. Die

---

[25] http://www.dw.de/tschaikowski-und-die-russische-homophobie/a-17208643, Zugriff: 01.08.2016
[26] http://www.zeit.de/politik/2013-05/russland-gesetze-ngo-homosexualitaet, Zugriff: 01.08.2016

russische Kultur und auch der russische Staat schützen Anderssein kaum oder gar nicht. Hier spielt auch die Angst vor einer Bedrohung der Stabilität, vor Sittenverfall eine große Rolle. In Bezug auf Schwule und Lesben gibt es kaum Toleranz, Offenheit, Liberalität („liberal" wird häufig als Schimpfwort gebraucht).

Hinzu kommt, neben der Autorität der Staatsmacht, die Rolle der Russisch-Orthodoxen Kirche. Beide Mächte propagieren eine traditionelle, autoritäre, dem Kollektiv verpflichtete Gesellschaft, wobei westliche Werte häufig abgelehnt werden. Dieses Bild ist noch stark geprägt vom Erbe der Sowjetzeit und den von ihr propagierten traditionellen Familienwerten. Hier finden wir sicherlich auch die Nachwirkungen der Kriminalisierung von Homosexuellen unter Stalin. Zwangsheilung, Unterbringung in der Psychiatrie, Lagerhaft waren Strafen für Homosexualität. Die getrennte Unterbringung von Männern und Frauen in den Gulags hatte häufig Vergewaltigungen zur Folge – gleichgeschlechtlicher Verkehr wurde dadurch häufig mit Gewaltausübung, Missbrauch und Vergewaltigung gleichgesetzt. Dan Healey, University of Reading, ein britischer Geschichtsexperte, bringt diese Situation auf den Punkt: „Sexualität und Homosexualität im Speziellen sind im kollektiven Gedächtnis verbunden mit Bedrohung, mit Gefühlen der schlimmsten Demütigung."[27]

Die Streichung von Stalins Schwulenparagraf nach 60 Jahren durch Boris El'cin hätte ein Chance zur Auseinandersetzung mit diesem gesellschaftlichen Aspekt des Zusammenlebens geboten, aber abgeschafft wurde dieser Paragraf, um Russlands Weg in den Europarat freizumachen. Es fand keine öffentliche gesellschaftliche Diskussion darüber statt.

Seitdem es jedoch das Gesetz zum „Verbot der Propaganda von nicht-traditionellen sexuellen Beziehungen gegenüber Minderjährigen" gibt, spricht auch das staatlich kontrollierte Fernsehen über Schwule und Lesben, wobei allerdings in erster Linie die öffentliche Empörung über die Zustände im Westen immer wieder zum Ausdruck gebracht wird. Doch auch auf diese Weise können andere Lebensweisen in den Fokus gestellt und bekannt gemacht werden.

---

[27] http://www.zeit.de/2013/34/homophobie-russland/seite-3, Zugriff: 01.08.2016

Mehr als Mord und Totschlag –
Kriminalliteratur im Russischunterricht

Rebecca Krug (Mainz)

1. Zur Situation der Kriminalliteratur in Russland nach der Oktoberrevolution

In der Sowjetunion war der Kriminalroman eine weitgehend marginalisierte literarische Gattung, denn zum einen sollte Literatur die Leser weniger unterhalten als im Geiste des Sozialismus zu einem neuen Menschen erziehen, zum anderen war in einem sozialistischen Gesellschaftssystem – zumindest theoretisch – generell kein Platz für Kriminalität und Rechtsverstöße. Nichtsdestotrotz gab es auch während des Sozialismus Romane, die sich mit Verbrechensbekämpfung und Ermittlungsarbeit auseinandersetzten, wie Norbert Franz in seiner Untersuchung „Moskauer Mordgeschichten" aufzeigt (Franz 1988, 10f.). So forderte Nikolaj Bucharin, einer der führenden Politiker der 1920er Jahre, sozialistischer Wirtschaftstheoretiker und Mitglied des Politbüros, 1923 sogar die Entwicklung sogenannter ‚Roter Pinkertons' als Gegenbewegung zum zunehmend populären amerikanischen Krimi. Diese sollten als eine Art „kriminalistische Abenteuerromane" mit Unterhaltungsqualität in den Dienst der Parteipropaganda gestellt werden. Denn der Detektivroman mit seiner Einbeziehung technischer Neuerungen, der Fotografie oder Spurenanalyse mittels Mikroskop etc. entsprach theoretisch sehr gut dem Bild des aufstrebenden, modernen Sowjetstaates (Franz 1988, 74; Zink 2006, 110f.). So entstanden in den 1920er Jahren in Russland diverse Werke mit einer kriminalistischen Thematik, wie Mariétta Šaginjans Pinkerton-Parodie „Mess-mend oder die Yankies in Petrograd" („Месс-менд или Янки в Петрограде"). Und auch etablierte Schriftsteller wie die Serapionsbrüder um Viktor Šklovskij und Konstantin Fedin beschäftigten sich mit Detektivromanen und nannten dabei Arthur Conan Doyle als eine ihrer wichtigsten Inspirationsquellen. Das Ziel der Serapionsbrüder war eine generelle Aufwertung von Kriminalliteratur, wobei der Fokus auf kompositorische Gesichtspunkte gelegt wurde (Franz 1988, 73ff.). Aber spätestens nach dem Schriftstellerkongress von 1934 und der damit einhergehenden, allgemeinen Gleichschaltung der Literatur im

Sinne des Sozialistischen Realismus war kein Platz mehr für Literatur ohne Moral und erzieherische Funktionen. Nach einer relativ langen ‚krimilosen' Zeit wurden in den 1960er, 1970er und 1980er Jahren wieder vereinzelt Detektiv- und Kriminalromane publiziert, welche sich zumeist durch hohe moralische Ansprüche auszeichneten. Die Ermittler waren hier allesamt Staatsangestellte, die im Sinne des Kollektivs, häufig in Dreierkonstellationen, ermittelten (Zink 2006, 111f.).

Seit dem Zusammenbruch der Sowjetunion wurde der russische Buchmarkt und Literaturbetrieb jedoch einem gewaltigen Wandel unterzogen. Wurden zu sozialistischen Zeiten vor allem die Klassiker gelesen, gehört mittlerweile der Kriminalroman zu den beliebtesten Genres in Russland. 90% der Leser bevorzugen heute Unterhaltungsliteratur, wobei der Krimi auf der Beliebtheitsskala den ersten Platz einnimmt, gefolgt von Liebesromanen, historischen Romanen und Fantasy (Menzel 2000, 17). Seinen neuen Erfolg verdankt der Krimi zum einen der realen Zunahme an Verbrechen, besonders im Bereich der Wirtschaftskriminalität, und zum anderen dem Ende der sowjetischen Zensur und der damit einhergehenden Öffnung des Buchmarktes für westliche (Unterhaltungs-)Literatur. So entstehen zunehmend auch russische Eigenproduktionen, wobei sich auffällig viele weibliche Autoren in der Krimisparte betätigen und Werke mit weiblichen Helden verfassen (Zink 2006, 112; Cheauré 2009, 184f.).

2. Postsowjetische Kriminalliteratur in Russland

Zu den populärsten Krimiautoren aus Russland gehören momentan Dar'ja Doncova (Дарья Донцова), Aleksandra Marinina (Александра Маринина), Polina Daškova (Полина Дашкова) und Boris Akunin (Борис Акунин).[1] Alle vier Autoren haben auch auf internationaler Ebene Bekanntheit erlangt, und ihre Werke sind in zahlreiche Sprachen übersetzt. Jedoch eignen sich nicht alle gleichermaßen für die Besprechung im Fremdsprachenunterricht. Im Folgenden sollen die Autoren und ihr Werk einzeln vorgestellt werden.

---

[1] Die deutsche Schreibweise der russischen Namen orientiert sich im Zusammenhang mit den vorgestellten Romanen an der jeweils von den Verlagen verwendeten Umschrift. Ansonsten wird die wissenschaftliche Transliteration verwendet.

2.1 Dar'ja Doncova

Dar'ja Doncova, studierte Journalistin und Übersetzerin, hat mittlerweile etwa 180 Romane verfasst, die weltweit millionenfach verkauft wurden.[2] Ihre Werke unterteilen sich in sechs verschiedene Reihen, deren zumeist weibliche Helden häufig autobiografische Züge tragen und zu Beginn ihrer ‚Ermittlerkarriere' mehr oder weniger zufällig in einen Kriminalfall stolpern. Die beinahe am Fließband produzierten Romane sind in inhaltlicher Hinsicht weitgehend austauschbar, zeichnen sich durch ein relativ niedriges Niveau aus und richten sich primär an ein weibliches Publikum, das sich – ohne große intellektuelle Ansprüche – mit der Protagonistin identifizieren soll und so temporär dem grauen Alltag entfliehen kann. Aufgrund ihrer seichten, klischeeüberladenen Thematik und der insgesamt geringen Qualität eignen sich die Romane von Doncova nicht für eine Bearbeitung im Fremdsprachenunterricht, sofern dieser anspruchsvolle Inhalte vermitteln oder zu kontroversen Diskussionen anregen möchte.

2.2 Aleksandra Marinina

Aleksandra Marinina gilt als die erfolgreichste und beliebteste Autorin russischer Kriminalromane. Sie studierte Jura in Moskau und arbeitete lange Zeit als Wissenschaftliche Mitarbeiterin für das Innenministerium bei der Miliz, bevor sie 1991 mit dem Schreiben begann. Ihre wichtigste Reihe dreht sich um die junge Ermittlerin Anastasija Kamenskaja, die sich im postsowjetischen Moskau mit neuen kriminalistischen Methoden gegen ihre vorurteilsbehafteten männlichen Kollegen behaupten muss. Neben der zumeist relativ solide gestrickten Krimihandlung – die sich primär um organisierte Kriminalität, zwielichtige Politiker, Drogen- und Menschenhandel sowie um das Versagen der Justiz dreht – thematisieren Marininas Romane auch die vielfältigen Probleme, die den postsozialistischen Alltag prägen. Angesprochen werden u.a. die schlechte Bezahlung im öffentlichen Dienst und die daraus resultierende Korruptionsproblematik, die enorme Preissteigerung auf Waren des täglichen Gebrauchs oder die zunehmenden

---

[2] Aktuelle Informationen zu den verschiedenen Reihen sowie eine Aufführung sämtlicher Romane finden sich beispielsweise auf folgender Homepage http://www.dontsova.ru /library/ (letzter Zugriff: 01.08.2016).

Disparitäten in der russischen Gesellschaft, aber auch Themen wie Drogenmissbrauch, übermäßiger Alkoholkonsum oder innerfamiliäre Gewalt. Viele der behandelten Themen erscheinen für eine Verwendung im Unterricht jedoch eher ungeeignet, da sie die Lebenswelt von Jugendlichen in Deutschland wenig tangieren und dementsprechend keine besondere Relevanz für diese haben, so beispielsweise eine Mordserie im Zusammenhang mit dem Dreh von Gewaltpornos und Snuff-Filmen („Auf fremden Terrain" – „Игра на чужом поле").

Eine weitere Problematik bei Marinina ist ihre auffällige Schwarz-Weiß-Zeichnung, sowie die Tatsache, dass die Morde in den Romanen eine sehr unterschiedliche moralische Wertung erfahren. So stellt Doris Boden bei ihrer Untersuchung fest, dass in Marininas fiktiver Welt eine Differenzierung nach ‚guten' und ‚bösen' Verbrechern zu erkennen ist und in Analogie dazu ‚gute' und ‚böse' Morde existieren. Ist das Opfer ein unschuldiger, unbescholtener Bürger, dann sind diese Morde ‚böse'; ist das Opfer aber selbst ein Verbrecher, ein Mafioso oder ein Angehöriger der ‚neuen Russen', der sich etwas hat zuschulden kommen lassen, dann werden diese Morde deutlich positiver konnotiert, teilweise als ‚gerechte Strafe' legitimiert oder einfach nicht weiter thematisiert. Der Täter wird in diesen Fällen in der Regel nicht zur Rechenschaft gezogen (Boden 2012, 162-168). Wurden die Romane in den 1990ern häufig als ein Beispiel feministisch angehauchter Literatur und als eine Art „moderner Bildungsroman" gewürdigt (Boden 2012, 152-155), ist ihre Rezeption mittlerweile deutlich differenzierter:

> Marininas Doppelmoral hinsichtlich ‚guter' und ‚böser' Verbrecher lässt eher auf ein Fehlen von Sozialkritik in ihren Texten schließen. Intellekt und Gewissen werden auf eine reine Bestrafungsmechanerie abgestellt. Eine Reflexion der psychischen, ethischen, sozialen oder gesellschaftlichen Bedingungen von Verbrechen erfolgt nicht. Auch die Möglichkeit einer Distanzierung vom Text wird dem Rezipienten textimmanent nicht gegeben. (Boden 2012, 165f.)

Daher ist eine Behandlung der Romane im Unterricht eher problematisch. Zumindest wäre in ihrem Kontext eine ausführliche und differenzierte Diskussion zum Thema Selbstjustiz dringend anzuraten, was aber sicher nur in einer Gruppe mit guten Russischkenntnissen und einem gut entwickelten Wertesystem bzw. ausreichender geistiger Reife sinnvoll erscheint.

2.3 Polina Daškova

Polina Daškova studierte Literatur am Moskauer Gor'kij-Institut und arbeitete als Journalistin für verschiedene Magazine und beim Rundfunk, bevor sie 1996 ihren ersten Roman veröffentlichte. Für die Bearbeitung im Fremdsprachenunterricht besonders zu empfehlen ist der Roman „Bis in alle Ewigkeit" („*Источник счастья*") aus dem Jahr 2006, da er vielfältige thematische Ansätze bietet und damit eine gute Diskussionsgrundlage für fortgeschrittene Gruppen darstellt.

Der Roman ist kein klassischer *Whodunit*-Krimi, bei welchem die Haupthandlung darin besteht, dass ein zu Beginn begangenes Verbrechen aufgeklärt wird. Vielmehr vermischen sich Kriminalelemente mit historischen Themen und einem Hauch Fantasy. Die Handlung gliedert sich in drei Erzählstränge. Im Jahr 1916 stößt der Wissenschaftler und Militärarzt Michail Svešnikov bei Tierversuchen mit Ratten zufällig auf eine Möglichkeit, deren Leben zu verlängern. Mit seiner Verjüngungsmethode rettet der Arzt einem schwerkranken jüdischen Jungen das Leben, will seine Entdeckung insgesamt aber geheim halten, da er moralische Bedenken und Angst vor den Folgen hat, sollte das Geheimnis in falsche Hände geraten. Zusammen mit seiner siebzehnjährigen Tochter Tanja – der Protagonistin und Sympathieträgerin dieses Erzählstrangs – und dem Assistenten Agapkin gerät er zwischen die Fronten der Oktoberrevolution. Aus einer gutbürgerlichen Schicht stammend, steht die Familie auf Seiten der weißen Garden; Tanja heiratet einen monarchistischen Offizier, ihr Vater muss sich jedoch mit den Bolschewiki arrangieren, um weiter arbeiten zu können. Beide politischen Seiten sind zudem an seiner Verjüngungsmethode interessiert, über die diverse Gerüchte kursieren.

Im Jahr 2006 in Moskau verstirbt der Vater der jungen Biologin Sof'ja Luk'janova – kurz nach einem Besuch in Deutschland – unerwartet und unter mysteriösen Umständen angeblich an Herzversagen. Die junge Frau ist misstrauisch und will der Sache nachgehen. Kurz darauf erhält sie das Angebot, an einem internationalen Forschungsprojekt auf der Insel Sylt mitzuarbeiten – die Möglichkeit, dem sehr bescheidenen Leben in Moskau zu entfliehen und ihre wissenschaftliche Karriere voranzutreiben. Die Auftraggeber erscheinen ihr jedoch mehr als dubios. Im Verlauf des Anwerbeverfahrens wird Sof'ja mit dem uralten Agapkin, einem ehemaligen Geheimdienstmitarbeiter, bekannt gemacht, der scheinbar viel über Sof'jas Familiengeschichte und Herkunft weiß.

Ebenfalls 2006 ist der Moskauer Milliardär Ko'lt unzufrieden mit seinem Leben. Er hat zwar in materieller Hinsicht eine sorgenfreie Existenz, trotzdem lassen sich die Spuren des Alterns nicht mehr verbergen. Er setzt seine Mitarbeiter darauf an, um jeden Preis eine Möglichkeit zur Lebensverlängerung zu recherchieren. Dabei stoßen diese auf die Versuche von Svešnikov aus dem Jahr 1916.

Im Verlauf der Handlung fließen die drei Erzählstränge auf vielfältige Weise ineinander, ohne dass der Roman dadurch überkonstruiert wirkt. Die Handlung wird spannend präsentiert; die Autorin arbeitet oft mit sogenannten *cliffhangern*, d.h. die einzelnen Kapitel enden an einer besonders prägnanten Stelle. Der so entstehende ‚hängende Spannungsbogen' wird erst im übernächsten Kapitel gelöst, dazwischen erfolgt ein Wechsel in einen anderen Handlungsstrang. In sprachlicher Hinsicht bewegt sich der Roman auf gehobenem Niveau; so gibt es beispielsweise diverse Verweise auf russische Klassiker wie Puškin und Mandel'štam. Daškova versucht demnach – im Gegensatz zu Doncova – auch ein gebildeteres Publikum anzusprechen.

Bezüglich seiner Eignung für den Unterricht zeigt der Roman sowohl aktuelle als auch historische Themen auf. Im Kontext des gegenwärtigen Moskau werden die gängigen Alltagsprobleme und Klischees über Russland angesprochen: die prekäre finanzielle Lage von Akademikern und die damit verbundene Abwanderung von Fachkräften ins Ausland, die sozialen Disparitäten zwischen den verschiedenen gesellschaftlichen Schichten sowie am Rande die allgegenwärtige Korruption und der Alkoholmissbrauch. Interessanter für eine Besprechung im Unterricht erscheinen allerdings die Geschichtsthematik und die bioethische Dimension des Romans.

Die Familie Svešnikov wird aus einem sorgenfreien Leben heraus mit den Folgen der Revolution konfrontiert. Ihr Alltag ist geprägt von Versorgungsengpässen, Lebensmittelknappheit und Stromausfällen; im Krankenhaus fehlen Medikamente und Verbandsmaterial. Zudem versuchen alle politischen Seiten Einfluss auf ihre Forschungsarbeit zu nehmen. Thematisiert werden die zunehmenden Spannungen zwischen den einzelnen Bevölkerungsgruppen und die Auswirkungen der Oktoberrevolution, wobei die textimmanent vermittelten Sympathien eindeutig auf Seiten der Bildungsbürgerschicht und der Zarenanhänger liegen. Die

Revolutionsanhänger werden als wilde Tiere und marodierende Horden beschrieben, die das schöne, geregelte und unbekümmerte Leben der Protagonisten ins Chaos stürzen (z.B. Daschkowa 2012, 320ff., 328, 346ff.). Daškovas Mitgefühl bei der Beschreibung der gesellschaftlichen Umstände gilt nicht den ausgebeuteten Bauern, Arbeitern und Soldaten auf beiden Seiten der Front, sondern der „hilflosen und verlorenen" Zarin (Müller 2012, o.A.). Hier wäre eine differenziertere Darstellung wünschenswert. Die sehr einseitige Darstellung der Ereignisse bietet jedoch eine gute Möglichkeit, durch ergänzende Materialien im Unterricht auch die Perspektive der Revolutionäre zu vermitteln sowie die gesellschaftlichen, sozialen und politischen Ursachen der Revolution und ihre Folgen aufzuzeigen. Die Revolutionsthematik im Roman ist ein interessanter Ansatz, um den Schülerinnen und Schülern diesen bedeutenden Abschnitt der russischen Geschichte näherzubringen.

Besonders lohnend erscheint darüber hinaus eine Diskussion auf Basis der Verjüngungsexperimente von Prof. Svešnikov, da es sich hierbei um eine Thematik handelt, die auch in der Gegenwart von großer Bedeutung ist. Es bieten sich entsprechend vielfältige Anknüpfungspunkte zu aktuellen Fragen der Wissenschaft und Ethik. Wie weit darf die Wissenschaft bei ihrer Forschung gehen? Ist alles theoretisch Mögliche erlaubt? Wo liegen die moralischen und ethischen Grenzen? Was wären die Konsequenzen, wenn niemand mehr altert? All diese Fragen sind durchaus auch für Jugendliche von großer Relevanz. Dementsprechend bietet der Roman hier ein Thema, zu dem sich vermutlich jeder eine Meinung bilden kann, und damit einen sehr guten Ansatz für eine kontroverse Diskussion.

Daškovas Roman baut in diesem Zusammenhang auf einer äußerst interessanten, real existenten zeit- und kulturgeschichtlichen Basis auf. Im Zuge der sozialistischen Umgestaltung der Gesellschaft und der Suche nach dem ‚neuen Menschen' kommunistischer Färbung entwickelten sich in der frühen Sowjetunion diverse Thesen und Gedankenspiele, die evident an die Versuche aus dem Roman erinnern. Russische Autoren und Philosophen entwarfen in den 1920er Jahren teils radikale Projekte einer totalen Transformation des Lebens, so beispielsweise Nikolaj Fedorovs „Projekt der gemeinsamen Tat", dessen Ziel es war, alle Toten mittels moderner Technik künstlich wieder zum Leben zu erwecken und mit ihnen zusammen eine neue, gerechte Gesellschaft zu begründen, oder die Idee Konstantin Ciolkovskijs, des Vaters des sowjetischen Raumfahrtprogramms, andere Planeten mit wiederauferstandenen Menschen zu bevölkern. Die Gruppe der ‚Biokosmisten' proklamierte den Kommunismus als Weg zur Erlangung der Unsterblichkeit; und Aleksandr Bodganov führte am von ihm gegründeten Institut für Bluttransfusion zahlreiche Experimente durch, bei denen das Blut junger und alter Menschen teilweise untereinander ausgetauscht wurde. Von diesem Bluttausch erhoffte er sich nicht nur eine Stärkung des Immunsystems und eine Verjüngung der älteren Probanden, sondern auch eine gegenseitige Beeinflussung des geistigen und sozialen Potenzials (Groys 2005, 8-18). Zur Vertiefung dieses Aspekts sind der Aufsatz von Boris Groys „Unsterbliche Körper" sowie – je nach Schwerpunktsetzung – auch weitere Aufsätze zu den Thesen und Experimenten von Ciolkovskij oder Bogdanov aus dem Sammelband „Die neue Menschheit: biopolitische Utopien in Russland zu Beginn des 20. Jahrhunderts" sehr zu empfehlen. Viele der Texte eignen sich bei Oberstufenkursen auch für die Lektüre und Diskussion im Unterricht.

Zur Erweiterung dieser Thematik bei interessierten Schülergruppen erscheint darüber hinaus die Lektüre von Michail Bulgakovs Novelle „Hundeherz" („*Собачье сердце*") aus dem Jahr 1925 ausgesprochen fruchtbar. Auch hier werden fragwürdige wissenschaftliche Versuche sowie grundlegende Fragen von Moral und Ethik im Zusammenspiel mit der sozialistischen Umgestaltung Russlands behandelt. Als Ergänzung empfiehlt sich die russische Verfilmung der Novelle von Regisseur Vladimir Bortko aus dem Jahr 1988.

2.4 Boris Akunin

Boris Akunin, eigentlich Grigorij Šalvovič Čchartišvili, studierte Geschichtswissenschaften und Japanologie an der Lomonosov-Universität in Moskau und arbeitete im Anschluss für verschiedene wissenschaftliche Organisationen und als Übersetzer für japanische und englischsprachige Literatur. Sein erster Kriminalroman aus der Fandorin-Reihe („*Новый детективъ – Приключения Эраста Фандорина*") erschien 1998. Seitdem wurden vierzehn weitere Bände der Fandorin-Reihe, drei Bände in der Pelagija-Reihe („*Провинціальный детективъ*") sowie vier Bände in der Nikolas Fandorin-Reihe („*Приключения магистра*") publiziert. Darüber hinaus schreibt Akunin Genreromane, u.a. für Kinder, und experimentelle Theaterstücke (Cheauré 2009, 188f.). In Russland ist er zudem für sein regierungskritisches Engagement bekannt: Bei den Demonstrationen nach den Dumawahlen 2011 wurde er zu einem der Wortführer der Bewegung für freie Wahlen.

Für eine Besprechung im Fremdsprachenunterricht eignen sich im Grunde alle drei Krimireihen des Autors, je nachdem welcher thematische Schwerpunkt gesetzt wird. Näher vorgestellt werden soll hier die Fandorin-Reihe. Im Mittelpunkt steht Érast Petrovič Fandorin, ein junger Kriminalbeamter aus gutem, aber verarmtem Hause, der zu Beginn der Romanreihe zwanzig Jahre alt ist. Die mittlerweile publizierten Bände der Romanreihe spielen zwischen 1876 und 1912. Fandorins Karriere entwickelt sich vom unterschätzten Kollegienregistrator bis zum hochrangigen Diplomaten und Staatsbeamten, der mit diversen geheimen Missionen betraut wird (Cheauré 2009, 188). Der Protagonist ist als eine Mischung aus Sherlock Holmes und James Bond konzipiert; er verfügt über fabelhaften kriminalistischen Scharfsinn und Überlebenstaktiken wie Selbstverteidigung und waffenlosen Kampf, die er während eines längeren Japanaufenthaltes erlernt hat. Wie Sherlock Holmes bedient er sich bei seinen Ermittlungen der deduktiven Methode; analytisch-rationales Denken steht im Vordergrund. Wie James Bond verlässt sich Fandorin gerne auf modernste Technik; Schreibmaschinen, elektrisches Licht, moderne Waffen, Telefon etc. und deren Etablierung in Russland ziehen sich wie ein roter Faden durch die Reihe (Zink 2006, 113). Die teils übertriebenen, perfektionistischen Fähigkeiten des Helden wirken jedoch nie überzeichnet, da dieser immer auch mit einem (selbst-)ironischen Augenzwinkern präsentiert wird. In die vielfältig gestaltete Krimihandlung fließen zahlreiche historische, gesellschaftskritische und zeitgeschichtlich interessante Themen ein: der russisch-türkische Krieg 1877 („Türkisches Gambit" – „*Турецкий гамбит*"), die zunehmend autokratiekritische Atmosphäre im zaristischen Russland und die damit verbundene Entstehung revolutionärer Gruppierungen und Terrororganisationen, aber auch die Stimmung in den Kreisen der jungen, gebildeten Bevölkerung, ihre Sehnsucht nach etwas Neuem, nach einem tieferen Sinn im Leben, die sich in der Gründung avantgardistischer und esoterischer Zirkel artikuliert („Der Magier von

Moskau" – „*Любовница смерти*"). Im Zusammenhang mit der in Russland weit verbreiteten literarischen Gestalt des ‚überflüssigen Menschen' (лишный человек) bieten sich hier diverse Anknüpfungspunkte zu den Werken der russischen Romantik (Puškin, Lermontov) oder zur Avantgarde an. Zahlreiche intertextuelle Bezüge zu den russischen Klassikern sowie postmoderne Erzähltechniken ermöglichen darüber hinaus interessante Untersuchungsmöglichkeiten (Zink 2006, 116-120). Immer wieder finden sich in der Fandorin-Reihe auch Verweise auf die Probleme der russischen Gegenwart, z.B. wenn obdachlose Jugendliche thematisiert werden oder Kritik am Staatswesen und der Politik geübt wird.

Im Folgenden soll der siebte Band der Reihe beispielhaft vorgestellt werden: „Der Tote im Salonwagen" („*Статский советник*") aus dem Jahr 1999, auf Deutsch erschienen im Aufbau-Verlag. Die Handlung des Romans spielt 1891. Es herrscht revolutionärer Terror in Moskau. Eine Kampfgruppe, die sich auf die linksterroristische Organisation ‚Volkswille' (народная воля) beruft, ermordet einen hochrangigen General, der für zahlreiche Folterungen und Hinrichtungen von Gesinnungsgenossen verantwortlich ist. Der Mörder verkleidet sich als Staatsrat Fandorin, um zum General vorgelassen zu werden. Somit hat der Held auch ein persönliches Interesse, die Tat schnellstmöglich aufzuklären. Bei den Ermittlungen wird der erfolgsverwöhnte Fandorin einem jungen, karriereorientierten Sonderbeauftragten aus der Hauptstadt unterstellt und von diesem in den Hintergrund gedrängt.

Die Handlung wird aus zwei verschiedenen Erzählperspektiven präsentiert: aus der Perspektive Fandorins und der ermittelnden Behörden und aus der Perspektive der revolutionären Kampfgruppe und ihres Anführers Grin. Dadurch wird eine einseitige Schwarz-Weiß-Malerei vermieden, und die Sympathien der Leser können nicht eindeutig verteilt werden. In den Kapiteln über die Kampfgruppe wird von den Beweggründen der jungen Revolutionäre berichtet, von ihren Ängsten und Sorgen und von den höheren Zielen, die sie für die Gesellschaft erreichen wollen. Gleichzeitig werden aber auch ihre teils grausamen Anschläge dargestellt, bei denen es immer wieder zu zivilen und unschuldigen Opfern kommt, die als Kollateralschaden hingenommen werden. Die Kapitel aus der Perspektive Fandorins zeigen zum einen dessen hohe moralische Einstellung und sein Bemühen, sich auch im Kampf gegen den Terror an Recht und Gesetz zu halten. Zum anderen wird das oft fragwürdige Vorgehen der Ermittlungsbehörden demonstriert, die auch vor grausamer Folter und gezielter Hinrichtung ihrer Gegner nicht zurückschrecken.

Die zahlreichen Gegenwartsbezüge lassen den Roman besonders geeignet für eine Bearbeitung im Unterricht erscheinen. Themen wie staatliche Gewalt und die Verhältnismäßigkeit der Mittel ziehen sich leitmotivisch durch die gesamte Handlung. Immer wieder wird die Frage aufgeworfen, wie weit der Staat bei der Verfolgung von terroristischen Vereinigungen oder schlicht Gegnern der offiziellen Regierungslinie gehen darf, und wo die moralischen und rechtlichen Grenzen sind. Hier finden sich zahlreiche Anknüpfungspunkte für eine kontroverse Diskussion mit Verweisen auf gegenwärtige politische Debatten, sei es die NSA-Affäre in Deutschland oder die Terrorbekämpfung in den USA und Europa. In Zeiten des omnipräsenten Smartphones und der freiwilligen, oft unbedachten Informationsweitergabe im Internet ist die Frage nach dem Umgang und der Verwertung von persönlichen Informationen durch Staaten und Geheimdienste gerade für Jugendliche besonders aktuell. Zudem finden sich innerhalb des Romans zahlreiche sozialkritische Überlegungen und Andeutungen zu Staatswesen und Politik, die eindeutig als Kritik am gegenwärtigen Russland gelesen werden können, so beispielsweise Anspielungen auf das Vorgehen des russischen Staats gegen die Tschetschenen oder gegen Oppositionelle (z.B. Akunin 2004, 115f., 156f.).

3. Fazit

Seit den 1990er Jahren hat sich in der russischen Kriminalliteratur eine außerordentlich dynamische Entwicklung vollzogen. Zahlreiche, oft weibliche Autoren haben hunderte von Büchern für ein sehr heterogenes Publikum veröffentlicht. Für die Verwendung im Fremdsprachenunterricht eignen sich dabei insbesondere Werke, die in der Thematik mehr zu bieten haben als reinen Mord und Totschlag. Je nach Auswahl können sich so vielfältige Anreize für intensive Diskussionen im Russischunterricht ergeben, aber auch Möglichkeiten der fachübergreifenden Zusammenarbeit mit Kolleginnen und Kollegen anderer Fremdsprachen oder der Geschichte und Sozialkunde.

Bibliographie:

AKUNIN, Boris. 2004. *Der Tote im Salonwagen*. Berlin: Aufbau Taschenbuch.

BODEN, Doris. 2012. „Tod in Moskau oder Das Paradies der armen Frauen", in: Colombi, Matteo. ed. *Stadt – Mord – Ordnung. Urbane Topographien des Verbrechens in der Kriminalliteratur aus Ost- und Mitteleuropa*. Bielefeld: transcript, 151-171.

CHEAURÉ, Elisabeth. 2009. „Russland im Strudel des Verbrechens. Geschichte und nationale Identität in Krimis von B.[oris] Akunin", in: Korte, Barbara & Paletschek, Sylvia. edd. *Geschichte im Krimi. Beiträge aus den Kulturwissenschaften*. Köln: Böhlau, 183-203.

DASCHKOWA, Polina. 2012. *Bis in alle Ewigkeit*. Berlin: Aufbau Taschenbuch.

FRANZ, Norbert. 1988. *Moskauer Mordgeschichten. Der russisch-sowjetische Krimi 1953-1983*. Mainz: Liber.

GROYS, Boris. 2005. „Unsterbliche Körper", in: id. & Hagemeister, Michael. edd. *Die neue Menschheit. Biopolitische Utopien in Russland zu Beginn des 20. Jahrhunderts*. Frankfurt a.M.: Suhrkamp, 8-18.

MENZEL, Birgit. 2000. „Was ist populäre Literatur? Westliche Konzeptionen von ‚hoher' und ‚niederer' Literatur im sowjetischen und postsowjetischen kulturellen Kontext". http://www.fb06.uni-mainz.de/ russisch/Dateien/ poplit_nlo.pdf, Zugriff: 01.08.2016.

MÜLLER, Elfriede. 2012. „Der posthume Sieg der Weißen Garden. Polina Daschkovas ‚Bis in alle Ewigkeit'". http://culturmag.de/crimemag/polina-daschkowa-bis-in-alle-ewigkeit/63425, Zugriff: 01.08.2016.

ZINK, Andrea. 2006. „Spiel mit der Geschichte. Die Krimis von Boris Akunin", in: *Osteuropa* 9, 109-120.

http://www.dontsova.ru/library/, Zugriff: 01.08.2016.

Texte der Migration als Erfahrungsprotokoll und Experimentierfeld
Natalia Feld (Frankfurt a.M.)

1. Über den Einsatz von Texten der Migration im Schulunterricht

Das Schreiben in der und über die Migration ist ein kreativer und aktiver Akt der Verarbeitung eigener Erfahrung. Den Autoren-Migranten wird die ‚transkulturelle' oder ‚hybride' Kompetenz zugeschrieben, eine besondere Fähigkeit, zwischen verschiedenen kulturellen Mustern agieren und vermitteln zu können.

Die der Literatur innewohnende Fiktionalität bietet den Autoren einen offenen, freien Raum und zahlreiche Gestaltungsmittel zur Entwicklung von Strategien im Umgang mit der eigenen Erfahrung. Die intellektuellen Erwartungen an diese Literatur als Ressource zur Konsolidierung einer heterogenen Gesellschaft sind dementsprechend hoch.

Es sind vor allem die Pädagogen und Literaturdidaktiker (Wintersteiner 2006), die die interkulturellen Texte im Schulunterricht als einen Katalysator bei dem Abbau von Vorurteilen und Fremdenangst propagieren. Damit kündigen sie einen Paradigmenwechsel in der Bildungspolitik an.

Bei näherer Beschäftigung mit dem bestehenden Textangebot stellt sich die Frage, ob diese optimistische Annahme nicht einer Überprüfung bedarf. So vermittelt beispielsweise die Anthologie „Migrantenliteratur. Arbeitstexte für den Unterricht", herausgegeben 2007 von Peter Müller und Jasmin Cicek für die Sekundarstufe, den Eindruck, dass alleine der Migrationshintergrund des Autors / der Autorin bereits ausreicht, um seine / ihre Texte als transnational oder hybrid zu bezeichnen. Es steht zu befürchten, dass ein Großteil der Texte, die zur Überwindung der kulturellen Fremdheit eingesetzt werden sollen, eine geradezu gegenteilige Wirkung entfalten, indem sie die bestehenden Vorurteile und Fremdbilder reproduzieren und dadurch verstärken. Das kulturell Fremde wird hier als eine undurchdringliche, abweisende Oberfläche thematisiert. Die moralische Wertung, die diese Trennung oft begleitet, lässt außerdem eine Opfer-Täter-Asymmetrie entstehen.

Aufschlussreich sind die Texte, in denen die eigene Entwurzelung und die Eigen-Fremd-Konfrontation als ein produktiver, fördernder Zustand ausgearbeitet wird. Diese Narrationen nutzen die destabilisierende Wirkung des Kulturwechsels, um einen eigenen Raum zwischen gegensätzlichen kulturellen Mustern zu erschließen. Die produktiven, offenen Narrationen entwickeln Strategien, die auch in den gesellschaftlichen Umgang mit kulturellen Differenzen integriert werden könnten. Aus der Erfahrung der Migranten, die bestrebt sind, ihre ursprüngliche Identität zu bewahren, ohne einen Konflikt mit sich selbst auszutragen, lässt sich in diesem Zusammenhang keine fruchtbare Erkenntnis gewinnen.

2. Kriterien und Aspekte: Eine methodologische Annäherung

Die Diskussion über die Kriterien der Bewertung und der Erschließung der konsolidierenden Wirkung der Migrationstexte dauert an.

> Das interkulturelle Potenzial eines literarischen Textes lässt sich nicht gegen sein künstlerisches Potenzial ausspielen oder aufrechnen, sondern nur als dessen integrierender Bestandteil angemessen interpretieren und bewerten. (Mecklenburg 2009, 309)

In dem vorliegenden Aufsatz wird der Versuch unternommen, die angesprochenen interkulturellen oder hybriden Komponenten in den Texten der Migration zu identifizieren, in die der Analyse zugängigen Bestandteile zu zerlegen und sie als kommunikative Strategien aufzuarbeiten.

Dabei werden die Texte als konstruierte Modelle betrachtet, die eine eigenständige kommunikative Wirkung entfalten. Die Frage nach Faktizität und Fiktivität verliert dabei ihre Relevanz.

Im Fokus steht nicht das Verstehen des Fremden (eine Aufgabe, die die interkulturelle Hermeneutik zu lösen versucht), sondern das Beobachten der im Zwischenraum der Migration ablaufenden Prozesse. Relevant sind die sprachlich-kommunikativen Strategien, die in diesem Spannungsfeld zur Bewältigung von Widersprüchen von den Autoren **bewusst oder unbewusst** eingesetzt werden.

Methodologisch bietet sich die linguistische Gesprächsanalyse in ihrer Auseinandersetzung mit dem aus den ethnologischen Studien hervorgegangenen Phänomen des *Othering* an. Gayatri Spivak bezeichnet damit die Abgrenzung von und die Distanz zu einer Gruppe, um die eigene ‚Normalität' zu bestätigen (Spivak

1996). Dieses methodische Konzept ermöglicht es, Mechanismen zum Aufbau und zur Bewahrung der Distanz zum kulturell Fremden in den Texten zu erkennen.

Mit dem vorliegenden Aufsatz soll ein Beitrag dazu geleistet werden, einige konkrete handhabbare Kriterien zu erarbeiten, „um nicht bei gut gemeinten Leerformeln zu bleiben, wie sie die Rhetorik des ‚interkulturellen Dialogs' wohlfeil anbietet" (Mecklenburg 2009, 309).

Fragenkatalog für die Ausarbeitung des Hybriden
- Findet eine Zuordnung zu einer gemeinsamen Kategorie, einer ‚Wir-Gruppe' statt?
- Welches Konzept wird als Zentrum der Identitätsbildung der Gruppe betont (gemeinsame Vergegenwärtigung von Erfahrung, geteilten Werten / Ansichten, geografische Verortung der Herkunft, Nation, Sprache, Alter usw.)?
- Wie differenziert bzw. undifferenziert ist diese Kategorisierung? In welchem Maß werden Differenzen in den Kontext der Zugehörigkeit aufgenommen und bearbeitet?
- Lässt der Text die Absicht des Autors erkennen, Kategorisierung als ein literarisches Verfahren einzusetzen, um sie zu hinterfragen, oder entspringt sie einer unreflektierten Notwendigkeit / dem Abgrenzungszwang?
- Wie viele Differenzlinien / Abgrenzungskonzepte sind zu erkennen? Besteht darunter eine Hierarchie? Wenn ja, auf welcher Basis?
- Falls eine Abgrenzung wahrnehmbar ist, wie radikal ist sie?
- Werden Bewertungen der Eigenschaften vorgenommen (emotional-affektive Einstellung)? Lässt sich eine emotional-affektive Asymmetrie erkennen, wie ist sie gewichtet?
- Zeigt die Erzählstruktur bei der Konfrontation mit Differenzen eine rigide Geschlossenheit auf, oder lässt sie Veränderungen zu?
- Besteht ein Zusammenhang zwischen der Komposition und der Wirkung des Textes?
- Wo und wie verortet sich der Autor selbst?

3. Texte und Autoren

Vor dem Hintergrund der eigenen Migration aus dem russischsprachigen Raum hat die Verfasserin dieses Aufsatzes sich auf russischsprachige Autorinnen und Autoren konzentriert, die in den 90er Jahren des 20. Jahrhunderts in die deutschsprachigen Länder immigriert sind. Mit den vorstehenden Fragen wendet sich die Verfasserin an die Autorinnen und Autoren, die die kulturelle Differenz zum Thema ihrer Texte machen.

Die anfängliche Absicht, die Analyse nur auf die Texte zu beschränken, die auf Russisch verfasst sind, wurde mittlerweile verworfen. Die meisten Autoren, deren Texte angesichts der Fragestellung relevant sind, vollziehen im Laufe ihrer schriftstellerischen / publizistischen Karriere einen Sprachwechsel.

Ungeachtet der Freiwilligkeit des Kulturwechsels (Unfreiwilligkeit würde die nostalgische Verankerung legitimieren) arbeiten viele Autorinnen und Autoren in der Migration in der ‚besten' Tradition der Nationalliteratur. Sie tradieren die ideologisch konstruierten Fremdbilder, ohne die Gegebenheit der kulturellen Grenze infrage zu stellen.

Über das hybride Potenzial verfügen m.E. die Texte, in denen die Erfahrung der kulturellen Fremdheit als eine Quelle qualitativer Veränderung aufgearbeitet wird. Die Texte unternehmen den Versuch, die Dichotomie ‚eigen – fremd' zu bewältigen, um einen emanzipierten Argumentationsstandort außerhalb der Opferrolle zu gewinnen.

Diese Beobachtung lässt eine heuristische bzw. idealtypische Unterscheidung zwischen ‚hybriden' und ‚dichotomen' Texten zu. Die Unterscheidung ist lediglich als eine imaginäre Orientierungsskala zu denken, die es nicht vermag, all die vielfältigen Variationen textueller Entfaltung einzubeziehen. Entscheidungsgrundlage hierfür soll die in den Texten artikulierte grundsätzliche Haltung gegenüber der sich im Zwischenraum der Migration eröffnenden Komplexität sein.

4. Dichotome Texte

Grundsätzlich erzielen die hier als ‚dichotom' bezeichneten Texte eine stabilisierende Wirkung. Die aufkommende, die Identität bedrohende Unentschiedenheit wird durch die Herstellung einer bipolaren Ordnung aufgehoben, die auf tradierten Wahrnehmungsstereotypen bzw. Deutungsmustern von Eigenem und Fremdem basiert. Nach dem Kulturologen Zygmund Bauman werden die neuen Elemente auf diese Weise rekategorisiert, das heißt einsortiert in bereits bestehende Kategorien, eine qualitativ neue Struktur wird dadurch nicht geschaffen (Bauman 2005).

Aus der wertenden Unterscheidung, die der binären Opposition innewohnt, resultieren kontrastive Urteile in der Repräsentation des Fremden und des Eigenen: Eine radikale Abwertung des Fremden, begleitet von der undifferenzierten Aufwertung des Eigenen, ist oft die Lösung. Diese Schematisierung zwingt den Autor / die Autorin, alle heterogenen Erscheinungen beider Realitäten vereinheitlichend zu konzeptualisieren, um sie der Eindeutigkeit willen in die entsprechende rigide Bewertungskategorie integrieren zu können. Kommunikativ artikulieren dichotome Texte die Grenzen zwischen Kulturen als unüberwindbar, die kulturelle Fremdheit wird als naturgegeben wahrgenommen. Derartige Texte demonstrieren eine strikte Abgrenzung und verneinen damit die Möglichkeit eines Zwischenraumes. Als Beispiele können die folgenden, nur auf Russisch erschienenen Texte aufgeführt werden: „Немецкие мысли" (Deutsche Gedanken) von Michail Gigolašvili und „*Viehwasen, 22. Дневник сердитого эмигранта*" (Viehwasen, 22. Das Tagebuch des verärgerten Emigranten) von Ol'ga Bešenkovskaja.

5. **Hybride Texte**

Hybride Texte vermeiden die Reduktion von Komplexität und Schematisierung. Sie streben interkulturelle Vermittlung an, indem sie die Leser mit einer Spannung erzeugenden Unentschiedenheit bzw. Unsicherheit konfrontieren, die in keiner bipolaren Lösung mündet. Ohne sich zu einer der beteiligten Seiten zu bekennen und ohne Partei zu ergreifen, setzen sie sich mit der neuen Situation auseinander. Die Differenzerfahrung wird als Impuls zur Revision von Wahrnehmungsdichotomie, die dem alltäglichen und dem traditionellen Weltverständnis anhaftet, genutzt.

Damit nehmen solche Texte eine „diversifikatorische Grundhaltung" an, die „die Heterogenität mit den dazugehörenden Überschneidungen, Inkompatibilitäten und Ambiguitäten bestehen lässt und [sie] als Ausgangspunkt ihrer Überlegungen akzeptieren kann" (Bogyó-Löffler 2011, 61).

6. Texte der Migration als didaktisches Mittel

Didaktisch sinnvoll erscheint erst die Unterscheidung zwischen dichotomen und hybriden Texten.

Die Arbeit mit dichotomen Texten erfordert eine besondere Sensibilität des Lehrenden, da sie darauf abzielen, die tradierten Fremdbilder und die bestehenden asymmetrischen Konstrukte wie nationale Schuld bzw. Unschuld, kulturelle Überlegenheit bzw. Rückständigkeit zu festigen. Der Ansatz ist dennoch vor allem zur Beobachtung des Aufbaus von binären Logiken sinnvoll, die sich auch in realen kommunikativen Situationen manifestieren.

Hauptsächlich die hybriden Texte haben ein Potenzial zur Sensibilisierung der Lernenden. Ihre Rezeption trägt zum Aufbau von „Komplexitätstoleranz" (Luhmann 2009) bei, die die Handlungsfähigkeit in der heterogenen Gesellschaft (vermutlich) steigern sollte.

7. Strategien

Es sind die hybriden Texte, die im Umgang mit der Eigen-Fremd-Ambivalenz eigene Strategien entwickeln. Die Strategien können im Rahmen eines ganzen Textes realisiert werden oder auch in Form von einzelnen Exkursen. Was nicht heißen soll, dass sie keine dichotomen Momente enthalten. Aus der detaillierten Textanalyse und unter Berücksichtigung des erarbeiteten Fragenkatalogs sind folgende literarisch-kommunikativen Vorgehensweisen hervorgegangen:

7.1 Strategien zur Aneignung / Erschließung des Fremden

– Punktuelle Suche nach dem Eigenen im Fremden und nach dem Fremden im Eigenen (Michail Šiškin, «Русская Швейцария», „Die russische Schweiz" erschienen auf Russisch und Deutsch (Šiškin 2003);

– Auffüllen der vertrauten und sicheren Strukturen mit ‚fremden' Inhalten, was eine Übertragung der emotionalen Bindung ermöglicht: Oleg Jur'ev, «Фрагменты. Из науки о реках» („Fragmente. Aus der Flusswissenschaft"), erschienen auf Russisch (Юрьев 2004).

7.2 Strategien der Überwindung von Negativität in der eigenen Wahrnehmung des Fremden

– Identifizieren von kulturerzeugten Dispositionen innerhalb der eigenen Wahrnehmung des Fremden, die eine Ablehnung bzw. Bejahung der neuen Realität bedingen (Marina Palej, „Das Gehöft", „Luigi", übersetzt ins Deutsche: Palej 2010);

– Konnotieren des Fremden als eine Befreiung von eingefahrenen Denkmustern. Dabei wird nicht der Verlust der Orientierung und Tradition hervorgehoben, sondern die Eröffnung neuer Möglichkeiten und Fähigkeiten wie z.b. eine neue Perspektivität, ein früher ungeahnter Erfahrungshorizont (Boris Chasanov, «Счастье быть ничьим», „Der Wind des Exils. Das Glück fremd zu sein", übersetzt ins Deutsche: Chasanov 2004); Vladimir Vertlib, „Grenzen", auf Deutsch erschienen (Vertlib 2012a).

7.3 Strategien einer bewussten Positionierung im Zwischenraum der Migration

– Ausarbeiten des Verhältnisses zwischen der Angst vor und der Faszination des Fremden in ihrer reziproken Abhängigkeit: Vladimir Vertlib, „Grenzen" (Vertlib 2012a);

– Aufzeigen der Macht des äußeren Zwanges über die Dynamik im Rahmen der Dichotomie „eigen – fremd": Vladimir Vertlib, „Ich und die Eingeborenen" (Vertlib 2012b).

7.4 Strategien der Dekonstruktion von u.a. nationalen und ethnischen Identitäten

– Rekonstruieren des Prozesses der literarischen und gesellschaftlichen Genesis der o.g. Identitäten: Michail Šiškin, „Auf den Spuren von Byron und Tolstoi.

Eine literarische Wanderung von Montreux nach Meiringen", in beiden Sprachen erschienen (Šiškin 2012);
- Bewusst akzentuiertes Trennen zwischen der kollektiven und der individuellen Selbstidentifikation, wobei dem Individuum die Rolle des einzig sicheren Identifikationszentrums eingeräumt wird: Maria Rybakova, «Шумит тирренское море», „Das Rauschen des Tyrrhenischen Meeres", erschienen in beiden Sprachen (Rybakova 2003).

7.5 Strategien, die es zulassen, die Balance in dem ambivalenten Feld zwischen Eigenem und Fremdem zu halten

- Perspektivwechsel unter Aufrechterhaltung der Dichotomie ‚gut – schlecht'. Dabei wird die Macht der Deutung / Interpretation vor Augen geführt, die jedes Phänomen abhängig von der Absicht gleichzeitig als ‚gut' und ‚schlecht' erscheinen lässt: Marina Palej, «Рая и Аад» („Raja und Aad"), nur in russischer Fassung (Palej 2008);
- Suche nach einer verbindenden Basis außerhalb der ethnisch-, national-, gender- und ideologieverhafteten Kategorien (kulturelle Universalien: Maria Rybakova, «Шумит тирренское море», „Das Rauschen des Tyrrhenischen Meeres", (Rybakova 2003).

8. Fazit

In hybriden Texten trifft der Leser auf Konzepte gesellschaftlicher und individueller Selbstpositionierung, die im Hinblick auf die kulturelle Fremdheit die Opfer-Täter-Rollen verlassen. Sie eröffnen einen emanzipierten kulturellen Zwischenraum und individuelle Argumentationslogiken. Die angesprochenen literarischen Verfahren markieren vermutlich einige sensible ‚Knotenpunkte', an denen sich Handlungsbedarf im Umgang mit Migration manifestiert. Machen sich hierbei die Schwachstellen der Eigen-Fremd-Ambivalenz bemerkbar?

Bibliografie:

ALLOLIO-NÄCKE, Lars & KALSCHEUER, Britta. edd. 2005. *Differenzen anders denken. Bausteine zu einer Kulturtheorie der Transdifferenz.* Frankfurt a.M. & New York: Campus.

BACHMANN-MEDICK, Doris. 2009. *Cultural turns.* Reinbek bei Hamburg: Rowohlt-Taschenbuch-Verlag (neu bearbeitete Auflage).

BAUMAN, Zygmunt. 2009. *Gemeinschaften. Auf der Suche nach Sicherheit in einer bedrohlichen Welt.* Aus dem Englischen von Frank Jakubzik. Frankfurt a.M.: Suhrkamp.

BAUMAN, Zygmunt. 2005. *Moderne und Ambivalenz.* Hamburg: Hamburger Edition.

BERG, Eberhard & FUCHS, Martin. 1995. *Kultur, soziale Praxis, Text: Die Krise der ethnographischen Repräsentation.* Frankfurt a.M.: Suhrkamp.

NÜNNING, Ansgar & NÜNNING, Vera. edd. 2002: *Neue Ansätze in der Erzähltheorie.* Trier: WVT.

BOGYÓ-LÖFFLER, Kinga. 2011. *Dezentrierung im Dialog. Umgang mit sprachlichen, ethnischen, nationalen und kulturellen Differenzen in der interkulturellen Pädagogik.* Bad Heilbrunn: Julius Klinghardt Verlag.

BORGARDS, Roland. 2010. *Texte zur Kulturtheorie und Kulturwissenschaft.* Stuttgart: Reclams Universal-Bibliothek.

BREGER, Claudia. ed. 1998. *Figuren der / des Dritten. Erkundungen kultureller Zwischenräume.* Amsterdam: Rodopi.

BUGAEVA, Lyubov. 2006. *Ent-Grenzen: Intellektuelle Emigration in der russischen Kultur des 20. Jahrhunderts.* Frankfurt a.M.: Peter Lang.

ENGEL, Manfred. 2001. „Kulturwissenschaft/en – Literaturwissenschaft als Kulturwissenschaft – kulturgeschichtliche Literaturwissenschaft", in: *KulturPoetik. Zeitschrift für kulturgeschichtliche Literaturwissenschaft* 1, 8-36.

FLUDERNIK, Monika. ed. 1999. *Grenzgänger zwischen Kulturen.* Würzburg: Ergon-Verlag.

FREUNEK, Sigrid. 2007. *Literarische Mündlichkeit und Übersetzung: Am Beispiel deutscher und russischer Erzähltexte.* Berlin: Frank und Timme.

GREETZ, Clifford. 1990. *Die künstlichen Wilden. Der Anthropologe als Schriftsteller.* München: Carl Hanser Verlag.

GROYS, Boris. ed. 2005. *Zurück aus der Zukunft.* Frankfurt a.M.: Suhrkamp.

HA, Kein Nghi. 2000. „Ethnizität, Differenz und Hybridität in der Migration. Eine postkolloniale Perspektive", in: *PROKLA Zeitschrift für kritische Sozialwissenschaft* 120, 377-397.

HAUSBACHER, Eva. 2009. *Poetik der Migration: Transnationale Schreibweisen in der zeitgenössischen russischen Literatur.* Tübingen: Stauffenburg Verlag.

KABAKOW, Il'ja. 1995. „Der Künstler im Westen. Rede eines kulturell verpflanzten Menschen", in: *Lettre internationale* 45, 46-49.

KELLER, Johanna 2005. *Neue Nomaden? Zur Theorie und Realität aktueller Migrationsbewegungen in Berlin.* Münster: Lit.

KEUPP, Heiner & AHBE, Thomas. edd. 2008. *Identitätskonstruktionen. Das Patchwork der Identitäten in der Spätmoderne.* Reinbek bei Hamburg: Rowohlt.

KOSCHMAL, Walter. 2003. „Globalisierung als literarisches Phänomen", in: *Zeitschrift für Slavische Philologie* 62/2, 287-300.

CHIELLINO, Carmine. 2000. ed. *Interkulturelle Literatur in Deutschland: ein Handbuch.* Stuttgart: Metzler.

KOTTHOF, Helga. 2002. ed. *Kultur(en) im Gespräch.* Tübingen: Narr.

KRISTEVA, Julia. 1990. *Fremde sind wir uns selbst.* Übersetzt aus dem Französischen von Xenia Rajewsky. Frankfurt a.M.: Suhrkamp.
LOENHOF, Jens. 1992. *Interkulturelle Verständigung: Zum Problem grenzüberschreitender Kommunikation.* Opladen: Jeske+Budrich.
LUHMANN, Niklas. 2009. *Vertrauen. Ein Mechanismus der Reduktion sozialer Komplexität.* Lucius & Lucius: Stuttgart.
LÜTHI, Barbara. 2005. „Transnationale Migration – eine vielversprechende Perspektive?", in: *geschichte.transnational.* http://geschichte-transnational.clio-online.net/forum/type=artikel & id=627, Zugriff: 01.08.2016.
MECKLENBURG, Norbert. 2009. *Das Mädchen aus der Fremde. Germanistik als interkulturelle Literaturwissenschaft.* München: Iudicium.
MOOSMÜLLER, Alois. ed. 2009. *Konzepte Kultureller Differenz.* Münster: Waxmann.
MÜLLER, Peter & CICEK, Jasmin. 2007. *Migrantenliteratur. Arbeitstexte für den Unterricht.* Stuttgart: Reclams Universal-Bibliothek.
PARNELL, Christina. 2002. *Ich und der / die Andere in der russischen Literatur.* Frankfurt a.M.: Peter Lang.
POSSELT, Gerald. 2003. „Repräsentation", in: *Produktive Differenzen. Forum für differenz- und Genderforschung.* http://differenzen.univie.ac.at/glossar.php?sp=38. Zugriff: 01.08.2016.
SCHÄFER, Tanja. 2009. *Positionen literarischer Dekonstruktion.* Marburg: Tectum Verlag.
SCHENK, Klaus. ed. 2004. *Migrationsliteratur: Schreibweisen einer interkulturellen Moderne.* Tübingen: Francke-Verlag.
SCHÖßLER, Franziska. 2006. *Literaturwissenschaft als Kulturwissenschaft.* Tübingen: A. Francke Verlag.
SPIVAK, Gayatari C. 1996. „Subaltern studies. Deconstructing historiography", in: Donna Landry & Gerald MacLean edd. *The Spivak reader.* London: Routledge, 203-236.
THUM, Bernd & KELLER, Thomas. 1998. *Interkulturelle Lebensläufe.* Tübingen: Stauffenburg Verlag.
VORDEROBERMEIER, Gisella & WOLF, Michaela. ed. 2008. *Meine Sprache grenzt mich ab. Transkulturalität und kulturelle Übersetzung im Kontext von Migration.* Wien: Lit.
WÄGENBAUR, TOMAS 1996. „Hybride Hybridität. Der Kulturkonflikt im Text der Kulturtheorie", in: *Arcadia* 31, 27-38.
WALDENFELS, Bernhard. 1997. *Topographie des Fremden. Studien zur Phänomenologie des Fremden I.* Frankfurt a.M.: Suhrkamp.
WALDENFELS, Bernhard. 2006. *Grundmotive einer Phänomenologie des Fremden.* Frankfurt a.M.: Suhrkamp.
WIMMER, Franz Martin. 2004. *Interkulturelle Philosophie. Eine Einführung.* Wien: Facultas.
WINTERSTEINER, Werner. 2006. *Transkulturelle literarische Bildung. Die „Poetik der Verschiedenheit" in der literaturdidaktischen Praxis.* Innsbruck: StudienVerlag.

Primärliteratur
BEŠENKOVSKAJA, Ol'ga. 1998. „Viehwasen, 22. Дневник сердитого эмигранта", in: Октябрь 7. http://magazines.russ.ru/october/1998/7/beshenk.html. Zugriff: 01.08.2016.

CHASANOW, Boris. 2004. „Der Wind des Exils. Das Glück, fremd zu sein", in: *Trans. Internet-Zeitschrift für Kulturwissenschaften*: http://www.inst.at/trans/15Nr/04_10/chasanow15.htm, Zugriff: 01.08.2016.
GIGOLAŠVILI, Michail. 2007. Немецкие мысли», in: Крещатик 3. http://magazines.russ.ru/kreschatik/ 2007/3/gi41.html. Zugriff: 01.08.2016.
JUR'EV, Oleg. 2004. „Фрагменты. Из науки о реках", in: Знамя 10, http://magazines. russ.ru/znamia/2004/10/ur6.html. Zugriff: 01.08.2016.
PALEJ, Marina. 2008. „Рая & Аад", in: Зарубежные записки 15. http://magazines.russ.ru/zz/2008/15/pa8.html. Zugriff: 01.08.2016.
PALEJ, Marina. 2010. *Inmitten von fremden Ernten*. Übers. ins Deutsche von Christine Engel mit RuBel, Klagenfurt: kitab-Verlag.
RYBAKOVA, Maria. 2003. „Das Rauschen des Tyrrhenischen Meeres", in: Melzer, Gerhard. ed. *Es liegt was in der Luft. Die Himmel Europas*. Graz & Wien: Literaturverlag Droschl, 143-152.
ŠIŠKIN, Michail. 2012. *Auf den Spuren von Byron und Tolstoi: Eine literarische Wanderung von Montreux nach Meiringen*. Zürich: Rotpunktverlag
ŠIŠKIN, Michail. 2003. *Die russische Schweiz: Ein literarisch-historischer Reiseführer*. Zürich: Limmat.
VERTLIB, Vladimir. 2007. *Spiegel im fremden Wort. Die Erfindung des Lebens als Literatur. Dresdner Chamisso-Poetikvorlesungen 2006*. Dresden: w.e.b.
VERTLIB, Vladimir. 2012a. *„Grenzen"* – mein Text für das Projekt „Aquaphone 2012'. http://vladimirvertlib.wordpress.com/2012/06/06/grenzen-mein-text-fur-das-projekt-aquaphone-2012/. Zugriff: 01.08.2016.
VERTLIB, Vladimir. 2012b. *Ich und die Eingeborenen. Essays und Ausätze*. Hrsg. von Annette Teufel. Dresden: Thelem.

NON SOLO LINGUE –
VERNETZUNG VON SPRACHLICHEN
UND NICHTSPRACHLICHEN FÄCHERN

Mehrsprachigkeit durch thematische Vernetzung von Sprachunterricht und Fachunterricht
Wolfgang Hallet (Gießen)

1. Mehrsprachigkeit und der Bildungsauftrag der Schule

Die im Titel dieses Beitrags annoncierte Vernetzung von Sprachunterricht und Fachunterricht mag auf den ersten Blick nicht so recht zum Mehrsprachigkeitsansatz passen. Denn viele, wenn nicht die meisten Vorschläge zur Entwicklung von Mehrsprachigkeit in der Schule sind in den Fremdsprachendidaktiken angesiedelt und auf das Sprachlernen bezogen (Hallet & Königs 2010). Nicht selten sind die Begründungen eher lernpragmatischer Natur, indem durch entsprechende Arrangements Synergieeffekte für das simultane oder sukzessive Erlernen mehrerer Fremdsprachen eröffnet und genutzt werden sollen (aktueller Überblick bei Königs 2015; Reimann 2015). Solche Begründungen sind ohne Zweifel zutreffend und notwendig. Es handelt sich hierbei jedoch um eher selbstreferenzielle Begründungen, die das Ziel des Erlernens und Beherrschens mehrerer Sprachen bereits voraussetzen. Es ist jedoch sinnvoll, über diesen Rahmen des Sprachlernens hinauszudenken und das Mehrsprachigkeitslernen im Lichte des Bildungsauftrags der allgemeinbildenden Schule zu betrachten. Im allgemeinsten Sinne besteht dieser Auftrag darin, die jungen Menschen mit dem Wissen und Können auszustatten, das für ein selbstbestimmtes Leben in den sich rasch wandelnden Gesellschaften des 21. Jahrhunderts erforderlich ist, und sie zur aktiven Teilhabe auf verschiedenen Ebenen des gesellschaftlichen Lebens – den Diskurssphären des persönlichen, öffentlichen und beruflichen Lebens sowie des weiteren Bildungsgangs (Hallet 2016, 86f.) – zu befähigen. Schulische Bildung muss folglich darauf zielen,

> dass alle Heranwachsenden einer Generation, und zwar unabhängig von Herkunft und Geschlecht, dazu befähigt werden, in der selbständigen Teilhabe an Politik, Gesellschaft und Kultur und in der Gestaltung der eigenen Lebenswelt diesem Anspruch gemäß zu leben und als mündige Bürger selbstbestimmt zu handeln. (Klieme et al. 2003, 63)

An dieser Stelle ist nun entscheidend, dass eine wichtige, wenn nicht die wichtigste Voraussetzung für eine vollgültige und gleichberechtigte Teilhabe (auf europäischer Ebene: *citizenship*; Byram 2008, Coste 2008) die Beherrschung nicht nur der eigenen, sondern auch weiterer Sprachen ist, vor allem des Englischen als globaler *lingua franca* und weiterer (europäischer) Leitsprachen, die in Deutschland zugleich die führenden Schulfremdsprachen sind. Denn so gut wie alle westlichen und europäischen Gesellschaften stellen sich als mehrsprachig und kulturell diversifiziert dar. Die Vorstellung von sprachlich und kulturell monolithischen Gesellschaften hingegen kann als überholt gelten und muss von einem pluralisierenden und diversifizierenden Denken abgelöst werden:

> The decline of the old, monocultural, nationalistic sense of 'civic' has vacated a space that must be filled again. We propose that this space be claimed by a civic pluralism. (The New London Group 2000, 14; ähnlich Gogolin 1994, 14ff.)

In solchen pluralisierten Gesellschaften ist die Einlösung des Bildungsziels der Teilhabe an zentralen gesellschaftlichen Diskursen entscheidend an die Fähigkeit gekoppelt, statt nur in der eigenen oder in der National- und Hauptbildungssprache auch in einer oder in mehreren anderen Sprachen kommunizieren zu können. Mehrsprachige Diskursfähigkeit kann als essenziell für die Eröffnung individueller Zukunftschancen und für die Entwicklung zukunftsfähiger demokratischer Gesellschaften gelten (The New London Group 2000, 14). Die gelingende Teilhabe am Leben in mehrsprachigen, diversifizierten Gesellschaften ist somit auch und vor allem eine Frage der sprachlichen Öffnung und Diversifizierung der schulischen Bildung. Über alle Schulsprachen und Fächer hinweg muss es darum gehen,

> to extend the idea and scope of literacy pedagogy to account for the context of our culturally and linguistically diverse and increasingly globalised societies; to account for the multifarious cultures that interrelate and the plurality of texts that circulate. (The New London Group 2000, 9)

Eine solche veränderte Vorstellung von der sprachlichen Verfasstheit der schulischen Bildung impliziert dreierlei. Zum einen erfordert sie offensichtlich sprachenpolitische Entscheidungen über die Rolle der Fremdsprachen, deren Wahl und Abfolge im Gang der schulischen Bildung, entsprechende Curricula sowie einen damit korrelierenden ‚Implementierungswillen' (Deutsch 2013, Königs 2015, 14ff.). Zum zweiten impliziert sie die Notwendigkeit einer Mehrsprachigkeitsdidaktik, in der das Erlernen der Fremdsprachen und der Bildungssprache Deutsch (*language of schooling*; für viele Schülerinnen und

Schüler ja eine Zweitsprache) nicht additiv angelegt ist, sondern aufeinander bezogen und ineinander integriert wird. Drittens muss sie über das Sprachlernen hinaus auf das gesamte Bildungsangebot der Schule bezogen und auf das Fachlernen ausgedehnt werden.

Die Beschreibung dieses dritten Desiderats ist beileibe nicht neu, hat Ingrid Gogolin doch bereits 1994 gefordert, den ‚monolingualen Habitus' des deutschen Bildungswesens zu überwinden, indem dieses seine Absolventen in die Lage versetzt, „sich den kommunikativen Anforderungen gemäß zu verhalten, die ihnen durch Sprachenvielfalt gestellt sind und die sich im Detail unvorhersehbar entwickeln werden" (Gogolin 1994, 20). Gogolins Forderung nach mehrsprachig gebildeten Menschen (Claire Kramschs *multilingual subject*; Kramsch 2010) orientiert sich

> am Leitbild des mehrsprachigen, metasprachliche Kompetenz innehabenden Menschen […], denn nur dieser wäre in der Lage, seine kommunikative Praxis auf eine noch unbekannte Zukunft in sprachlicher Pluralität hin auszurichten (Gogolin 1994, 21).

Leider ist diese Zielstellung immer noch nicht eingelöst. In einem solchen umfassenden Mehrsprachigkeitskonzept ist auch die Option des fremdsprachigen Sachfachunterrichts enthalten, denn es hebt auch auf die Möglichkeit „des Lernens im Medium von verschiedenen Sprachen" ab, „da die prinzipielle Monolingualität des Unterrichts nur einer auf nationale Vereinheitlichung ausgerichteten Grundbestimmung der Schule dient" (Gogolin 1994, 22). Diese Einschätzung koinzidiert mit der Beobachtung, dass die traditionellen Didaktiken, aber auch die Bildungsstandards und die Kerncurricula der Bundesländer für die Sachfächer „das Problem des Lernens unter den Bedingungen von Mehrsprachigkeit" nicht reflektieren, sondern „Monolingualität voraussetzen und zugleich zum Ziel haben" (Gogolin 1994, 22).

Man erkennt auf Anhieb, dass dem bilingualen Fachunterricht in einem solchen Mehrsprachigkeitskonzept für eine multilinguale Bildung eine besondere Bedeutung zukommt (Hallet 2007, Christ 2008). Er stellt sich als ein entscheidendes (bisher auch einziges) Bildungsinstrument dar, das die Teilhabe an gesellschaftlichen Diskursen über die Nationalsprache Deutsch hinaus mittels einer fachlich gegründeten Diskursfähigkeit (*subject literacy*) ermöglicht. Entscheidend dafür ist, dass der bilinguale Unterricht den Schülerinnen und

Schülern die Möglichkeit bietet, ein fremdsprachig verfasstes wissenschaftsbasiertes Wissen zu erwerben und ein systemisches, theoriegebundenes, intersubjektiv valides fachliches Begriffswissen in der Fremdsprache aufzubauen (Hallet 2002; Zydatiß 2002, 37ff.; Bonnet et al. 2013, 176f. u. 182f.). Während das Hinzutreten einer weiteren oder mehrerer Fremdsprachen eine additiv-quantitative Form der Mehrsprachigkeit begründet, gewinnt Mehrsprachigkeit hier eine neue Qualität, weil man sie als kognitive Mehrsprachigkeit auffassen kann, die an den Aufbau eines kognitiv verankerten, strukturierten, fremdsprachig gefassten Begriffs- und Wissenssystems gekoppelt ist.

In einem solchen Konzept von Mehrsprachigkeit sind Weltverstehen und Welterklärung in mehr als einer Sprache möglich, Systematiken der einen sind an die der anderen Sprache(n) anschließbar (möglicherweise mit Interferenzerscheinungen), ganze kognitive Begriffssysteme können sich aus Elementen verschiedener Sprachen zusammensetzen. Da auch eine Rückbindung der fremdsprachigen wissenschaftlichen an die erstsprachlichen (oder auch die zweitsprachlichen) Alltagsbegriffe erfolgt, kann der bilinguale Unterricht kognitionspsychologisch gesehen zu zwei- oder mehrsprachigem Weltverstehen führen und damit das System der monolingualen Bildung durchbrechen (Roche 2013, 48ff. u. 160ff.). Im Grunde kann diese Art der kognitiven Verankerung einer Fremdsprache, die das Denken und Verstehen des Individuums mitformt, als die eigentliche Mehrsprachigkeit gelten, schließt sie doch nicht nur die Sprache, sondern auch das Denken an dasjenige der Menschen anderer Sprache(n) an.

2. Thematisches Lernen *across languages and subjects*

Es bedarf nur eines weiteren Schrittes, der über die bilingual unterrichteten Fächer hinaus alle Schulfächer – auch die in der Bildungssprache Deutsch unterrichteten – als integralen Teil des Mehrsprachigkeitslernens ansieht (*languages of and in the school*; Coste 2008, 58ff.). In einer solchen Betrachtungsweise werden Themen, Fragestellungen und Probleme nicht entlang sprachlicher Grenzen verhandelt, wie sie in der Schule traditionell entlang von Fächergrenzen gezogen werden; vielmehr wird die thematische Arbeit über Sprach- und Fächergrenzen hinweg konzipiert. Damit imitiert das themenorientierte Arbeiten in der Schule die Mehrsprachigkeit kultureller und lebensweltlicher Diskurse, denn diese kennt keine künstlichen sprachlichen Grenzen, sondern verhandelt, zumal in einer global vernetzten medialen Welt, alle Fragen und Themen sehr pragmatisch je nach den institutionellen oder kontextuellen Erfordernissen in Beruf, Bildung oder Freizeit frei über alle sprachlichen und kulturellen Grenzen hinweg (Hallet 2015b, Leitzke-Ungerer 2015, 25) und flexibel in der jeweils aktuell verlangten oder als effizient betrachteten Sprache.

In einer solchen Herangehensweise scheint das Ziel einer mehrsprachigen Schule auf (Hallet 2011, Kap. 8), die das mehrsprachige Lernen zur *whole school policy* macht. Dabei handelt es sich aber keineswegs um einen bloßen *spirit* oder eine Philosophie; vielmehr muss sich eine so verstandene Mehrsprachigkeit in einem schulspezifischen, an den Fremdsprachen und Sachfächern sowie ggf. an den bilingualen Fächern orientierten Curriculum niederschlagen. Dieses muss nicht nur die beteiligten Sprachen aufeinander beziehen (Reich & Krumm 2013), sondern an bestimmten Stellen des curricularen Durchgangs auch Vernetzungen zwischen ausgewählten Fächern und Sprachen ausweisen. Dieses curriculare Prinzip ist beileibe nicht neu, sondern es ist z.B. bereits ein Bestandteil des rheinland-pfälzischen Lehrplans Englisch für die Oberstufe (MBWW 1998, 38ff.) oder als Profilbildungs- und Vernetzungsprinzip eines bilingualen Bildungsgangs in Bremen entworfen worden (Ditze et al. 2009).

Eine Selbstverständlichkeit ist eine solche Arbeitsweise wohl deshalb nicht, weil allzu oft vergessen wird, dass die menschliche Kognition auf Vernetzung angelegt ist und sich nicht an die Grenzen der Schulfächer hält. Wenn man das thematische Lernen, den Erwerb von Wissen und Fähigkeiten und alles damit verbundene sprachliche Lernen vernetzt, tut man im Grunde nichts anderes als das, was sich kognitiv bei den Lernenden ohnehin ereignet. Das Können und Wissen, das in einem Fach oder einer Sprache erworben wird, wird ja nicht entlang der Grenzen von Schulfächern strukturiert, sondern entlang der jeweiligen (individuellen!) kognitiven Wissensstrukturen und Könnensdispositionen. Wenn nun der an Themen und Kompetenzen orientierte Sprach- und Fachunterricht die Erarbeitung und das Lernen über die Fächer hinweg vernetzt, macht er unterstützende Angebote für diese kognitiven Vernetzungen, die für das sprachliche wie für das fachliche Lernen gleichermaßen produktiv sind.

Auf der Seite der wissenschaftlichen und fachlichen Diskurse ist zu bedenken, dass ein großer Teil der Erkenntnisse und des Wissens ohnehin gar nicht in deutscher Sprache zugänglich ist. Insofern sind eine ‚deutsche' Mathematik, Biologie oder Geschichte eine Fiktion – die gleichwohl in vielen Fachwissenschaften und Schulfächern gerne aufrecht erhalten wird. In vielen Fächern wie z.B. in Geschichte oder Geografie sind demgegenüber jedoch kaum fachliche Inhalte und Phänomene denkbar, die sich alleine mit Bezügen und Quellen deutschsprachigen Zuschnitts hinreichend erfassen lassen. Es besteht sogar die Gefahr des fehlenden Anschlusses an den transkulturellen Stand des Wissens, wenn wichtige wissenschaftliche Ansätze und Konzepte bloß deshalb unbeachtet bleiben, weil sie nicht in deutscher Sprache zirkuliert werden. Auch können dringend notwendige kulturelle und wissenschaftliche Perspektivierungen versäumt werden, die nur über eine sprachliche und kulturelle Öffnung, also in einer mehrsprachigen Herangehensweise erfasst und kommuniziert werden können.

Ein Beispiel sind – historisch und geografisch – armutsbedingte, weltweite Migrationsbewegungen, die in den Fächern Geschichte, Sozialkunde oder in Politik- und Wirtschaftskunde, aber auch in allen Fremdsprachen ein Thema sein können. Wie man am Beispiel historischer postkolonialer Phänomene, aber auch an den aktuellen Migrationsbewegungen der Gegenwart erkennen kann, lassen sich die Perspektiven der Ursprungsländer der Migration und der Migrantinnen und Migranten selbst am besten über fremdsprachige Quellen und Informationen erfassen, während die deutschsprachigen Diskurse außerhalb und innerhalb des schulischen Unterrichts nicht selten der Perspektive des wohlhabenden europäischen Zentrums verpflichtet bleiben. Erst die Hereinnahme der außereuropäischen (anderssprachigen) Perspektiven und Stimmen gibt genaueren Aufschluss über die Gründe und Motive und kann eine eurozentrische Sichtweise aufbrechen.

Ähnliches gilt für andere Sachfachdisziplinen: Im Fach Biologie und fachübergreifend ist ein Phänomen wie AIDS mit deutschsprachigen Texten und Materialien alleine nicht adäquat zu erfassen. Forschung, Therapie und vorbeugende Bekämpfung haben, ebenso wie die Erforschung sozialer und kultureller Ursachen, längst eine globale Dimension gewonnen, die in einem rein deutschsprachigen Fachunterricht nur mühsam transportiert werden kann (vgl. Oetter

2005). Im deutschsprachigen Biologieunterricht alleine ist es kaum möglich, die Transkulturalität, die Multiperspektivität, die Mehrsprachigkeit und die (trans-)kulturelle Vielstimmigkeit der auf das Thema AIDS bezogenen wissenschaftlichen und gesellschaftlichen Diskurse abzubilden. Hier wird besonders gut nachvollziehbar, dass wichtige wissenschaftliche und medizinische, gesellschaftliche und kulturelle sowie Fragen der Sexualmoral und der Ethik sich nur über eine Bandbreite von Fächern und Sprachen hinweg verhandeln lassen.

Bei aller transdisziplinären und mehrsprachigen Ausrichtung der Unterrichts- oder Projektarbeit darf jedoch nicht vergessen werden, dass die Sprach- und die Sachfächer in ihren Zielsetzungen und in der Art ihrer Diskursorientierung recht strikt unterschieden werden müssen: Biologisch-medizinische Sachverhalte lassen sich wissenschaftlich und fachlich fundiert nur im Biologieunterricht erarbeiten und diskutieren; dem Fremdsprachenunterricht, dem Deutschunterricht oder dem bilingualen oder deutschsprachigen Religionsunterricht oder dem Sozialkundeunterricht hingegen obliegt es, in der Erörterung ethischer und gesellschaftlicher Fragen den Anschluss an allgemeine und alltagsweltlich, kulturell oder politisch relevante Diskurse zu suchen. Auch und gerade das sprachen- und fachübergreifende Arbeiten und Lernen darf diese Verschiedenartigkeit der Arten des Lernens und des Sprechens über Sachverhalte nicht verwischen.

Eine systematische Unterscheidung kann sich an den Arten des Wissens selbst und an den für dessen Vermittlung und Kommunikation nötigen Sprachen und Sprechweisen orientieren, wie sie in Tabelle 1 synoptisch gegenübergestellt werden. Die dort getroffenen Unterscheidungen sind kognitiv-sprachlicher Natur: Für den Fremdsprachenunterricht und generell den Sprachunterricht (auch für Deutsch) ist eine alltagsweltliche kommunikative Kompetenz (*Basic Interpersonal Communication Skills, BICS*) kennzeichnend, mittels derer sich kulturelle Akteure in allen nur denkbaren lebensweltlichen Kontexten und Situationen diskursiv bewegen und bewähren können. Zu den Diskurssphären, an denen Individuen aufgrund dieser Art kommunikativer Kompetenz teilhaben können, gehören vor allem das persönliche Umfeld (im weitesten Sinne, also auch das Internet) und die Öffentlichkeit, in der wichtige kulturelle und politische Fragen verhandelt werden. Dadurch wird auch die inhaltliche und kognitive Tiefe dieser Diskurse bestimmt: Sie sind von Erfahrungs- und Alltagswissen geprägt, und die

Teilhabe erfordert in der Regel kein spezialisiertes, fachlich gegründetes Wissen, wie es im Schulunterricht vermittelt wird.

Dem steht eine fachlich-disziplinäre bildungssprachliche Kompetenz (*Cognitive Academic Language Proficiency, CALP*) gegenüber, eine wissenschaftsbasierte Diskursfähigkeit, die wissenschaftlich fundiertes Wissen sprachlich formen und kommunizieren kann (zu allem Cummins 1984, 136ff.; Cummins & Swain 1986, 152ff.; für den bilingualen Unterricht Otten & Wildhage 2003, 35).

In der Tabelle werden verschiedene Ebenen der sprachlichen Ausformung des Wissens unterschieden, und zwar

- die kognitiv-konzeptuelle Ebene, auf der die Alltagsbegriffe und -kategorien des Weltverstehens oder, im Bereich der schulischen Bildung, die zentralen Konzepte eines Faches in sprachliche Begriffe gefasst werden („Konzeptlernen', z.B. ‚Energie' in Physik; ‚Verbindung' in Chemie; ‚Rhythmus' in Musik; ‚Regierung' in Politik und Sozialkunde, ‚Farbe' in Bildender Kunst usw.);
- die Ebene basaler sprachlicher Grundmuster (Diskursfunktionen wie Beschreibung, Narration, kausale Verknüpfung, Argumentation und weitere mehr), die im Alltag die Erfassung und Kommunikation komplexer Zusammenhänge und das Aushandeln mit anderen Akteuren ermöglichen (Argumentieren, Anweisen, Beschreiben usw.) und im Fachunterricht als spezifische sprachliche Darstellungsmuster eines Faches wie Beschreiben (Versuchsbeschreibung in den Naturwissenschaften), Erzählen (in Geschichte) oder Argumentieren (Sozialkunde und viele andere Fächer) verfügbar sein oder erlernt werden müssen (Hallet 2016, 39ff.);
- die Ebene der Genres, die ebenfalls nach im Alltag konventionalisierten Textmustern (Zeitungsartikel, Eltern-Kind-Dialog, *text messages* usw.) einerseits und nach fachspezifischen Genres oder symbolischen Darstellungsformen andererseits zu gliedern ist (Hallet 2016), die alle Fächer zur Darstellung komplexer Sachverhalte kennen (Diagramme, kartografische Darstellungen, Formelsprachen usw.).

Natürlich ist diese Unterscheidung schematisch (und daher auch angreifbar; Roche 2013, 164f.), weil sie eher heuristischer Natur ist. Denn die oberste

Maxime der schulischen Bildung zielt ja gerade darauf, dass, wie es die Bildungsstandards für die Naturwissenschaften formulieren, die Lernenden befähigt werden,

> ihre individuellen Alltagsvorstellungen in den Fachunterricht hinein und umgekehrt fachliche Konzepte und Fachsprache in die Alltagssprache zurück [zu tragen]. Dadurch erreichen Schülerinnen und Schüler eine Diskursfähigkeit über Themen der Biologie, einschließlich solcher, die von besonderer Gesellschafts- und Alltagsrelevanz sind (KMK 2005, 11).

Ziel der Sachfächer ist also die Ausbildung der jeweiligen *subjects*, deren entscheidendes Kompetenzmerkmal es ist, fachspezifisches und fachbasiertes Wissen in Alltagsdiskursen verstehen und kommunizieren zu können (die im o.a. Zitat angesprochene fachbasierte Diskursfähigkeit). Gerade an dieser Stelle kommen aber die alltagssprachlichen Kommunikationsweisen ins Spiel, die in den sprachlichen Fächern entwickelt und gepflegt werden müssen: Sie ermöglichen den Zugang zu den Alltagsdiskursen, in denen fachbasiertes Wissen sich Geltung zu schaffen vermag und die – je nach Kontext und situativer Erfordernis – durch die fachlichen *literacies* gewissermaßen wissenschaftlich aufgeladen werden können oder müssen.

Die Arbeit an der jeweiligen Form und Art der Sprachlichkeit – fachspezifische, fremdsprachige fachbasierte sowie alltagsweltliche sprachliche oder fremdsprachliche Diskursfähigkeit – sowie die explizite Bezugnahme auf die Sprachen der anderen Fächer und die anderen Sprachen ist in der thematischen sprachen- und fachübergreifenden Arbeit der entscheidende Schlüssel zur Mehrsprachigkeit (Hallet 2015a). Denn durch die Bezugnahme wird das jeweils in den anderen Sprachen und Fächern erworbene Wissen aufgerufen, kognitiv mit dem im aktuellen Fach entwickelten Wissen und Können verknüpft und auf diese Weise mit einer weiteren sprachlichen Dimension versehen. Diese Arbeitsweise kommt der lebensweltlichen ‚natürlichen' Mehrsprachigkeit sehr nahe; denn in Alltagssituationen kommt es darauf an, je nach Erfordernis und Handlungskontext das benötigte oder zweckdienliche Wissen und Können aus allen möglichen Domänen und Sprachen aufzurufen und anzuwenden, um erfolgreich (inter-)agieren zu können.

Fachunterricht	bilingualer Sachfachunterricht	(Fremd-)Sprachenunterricht
wissenschaftsbasiertes Weltverstehen	fremdsprachiges wissenschaftsbasiertes Weltverstehen	Alltagswissen
wissenschaftliche Begriffe	fremdsprachige wissenschaftliche Begriffe	Alltagsbegriffe
wissenschaftsbasierte und fachspezifische Diskurse	wissenschaftsbasierte und fachspezifische Diskurse in der Fremdsprache	Alltagsdiskurse
fachliche Genres, Fachtexte	fremdsprachige fachliche Genres und Fachtexte	alltagsweltliche Genres und Texte
fachliche Sprachlichkeit	fachliche und kognitive Fremdsprachigkeit	fremdsprachliche Kompetenz und Diskursfähigkeit
funktionale Sprachverwendung, Sprache als Medium des Lernens und der Fachkommunikation	funktionale Sprachverwendung, Spracherwerb (integriertes Inhalts- und Sprachlernen, CLIL)	Sprachenlernen, Sprache als Lerngegenstand
fachspezifische diskursive, symbolische und methodische Kompetenzen	fachspezifische fremdsprachige diskursive, symbolische und methodische Kompetenzen	allgemeine diskursive und methodische Kompetenzen
fachliches Lernen in der Schulsprache Deutsch (L1, L2)	fremdsprachiges Fachlernen (Lernen in der Fremdsprache), Fremdsprache als Lernmedium	(Fremd-)Sprachenlernen, (Fremd-)Sprache als Lerngegenstand

Tabelle 1: Sprachlichkeit in den verschiedenen Schulfächern und Sprachen

Mit einer solchen vernetzenden Spracharbeit sind auch Formen der impliziten oder expliziten Sprachmittlung verbunden. Wenn im Fach- oder Sprachunterricht auf das in anderen Sprachen erworbene Wissen oder dort erlernte Sachverhalte zurückgegriffen oder wenn dieses in einer anderen Sprache verwendet wird, sind damit interlinguale Prozesse verbunden. Implizit sind diese, wenn die Lernenden Inhalte (bloß) kognitiv von einer Sprache in eine andere (also z.B. in die gerade verwendete Arbeitssprache) übertragen; explizit ist die Sprachmittlung, wenn ein sprachliches Produkt der Ausgangssprache in eines der Zielsprache transformiert wird.

3. Formen der thematischen Mehrsprachigkeitsarbeit

Die Möglichkeiten und Formen einer über Sprachen und Fächer hinweg angelegten Mehrsprachigkeitsarbeit sind vielfältig, ja beinahe unbegrenzt. Dies betrifft zum einen die Kombinationsmöglichkeiten der Fächer und Sprachen und zum anderen die Formen der Arbeit. Zu letzteren können hier beispielhaft nur drei Varianten umrissen werden, die allesamt als erprobt und bekannt vorausgesetzt werden können und zu denen sich zahlreiche weitere Abwandlungen denken lassen.

Beim *Kernfach-Prinzip* bildet ein Thema eines Faches den Mittelpunkt der thematischen Arbeit. Wenn beispielsweise im Kernfach Englisch das Lehrwerk- oder Curriculum-Thema *Good food – bad food at school. A school cafeteria menu* (Hallet 2011, Kap. 5) Basis und Ausgangspunkt der vernetzenden Arbeit ist, dann kann im Fach Biologie, vielleicht ergänzt durch ernährungsphysiologische Aspekte im Fach Sport, eine fachlich-wissenschaftliche Vertiefung stattfinden, deren Erkenntnisse dann in die Bearbeitung des Themas im Fremdsprachenunterricht zurückfließen. In einem gemeinschaftskundlichen Fach oder im Fach Deutsch könnten komplementär dazu Fragen der Lebensmittelwerbung oder des Marketing behandelt werden. Natürlich kann auch ein Sachfach als Kernfach die Basis und den Ausgangs- und Zielpunkt der thematischen Arbeit bilden. Wenn zum Beispiel im Fach Geschichte, ggf. auch im Bilingualen Geschichtsunterricht, der Imperialismus Thema ist in einer Unterrichtseinheit zur Geschichte und Gegenwart des südlichen Afrika mit enzyklopädischen, journalistischen, fotografischen oder anderen Quellen, so können die fachlichen Erkenntnisse im fremdsprachlichen Unterricht durch die Arbeit mit journalistischen, literarischen oder autobiografischen Texten zu den lebensweltlichen, politischen und kulturellen Implikationen und Positionen in der Kolonialzeit und in der postkolonialen Gegenwart ergänzt werden.

Beim *fächerkooperativen Prinzip* sind die Anteile der beteiligten Fächer arbeitsteilig angelegt und relativ gleichmäßig verteilt. Sie werden simultan bearbeitet und in den jeweils bearbeiteten Aspekten sowie in einer vernetzenden Spracharbeit eng aufeinander bezogen. Das kooperative Prinzip verlangt eine vergleichsweise enge Abstimmung und genaue Planung der beteiligten Lehrerinnen und Lehrer. Diese hat den Vorteil, dass die sprachliche und kognitive

Vernetzung auf Seiten der Lernenden planvoll und systematisch unterstützt werden kann (vgl. die Themenmodule bei Ditze et al. 2009).

Beim *fachübergreifenden mehrsprachigen Projektlernen* wird die Fächertrennung aufgehoben. Hier fließen die Anteile der beteiligten Fächer und Sprachen in eine integrative Planung ein, die durch die Erstellung einer komplexen Projektaufgabe sicherstellt, dass die Aspekte der einzelnen Fächer und mehrere Sprachen in die Bearbeitung und die Erstellung eines gemeinsamen Zielproduktes (*target task*) Eingang finden. Wenn z.B. die Jeans-Produktion (ein inzwischen sehr bekanntes Globalisierungsthema) das fachübergreifend vereinbarte Thema ist, dann kann ein mehrsprachiger Flyer mit Informationen sowie Handlungs- und Kaufempfehlungen für junge Käuferinnen und Käufer das Arbeitsprodukt sein. In die Inhalte und das Design eines solchen Flyers fließen dann Erkenntnisse beispielsweise aus den Fächern Geschichte, Erdkunde, Sozialkunde, Ethik / Religion oder Chemie ein, sodass die Aspekthaftigkeit der jeweiligen fachlichen Zugänge und zugleich die Multiperspektivität der Erfassung eines solch komplexen Themas sichtbar gemacht werden können.

Was die Fächerkombinationen angeht, so ist es sinnvoll, vom spezialisierenden Fachunterricht solche Fächer zu unterscheiden, denen im schulischen Fächerkanon eine stärker re-integrative Funktion zukommt. Zu diesen gehören vor allem Religion und Ethik, Bildende Kunst sowie der Sprach- und Literaturunterricht in verschiedenen Sprachen. Die re-integrative Funktion dieser Fächer erkennt man daran, dass, wie ein Blick in jedes Lehrwerk zeigt, die Bandbreite der in ihnen verhandelten Themen und Inhalte im Prinzip unbegrenzt ist. In den spezialisierenden Fächern hingegen ist deren Art und Anzahl durch einen disziplinären Kanon der Inhalte und Gegenstände vergleichsweise genau definiert.

Den sprachlichen Fächern (dem Fach Deutsch und den Fremdsprachen) obliegt dabei in besonderem Maße die Einübung in die Re-Integration des Fachwissens in alltagsweltliche Darstellungsformen und Diskurse (journalistische Formen, Kommentieren, Argumentieren, Rollenspiel usw.). Auch die beteiligten Fremdsprachen üben für ihre Sprachen solche alltagsweltlichen Diskurs- und Kommunikationsformen ein (s. Tabelle 1). Den Fremdsprachen kommt darüber hinaus die Aufgabe zu, die auf das jeweilige übergreifende Thema bezogenen gesellschaftlichen und kulturellen Gegebenheiten in den fremdsprachigen Ländern mit

Informationen, Texten und Materialien zu erschließen und die Integration dieses Wissens in alltagsweltlichen fremdsprachlichen Formen der Darstellung, der Kommunikation und der diskursiven Verhandlung einzuüben.

Bibliografie:

BONNET, Andreas & BREIDBACH, Stephan & HALLET, Wolfgang. 2013. „Fremdsprachlich handeln im Sachfach: Bilinguale Lernkontexte", in: Bach, Gerhard & Timm, Johannes-Peter. edd. *Englischunterricht. Grundlagen und Methoden einer handlungsorientierten Unterrichtspraxis.* 5. akt. Aufl. Tübingen & Basel: Francke, 172-198.

BYRAM, Michael. 2008. „Education for Intercultural Citizenship: Language Teaching and Education for Citizenship – in Europe and beyond", in: Doff et al. edd., 65-75.

CHRIST, Herbert. 2008. „Didaktik der Mehrsprachigkeit: Die Vision eines Sprachen und Schulfächer übergreifenden Lernens", in: Doff et al. edd., 35-52.

COPE, Bill & KALANTZIS, Mary. edd 2000. *Multiliteracies. Literacy learning and the design of social futures.* London & New York: Routledge.

COSTE, Daniel. 2008. „Plurilingual Education, Identity, Citizenship", in: Doff et al. edd., 53-64.

CUMMINS, Jim. 1984. *Bilingualism and special education: issues in assessment and pedagogy.* Clevedon et al.: Multilingual Matters.

CUMMINS, Jim & SWAIN, Merrill. 1986. *Bilingualism in education.* London et al.: Longman.

DEUTSCH, Bettina. 2013. „'Mehrsprachigkeit' und 'CLIL' – zwei unverbundene Konzepte in der europäischen Sprachen- und Bildungspolitik?", in: Breidbach, Stephan & Viebrock, Jutta. edd. *Content and Language Integrated Learning (CLIL) in Europe: Research Perspectives on Policy and Practice.* Frankfurt a.M. et al.: Lang, 51-63.

DITZE, Stephan-Alexander & GORSEMANN, Sabine & SPILLER, Walter. 2009. „Themenbezogene Projektmodule als Schnittstellen zwischen Fremdsprachenunterricht und bilingualem Sachfachunterricht", in: Ditze & Halbach. edd., 121-134.

DITZE, Stephan-Alexander & HALBACH, Ana. edd. 2009. *Bilingualer Sachfachunterricht (CLIL) im Kontext von Sprache, Kultur und Multiliteralität.* Frankfurt a.M. et al.: Lang.

DOFF, Sabine & HÜLLEN, Werner & KLIPPEL, Friederike. edd. 2008. *Visions of Languages in Education.* Berlin et al.: Langenscheidt.

GOGOLIN, Ingrid. 1994. *Der monolinguale Habitus der multilingualen Schule.* Münster et al.: Waxmann.

HALLET, Wolfgang. 2002. „Auf dem Weg zu einer bilingualen Sachfachdidaktik. Bilinguales Lernen als fremdsprachige Konstruktion wissenschaftlicher Begriffe", in: *Praxis des neusprachlichen Unterrichts* 49/2, 115-126.

HALLET, Wolfgang. 2007. „Zwischen Bildungsstandards und Mehrsprachigkeit: Kompetenzerwerb im Bilingualen Unterricht", in: Bosenius, Petra & Donnerstag, Jürgen & Rohde, Andreas. edd. *Der bilinguale Unterricht Englisch aus der Sicht der Fachdidaktiken.* Trier: WVT, 17-35.

HALLET, Wolfgang. 2011. *Lernen fördern: Englisch. Kompetenzorientierter Unterricht in der Sekundarstufe I.* Seelze: Klett Kallmeyer.

HALLET, Wolfgang. 2015a. „Mehrsprachiges Lernen im Fremdsprachenunterricht: Ebenen und Arten des sprachenvernetzenden Lernens", in: Hoffmann, Sabine & Stork, Antje. edd. *Auf der Suche nach einer lernerorientierten Fremdsprachendidaktik*. Tübingen: Narr, 33-44.
HALLET, Wolfgang. 2015b. „Transkulturelles Lernen im CLIL-Unterricht", in: Rüschoff, Bernd & Sudhoff, Julian & Wolff, Dieter. edd. *CLIL Revisited. Eine kritische Analyse zum gegenwärtigen Stand des bilingualen Sachfachunterrichts*. Frankfurt a.M. et al.: Lang, 289-308.
HALLET, Wolfgang. 2016. *Genres im fremdsprachlichen und bilingualen Unterricht. Formen und Muster der sprachlichen Interaktion*. Seelze: Klett Kallmeyer.
HALLET, Wolfgang & KÖNIGS, Frank G. 2010. „Mehrsprachigkeit und vernetzendes Sprachenlernen", in: iid. edd. *Handbuch Fremdsprachendidaktik*. Seelze: Klett Kallmeyer, 302-307.
KLIEME, Eckhard et al. edd. 2003. *Zur Entwicklung nationaler Bildungsstandards. Eine Expertise*. Bonn: Bundesministerium für Bildung und Forschung.
[KMK 2005] Sekretariat der Ständigen Konferenz der Kultusminister der Länder in der Bundesrepublik Deutschland (KMK). ed. 2005. *Bildungsstandards im Fach Biologie für den Mittleren Schulabschluss (Jahrgangsstufe 10)* (Beschluss der Kultusministerkonferenz vom 16.12.2004). München & Neuwied: Wolters Kluwer.
KÖNIGS, Frank G. 2015. „Mehrsprachigkeit ist eine Zier ... Wie ernst meinen wir es eigentlich mit ihr?", in: Cerri, Chiara & Jentges, Sabine. edd. *„Das musst du an Ruth fragen". Aktuelle Tendenzen der Angewandten Linguistik*. Hohengehren: Schneider, 13-25.
KRAMSCH, Claire. 2010. *The Multilingual Subject*. Oxford: Oxford University Press.
LEITZKE-UNGERER, Eva. 2015. „*Can I help you? ¿Te puedo ayudar?* Vom Sprachvergleich zur Kommunikation in mehrsprachigen Situationen", in: *Der fremdsprachliche Unterricht Spanisch* 13/51, 25-32.
[MBWW 1998] Ministerium für Bildung, Wissenschaft und Weiterbildung Rheinland-Pfalz. ed. 1998. *Lehrplan Englisch. Grund- und Leistungsfach. Jahrgangsstufen 11 bis 13 der gymnasialen Oberstufe (Mainzer Studienstufe)*. Mainz: MBWW.
OETTER, Petra. 2005. „*Viruses – Their Mission Is Transmission*. Thema AIDS im bilingualen Biologieunterricht", in: *Der fremdsprachliche Unterricht Englisch* 39/78, 26-29.
OTTEN, Edgar & WILDHAGE, Manfred. 2003. „Content and Language Integrated Learning. Eckpunkte einer „kleinen" Didaktik des bilingualen Sachfachunterrichts", in: Wildhage, Manfred & Otten, Edgar. edd. *Praxis des bilingualen Unterrichts*. Berlin: Cornelsen, 12-45.
REICH, Hans H. & KRUMM, Hans-Jürgen. 2013. *Sprachbildung und Mehrsprachigkeit. Ein Curriculum zur Bewältigung und Wahrnehmung sprachlicher Vielfalt im Unterricht*. Münster et al.: Waxmann.
REIMANN, Daniel. 2015. „Aufgeklärte Mehrsprachigkeit. Neue Wege (auch) für den Spanischunterricht", in: *Der fremdsprachliche Unterricht Spanisch* 13/51, 25-32.
ROCHE, Jörg. 2013. *Mehrsprachigkeitstheorie. Erwerb, Kognition, Transkulturation, Ökologie*. Tübingen: Narr.
THE NEW LONDON GROUP. 2000. „A Pedagogy of Multiliteracies. Designing Social Futures", in: Cope & Kalantzis. edd., 9-37.
ZYDATIß, Wolfgang. 2002. „Konzeptuelle Grundlagen einer eigenständigen Didaktik des bilingualen Sachfachunterrichts: Forschungsstand und Forschungsprogramm", in: Breidbach, Stefan & Bach Gerhard & Wolff, Dieter. edd. *Bilingualer Sachfachunterricht*.

Didaktik, Lehrer-/Lernerforschung und Bildungspolitik zwischen Theorie und Empirie.
Frankfurt a.M. et al.: Lang, 31-62.

Materialgestütztes Schreiben.
Wissenschaftspropädeutische Perspektiven eines vernetzten Sprachenlernens am Beispiel des Praktikantenromans
Jens F. Heiderich (Mainz)

„Materialgestütztes Schreiben" (Bildungsstandards 2012, 24-26) stellt seit der Einführung der *Bildungsstandards im Fach Deutsch für die Allgemeine Hochschulreife* ein Grundmuster von Schreibaufgaben im Deutschunterricht der gymnasialen Oberstufe dar. Dass diese neue Aufgabenform jedoch nicht nur für Lern-Lehr- und Prüfungs-Kontexte im Fach Deutsch, sondern auch in sprachenvernetzenden Zusammenhängen Chancen und Herausforderungen bereithält, wird, ausgehend von grundlegenden theoretischen Überlegungen zum materialgestützten Schreiben, in dem vorliegenden Beitrag erörtert und am Beispiel des bis dato wenig erforschten und über Ländergrenzen hinweg existierenden Genres des Praktikantenromans illustriert.

1. Materialgestütztes Schreiben

Materialgestütztes Schreiben erweitert die ‚traditionellen' Aufgabenformen des textbezogenen Schreibens – Interpretation literarischer Texte, Analyse pragmatischer Texte, Erörterung literarischer Texte, Erörterung pragmatischer Texte –, die vornehmlich textreflexiv ausgerichtet sind, um eine kommunikationsspezifische und adressatenorientierte Dimension (Abraham & Bauer & Feilke 2015, 6), wobei zwischen dem materialgestützten Verfassen informierender respektive argumentierender Texte zu unterscheiden ist. Im Grunde geht es bei dieser Aufgabenform darum, auf der Basis von Materialien unterschiedlicher Art – z.B. divergierende Textsorten, Tabellen, Diagrammen, Grafiken, Bilder – und unter Berücksichtigung eigener Wissensbestände einen Sachverhalt mit Blick auf vorgegebene Adressaten und Schreibziele kohärent darzulegen. Bei argumentierenden Texten gilt es zudem, eine Kontroverse zu fokussieren und unter Verwendung von Argumentationsstrategien eine eigene Position zu beziehen (Bildungsstandards 2012, 25-26).

Um das Gesagte für die Aufgabenform des materialgestützten Schreibens argumentierender Texte (denn um diese soll es auch in dem Modell für den sprachenvernetzenden Unterricht gehen, vgl. Kap. 4) zu illustrieren, sei eine Beispielaufgabe aus der so genannten Aufgabensammlung des *Instituts zur Qualitätsentwicklung im Bildungswesen* (*IQB*) zitiert:

> Die Intendantin des städtischen Theaters hat in einem Interview mit der lokalen Tageszeitung Bedenken geäußert, „Kabale und Liebe" auf den Spielplan zu setzen. Dabei bezog sie sich auf kritische Diskussionsbeiträge, wonach das Stück nicht mehr zeitgemäß sei. Ihr Deutschkurs, der Schillers Drama im Unterricht behandelt hat, will sich hierzu in einem Offenen Brief an die Intendantin äußern.
>
> Verfassen Sie auf der Grundlage der Materialien M1 bis M9 und Ihrer fachlichen Kenntnisse einen Offenen Brief (siehe dazu M10), der begründet darlegt, inwieweit es auch im 21. Jahrhundert sinnvoll ist, „Kabale und Liebe" für die Bühne zu inszenieren.
>
> https://www.iqb.hu-berlin.de/bista/abi/deutsch/aufgaben

Um dieser Aufgabe angemessen nachkommen zu können, ist eine Reihe von Kompetenzen gefragt (zu einer differenzierten Darstellung der Kompetenzen sowie der entsprechenden Operationalisierungen ibid.). So ist etwa gefordert, dass die Schülerinnen und Schüler

- auf der Grundlage einer komplexen Aufgabenstellung ein Schreibziel identifizieren,
- den Materialien relevante Informationen für die eigene Textproduktion entnehmen,
- Schlussfolgerungen aus den Analysen und Vergleichen der Materialien für die Fragestellung und für die eigene Positionierung ziehen,
- fundierte Argumentationen strukturiert entfalten und dabei die den Materialien entnommenen Informationen methodisch respektive sprachlich angemessen verarbeiten bzw. auf gattungspoetologisches sowie literaturgeschichtliches Wissen zurückgreifen,
- Textkonventionen des Offenen Briefes umsetzen und einen insgesamt kohärenten eigenen Text vorlegen.

Die Gegenwarts- und Zukunftsrelevanz dieser Fähigkeiten und damit einhergehend der Aufgabenart des materialgestützten Schreibens insgesamt liegt in unterschiedlichen Faktoren begründet. Drei seien im Folgenden benannt: (1) Im Zuge zunehmender Informationsflut ist es von Bedeutung, dass Schülerinnen und Schüler in der Lage sind, Materialien unter einer selektiven Perspektive für die jeweilige Fragestellung zu nutzen. (2) Des Weiteren schult materialgestütztes Schreiben die Fähigkeit zur Meinungsbildung zu kontroversen Sachverhalten. Diskurskompetenz auf einer rezeptiven wie produktiven Ebene kann so ausgebildet werden. (3) Eng damit verbunden ist eine wissenschaftspropädeutische Funktion: Je nach Umfang und Komplexität etwaiger theoretischer oder methodologischer Implikationen der vorgelegten Materialien, die es zu sichten, auszuwerten, zu referieren und zu bewerten gilt, bereitet die Aufgabenart auf wissenschaftliche Lese- und Schreibprozesse vor:

> Das Ziel besteht […] darin, komplexe Zusammenhänge im Zugriff auf unterschiedliche theoretische Sichtweisen und Methoden argumentativ vergleichend zu differenzieren und einer eigenen Erklärung zuzuführen. Das Schreiben bekommt epistemische, wissensbildende Funktion. (Abraham & Bauer & Feilke 2015, 8)

Die (unvollständige) Auflistung der relevanten Kompetenzen sowie die lebensweltliche Bedeutsamkeit des materialgestützten Schreibens zeigen, dass diese Aufgabenform hohe Anforderungen an die Lernenden stellt. Um selbigen gerecht werden zu können, scheint es angezeigt, das Einüben der Aufgabenform curricular anzulegen.

> Wegen der Komplexität materialgestützten Schreibens sollten schreibdidaktisch für alle Schulstufen prozessorientierte Überlegungen am Anfang stehen. Es bietet sich an, erste Schreibversuche hinsichtlich ausgewählter Teilprozesse zu entlasten und auf diese Weise Grundlagen materialgestützten Schreibens vorzubereiten. (Abraham & Bauer & Feilke 2015, 6)

Abraham & Bauer & Feilke (2015, 6-8) differenzieren zwischen der curricular anzulegenden Planungsphase materialgestützten Schreibens (u.a. unterbreiten sie Vorschläge zum Erlernen von Strukturierungstechniken des Zieltextes, zum Verfassen von Notaten, Skizzen und Entwürfen, zum Umformulieren von Textvorgaben) und einer curricular inhaltlichen Strukturierung, die die lebensweltliche Bedeutsamkeit der Themen für die Schülerinnen und Schüler zum zentralen didaktischen Kriterium erhebt sowie zudem Aspekte wie Adressatenkontexte, kommunikative Funktion, Übergang von eher beschreibenden zu eher argumentierenden Texten berücksichtigt, um von da ausgehend zunehmend die bereits erwähnte Diskursfähigkeit und wissenschaftspropädeutische Funktion zu fokussieren.

Nicht in den Blick geraten bisher in den fachdidaktischen Überlegungen die Bedeutung sprachenübergreifenden und -vernetzenden Arbeitens im Rahmen des materialgestützten Schreibens; dabei sind Diskursfähigkeit und wissenschaftspropädeutische Funktion häufig in sprachenübergreifenden und -vernetzenden Zusammenhängen relevant. Diskurse sind keine isolierten, auf eine einzige Sprache begrenzten Phänomene. Insbesondere im Zuge von Globalisierung und transnationaler Vernetzungen sind Diskurse sprachübergreifend, interregional und interkulturell zu konzeptualisieren – mit der Folge, dass wissenschaftliches Arbeiten häufig auf mehrsprachige Quellen rekurrieren muss, um seinerseits angemessen am wissenschaftlichen Diskurs partizipieren zu können. Schule muss darauf reagieren. Dabei reicht es nicht aus, die Sprachmittlungskompetenz, die in der fremdsprachendidaktischen Forschung der letzten Jahre verstärkt und zu Recht Beachtung gefunden hat (z.B. Reimann & Rössler 2013), zu schulen. Die Erweiterung der curricularen Strukturen materialgestützten Schreibens um eine sprachübergreifende und vernetzende Dimension und über Fächergrenzen hinweg ergibt sich folgerichtig aus dem bisher Gesagten. Im Folgenden sollen daher zunächst Grundzüge eines Diskurses, hier des Diskurses *Generation Praktikum* unter besonderer Berücksichtigung literarischer Quellen, vorgestellt werden, um in einem zweiten Schritt exemplarisch zu zeigen, wie materialgestütztes Schreiben als Aufgabenform neben anderen (in diesem Beispiel vornehmlich eines *task based language learning*-Ansatzes, zur Theorie dieses Ansatzes z.B. De Florio-Hansen & Klewitz 2010, Kap. 4) sinnvoll in sprachenvernetzenden Zusammenhängen zum Einsatz kommen kann.

2. *Generation Praktikum* und das Genre des Praktikantenromans

Generation Praktikum – unter diesem mittlerweile inflationär verwendeten Titel veröffentlichte Matthias Stolz in *DIE ZEIT* vom 31.03.2005 einen Artikel, der die prekären Umstände fokussierte, unter denen häufig hoch qualifizierte junge Menschen selbst Jahre nach Abschluss ihres Studiums (vermeintlich) litten, indem sie ein Dasein als meist un- oder minderbezahlte Praktikantinnen und Praktikanten fristen mussten (Stolz 2005).[1] Ins Französische übersetzt, löste dieser Artikel von Stolz im November 2005 erstmals in der Geschichte der *Grande Nation* einen Praktikantenstreik der *Génération Précaire*, wie man in Frankreich sagt (Bebnowski 2012, 190), aus, der seinerseits Leidensgenossinnen und -genossen in anderen europäischen Ländern im Frühjahr 2006 dazu animierte, es ihnen gleich zu tun (Bertschik 2007, 69-70).

Über Ländergrenzen hinweg reagierte auch die Literatur auf das Phänomen der ‚Langzeit-Praktikantinnen' und ‚-Praktikanten'. Es bildete sich ein Sub-Genre heraus, das als Praktikantenroman bezeichnet wird (Kutter 2009 & Preisinger 2013) und das auch heute noch verschiedentlich als Referenz in den Blick gebracht wird, wenn es um die realen Arbeitsbedingungen gut ausgebildeter junger Erwachsener geht. Die Gattungsdominate in Italien etwa – der 2006 zunächst im Internet, dann als Buch erschienene und 2007 ins Deutsche übersetzte Roman *Generazione mille euro* von Alessandro Rimassa und Antonio Incorvaia –, die die damaligen Arbeitsbedingungen der ‚*milleuristi*' fokussierte, wird gegenwärtig als Gradmesser herangezogen, wenn es um die Situation der so genannten ‚*precari*' geht: In der Schweizer Zeitung *Tagesanzeiger* heißt es von dem bestens ausgebildeten, 1990 geborenen Luca Giuseppe Gargiulo:

> Gargiulo ist ein Angehöriger der ‚Generation 1000 Euro', benannt nach dem Roman, den die Autoren Antonio Incorvaia und Alessandro Rimassa vor knapp zehn Jahren schrieben. Er handelt von jungen Leuten, die gebildet, motiviert, fiebernd im Wartesaal zum Leben sitzen und sich fragen, wann endlich ein Zug kommt. Bloss [sic!] müsste das Buch mittlerweile in ‚Generation 500 Euro' umbenannt werden, weil sich die Situation nach der Finanz- und Wirtschaftskrise noch verschlimmert hat. (Benini 2015)

---

[1] Der Begriff *Generation Praktikum* stand in den Folgejahren verschiedentlich in der Kritik. Studien des Hochschul-Informations-Systems (z.B. Briedis & Minks 2007) konnten nachweisen, dass die Anzahl an absolvierten Praktika zwar zugenommen hat, dass es sich gleichwohl jedoch um kein Massenphänomen handelt. Ungeachtet dieser Studien wird auch nach über zehn Jahren nach Erscheinen des Artikels von Stolz und nach Einführung des gesetzlichen Mindestlohns in Deutschland zum 1. Januar 2015, demzufolge auch die Mehrzahl der Praktikantinnen und Praktikanten einen Lohn von 8.50 Euro/Stunde erhalten, in medialen Diskursen immer wieder der Begriff *Generation Praktikum* zitiert (z.B. http://www.welt.de/wirtschaft/karriere/bildung/article150743529/Praktikantin-bekommt-50-000-Euro-nachgezahlt.html).

Im französischsprachigen Raum hat die Belgierin Amélie Nothomb mit dem – *avant la lettre* – Praktikantenroman *Stupeur et Tremblements* (1999) viel Beachtung erfahren; u.a. erhielt die Autorin für dieses Werk den *Grand Prix du Roman* der *Académie française* (weiterführend: Kap. 4). Nennenswert sind zudem *La Stagiaire et le Mammouth: Les désarrois de l'élève-professeur* (2010) von Lucie Hart und jüngst auch *Les stagiaires* (2014) von Samantha Bailly.

In Deutschland sind relativ viele Praktikantenromane veröffentlicht worden. Anders als in Italien und im französischsprachigen Raum gibt es jedoch kein Buch, das eine vergleichbare Breitenwirkung erfahren oder eine derart hohe Auszeichnung erhalten hätte. Nikola Richters *Die Lebenspraktikantin* (2006) wird zuweilen als „Praktikums-Pionier" (www.fluter.de/de/arbeit/thema/8886/) gehandelt und, auch in der Retrospektive, recht positiv besprochen (z.B. Haeming 2010). Als „Prototyp des Praktikantenromans" (Kutter 2009) firmiert hin und wieder Boris Fusts *Zwölf Stunden sind kein Tag* (2008), wenngleich Kritiken häufig weniger gut ausfallen (ebd. & Haeming 2010). Weitere einschlägige Werke sind Judith Lieres *Probezeit* (2008), Martin Reicherts *Wenn ich mal groß bin: Das Lebensabschnittsbuch für die Generation Umhängetasche* (2008), Markus Henriks *Copy Man* (2009), Sebastian Christs ... *und wünschen Ihnen für die Zukunft alles Gute* (2009) sowie Elena Senfts *Und plötzlich ist später jetzt. Vom Erwachsenwerden und nicht wollen* (2009).[2]

In der literaturwissenschaftlichen Forschung hat das Genre bislang äußerst selten Berücksichtigung gefunden. Eine Ausnahme bildet Alexander Preisingers Studie *„Der ganze Haufen las sich wie eine Zeitrafferreise in Richtung Desillu-*

---

[2] Eine Sonderstellung nimmt Kathrin Rögglas *wir schlafen nicht* (2004) ein. Zwar bringt Wikipedia diesen Roman ausdrücklich unter dem Abschnitt *Belletristik* mit der Generation Praktikum in Verbindung und nennt ihn in einem Atemzug mit ausgewählten Praktikumsromanen (https://de.wikipedia.org/wiki/Generation_Praktikum, Zugriff: 01.08.2016), doch tatsächlich ist die von Röggla gewählte Figur der Praktikantin nur eine unter einem ansonsten vergleichsweise diversifizierten Figurenarsenal im Kontext der Arbeitswelt in der *New Economy*. Zudem begründet sich die Sonderstellung dieses Titels in dem Erfolg der Autorin und jenem seiner medialen Anverwandlungen (Hörspiel, Hörbuch, Theaterstück) sowie in dem aufwendigen dokumentarischen Verfahren und seiner anschließenden Ästhetisierung (Bähr 2012, 306-335). Nicht zuletzt aufgrund dieses Verfahrens findet Rögglas Darstellung regelmäßig Eingang in wissenschaftliche Studien.

sionierung" (2013). Mithilfe eines semiotischen Ansatzes in der Tradition der Pariser Schule analysiert er ein Korpus an Praktikantenromanen. Preisinger kommt zu dem Schluss, dass es sich bei der Gattung des Praktikantenromans um eine eminent konventionelle und homogene handele, in der ein in hohem Maße verdichtetes und geteiltes Wissen hinsichtlich der Arbeitsverhältnisse zu konstatieren sei. So erscheine die Darstellung des ökonomischen Ideal-Subjekts – im Lichte kapitalismuskritischer Diskurse (Richard Sennett, Ulrich Bröckling sowie Luc Boltanski und Ève Chiapello) – typisiert:

> Erkennbar wird ein rationales, an einem Zweck ausgerichtetes biographisches Handeln, wobei das Subjekt Kontingenzen zu minimieren sucht, um sich aus eigenem Antrieb zum erfolgreichen Subjekt zu machen. Damit wird der Akteur zum eigenen Auftraggeber und zum eigenen Evaluator. (Preisinger 2013, 420)

Weitere Charakteristika der Gattung seien das fortwährend „uneingelöste Versprechen wirtschaftlicher Prosperität und der Erfahrungsbruch zwischen ,altem' und ,neuem' Kapitalismus" (430) sowie die Tatsache, „dass diffizile Auflösungen des tragenden Konflikts ausbleiben, es werden Lösungen realisiert, die keine sind" (430). Utopisches Potenzial suche man somit vergebens.

Dem Praktikantenroman liegen mithin postmoderne Auffassungen von Erzählung zu Grunde, textuelle Einheiten werden aufgelöst, Identitäten der ,erzählenden' Praktikantinnen und Praktikanten multitextuell und länderübergreifend konstituiert.

3. Didaktische Relevanz und Modellbildung

Dass materialgestütztes Schreiben auch in einer sprachenvernetzenden Perspektive von Bedeutung ist und eine logische Fortsetzung bisher bestehender Curricula darstellt, wurde bereits erörtert (Kap. 1). Der Diskurs der *Generation Praktikum*, der nicht zuletzt auch in dem Genre des Praktikantenromans geführt wird, ist insofern relevant, als ihm teilweise historische Bedeutung, teilweise Gegenwarts- und teilweise Zukunftsbedeutung zukommen. Die Lernenden werden möglicherweise bald schon nach dem Abitur mit ähnlichen Problemstellungen im Rahmen von (Auslands-)Praktika konfrontiert werden. Vor dem Hintergrund, dass sich Schülerinnen und Schüler der Oberstufe sehr häufig mit der Frage auseinandersetzen, welchen Berufs- und Lebensweg sie einschlagen möchten und wo sie sich selbst in einigen Jahren sehen, entwickeln sie auch ein Interesse für sozioökonomische Machtstrukturen, die In- und Exklusionsmechanismen bedingen. Der Diskurs rund um die *Generation Praktikum* ist eminent von solchen Strukturen und Mechanismen bestimmt. Im Medium der Literatur haben die Schülerinnen und Schüler die Möglichkeit, Wirklichkeitsentwürfe zu rezipieren, die zu einer Sensibilisierung für diese Verhältnisse sowie für inter- und transkulturelle Kommunikation unter besonderer Berücksichtigung ökonomischer Implikationen beitragen können. Die literarästhetische Verhandlung ist jedoch nicht 1:1 als bare Münze zu nehmen; sie ist um extraliterarische Materialien im Sinne einer kritisch-reflexiven Annäherung und um eigene Positionierungen – *Was hat* Generation Praktikum *mit mir zu tun? Welcher Generation gehöre ich an? Welchen Stellenwert soll Arbeit in meinem Leben haben?* – zu erweitern.

Um das bisher Gesagte didaktisch zu transformieren, bietet es sich an, einen Praktikantenroman beispielhaft ins Zentrum einer Unterrichtseinheit eines sprachlichen Faches (in der folgenden didaktisch-methodischen Umsetzung des Faches Französisch) zu stellen. Dabei geht es zunächst nicht um die Aufgabenform des materialgestützten Schreibens, sondern der Roman als solcher wird angemessen gewürdigt. Auf der Grundlage der Besprechung dieses einen Romans (quasi als ‚Referenzwerk') und seiner Kontexte werden dann in einem weiteren Schritt in einem anderen Fach (z.B. im Fach Deutsch) Ausschnitte aus fiktionalen und nicht-fiktionalen Texten in unterschiedlichen Sprachen hinzugefügt, um den Diskurs zu erweitern und um im Rahmen materialgestützten Schreibens selbst aktiv am Diskurs partizipieren zu können. Der Schwierigkeitsgrad respektive das Maß der (individuellen) Förderung kann dadurch gesteigert werden, dass in der Muttersprache eigenständig ein Praktikantenroman erschlossen und im Rahmen des materialgestützten Schreibens berücksichtigt werden soll.

4. Didaktisch-methodische Umsetzung

Exemplarisch sei dieses Modell in Grundzügen veranschaulicht. Der bereits erwähnte Roman *Stupeur et tremblements* von Amélie Nothomb könnte im Fach Französisch besprochen werden. Er erzählt die Geschichte einer jungen Belgierin, die in Japan geboren wurde und dort einige Jahre lebte, bevor sie mit ihren Eltern nach Belgien zog. Als junge Erwachsene kehrt sie in ihr Geburtsland, dem sie sich stets verbunden fühlte, zurück, um dort ein Praktikum in dem Unternehmen Yumimoto zu absolvieren. Mehr und mehr sieht sie sich mit interkulturellen Unterschieden im Spiegel der japanischen Arbeitswelt konfrontiert. Damit steht der Diskurs der *Generation Praktikum* unter inter- und transkulturellen und nicht zuletzt unter sprachübergreifenden Vorzeichen (zur Interpretation zentraler Linien dieses Romans Heiderich 2013, 65-71; im Folgenden ibid., 74-76). Unter Anwendung des *task based language learning*-Ansatzes wäre das folgende Aufgabenset eine mögliche Grundlage für die Unterrichtseinheit im Fach Französisch:

Pre-task

Partir en stage à l'étranger après le baccalauréat ?

→ Zur Einführung in die Thematik und zu einem ersten Einüben des Wortschatzes können folgende Internetseiten und Zeitungsausschnitte (vgl. Anlage 1) Recherche- und Sprechanlässe bieten:

- http://www.cursusmundus.com/stages-a-letranger (Zugriff: 01.08.2016)
- http://www.studyrama.com/international/stages-etranger.html (Zugriff: 01.08.2016)

Task cycle

Rahmenaufgabe

Comparez la vie active des différents personnages du roman *Stupeur et tremblements* d'Amélie Nothomb à la vie active que vous avez connue lors de vos stages ou que vos ami(e)s et votre famille connaissent.

Mögliche Teilaufgaben

I) **Aufgaben mit geringem Lenkungsgrad**

a) Faites un portrait des protagonistes, décrivez leurs motivations d'agir et la constellation des acteurs.

b) Relevez les conditions dans lesquelles les différents acteurs travaillent.

c) Recherchez sur internet le concept de « l'aptitude au travail » au Japon. Comparez vos résultats à ce qu'Amélie Nothomb nous décrit dans *Stupeurs et tremblements*.

II) Aufgaben mit größerem Lenkungsgrad

1. L'incipit ou le jour de l'entrée

« Loin, très loin, il y avait la ville – si loin que je doutais d'y avoir jamais mis les pieds » (8).

a) Figurez-vous : Le soir, la narratrice rentre en ville et rencontre une amie japonaise à qui elle raconte ses premières impressions. *Écrivez ce dialogue.*

b) Imaginez que l'amie japonaise part en stage en Belgique. Quelles différences interculturelles pourrait-elle rencontrer ? *Écrivez la lettre qu'elle adresse à sa mère.*

2. L'ôchakumi – le premier instrument de sa perte

a) Analysez le dialogue entre Saito et Amélie (20/12-22/3).

b) Expliquez les raisons pour lesquelles la narratrice ne démissionne pas. A-t-elle raison de ne pas démissionner ? – Donnez votre avis.

c) Figurez-vous: Le soir, la narratrice rentre chez elle. Bien qu'elle ne démissionne pas, elle se fait des soucis par rapport à l'affaire de l'ôchakumi. Tout à coup, le téléphone sonne. C'est la mère de la narratrice.

Écrivez un dialogue dans lequel la narratrice raconte ce qui s'est passé, ce qu'elle ressent et ce qu'elle a pensé en ce qui concerne une démission éventuelle. Quels conseils la mère pourrait-elle donner à sa fille ?

3. La femme au Japon

a) Faites un portrait de Fubuki Mori (13-43).

b) Recherchez sur internet la situation des femmes au Japon.

c) Comparez ce que vous avez trouvé à la situation que Nothomb nous présente.

d) Comment est-ce que vous vous sentiriez en imaginant de telles conditions pour les femmes en Allemagne ?

> **4. Fubuki Mori – une traîtresse ?!**
>
> a) Faites un portrait de Fubuki Mori (13-43) vue par la narratrice.
>
> b) Comment Nothomb décrit-elle le conflit entre Omochi, Tenshi et Amélie ? (44/10-45/19). Relevez surtout les moyens stylistiques utilisés et leurs fonctions.
>
> c) Mentionnez les raisons pour lesquelles Fubuki a peut-être trahi Amélie. – Décrivez les réactions d'Amélie. (50/22-52/26)

Nach Besprechung des Referenzwerkes kann die folgende materialgestützte Aufgabe im Fach Deutsch erteilt werden:

> *Sie sind Autor / Autorin einer Literaturzeitschrift für Schülerinnen und Schüler sowie für Studierende. In der nächsten Ausgabe soll der Schwerpunkt auf länder- und sprachenübergreifenden literarischen und gesellschaftlichen Entwicklungen der Gegenwart liegen.*
>
> *Verfassen Sie auf der Basis der Materialien [M1- Mx] und Ihrer Kenntnis des Romans* Stupeur et tremblements *sowie eines einschlägigen Romans der deutschsprachigen Gegenwartsliteratur einen Essay zu der Frage* Inwieweit handelt es sich bei der Generation Praktikum um ein länderübergreifendes Phänomen und inwieweit ist das Genre des Praktikantenromans Literatur, die mit der Lebensrealität der heute 16- bis 28-Jährigen zu tun hat.

Die Adressatenorientierung ist hier so gewählt, dass die Schülerinnen und Schüler für Gleichaltrige und Jugendliche beziehungsweise junge Erwachsene, die einige wenige Jahre älter sind, schreiben sollen, um eine gewisse Nähe zur eigenen Lebenswelt und zur näheren Zukunft herstellen zu können. Der Ort der fingierten Veröffentlichung rückt zudem den Schwerpunkt der Verbindung von Literatur und gesellschaftlichen Entwicklungen in den Blick, wie sie in der Gattung des länderübergreifend zu beobachtenden Praktikantenromans zum Ausdruck kommt. Die Schülerinnen und Schüler sollen sich folglich darauf einstellen, für ein literatur-, kultur- und gesellschaftlich interessiertes, vergleichsweise junges Publikum zu schreiben. Diese Rahmenbedingungen sollen das Verfassen der Textsorte *Essay*, die in den Bildungsstandards für die Allgemeine Hochschulreife (2012, 17) eigens genannt wird, erleichtern. Zur Diskussion der in der Aufgabe genannten Fragestellung eignet sich der Essay insofern besonders gut, als er drei Funktionsebenen von Schreiben einfordert:

> Es (das Schreiben von Essays, Anm. JFH) ist einerseits eine Auseinandersetzung mit sich selbst (also eine Form des „Selbstgesprächs"), zugleich aber ist es auf einen Leser hin

orientiert (und tritt mit ihm in einen „Dialog") und ist schließlich darauf ausgerichtet, Ideen und Einsichten hervorzubringen (also Mittel des Denkens zu sein). (Jander 2015, 53)

Die Auseinandersetzung mit sich selbst – die Positionierung zur Frage einer etwaigen Generationenzughörigkeit und zu möglichen Lektürepräferenzen –, die Orientierung an einem Leserpublikum – *Was könnte meine ebenfalls jungen Leser an dem Phänomen interessieren? Wie erreiche ich sie für meine Inhalte? Was könnten sie mir beim Lesen meiner Positionen entgegnen?* – und die Hervorbringung von eigenen Ideen und Einsichten zu dem aktuellen, sich stets weiterentwickelnden Diskurs können anhand der *Generation Praktikum* und des Praktikantenromans beispielhaft in einem Essay eingeübt werden. Dass bei diesen komplexen Anforderungen prozessorientierte Schreibstrategien sinnvoll zur Anwendung kommen können, liegt auf der Hand. Mit Jander (2015, 53-55) kann man hierbei zwischen den Phasen *Auswertung der Materialien hinsichtlich der Themenstellung*, *Reflexion des eigenen Zugangs*, *Schreiben* und *Überarbeitung* unterscheiden.

Die sprachenvernetzende Dimension ist dadurch gegeben, dass neben dem in der Schule besprochenen französischsprachigen Roman von Nothomb auch ein deutschsprachiges, eigens zu lesendes Werk Berücksichtigung finden soll, womit den Schülerinnen und Schülern ein hohes Maß an Autonomie zugestanden und Verantwortung für den eigenen Lernprozess abverlangt wird. Zugleich gewinnen sie so die Einsicht, dass sich Gattungen auch länderübergreifend entwickeln können. Mit dem ‚literarischen Ausgangsmaterial' und den beiden unterschiedlichen Sprachen könnten Schülerinnen und Schüler in ihrem Essay etwa der Frage nachgehen, inwiefern bei dem länderübergreifenden Phänomen auf Anglizismen zur Schilderung der Umstände zurückgegriffen wird und ob dieser Befund möglicherweise mit Globalisierungstendenzen korreliert ist. Sachtexte wie zum Beispiel Kapitel 2 des hier vorliegenden Beitrages oder einschlägige Zeitungsartikel (wie etwa in Kapitel 2 z.T. zitiert) oder Einträge in ein- oder zweisprachigen Lexika sowie Definitionsversuche einschlägiger Internetbeiträge zu den Begriffen *Generation Praktikum* bzw. *Génération Précaire* bzw. *Generazione mille euro / milleuristi* fokussieren zudem die sprachenvernetzende Dimension der Thematik. Erweitern lassen sich die Materialgrundlagen durch Buchcover, die eine Tendenz haben, unabhängig von der jeweiligen Sprache, in der geschrieben wird, Praktikanten in ‚lässiger' Kleidung (z.B. Jeans, Turnschuhe) nebst Büroutensilien oder kontrastiv zu ‚Anzugträgern' auszustellen. Auch diskontinuierliche Texte, etwa ein Ausschnitt aus der Studie des Hochschul-Informations-Systems (z.B. Briedis & Minks 2007), könnten sinnvoll eingesetzt werden. Im Einzelnen sind die Materialien gerade im sprachenverbindenden Zusammenhang für konkrete Lerngruppen zusammenzustellen, sodass an dieser Stelle darauf verzichtet wird, Vorschläge im Einzelnen abzudrucken.[3]

5. Fazit und Ausblick

Materialgestütztes Schreiben ist ein per se voraussetzungsreicher, komplexer Vorgang, der einer Prozessorientierung und curricularen Strukturierung bedarf, deren höchstes Anforderungsniveau in sprachenvernetzenden Zusammenhängen bestehen mag. Daher ist die Umsetzung des vorgestellten Modells gegen Ende einer Schulkarriere in der Sekundarstufe II und gleichsam in einem wissenschaftspropädeutischen Sinne angezeigt. Erweitern ließe sich das materialgestützte Schreiben um die Dimension des materialgestützten Sprechens in fachübergreifenden Zusammenhängen, um die mündliche Diskursfähigkeit zu schulen.

Bibliografie:

ABRAHAM, Ulf & BAURMANN, Jürgen & FEILKE, Helmuth. 2015. „Materialgestütztes Schreiben", in: *Praxis Deutsch* 251, 4-12.
BEBNOWSKI, David. 2012. *Generation und Geltung. Von den „45ern" zur „Generation Praktikum" – übersehene und etablierte Generationen im Vergleich*. Bielefeld: transcript Verlag.

---

[3] Wohl aber können neben den bereits getätigten Hinweisen z.B. noch die folgenden gegeben werden, die Praktikantenromanen entstammen: Klappentext (z.B. von Nicola Richters *Die Lebenspraktikanten*), ‚verlogene Rede' eines Chefs zum Thema Mindestlohn für Praktikantinnen und Praktikanten (in Sebastian Christs *... und wünschen Ihnen für die Zukunft alles Gute!*, 118f.), zur Stellung von Praktikantinnen und Praktikanten in Betrieben (ibid., 92f. *... und wünschen Ihnen für die Zukunft alles Gute!*, 92-93), Reflexion des Generationenbegriffs (in Elena Senfts *Und plötzlich ist später jetzt*, 53-56), ‚ehrliches Bewerbungsschreiben' (ibid., 49) und Definition Praktikum / ‚stage' (in Samatha Baillys *Les stagiaires*, 67f.).

Bildungsstandards im Fach Deutsch für die Allgemeine Hochschulreife (Beschluss der Kultusministerkonferenz vom 18.10.2012). [http://www.kmk.org/fileadmin/Dateien/veroeffentlichungen_beschluesse/2012/2012_10_18-Bildungsstandards-Deutsch-Abi.pdf; Aufruf: 01.08.2016]

BÄHR, Christine. 2012. *Der flexible Mensch auf der Bühne. Sozialdramatik und Zeitdiagnose im Theater der Jahrtausendwende*. Bielefeld: transcript Verlag.

BENINI, Sandro. 2015. „Generation 500 Euro", in: *Tagesanzeiger* vom 08.09.2015.

BERTSCHIK, Julia. 2007. „‚Junge Talente'. Über Jobs und Müßiggang in der Gegenwartsliteratur", in: Kift, Dagmar & Palm, Hanneliese. edd. *Arbeit – Kultur – Identität. Zur Transformation von Arbeitslandschaften in der Literatur*. Essen: Klartext Verlag, 69-83.

BRIEDIS, Kolja & MINKS, Karl-Heinz. 2007. *Generation Praktikum – Mythos oder Massenphänomen? HIS-Projektbericht*. [http://www.dzhw.eu/pdf/22/generationpraktikum.pdf; Aufruf: 01.08.2016]

DE FLORIO-HANSEN, Inez & KLEWITZ, Bernd. 2010. *Fortbildungshandreichung zu den Bildungsstandards Englisch und Französisch*. Kassel: kassel university press.

HEIDERICH, Jens F. 2013. „Inter- und transkulturelles Lernen, ökonomische Bildung und Kompetenzorientierung. Ein Beitrag zum fremdsprachlichen Literaturunterricht", in: Frings, Michael & id. edd. *Ökonomische Bildung im Französischunterricht. II*. Stuttgart: ibidem, 55-79.

HAEMING, Anne. 2010. „Bücher zur ‚Generation Praktikum': Von Mägden und Knechten", in: *Spiegel online. Unispiegel* vom 09.03.2010.

JANDER, Simon. 2015. „Wie aktuell ist die Frühromantik? Einen materialgestützten Essay schreiben", in: *Praxis Deutsch* 251, 52-60.

KUTTER, Inge. 2009. „Die Literaturpraktikanten", in: *DIE ZEIT* vom 16.12.2009.

NOTHOMB, Amélie. 1999. *Stupeur et tremblements. Roman*. Paris: Michel.

PREISINGER, Alexander. 2013. „‚Der ganze Haufen las sich wie eine Zeitrafferreise in Richtung Desillusionierung'. Kapitalismuskritik als diskursive Formation am Beispiel des Genres Praktikantenroman", in: Brogi, Susanna et al. edd. *Repräsentationen von Arbeit. Transdisziplinäre Analysen und künstlerische Produktionen*. Bielefeld: transcript Verlag, 415-432.

REIMANN, Daniel & RÖSSLER, Andrea. edd. 2013. *Sprachmittlung im Fremdsprachenunterricht*. Tübingen, Narr.

SOSALLA, Ulrike. 2013. „Die 500-Euro-Generation", in: *Südwest Presse* vom 13.11.2013.

STOLZ, Matthias. 2005. „Generation Praktikum", in: *DIE ZEIT* vom 31.03.2005.

http://www.fluter.de/de/arbeit/thema/8886/ [Aufruf: 01.08.2016].

http://www.welt.de/wirtschaft/karriere/bildung/article150743529/Praktikantin-bekommt-50-000-Euro-nachgezahlt.html [Aufruf: 01.08.2016].

https://www.iqb.hu-berlin.de/bista/abi/deutsch/aufgaben [Aufruf: 01.08.2016].

English-Physics, Français-Histoire, Español-Arte: Comics als Ausgangspunkt für fachübergreifenden und fächerverbindenden Unterricht
Corinna Koch (Paderborn)

1. Einleitung

Dem „„natürlichen' Bedürfnis, ganzheitlich wahrzunehmen und Erkenntnisse miteinander in Verbindung zu bringen" (Sämmer & Wagener 1997, 44), wird der aktuelle Schulunterricht mit seiner Aufteilung in Einzelfächer noch zu selten gerecht. Dabei gibt es zahlreiche schulrelevante Themen, die aus sich heraus fachübergreifende oder fächerverbindende Zugänge fordern. Ein didaktisch wertvoller Gegenstand, der es versteht, solche (und andere) Themen besonders anschaulich zu vermitteln und sich damit als Grundlage für fachübergreifende und fächerverbindende Unterrichtsszenarien anbietet, sind Comics.

Im Folgenden werden zunächst das Potenzial der Text-Bild-Kombination für den Schulunterricht sowie Grundlagen fachübergreifenden und fächerverbindenden Unterrichts dargestellt. Im Anschluss illustrieren drei Anwendungsbeispiele, wie mit konkreten Comics die Verknüpfung von Fremdsprachenunterricht mit den Fächern Physik, Geschichte und Kunst erreicht werden kann.

2. Comics als fachübergreifender / fächerverbindender Unterrichtsgegenstand

Als Comics werden in diesem Beitrag statische, narrative Folgen gezeichneter Bilder verstanden, die optional durch Text ergänzt werden können. Die Geschichte, die die Bildfolge erzählt, kann – anders als einige hartnäckige Vorurteile nahelegen – allen Genres entsprechen, die aus Erzähltexten und Filmen bekannt sind. Durch die Statik der Bilder und die damit verbundene dauerhafte Verfügbarkeit hat jede und jeder einzelne Lernende die Möglichkeit, die Geschichte in seinem individuellen Tempo zu rezipieren. Das Verständnis des Textes fremdsprachlicher Comics kann dabei durch die Bilder unterstützt werden, die in der Regel mindestens einen kommunikativen Rahmen schaffen und häufig darüber hinaus bei der Semantisierung schwierigen Vokabulars helfen. Durch die Zeichnungen, denen im Vergleich zu Fotos gelegentlich Realitätsferne vorgeworfen wird, erfolgt in Comics gerade durch die Abstraktion eine bewusste Konzentration auf das Wesentliche, wobei Farben und Zeichenart eine dem Comic ganz eigene Art der Stimmungserzeugung ermöglichen. Comics sind durch diese Merkmale in der Lage, auch „komplexe Themen verständlich zu präsentieren" (Thiessen 2012, III) und eignen sich somit gerade bei kognitiv anspruchsvollen, ernsthaften und künstlerischen Themenfeldern für den schulischen Unterricht (zur genaueren Darlegung der gattungsspezifischen Merkmale von Comics und ihres fremdsprachendidaktischen Potenzials vgl. Koch 2013).

Fachübergreifenden oder fächerverbindenden Unterricht fordern Comics dabei zum einen auf der Ebene ihrer Machart heraus – so erscheint eine Kooperation zwischen Sprach- und Kunstunterricht bei jeglicher Art von Text-Bild-Kombination zielführend, um dem Gegenstand gerecht zu werden –, zum anderen ergeben sich aus den Inhalten vieler Comics enge Zusammenhänge des Sprachunterrichts mit mindestens einem weiteren Fach. Das Panorama der ‚herausgeforderten' Fächer ist grenzenlos, wie hier exemplarisch aufgezeigt wird. In welcher Form die vom Gegenstand bedingten Verbindungen zwischen den Fächern bearbeitet werden, wirft jedoch zunächst unterrichtsorganisatorische Fragen auf.

Grundsätzlich zu unterscheiden sind „zeitlich eng begrenzte […] Projekte außerhalb der üblichen Unterrichtsorganisation" (Sämmer & Wagener 1997, 44) von Szenarien, die im ‚normalen' Unterricht stattfinden. In Letzterem kann – v.a. in der Sekundarstufe I, wenn der meiste Unterricht im Klassenverband erfolgt – fächer*verbindend* gearbeitet werden, indem ein gemeinsames Thema in verschiedenen Fächern aus der jeweiligen Fachperspektive heraus behandelt und am Ende, ggf. auch zwischendurch, die Ergebnisse zusammengetragen werden. Ziel ist es dabei nicht, lediglich zeitlich parallel am selben Thema zu arbeiten, sondern ganz explizit Bezüge zwischen den verschiedenen Zugängen herzustellen. Der Mehrwert dieser mehrperspektivischen Annäherung an den Gegenstand im Sinne eines umfassenderen Verständnisses, eines ganzheitlicheren Durchdringens, sollte für die Lernenden spürbar sein (ibid., 45-48). Bei der Auswahl gemeinsamer Gegenstände fächerverbindender Unterrichtsszenarien sollte idealerweise auch fächer-

*gruppen*übergreifend gearbeitet werden, indem z.B. geistes- und naturwissenschaftliche Fächer Schnittmengen betrachten. Zudem empfiehlt sich „eine Reduzierung auf Teilaspekte", d.h. das Stellen konkreter Fragen, „deren ‚Behandlung' auch die verschiedenen Herangehensweisen der verschiedenen Fächer an denselben Gegenstand deutlich werden lassen" (ibid., 46).

Alternativ lässt sich im ‚normalen' Unterricht fach*übergreifend* arbeiten, indem die „Grenzüberschreitung" (ibid., 45) innerhalb eines Faches erfolgt, in das Perspektiven anderer Fächer integriert werden – wie es letztendlich immer der Fall ist, wenn z.B. der Fremdsprachenunterricht geschichtliche Themen behandelt. Der Vorteil dieser Art der Mehrperspektivität liegt sicherlich in der einfacheren Organisation, weil keinerlei Kooperation notwendig ist. Inwiefern in diesen Szenarien fächerspezifisches Denken jedoch tatsächlich aufgebrochen wird, hängt von der Fächerkombination sowie von den Interessen und Kompetenzen der handelnden Lehrkraft ab. Die bisher einzige, im deutschen Schulsystem etablierte Variante eines solchen Ansatzes ist bilingualer Unterricht.

3. Anwendungsbeispiele

Die Auswahl eines Comics für den Unterricht erfolgt in der Regel anhand eines Themas, in dessen Rahmen bestimmte Kompetenzbereiche der Lernenden ausgebaut werden sollen. Des Weiteren beeinflusst die Auswahl, dass der sprachliche sowie bildliche Schwierigkeitsgrad[1] des Comics zum fachlichen Niveau, den Kompetenzen und den Vorkenntnissen der Lernenden passen sollte. Ob fächerverbindend in Kooperation mit Kolleginnen und Kollegen gearbeitet wird, entscheiden meist die persönlichen Beziehungen, es kann aber auch aus einem Gegenstand selbst die Notwendigkeit einer Kooperation entstehen, weil die erforderlichen Kompetenzen für die Beantwortung der als wertvoll erachteten Fragestellung(en) an den Gegenstand eigene Fähigkeiten auf Lehrkraftseite überschreiten.

---

[1] Auch wenn bereits der positive Einfluss auf das Textverstehen anhand der Bilder in Comics betont worden ist, bedeutet dies nicht, dass nicht auch Bilder hohe Ansprüche an Lernende und ihr Sehverstehen stellen können, wenn es z.B. an kulturellen, geschichtlichen, ggf. auch physikalischen Kenntnissen mangelt, die für das Verständnis erforderlich sind.

Die folgenden drei Beispiele geben einen Einblick in die Vielfalt der möglichen Ansätze: Als erstes steht ein fächergruppenübergreifender Ansatz im Zentrum, in dem fächerverbindend Englisch mit Physik kombiniert wird. Zweitens wird ein häufig implizit erfolgender fächergruppeninterner fachübergreifender Zugang im Französischunterricht mit Verbindungen zum Fach Geschichte skizziert. Drittens folgt die allein aus der Gattung heraus bereits sinnvolle Verbindung von Sprachunterricht, hier Spanisch, mit dem Fach Kunst, die in diesem Fall zusätzlich durch den Inhalt angeregt wird und je nach Ausrichtung fachübergreifend oder fächerverbindend erfolgen kann.

3.1 Englischunterricht in Kombination mit Physik

Der schlechte Ruf, der Comics (in Deutschland) bis heute verfolgt, geht nicht zuletzt auf die Kritik an Superheldencomics zurück. Diese wurden Mitte des 20. Jahrhunderts in direkten Zusammenhang mit der ansteigenden Jugendkriminalität in den USA gestellt und galten als schlechter Einfluss auf Kinder und Jugendliche. Sogar ein „Reinheitssiegel" wurde eingeführt, ohne das Comics nicht mehr in den Handel gingen (Knigge 2014, 15). Auch heute werden Superheldencomics noch belächelt, weniger in Bezug auf ihren Einfluss auf die Gewaltbereitschaft von Jugendlichen, sondern u.a. in Bezug auf ihre unrealistischen und damit ausschließlich für Kinder gedachten *story lines*. Dass gerade bei den zahlreichen Verfilmungen von Superheldencomics v.a. Erwachsene die Kinosäle füllen, wird dabei übersehen.

Inwiefern Superheldencomics tatsächlich unrealistisch sind, ist ein Anknüpfungspunkt, der über den Englischunterricht hinaus naturwissenschaftliche Fächer auf den Plan ruft. Während der Englischunterricht eher das Sehleseverstehen der Geschichten und idealerweise kulturbezogen die Bedeutung von Superheldencomics in der US-amerikanischen Gesellschaft des 20. Jahrhunderts ins Zentrum stellt, kann der Physikunterricht komplementären Fragen nachgehen. Der Vorreiter für eine solche Annäherung an Superheldencomics ist James Kakalios, Physikprofessor an der School of Physics and Astronomy an der Universität von Minnesota. Er unterrichtet physikalische Grundlagen anhand von Superheldencomics und stellt einen enormen Motivationsschub bei seinen Lernenden fest. Deshalb hat er seinen didaktischen Ansatz in Buchform veröffentlicht (Kakalios 2009). Auf dem Buchcover (siehe Abb. 1) ist der Wissenschaftler als „Einstein"-Figur abgebildet. Zudem kniet im Zentrum ein Superheld, der an Superman erinnert (blauer Anzug, rotes Cape), sich aber durch Maske, Handschuhe, schwarze Stiefel und blonde Haare auch deutlich von ihm abgrenzt. Den ‚gewichtigen' Titel des Buches kann er zwar stemmen, aber selbst ihn kostet dies Kraft.

Kakalios leugnet nicht, dass Superkräfte physikalisch unmöglich sind, erlaubt jedoch jedem Superhelden eine „one-time miracle exception". Sein Leitsatz lautet: „Comic books actually get their science more right than you'd think!" Gesteht man z.B. The Flash zu, dass er extrem schnell laufen kann, dann stellt sich die Frage: Ist es möglich, dass er die Kugel einer Pistole stoppen kann? Und ja, physikalisch ist es möglich, weil er die gleiche Geschwindigkeit wie das Geschoss annehmen und dieses – ähnlich wie bei einem Airbag im Auto – langsam abbremsen kann. Welche genauen Geschwindigkeiten notwendig sind, können Lernende errechnen.[2] Textaufgaben, wie man sie aus dem Mathematik- und Physikunterricht kennt – „Zwei Züge fahren mit einer Geschwindigkeit von genau 200 km/Std. aufeinander zu …" – können so mit dem Inhalt einer Comicgeschichte verbunden und anschaulicher und idealerweise motivierender werden. Lernende können z.B. anhand dieses

Abb. 1: James Kakalios' *The Physics of Superheroes*

Abb. 2: Superman stoppt zwei Züge, bevor sie aufeinanderprallen (Siegel & Shuster 1939, 171)

---

[2] Bezüglich der Medienvielfalt kann noch einen Schritt weiter gegangen werden. Chuck Lorres und Bill Pradys US-amerikanische Sitcom *The Big Bang Theory*, die vielen Lernenden bekannt sein dürfte, ist gefüllt mit solchen Überlegungen. In der zweiten Episode der ersten Staffel (2007; Min. 1:58-3:42) erklärt z.B. der theoretische Physiker Sheldon Cooper (der Superman ebenfalls die „one-time miracle exception" zugesteht), dass Lois Lane, statt von Superman nach einem Sturz aufgefangen zu werden, den Gesetzen der Physik folgend eigentlich durch seine Arme aus Stahl in drei gleiche Teile hätte geschnitten werden müssen, weil er eben nicht die notwendige Zeit hatte, ihre Geschwindigkeit sanft abzubremsen.

Ausschnitts aus einem *Superman*-Comic (siehe Abb. 2) errechnen, welche Kräfte notwendig sind, damit Superman – hier in seinem Erscheinungsbild als Clark Kent – die Züge rechtzeitig stoppen kann.

Es mag auf den ersten Blick schwierig erscheinen, nicht nur parallel an einer Comicgeschichte zu arbeiten, sondern explizit Verbindungen zwischen Englisch und Physik herzustellen, die die Zusammenarbeit notwendig machen – scheinen die obigen Rechnungen doch alle anhand des Bildmaterials und damit losgelöst vom englischen Text zu funktionieren. In diesen Fällen kommt es auf die Aufgabenstellungen an. Wenn die Gesamtaufgabe darauf abzielt, arbeitsteilig verschiedene *Superman*-Geschichten zu erarbeiten und anschließend mithilfe einer Poster- oder PowerPoint-Präsentation den anderen Lernenden vorzustellen, kann neben inhaltlichen Aspekten auch die physikalische Überprüfung mindestens einer zentralen Situation gefordert werden. Auf diese Art und Weise würden die im Physikunterricht erfolgten Rechnungen Teil der Präsentation in englischer Sprache werden. Abschließend ließe sich aus den Einzelgeschichten und physikalischen Überprüfungen ein Gesamtbild über die Superkräfte von Superman und ihre Realitätsnähe zusammenstellen.

Eine noch eindeutigere Verknüpfung ergibt sich dann, wenn bildliche Inhalte in Kombination mit sprachlichen überprüft werden, weil die Comicgeschichte quasi selbst die Aufgabe formuliert. In diesem Comicausschnitt (siehe Abb. 3)

Abb. 3: Superman erklärt Elektrizität, während er über eine Hochspannungsleitung läuft (Siegel & Shuster 1938, 15-16)

läuft Superman mit einem Mann unter dem Arm über eine Hochspannungsleitung und erklärt als Antwort auf dessen Befürchtung („Stop! Stop! We'll be electrocuted"): „No, we won't! – Birds sit on telephone wires and they aren't electrocuted – not unless they touch a telephone-pole and are grounded! – Oops! – Almost touched that pole!" Hier lässt sich anhand von Supermans Taten *und* Worten die Überprüfung seiner Aussage, die zunächst auf Englisch verstanden werden will, ableiten – und auch sie stimmt. Wenn die Fächerkombination der Fremdsprachenlehrkraft nicht gerade Englisch / Physik ist, sind bei dieser Art von Überprüfungen die Kompetenzgrenzen der Englischlehrkraft schnell erreicht. Aus diesem Grund prädestiniert sich ein solcher Ansatz für fächer*verbindenden* Unterricht, der nach der gemeinsamen Festlegung der Ziele parallel abläuft, aber auf ein gemeinsames Ziel hinarbeitet: eine Präsentation der Ergebnisse beider Fächer in englischer Sprache, bei der beide Fachlehrkräfte anwesend sind. Bei der Vorbereitung der Vorstellung physikalischer Rechnungen auf Englisch ist dann auch die Englischlehrkraft gefragt, die dadurch vermutlich ebenfalls ihren eigenen Wortschatz erweitern kann.

3.2 Französischunterricht in Kombination mit Geschichte

Geschichtliche Inhalte sind als Bestandteil interkultureller Kompetenz im Fremdsprachenunterricht fest verankert. In den *Bildungsstandards für die erste Fremdsprache für den Mittleren Schulabschluss* heißt es, dass Lernende über „Kenntnisse und Fertigkeiten" u.a. im Bereich „Werte, Normen, Überzeugungen, Einstellungen (in Bezug auf [...] Geschichte [...])" (KMK 2003, 16) verfügen sollen. Die *Bildungsstandards für die fortgeführte Fremdsprache für die Allgemeine Hochschulreife* präzisieren, dass zum „Orientierungswissen über die Zielkulturen" auch „historische und kulturelle Entwicklungen einschließlich literarischer Aspekte" (KMK 2012, 21-22) gehören. Es gilt, Perspektivwechsel zu vollziehen, verschiedene Perspektiven zu vergleichen und „fremdsprachige Texte und Diskurse in ihrer fremdkulturellen Dimension" (ibid., 22) zu erfassen, zu deuten und zu bewerten. Der Kernlehrplan für Geschichte in der Sekundarstufe I in Nordrhein-Westfalen, der hier in Ermangelung einheitlicher Bildungsstandards exemplarisch herangezogen wird, betont zudem:

> [Das Fach Geschichte leistet] einen fachspezifischen und fachübergreifenden Beitrag zur Entwicklung von Kompetenzen, die für das Verstehen gesellschaftlicher Wirklichkeit sowie für das Leben und die Mitwirkung in unserem demokratisch verfassten Gemeinwesen benötigt werden (Ministerium 2007, 12).

Die Interdisziplinarität ist somit auch dort bereits angelegt.

Während in Deutschland der Zweite Weltkrieg als „der wichtigere historische Referenzpunkt im politischen und öffentlichen Diskurs" (Braun & Schwemer

2015, 4) gilt, ist in Frankreich der Erste Weltkrieg von größerer Bedeutung für das kollektive Gedächtnis. Ihm sollte ein zentraler Platz bei der Behandlung der gemeinsamen Geschichte und der deutsch-französischen Beziehungen zukommen (zur Bedeutung und Nachzeichnung der *Grande Guerre* aus didaktischer Perspektive vgl. Koch 2014a) – und das trotz der historischen Distanz, aufgrund derer er Lernenden „abstrakt und damit uninteressant" (ibid., 2) erscheinen mag.

Um diese Distanz abzubauen, eignen sich Comics; denn sie führen unfassbare Dinge in Form von gezeichneten Bildern vor Augen, die auch jüngeren Lernenden einen Zugang zu diesem Thema ermöglichen können. Spätestens seit dem 100-jährigen Gedenken an den Beginn des Ersten Weltkrieges im Jahr 2014 ist die Auswahl an *bandes dessinées* (BD) zu diesem Thema unüberschaubar groß. Drei zentrale, in Anspruch und Umsetzung ganz unterschiedliche Werke, die sich für den Unterricht eignen, sind folgende:

Ein Klassiker ist Jacques Tardis schwarz-weißes Werk *1914-1918: C'était la guerre des tranchées* (Tardi 1993), das in eindrucksvollen, zum Teil beängstigenden Bildern und Texten v.a. das Leben in den Schützengräben darstellt (zur didaktischen Aufbereitung vgl. auch Sistig 2014). Lebensumstände der Soldaten sowie die französische Perspektive auf die Deutschen – z.B. der besonders ordentliche deutsche Schützengraben auf der rechten

Abb. 4: Ein französischer und ein deutscher Schützengraben in Tardis *C'était la guerre des tranchées* (Tardi 1993, 11)

Seite im Vergleich zum relativ chaotischen französischen Graben auf der linken Seite (siehe Abb. 4) – regen zur Auseinandersetzung mit Stereotypen und geschichtlichen Fakten sowie zur Reflexion über die einende und trennende Bedeutung solcher deutsch-französischen Erfahrungen an.

Den Verlauf des Ersten Weltkrieges zeichnet mit klarem didaktischen und damit vereinfachtem (künstlerischen wie geschichtlichen) Anspruch *1914-1918 ... la Grande Guerre* aus der Serie *L'Histoire de France en BD* (Joly & Heitz 2014) nach. Die BD ermöglicht so jüngeren Lernenden eine erste anschauliche, französischsprachige Annäherung an wichtige Daten, Schauplätze, Personen und Schlachten des Ersten Weltkriegs mit expliziten, sprachlich wie inhaltlich relativ leicht zu verstehenden Erklärungen. So wird z.B. das Attentat von Sarajevo am 28. Juni 1914 auf den Thronfolger Österreich-Ungarns, Erzherzog Franz-Ferdinand, und seine Frau in einer einfach gehaltenen, auf die zentralen Ereignisse konzentrierten Zeichnung dargestellt: Die beiden fahren im Auto durch die Stadt, der Attentäter nähert sich dem Auto, schießt und zahlreiche Menschen eilen erschrocken herbei. Der Erzählerkasten benennt die wichtigsten Fakten und drückt diese in anschaulichen Worten aus, z.B. durch die Metapher „[...] l'assassinat [...] est l'étincelle qui met le feu aux poudres [...]" (siehe Abb. 5).

Abb. 5: 28. Juni 1914 (Joly & Heitz 2014, 4)

Abb. 6: Lucien, Arzt in Ausbildung, in Verdun (Hogh & Mailliet, 04/T02-Lucien)

Die *Carnets 14-18 – Quatre histoires de France et d'Allemagne* (Hogh & Mailliet 2014), ausgezeichnet mit dem Label „Centenaire" der französischen Regierung und unterstützt von mehreren Landeszentralen für politische Bildung in Deutschland, liefern, basierend auf authentischen Tagebucheinträgen, deutsche und französische persönliche Zeitzeugenberichte in vier kurzen Comicgeschichten. Sowohl für den Fremdsprachen- als auch für den Geschichtsunterricht in beiden Ländern verfasst, kommt dieses Werk gerade dem Ansatz, fachübergreifend zu arbeiten, zugute.[3]

---

[3] In fächerverbindenden Szenarien sei hier angemerkt, dass nicht nur der Geschichtsunterricht Grundlagenwissen vermitteln kann, das für den Französischunterricht nützlich ist, sondern

Einer der „Helden" ist der Franzose Lucien, 22 Jahre alt, Arzt in Ausbildung in Lyon. Er ist zunächst vom Krieg überzeugt und würde gerne aktiver in die Kämpfe eingreifen. Seine Aufgabe ist jedoch die Krankenversorgung, die ihn an seine Grenzen bringt, was sowohl sprachlich (in seinen Tagebucheinträge) als auch bildlich (durch seine Körperhaltung, Farben und Hintergründe) deutlich zum Ausdruck gebracht wird (siehe Abb. 6).

Welches Werk für den Unterricht ausgewählt wird, hängt letztendlich vom gewählten inhaltlichen Schwerpunkt sowie vom Alter und Niveau der Lernenden ab. Comics zum Ersten Weltkrieg sollten als wertvolles Material in Kombination mit anderen für bestimmte Ziele eingesetzt werden, im Falle der *Carnets* z.B. als erste Sensibilisierung für die Bedeutung von Tagebüchern im Krieg.[4]

3.3 Spanischunterricht in Kombination mit Kunst

Der Sammelband *Barcelona*[TM]*: La Ciudad Condal vista por 33 autores* vereint fantastische, kriminalistische, humoristische, gesellschaftskritische und futuristische schwarz-weiße Comicgeschichten von Zeichnern und Autoren, die in Barcelona leben und wirken. Sie liefern eine individuelle, visuell-fiktionale Sicht auf die katalanische Metropole.

Der im Kernlehrplan für Kunst in der Sekundarstufe I in Nordrhein-Westfalen formulierte Beitrag des Faches „im Sinne einer ganzheitlichen Persönlichkeitsentwicklung durch die Vermittlung einer ästhetischen Grundbildung" (Ministerium 2011, 9) spiegelt die Notwendigkeit fachübergreifenden und fächerverbindenden Unterrichts wider. Gefordert werden für das Fach Kunst „Unterrichtsgegenstände aus der gesamten sinnlich erfahrbaren, ästhetisch gestalteten und primär visuell vermittelten Wirklichkeit" (ibid.). Bilder sollen „in ihre kulturellen und gesellschaftlichen Zusammenhänge eingeordnet werden können" (ibid.), wobei „[s]innliche Erkenntnis und kognitive Verarbeitung, Skizze und sprachliche Äußerung [...] gleichberechtigt zueinander" (ibid., 11) stehen. Durch die Kombination mit der Verbalisierung und die Beschaffenheit von Comics ergibt sich die

---

dass der Französischunterricht durch die sprachliche Komponente die Behandlung von französischsprachigen Originalquellen im Geschichtsunterricht ermöglichen kann.

[4] Unerlässlich bei jeglicher Verbindung von Französisch- und Geschichtsunterricht ist zudem das deutsch-französische Geschichtsbuch (Henri & Le Quintrec & Geiss 2008).

Verknüpfung sprachlichen und künstlerischen Arbeitens. Auch Hallet formuliert umgekehrt, dass ästhetische Erfahrung „Grundbedingung des literarischen Lesens" (Hallet 2010, 200) ist und durch „die Reflexion des Lesers über seine Reaktionen auf den ästhetischen Text sowie über jene textuellen Elemente und ästhetischen Konstellationen, die diese auslösen" (ibid., 201), erreicht wird.

Damián und Enrique Fernández' Comicgeschichte „Arte efímero" (*Barcelona*^{TM} 2011, 161-166), „Vergängliche Kunst", eignet sich besonders für eine explizite Verknüpfung der beiden Fächer. Sie beschreibt die Fantasiereise eines Mädchens, Martina, und eines vermutlich autistischen Jungen, ausgelöst durch eine gemeinsame Zeichnung auf der Serpentinenbank im Parque Güell in Barcelona. Die Kinder zeichnen sich selbst als einfache

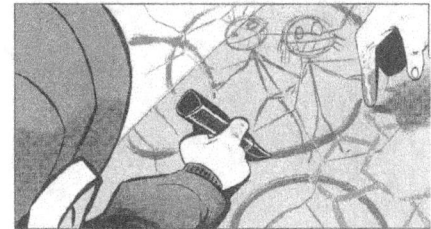

Abb. 7: Gemeinsames Zeichnen im Parque Guëll (*Barcelona*^{TM} 2011, 162)

Strichmännchen auf die Bank (siehe Abb. 7) und die Zeichnungen werden lebendig. Die Geschichte verdeutlicht, wie fantasievolle, künstlerische Tätigkeiten Krankheiten überwinden und gemeinsame Erlebnisse ganz ohne Sprache ermöglichen können. Sie unterstreicht die Inspirationskraft der berühmten Architektur Gaudís; denn in der Geschichte wird durch die Zeichnung die Serpentinenbank in Gaudís Parque Güell lebendig und verfolgt die Kinder, die zunächst von einem Seifenblasenkünstler Unterstützung erhalten und schließlich von der berühmten Steinechse des Parks gerettet werden. Sowohl in Bezug auf die zeichnerische Ausgestaltung der Geschichte und ihre Wirkung als auch inhaltlich bieten sich zahlreiche Anknüpfungspunkte, die den Spanisch- und den Kunstunterricht gemeinsam herausfordern. Dazu zählen u.a. die Versprachlichung der enthaltenen „stummen" Bilder, eine Analyse von Bildformen, -anzahl und -positionierung sowie der Perspektive der Bilder. Auch produktive Zugänge sind in Kooperation der Fächer Spanisch und Kunst denkbar, z.B. „Unos días más tarde Martina vuelve al parque y pinta otra vez con el niño. ¿Qué pasa? Escribe y dibuja como sigue la historia" (zur genaueren didaktischen Arbeit mit der Geschichte „Arte efímero" und weiteren im Spanischunterricht vgl. Koch 2014b).

4. Fazit

Die drei Beispiele machen deutlich, dass fachübergreifendes und fächerverbindendes Lernen nicht künstlich herbeigeführt werden muss, sondern dass es sich anhand von Themen und Materialien ergibt. Über das bildbasierte Erzählen ermöglichen Comics Multiperspektivität, die anregende Verbindung von Fiktion und Realität und damit die Möglichkeit ihrer Überprüfung oder Reflexion, die Schulung fachübergreifender Kompetenzen und ganzheitliches Lernen. Ob in

Abb. 8: Calvin und Hobbes philosophieren über Religion (© Bill Waterson)

Projekten oder im ‚normalen' Unterricht, das Ziel ist es, flexibles Wissen und Offenheit beim Denken zu schaffen, das sich nicht von Fächergrenzen einschränken lässt, sondern umfassend wahrnimmt und reflektiert – und dabei darf auch mal Religion „Hobbes" genommen werden, indem z.B. Zitate aus der Bibel aus kindlicher Sicht und durch Kommentare des Stofftigers Hobbes, der lebendig wird, wenn sein Besitzer Calvin mit ihm alleine ist, neu interpretiert oder hinterfragt werden (siehe Abb. 8).

Bibliografie:

Barcelona^{TM}: La Ciudad Condal vista por 33 autores. 2011. Barcelona: Norma Editorial.
BRAUN, Cordula & SCHWEMER, Kay. 2015. „Quelle connerie la guerre. Friedenserziehung im Französischunterricht", in: *Der Fremdsprachliche Unterricht Französisch* 137, 2-11.
HALLET, Wolfgang. 2010. „Literarische Kompetenz", in: Surkamp, Carola. ed. *Metzler Lexikon Fremdsprachendidaktik*. Stuttgart: Metzler, 200-201.
HENRI, Daniel & LE QUINTREC, Guillaume & GEISS, Peter. edd. 2008. *Histoire / Geschichte: Europa und die Welt vom Wiener Kongress bis 1945*. Leipzig: Klett.
HOGH, Alexander & MAILLIET, Jörg. 2014. *Carnets 14-18 – Quatre histoires de France et d'Allemagne*. Paris: Le buveur d'encre.
JOLY, Dominique & HEITZ, Bruno. 2014. *L'Histoire de France en BD. 1914-1918 ... la Grande Guerre*. Paris: Casterman.

KAKALIOS, James. 2009. *The Physics of Superheroes. Spectacular second edition*. London: Duckworth Overlook.
KMK (Kultusministerkonferenz). 2003. *Bildungsstandards für die erste Fremdsprache (Englisch / Französisch) für den Mittleren Schulabschluss. Beschluss vom 04.12.2003.*
KMK (Kultusministerkonferenz). 2012. *Bildungsstandards für die fortgeführte Fremdsprache (Englisch / Französisch) für die Allgemeine Hochschulreife. Beschluss vom 18.10.2012.*
KNIGGE, Andreas C. 2014. „KLONK, BIONG, WUSCH!!!", in: *APuZ (Aus Politik und Zeitgeschichte)* 64/33-34, 11-16.
KOCH, Corinna. 2013. „Die spezifischen Merkmale der Medienkombination *bande dessinée* und ihr Potenzial für den Französischunterricht", in: Leitzke-Ungerer, Eva & Neveling, Christiane. edd. *Intermedialität im Französischunterricht*. Stuttgart: ibidem, 31-46.
KOCH, Corinna. 2014a. „*Enseigner la Grande Guerre dans le cadre du centenaire*: Kriegsverlauf und *lieux de mémoire*", in: *französisch heute* 45/2, 55-63.
KOCH, Corinna. 2014b. „*Barcelona*[TM] im Spanischunterricht: Eine Metropole im Comicformat", in: Franke, Manuela & ead. & Schöpp, Frank. edd. *Espejos del mundo hispanohablante: Metropolen im Spanischunterricht*. Berlin: tranvía, 174-198.
MINISTERIUM FÜR SCHULE UND WEITERBILDUNG. 2007. *Kernlehrplan für das Gymnasium – Sekundarstufe I (G8) in Nordrhein-Westfalen. Geschichte.*
MINISTERIUM FÜR SCHULE UND WEITERBILDUNG. 2011. *Kernlehrplan für das Gymnasium – Sekundarstufe I (G8) in Nordrhein-Westfalen. Kunst.*
SÄMMER, Günter & WAGENER, Andrea. 1997. „Projektorientierter und fächerverbindender Unterricht auf der gymnasialen Oberstufe. Das ‚Bergheimer Modell'", in: *Pädagogik* 49/9, 44-49.
SIEGEL, Jerry & SHUSTER, Joe. 1938. „Action Comics No. 1", in: *The Superman Chronicles Volume one*. New York: DC Comics, 3-16.
SIEGEL, Jerry & SHUSTER, Joe. 1939. „Superman at the World's Fair", in: *The Superman Chronicles Volume one*. New York: DC Comics, 168-179.
SISTIG, Joachim. 2014. „La Grande Guerre et la BD im Französischunterricht der Oberstufe", in: *französisch heute* 45/2, 79-88.
TARDI, Jacques. 1993. *1914-1918: C'était la guerre des tranchées*. Paris: Casterman.
THIESSEN, Ellen. 2012. *Comicrezeption und die kognitive Verarbeitung bei Kindern*. München: AVM.

Impressionismus in Kunst und Literatur
Eva-Tabea Meineke (Mannheim) & Andreas Schürmann (Mainz)

> Ich will sagen: die Technik des Impressionismus bringt eine Anschauung der Welt mit oder setzt sie vielleicht sogar voraus, die in den letzten hundert Jahren allmählich erst möglich geworden ist. Menschen, welche glauben, daß wir erfahren können, wie die Welt „wirklich" ist, werden eine Malerei absurd finden müssen, die sich an den unmittelbaren Eindruck, an den Moment, an die Illusion hält. Menschen, denen es nicht geläufig ist, sich vorzustellen, daß was wir sehen oder hören oder fühlen mögen, immer nur Erscheinung ist, hinter welcher vielleicht eine Wahrheit liegt, die wir aber, in unsere Sinne eingeklemmt, niemals erkennen können, daß, was uns davon erscheint, indem es durch unsere Sinne gehen muß, von ihnen verändert wird, und daß also unsere Welt in der Tat, wenn nicht aus uns erschaffen, so doch von uns mitbestimmt wird und darum wirklich, so wie sie uns erscheint, durch uns erst entsteht und mit uns wieder vergeht.
>
> Hermann Bahr, Impressionismus, 1903

Unser Beitrag richtet sich an Deutsch- und Fremdsprachenlehrkräfte (vornehmlich der italienischen, französischen und russischen Sprache), ebenso wie Kunsterzieherinnen und -erzieher, die in ihrem Unterricht intermedial und vielleicht auch komparatistisch arbeiten wollen. Da der Impressionismus, wie so manche andere Stilepoche auch, nicht vor Sprachgrenzen haltgemacht hat und – aus der Malerei kommend – ebenso andere Künste wie die Gattungen der Literatur, die Musik, die Fotografie und den Film bereichert hat, möge sich der Lesende ermutigt fühlen, diese Grenzüberschreitungen im eigenen Unterricht nachzuvollziehen, um Schülerinnen und Schülern zu zeigen, dass es nicht die Schubladen einzelner Fächer, Gattungen oder Künste sind, die unsere Kultur bestimmen, sondern die großen, übergeordneten Weltsichten, wie es Hermann Bahr in unserem Motto so treffend beschreibt. Vieles aus dem Schatz der impressionistischen Mittel, wie z.B. die Überbelichtung, Weichzeichnung, Zeitlupe oder die Veränderung der Schärfentiefe im Film, ist so selbstverständlich in unser tagtägliches Repertoire eingegangen, dass uns ein bewusster Rückbezug auf den Ursprung dieser Formensprache oftmals überrascht.

In unserem Anliegen gehen wir exemplarisch vor, um möglichst anschaulich zu bleiben. Zunächst werden wir anhand eines impressionistischen Bildes einige malerische Mittel herausarbeiten, deren Entsprechungen wir dann in kurzen

Textbeispielen aus der deutschen, italienischen, französischen und russischen Literatur aufzeigen.

Das impressionistische Bild
Didaktische Auswahl

Möchte man als Sprachenlehrkraft das Phänomen des Impressionismus vorbereitend für die Analyse geeigneter Texte im Unterricht aufschlüsseln, so bieten sich natürlich die Bildwerke der gängigen und allseits bekannten impressionistischen Maler an. In unmittelbarer Konfrontation der Schülerinnen und Schüler mit dem Bild lässt sich in phänomenologischer Weise die Anschaulichkeit künstlerischer Werke am besten und effektivsten nutzen. So können etwa über die Methode der Bildbeschreibung die wesentlichen Aspekte der impressionistischen Darstellungsweise und ihres Kunstwollens sehr gut aus der reinen Anschauung abgeleitet werden. Dies wird durch die Tatsache gefördert, dass der Impressionismus keine besonders intellektuelle Kunst ist; er will nicht emblematisch verschlüsseln oder hochphilosophische Erkenntnisse verbreiten. Er ist in seinem Wesen und zuallererst eine malerische Darstellungsweise – also mehr Form als Inhalt (auch wenn uns das Formale hier eher als Farbe begegnet); denn „in seinem Inhalt ist er, in programmatisch erklärter Absicht und im erreichten Gesamteffekt, extrem naturalistisch, genauer gesagt: in einem vordem unbekannten Ausmaß auf das Nur-Sichtbare konzentriert" (Fritz 1990, 129). Clark hält ihn für die „erschöpfendste[...] Form von Naturalismus, die je in Kunst umgesetzt wurde" (Clark 1962, 83).

An dieser Stelle wird es von Nutzen sein, den Begriff des Naturalismus von dem des Realismus abzugrenzen. Während der Realismus zuerst immer auch ein demagogischer Terminus ist – denn nur das ist Realismus, was als Realismus bezeichnet wird –, so ist es beim Naturalismus einfacher bestellt: Es ist – was die Bildkunst angeht – nichts anderes als die möglichst genaue Wiedergabe unseres Netzhautbildes auf der Bildfläche. Inwieweit dies gelingt oder nicht, legt der Ikonizitätsgrad der Abbildung fest. Im geschützten Bereich des Nicht-Semiotischen wird die typisch impressionistische Formensprache in den allermeisten ihrer Facetten – von der spontanen Pinselführung über das helle Kolorit bis zur Tiefenraumreduktion – auch dem Laien sofort ins Auge springen. Wichtig ist daher die wohlüberlegte didaktische Auswahl des Bildmaterials. Wie jede andere Stilbezeichnung auch, so hat der Impressionismus – auch wenn sich die erste Erwähnung dieses Begriffes auf den 25. April 1874 präzisieren lässt[1] – schwammige Definitionsränder. Es lassen sich Duktus und Kolorit eines Frans Hals oder eines Adriaen Brouwer ebenso als „impressionistisch" bezeichnen wie die Bildsprachen von Courbet oder Delacroix in Frankreich bzw. die Farborgien von Turner, vor allem seiner Aquarelle, in der ersten Hälfte des 19. Jahrhunderts in England.

Anflüge impressionistischer Bildmittel finden sich in hingehauchten Farbtupfern schon auf römischen Fresken oder in griechischen und lukanischen Gräbern. Eine Gefahr besteht darin, sich im Gewirr der Postimpressionisten (wie etwa van Gogh oder Gauguin), der Pointillisten (Seurat, Signac u.a.) und der mathematisch geplanten Konstrukte eines Gustave Caillebotte zu verlieren. Für unsere Zwecke eignen sich eher Landschaftsbilder als Figuralkompositionen, da letztere naturgemäß zwischenmenschliche Beziehungen thematisieren, deren Analyse sich im Unterricht als problematisch oder zumindest mühselig erweisen kann, da bei der sinngebenden Erörterung von Gestik, Mimik, Bekleidung, Attributen und Bewegungshaltungsform sehr viele Störfeuer vonseiten individueller Auslegung, moderner Klischees und mangelnder sozialhistorischer Erfahrung auftreten können. Dies kann bei Bildern von Auguste Renoir, Édouard Manet oder Edgar Degas der Fall sein.[2] Es empfiehlt sich daher, sich auf die reinen Landschaften von Camille Pissarro, Alfred Sisley und vor allem von Claude Monet zu konzentrieren. Bei Letzterem eignen sich für unsere Zwecke die sogenannten Pappelbilder („Les Peupliers")[3] in hervorragender Weise, als dass hier mehrere für uns wichtige Aspekte deutlich sichtbar werden: die flächige Farbfeldkomposition, die atmosphärische Verdichtung, die Entkontrastierung und Kolorierung des Schattens, die Wiedergabe des tageszeitlichen und meteorologischen Moments, der freie Duktus, die Prinzipen des *plein air* und des *sur le*

---

[1] Angeregt durch Monets Bild „Impression, soleil levant" titelte der Kritiker Louis Leroy an diesem Tag im *Charivari*: „Ausstellung der Impressionisten" (Crepaldi 2007, 64).
[2] Etwa in Renoirs „Frühstück der Ruderer" (1880/81), Manets „Bar in den Folies Bergère" (1881) oder in Degas' „Absinth" (1875/76).
[3] Als Überblick siehe: https://fr.wikipedia.org/wiki/Les_Peupliers (Zugriff: 01.08.2016).

motif sowie die Komprimierung des Tiefenraums. Spätere Werke Monets wie z.B. die Kathedralbilder von Rouen oder die Seerosen – auch wenn manche Autoren wie Proust sich konkret auf sie beziehen – eignen sich nur bedingt für unsere Zwecke; in ihnen hat sich der Impressionismus „von der natürlichen Anschauung, aus der er hervorging, vollständig entfernt und ist [...] zur Abstraktion geworden" (Clark 1962, 87).

Der Raum und die Perspektive
Der Umgang mit dem (Landschafts-)Raum stellt bei der Betrachtung impressionistischer Bilder eine besondere Herausforderung dar. Dennoch ist der Raum ein essenzieller Faktor, dessen malerische Untersuchung durch die Impressionisten kunsthistorisch über die *taches*[4] in den Bildern Cézannes zu den Raumproblematiken der Kubisten führte. Den Widerspruch zwischen Bildfläche und Tiefenraum nimmt Monet vor allem in den Pappelbildern bewusst wahr. Daher kauft er wohl auch das Gelände mit den vom Abholzen bedrohten Bäumen an den Ufern der Epte. „The trees are spaced at regular intervals in Monet's paintings, because they were planted approximately eight feet apart [...]" (Tucker 1990, 115). Die im künstlichen Landschaftsraum angeordneten vertikalen linearen Formen helfen Monet, visuelle Parameter für die Raum- und Bildkomposition seines künstlerischen Landschaftsbildes allein durch die Wahl der Perspektive zu implementieren. Das radikale Heranzoomen des Fernen an das Nahe ist, wie wir sehen werden, ein typisches literarisches Mittel jener Stilrichtung.

Landeskundliches
Im Französischunterricht bieten sich natürlich die oben genannten „Ur-Impressionisten" an, vermitteln sie doch auch ein landeskundliches Element. Da der Impressionismus nicht zuletzt im Hinblick auf seine Vorläufer kein Regionalstil ist, müssten sich für die anderen Literaturen im Schulunterricht andere Zugänge finden lassen. Für den Deutschunterricht bieten sich hier Max Liebermann, Max Slevogt oder Lovis Corinth an, auch wenn – und hier muss man vorsichtig sein – „bisweilen [...] religiöse, mythologische oder historische Stoffe [...] der deut-

---

[4] (Frz.) „Farbflecken". Bei Cézanne sind dies die Farbflächen, mit denen er seine Bilder aufbaut.

schen Impressionisten häufig als zu erzählerisch, gedankenschwer oder ideenlastig" erscheinen.[5]

Die Russischlehrkraft wird ähnlich schnell fündig werden: Russische Impressionisten sind formal nah an ihren französischen Vorbildern, später wird in der Sowjetunion der unkritische, oberflächliche Malstil sogar gefördert. Auch wenn sich viele große Namen, wie z.B. Serov, der Porträtkunst oder dem sozialen Realismus verschrieben haben, so finden wir mit Konstantin A. Korovin und Sergej A. Vinogradov zwei Maler, deren typische russische Landschaften durchaus sowohl unseren Analyseabsichten entsprechen als auch unseren flankierenden landeskundlichen Ambitionen.

Im angloamerikanischen Raum ist die Sachlage schwieriger. Obwohl in dem Maße, wie der *bon goût français* die eigenen Landsleute verschmähte, die französischen Impressionisten bei den amerikanischen Sammlern landeten,[6] konnte der Impressionismus, „wie er in Amerika [...] verstanden wurde, fast alles bedeuten" (Hughes 1997, 261). Mary Cassatt wäre hier zu nennen; als weitere Bildbeispiele bieten sich „The Red Bridge" von Julian Alden Weir oder „In the Garden" von Childe Hassam an, beide aus dem Jahr 1892. In Großbritannien finden sich eventuell die Seestücke von Whistler oder „Midday on the Beach" von William Orpen (1910). Das britische Paradepferd, der bereits erwähnte Turner, ist für unsere Analyseabsichten von zu geringem Ikonizitätsgrad und auch kein Impressionist *per definitionem*.

Italien und Spanien haben den Impressionismus nur sehr zähflüssig assimiliert und ihn durch ihre akademischen Realismustendenzen stark gefiltert. Die Werke bleiben zu sehr im linearen Malstil und dem altmeisterlichen Helldunkel verhaftet, als dass sie für unsere Zwecke dienen könnten. Mäßig geeignete Einzelwerke lassen sich wohl nur nach längerem Suchen bei den italienischen *Macchiaioli*[7] oder im *Luminismo valenciano* finden. Nicht zu vergessen wären die lichtdurchfluteten Hochgebirgslandschaften von Giuseppe Segantini, auch wenn sie den spontanen Duktus vermissen lassen.

---

[5] Owesle (2014, 35)
[6] Im Wesentlichen über den Kunsthändler Paul Durant-Ruel.
[7] (Ital.) *macchia* „der Fleck". Der Begriff entspricht dem frz. *tache*.

Max Slevogt: „Sommermorgen"

Zitiert aus: Paas, Sigrun & Krischke, Roland. ²2009. *Max Slevogt in der Pfalz. Katalog der Max-Slevogt-Galerie in der Villa Ludwigshöhe bei Edenkoben*. Berlin München: Deutscher Kunstverlag, 107.

Bildbetrachtung – Max Slevogt: „Sommermorgen"

In Rheinland-Pfalz haben wir das Glück, mit Max Slevogt auf einen berühmten lokalen Impressionisten zurückgreifen zu können. Wenngleich Slevogt kein geborener Pfälzer ist, so ist dieser Landstrich doch untrennbar mit seinem Leben und Werk verbunden. Es bietet sich daher an – auch aus missionarischer Bestrebung heraus –, an dieser Stelle ein Slevogtsches Bild zu betrachten und es auf impressionistisches Formengut hin zu untersuchen. Das Ölgemälde „Sommermorgen" aus dem Jahr 1901 ist mit 200 x 160 cm recht groß und hängt in der Max-Slevogt-Galerie im Schloss Villa Ludwigshöhe / Edenkoben.

Die Motivik

Auf einem sommerlichen Berghang liegt eine junge, hübsche Frau auf dem Rücken im niedrigen Gestrüpp. Sie schützt Kopf und Oberkörper mit einem Schirm vor der prallen Sonne. Gedankenverloren spielt sie mit dem Verschluss ihres Schirms und schaut verträumt auf einen Punkt, der rechts hinter dem Betrachter liegen mag. Obwohl sie Kleidung und Habitus als eine Dame der bürgerlichen Gesellschaft der vorletzten Jahrhundertwende ausweisen, ergreift das Bild den Betrachter unmittelbar. Hier ist ein sofortiges Bildverstehen möglich: Keine Zeichenhaftigkeit, kein mythologischer Verweis, keine Sucht nach Erkenntnis stellt sich zwischen Motiv und Affekt. Wer war nicht schon einmal in der Lage der jungen Frau, wer erinnert sich nicht an die Wärme, die durch die Kleidung dringt, an das Pieksen der Waldkräuter im Rücken? Der Maler bzw. Betrachter scheint vor ihr als Begleiter auf einem kleinen Pfad in halber Höhe zu stehen und sie zu beobachten. Es ist leicht, sich in Begleiter oder Frau hineinzuversetzen; das Bild öffnet alle Pforten der Eigenprojektion. Bereits im perzeptiven Zugang kann das Bild somit nahezu vollständig inhaltlich erschlossen werden. Nichts muss die Lehrkraft im Unterricht beisteuern, alles geschieht von selbst. Die Stimmung, die im Impressionismus auch immer Bildthema ist, lässt sich bereits an dieser Stelle mit einer Sammlung von Schlagworten gut festhalten, welche die literarischen Texte aufzuschlüsseln helfen: Leichtigkeit, Versunkenheit, Schweben, Einssein mit der Natur, Lebensglück, Auszeit ... Das Ganze wird getragen von einem synästhetischen Gesamtkonzept, in dem Wärmeempfinden (Sonne), Haptik (Kräuter im Rücken), Gehör (Insekten, Vögel) und Sehsinn (Licht) gleichermaßen angesprochen werden.

Das Verhältnis Mensch – Natur
Der Impressionismus thematisiert als typische Kunstform einer technisierten und verstädterten Gesellschaft auch immer das Verhältnis des Menschen zur Natur, welches eine extreme Ambivalenz zwischen Entfremdung und Apotheose aufweist: Die Frau auf dem Bild gibt sich – entgegen ihrer urban-bürgerlichen, ergo zur Waldumgebung inadäquaten Kleidung – der Natur völlig hin. Bildkompositorisch und physisch folgt sie der schrägen Hangform; sie wird von Sonne und Vegetation umschlossen und gibt ihre Kontrolle an die Umgebung ab. Sie handelt nicht, sie arbeitet nicht, sie interagiert nicht – es gibt kein narratives Element. Alles ist Eindruck, Situation, Atmosphäre. Die Natur ist Otium, atmosphärisches Erleben, Behältnis von Seele und Gedanken. Sie ist in diesem Bild keine Staffage, sondern eigentliches Bildthema und mindestens gleichberechtigt mit der Figur in ihr. Im romantischen Sinne kann die Natur gar als Auslöser für die Befindlichkeit und die Eigenwahrnehmung interpretiert werden. Der Landschaftstyp ist die Idylle und referiert auf das Ideal des Paradieses oder Arkadiens. Die Natur erfährt ungeachtet ihrer topografischen Banalität eine Verherrlichung. Trotz der linearen Formen am gegenüberliegenden Berghang, die auf eine Aufforstung hinweisen und damit auf eine Kulturlandschaft, überwiegt der Eindruck der wilden Urlandschaft. Die Landschaft ist somit auch archetypischer Widerschein unseres Gattungsursprungs.[8] Zurückgeholt in die Alltäglichkeit unserer Erfahrungswelt wird der Naturausschnitt durch die meisterliche Wiedergabe der biologisch nachvollziehbaren und benennbaren Pflanzenwelt und der typischen Vegetation und Topografie des Pfälzer Waldes. Man darf nicht übersehen, dass diese Präzision mittels eines freien, spontanen Pinselduktus erzielt wird! Es handelt sich bei diesem Bild auch um ein individualisierendes Landschaftsporträt.

---

[8] Klussmann (1986, 33)

Das Licht

Neben der Landschaft ist das Licht der Hauptdarsteller in diesem Bild. Es ist nicht nur der Träger der atmosphärischen Verdichtung und des bildnerischen Grundtons, sondern auch das eigentliche malerische Problem. Seine Darstellung wird im Inkarnat und in der Kleidung der Frau fokussiert, wo die Transluzidität der Materie durch das – wenn man von den roten Lippen der Frau einmal absieht – einzige Rot des Bildes im sonnendurchtränkten Fleisch der rechten Hand einen farblichen Höhepunkt setzt, und zwar genau an der exponiertesten Stelle des Bildes, im Kreuzungspunkt des horizontalen und des vertikalen Goldenen Schnittes.

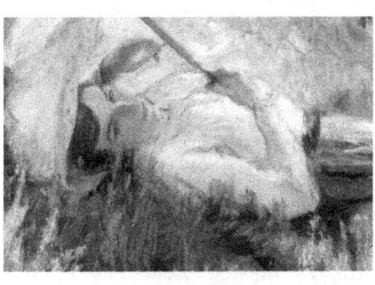

Das Licht küsst den Menschen, und im Bezug zu den roten Lippen der Frau entsteht ein nahezu erotisches Verhältnis zwischen diesen beiden Bildelementen.

Von hoher malerischer Herausforderung und im Sinne der Akademien tabu ist die Gegenlichtsituation. Nicht nur die Bildgegenstände, auch der Maler wird mit dem vollen Licht konfrontiert und in diesem Sinne auch wir als Betrachter. Die Faszination des Malers am Licht ist gleichwohl das Bestreben, diese eine bestimmte Lichtsituation einzufangen, bevor Wind, Wetter und Tageszeit neue Verhältnisse schaffen. Den Impressionisten interessieren in erster Linie die sichtbar werdenden meteorologischen, klimatischen, jahres- und tageszeitlichen Auswirkungen auf das Licht. Das zeigt auch der Bildtitel: „Sommer" bezieht sich auf die Jahres-, „Morgen" auf die Tageszeit. Nur jetzt, in diesem Moment, sind Licht und Farben in dieser Physikalität und in dieser Wirkung anzutreffen. Der Maler muss sich beeilen, um alles wahrzunehmen und einzufangen. Die – vor nicht langer Zeit erfundenen – praktischen, weil gebrauchsfertigen Ölfarben in der Tube, die es ihm nebenbei auch erlauben, sein Atelier zu verlassen und *en plein air* und *sur le motif* zu malen, helfen ihm dabei.

Die Zeit

Das Malen ist mehr als in anderen Epochen das Festhalten des Moments, das Erfassen des flüchtigen Augenblicks. Der Maler stemmt sich gegen das Vergängliche, das Veränderliche und konserviert auf seiner Leinwand ein nie wiederkehrendes (Blitz-)Licht aus dem schnell fließenden Strom der Zeit. Der Impressionismus symbolisiert nicht zuletzt wie kaum ein anderer Stil das konservative Bestreben des Menschen im Ringen mit dem Tod.

Der Raum

Wie eingangs bereits erwähnt, verhält sich der Impressionismus in Bezug auf die Raumwahrnehmung und -darstellung hochgradig innovativ. Kunsthistorisch setzt er sogar – in der Folge über die Landschaften Cézannes – den Auftakt zur Umwandlung des Tiefenraums in einen bildimmanenten Raum, mit dem die analytischen Kubisten die traditionelle Rolle des Bildes in Frage stellen. Genauso wie die Impressionisten Zeit und Licht unter dem Brennglas zu einem Molekül zusammenschmelzen, verdichten sie durch das Heranzoomen des Fernen den Raum. Durch die Verringerung des Raumes wird gleichsam die Atmosphäre verdichtet und das Bild stärker mit Energie aufgeladen. Landschaftsmalerei meint prinzipiell immer Darstellung des Tiefenraums, der Ferne. Generationen von Landschaftsmalern entwickeln eine Unzahl perspektivischer Mittel und Tricks, um auf der Fläche der Weite zu huldigen.  Impressionistische Landschaftsmaler wollen dies nicht. Unser Paradebeispiel Max Slevogt zieht für diese Raumverdichtung alle Register, um den Landschaftsraum auf der Fläche seiner Leinwand glatt zu bügeln: Nicht nur, dass hinter dem Tal der gegenüberliegende Berghang gleich wieder ansteigt und dass die Baumbarriere den Ausblick verwehrt. Berghang und Baumformen lassen sich darüber hinaus nicht eindeutig voneinander trennen, sodass über die Farbflächen beide Bildebenen miteinander verschmolzen werden, wie es Cézanne an der *Montagne Sainte-Victoire* so eindrucksvoll zeigte. Der irisierende Tiefenraumeindruck wird dadurch gesteigert, dass der gegenüberliegende Berg durch die Richtungen des Duktus, welcher Hang und Forstweg anzudeuten scheint, in seiner Materialität angezweifelt werden kann. Bei oberflächlicher Betrachtung wird man den Hang als Himmel lesen. Licht und Hitze lösen Form und Raum auf. Slevogt setzt seinen Horizont hoch ins Bild, etwa im oberen Viertel. Dadurch klappt er die Landschaft hoch und definiert die Sicht des Betrachters als Aufsicht. Dieses Mittel entstammt den „Erzähllandschaften" des Mittelalters und der florentinischen Renaissance. Allerdings erzählt Slevogt nichts. Die Bäume sind in diesem Bild keine *Repoussoirs* (Tiefenleiter), wie es der Barock lehrt. Im Gegenteil verhindern sie den Zug in die Ferne und stellen sich dem Blick des Betrachters aktiv entgegen. Dies geschieht – im Gegensatz zu Monets Pappeln und den regelmäßigen Bambusstämmen asiatischer Landschaftsgrafiken – durch ihre Staffelung, welche eine Bewegung in den Vordergrund suggeriert.

Der Bildbau
Trotz der mutmaßlichen schnellen Malweise erscheint die Bildkomposition sehr wohl ausgeklügelt. Sie ist auf den ersten Blick eine verwegene, dynamische Konstruktion mit Schräge (Hang, Schirmstock) und Gegenschräge (Schirm) sowie einem diesbezüglichen analogen Chiasmus der Achsen (Pfad im Vordergrund / Blick der Frau vs. Körperachse). In das Spiel der Hänge und Schrägen reiht sich der nach unten gesenkte Blick des Betrachters mit ein. Auf den zweiten Blick wird die Dynamik der Komposition beruhigt und im Bildgeviert verankert durch Mittelsenkrechten und -waagrechten (Baumstämme und blaue Linie). Das typisch impressionistische Mit- und Gegeneinander von Bewegung und Statik zeigt sich auch im Kontrast von wohl überlegter Planung (vgl. Goldener Schnitt) und schnappschussartigem Ausschnitt, wie ihn die den Bildrand überschneidenden Bäume suggerieren. Immer wieder ist bei impressionistischen Bildkompositionen von der Rolle der Fotografie und ihren neuen und besonderen Bildfindungsmechanismen gesprochen worden.[9] In diesem Zusammenhang ist interessant, dass Slevogt offensichtlich die Überschneidung des Schirmes am linken Bildrand rückgängig gemacht hat. Das wollte er wohl vermeiden. Eher nimmt er in Kauf, dass der Schirmradius links zu kurz gerät.

---

[9] Das Fotoatelier von Nadar beherbergte sogar 1874 die erste Impressionisten-Ausstellung.

Die Farben

Hauptsächliches Bildmittel der Impressionisten ist das Kolorit und der neuartige Umgang mit Schatten. So auch hier. Die Farbe Schwarz fehlt fast völlig, sowohl im direkten Farbauftrag als auch in der Beimischung zu anderen Farben. Die Schatten werden farbig angelegt, ganz so wie sie in der Natur durch das Streulicht auch wirklich wahrzunehmen sind. Dies sieht man ganz besonders gut in der Höhlung des Pfades im Vordergrund, wo Slevogt blau- und rotviolette Pastelltöne einsetzt, die, isoliert betrachtet, aufgrund ihrer Farbig- und Helligkeit niemand als Schatten interpretieren würde. In der Kunsttheorie nennt man dies „Erscheinungsfarbe" im Gegensatz zur „Lokalfarbe".[10]

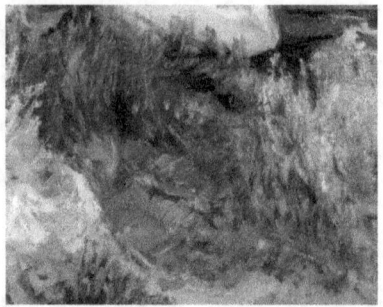

Slevogt steigert die Lichtwirkung durch das Beimischen von Weiß. Dies mildert die Kontraste und zieht die Farben zusammen. Auf der einen Seite erreicht er dadurch eine harmonische Bildwirkung, andererseits die Farbwirkung des gleißenden Sonnenlichts. Die Farbvaleurs werden zum großen Teil durch die optische Farbmischung aufgebaut. Dicht nebeneinander liegende Farbflächen vermischen sich erst im Gehirn des Betrachters zum gewünschten Ton. Dadurch wird die Farbwirkung reiner und bei näherem Herangehen an das Bild entstehen neue ästhetische Reize.

Die Malweise

Eine wichtige Funktion erfüllt in diesem Zusammenhang die Malweise. Das Bild ist geprägt vom schnellen, persönlichen Pinselduktus des Malers. Gegenstandsformen und Werkspuren lassen sich nicht trennen. Die gezeigte Wirklichkeit bleibt jederzeit in erster Linie Malerei. Die motivisch vorhandene Form wird nicht durch die traditionelle lineare Malweise wiedergegeben – die Form interessiert weniger und ist der Farbe untergeordnet. Die Formkonturen verwischen zugunsten einer schnellen, spontanen Reaktion auf die gesehene Farbe. Das erfordert keine Skizze, keine Planung, kein *Disegno* im Sinne der Renais-

---

[10] Lokalfarbe ist die Farbe, die ein Gegenstand bei optimaler, weißer Beleuchtung annimmt.

sancekunst, auch wenn Slevogt sein Bild offensichtlich klar und mit Präzision komponierte. Diese unmittelbare Reaktion auf das Wahrgenommene stellt daher ein neues, modernes Kreativitätskonzept vor. Motiventscheidung und vollendete Ausführung rücken durch das schnelle, ununterbrochene Fortschreiten der Arbeit eng zusammen. Die Impressionisten malen *alla prima*, geben also ihre pastosen Farben direkt auf die Leinwand und verzichten auf den langsamen Aufbau des Bildes durch die an der Akademie gelehrte Lasurtechnik. Dadurch gewinnen Affekt und Gespür des Künstlers die Oberhand über Kalkül und Ratio.

Der Vergleich mit Franz von Lenbach
Um Phänomene besser sichtbar zu machen, ist das didaktische Mittel des Vergleichs immer eine Überlegung wert. Impressionistische Malerei lässt sich leichter erfassen, wenn man sich gleichzeitig anschaut, welche Ergebnisse die altmeisterliche akademische „Braune-Soßen"-Malerei (Paas & Krischke 2009, 13) hervorgebracht hat, die die Impressionisten so sehr ablehnten und deren Vertreter ihrerseits mit dem Impressionismus nichts anzufangen wussten. Wenn es dazu noch möglich ist, thematisch bzw. motivisch ähnliche Werke gegenüber zu stellen, wird impressionistisches Kunstwollen schnell offensichtlich. Slevogts bedeutender Gegenspieler in München war Franz von Lenbach. In der Hamburger Kunsthalle hängt ein dem „Sommermorgen" motivisch verwandtes Bild aus Lenbachs – zugegebenermaßen lichtdurchfluteten (ibid.: „Sonnenfanatismus", 22) – Anfangsjahren.

Franz von Lenbach: „Der rote Schirm"

Quelle: Wikimedia Commons. Gemeinfrei.

Bereits in der Motivik vermissen wir den inneren Bezug des Dargestellten zur gesellschaftlichen Welt von Maler und Käuferschicht. Hier werden Bauern bei der Feldarbeit dargestellt, jedoch nicht aus einem ernsten sozialen Interesse heraus, wie z.B. bei Adolph von Menzel, sondern in idealisierender Weise. In der Tradition des Genrebildes gilt es als chic, sich ein Bauernmotiv in den Salon zu hängen, umso mehr, wenn statt der harten Arbeit die süße Pause zum Hauptthema gemacht wird.

Trotz des idyllischen Eindrucks ist die Naturlandschaft vom landwirtschaftlichen Einfluss des Menschen geprägt; sie ist kein Otium, keine Atmosphäre, kein Seelenverwandter. Die wilde Natur, der Wald, der Slevogts gesamtes Bild einnimmt, ist hier klein und zurückgedrängt am oberen Bildrand zu finden, von einer deutlich sichtbaren Rodungsschneise verletzt. Die Szenerie ist weniger Natur- denn Kulturlandschaft, reduziert auf den Nahrungserwerb.

In deutlichem Kontrast zu Slevogts Bild erkennt man den dunklen Schatten, der in akademischer Weise durch das Beimischen von dunklem Umbra definiert wird. Der Eindruck der hochsommerlichen Hitze wird im Wesentlichen durch diesen lehrbuchmäßigen Kontrast erreicht. Auch die restlichen Farben entsprechen dem Standard, der an den Hochschulen vermittelt wird: Ein Kornfeld malt man eben in jenem Ton, einen Waldrand in diesem.

Die Farbwahl erfolgt nicht vor der Natur, sondern im Atelier. Besonders deutlich wird es an dem Rot des Schirmes. Es taucht noch zweimal in den Kleidungsstücken der Bauern auf. In der sichtbaren Wirklichkeit wäre dies ein großer Zufall. Hier aber dienen die roten Farbflächen im Dreiklang zur Bildkomposition und zur Verstärkung des Tiefenraumeindrucks, der dem Maler – im Gegensatz zu Slevogt – äußerst wichtig ist. Er setzt zwar auch einen hohen Horizont, um in seiner „Erzähllandschaft" den Fortgang und die Menge der zu verrichtenden Arbeit zu schildern, zieht aber alle Register, um die Weite der Landschaft zu suggerieren. So finden sich in ausgeprägter Form viele perspektivische Mittel: die Dunstperspektive (Verblauung), die Höhenperspektive, die Größenperspektive, die Staffelung und der freie Blick zum Horizont.

Kompositorisch ist das Bild recht einfach konstruiert. Es folgt den Mittelachsen und ist symmetrisch aufgebaut; die Stelle des dunkelsten, schattigsten Punktes (links oben neben dem Kopf der Schläferin) befindet sich im Kreuz des vertikalen und horizontalen Goldenen Schnittes.

Trotz einzelner kräftiger Pinselstriche im Stroh links unten ist der Duktus linear. Dass das Bild im Atelier entstanden ist und nicht *sur le motif*, zeigt uns die innere Logik der Schattensituation. Wenn die Frau unter dem Schirm ihr Mittagsschläfchen macht, muss die Sonne mehr oder weniger im Süden stehen, welcher sich links im Bild befindet. Also blicken wir offensichtlich nach Westen. Nun kommen aber die nackten Beine der Schläferin außerhalb des Schattens zu liegen. Sie wird sich so nicht hingelegt haben – das wäre unlogisch –, sondern der Schatten wird während ihres schon länger andauernden Schläfchens weitergewandert sein. Er hat sich demnach aus dem Goldenen Winkel, in welchem die Beine angeordnet sind, in die Senkrechte verschoben, weiter in die Bildtiefe hinein. Die Sonne muss aus diesem Grund auf uns zuwandern. Wenn links Süden ist und wir nach Westen blicken, ist das jedoch unmöglich.

Impressionismus bei Rilke, Svevo, Proust
Der Impressionismus überträgt sich als Phänomen von der Malerei auf die Literatur: zum einen, weil es die Reihenfolge der Vorgänge beeinflusst (die unbelastete Beobachtung geht den Gedanken voraus), zum anderen, weil es die Darstellungsweise der Malerei in der Literatur aufleben lässt und dadurch eine besondere subjektive Bildlichkeit entsteht.[11]

Im Folgenden soll anhand von kurzen Textauszügen aus der deutschsprachigen, italienischen, französischen und russischen Literatur aufgezeigt werden, wie der literarische Impressionismus – als Phänomen der Moderne und des Übergangs vom 19. zum 20. Jahrhundert – im Unterricht mit Hilfe von intensiver Text- und Spracharbeit intermedial und komparatistisch behandelt werden könnte. Die ausgewählten Texte zeigen motivisch die ganze Bandbreite: eine Großstadt-, eine Personen-, eine Landschaftsdarstellung und ein Stillleben.

Für die deutschsprachige Literatur bietet sich Rainer Maria Rilkes Roman *Die Aufzeichnungen des Malte Laurids Brigge* (1910) an, weil der Autor künstlerisch interessiert ist (Worpsweder Künstlerkolonie, intensives Interesse ab 1907 an Cézanne und van Gogh, die sein Schreiben an *Malte* beeinflussen[12]) und in Paris mit dem modernen, entfremdeten Leben konfrontiert wird, das ihn ästhetisch herausfordert. Außerdem ist der *Malte* einer der ersten modernen deutschsprachigen ‚Romane', der auch in seiner „pointillistischen" Form der *Aufzeichnungen* impressionistische Züge aufweist. Der Impressionismus ist ansonsten im deutschsprachigen Bereich in der ganzen Wiener Moderne sehr beliebt, auch literarisch, und gilt als ein „Merkwort der Epoche"[13]. Will man das aus der Malerei stammende Phänomen in diesem epochenspezifischen Zusammenhang untersuchen, so eignen sich Autoren wie Peter Altenberg („kleine, leichte, fragile Prosatexte"), die frühe Prosa von Loris (Pseudonym für den jungen Hugo von Hofmannsthal) und Schnitzlers Erzähltechnik (z.B. der innere Monolog in *Leutnant Gustl*)[14] oder aber Richard Dehmel, Stefan George, Max Dauthendey und Stefan Zweig.

Ein Beispiel für die italienische Literatur bietet Italo Svevos Roman *Senilità*. Svevo war mit dem Maler Umberto Veruda befreundet, der den Impressionis-

---

[11] Berrong (2006, 203-204)
[12] Büssgen (2004, 137-145)
[13] Wunberg (2000, 215-224)
[14] Vgl. ibid. 220.

mus in Triest einführte.[15] Als weiterer italienischer Dichter könnte sich Giovanni Pascoli für den literarischen Impressionismus eignen.

Aus der französischen Literatur wurde ein Textauszug aus Marcel Prousts erstem Band seiner *Recherche: Du côté de chez Swann* (1913) ausgewählt. Darin eignen sich für unser Thema neben dem Spargel-Stillleben auch die Darstellungen der Seerosen, die, wie bereits erwähnt, eindeutig an Monet erinnern.[16] Weitere französische Dichter und Autoren, die impressionistische Stilmittel verwenden, sind die *Poètes maudits* Mallarmé, Rimbaud und Verlaine und der Naturalist Émile Zola (*L'œuvre*, in dem es um Cézanne geht).[17]

Rainer Maria Rilke: *Die Aufzeichnungen des Malte Laurids Brigge* **(1910)**

Was so ein kleiner Mond alles vermag. Da sind Tage, wo alles um einen licht ist, leicht, kaum angegeben in der hellen Luft und doch deutlich. Das Nächste schon hat Töne der Ferne, ist weggenommen und nur gezeigt, nicht hergereicht; und was Beziehung zur Weite hat: der Fluss, die Brücken, die langen Straßen und die Plätze, die sich verschwenden, das hat diese Weite eingenommen hinter sich, ist auf ihr gemalt wie auf Seide. Es ist nicht zu sagen, was dann ein lichtgrüner Wagen sein kann auf dem Pontneuf oder irgendein Rot, das nicht zu halten ist, oder auch nur ein Plakat an der Feuermauer einer perlgrauen Häusergruppe. Alles ist vereinfacht, auf einige richtige, helle plans gebracht wie das Gesicht in einem Manetschen Bildnis. Und nichts ist gering und überflüssig. Die Bouquinisten am Quai tun ihre Kästen auf, und das frische oder vernutzte Gelb der Bücher, das violette Braun der Bände, das größere Grün einer Mappe: alles stimmt, gilt, nimmt teil und bildet eine Vollzähligkeit, in der nichts fehlt.

Rilke (2015, 521-522)

Die Motivik

In dem Textauszug aus Rainer Maria Rilkes *Aufzeichnungen des Malte Laurids Brigge* (1910) lässt sich eine impressionistische Momentaufnahme ausmachen, wie es der explizite Vergleich der Wahrnehmungsweise mit der Malerei, nämlich dem „Gesicht in einem Manetschen Bildnis", nahe legt. Es handelt sich hier um eine literarische Großstadt- bzw. Paris-Darstellung. Wie austauschbar

---

[15] Mejdanija (2013, 63-64)
[16] Vgl. zu Proust den Artikel von Rawlinson (1984. 80-91).
[17] Vgl. zum französischen literarischen Impressionismus die kritische Betrachtung von Johnson, Jr. (1973).

Literatur und Malerei werden, zeigen die auf die „helle[n] plans"[18] gebrachten Bouquinisten an der Seine, die zwar Bücher verkaufen, jedoch durch das Auftun ihrer „Kästen" und die Aufzählung ihrer ‚Farben' mit Malern verwechselt werden können.

Trotz der Großstadtmotivik („die Brücken, die langen Straßen und die Plätze", „Pont-neuf", „Plakat an der Feuermauer einer perlgrauen Häusergruppe") werden wesentliche natürliche Elemente beibehalten, die womöglich eine gewisse Sehnsucht des aus dem ländlichen Dänemark stammenden Betrachters Malte Laurids Brigge zum Ausdruck bringen, jedoch auch an den Impressionismus erinnern: der Mond, das Licht, die Luft, der Fluss. Auch die Farbe „lichtgrün" weckt eher Gedanken an die Natur als an den Wagen, dem sie zugeordnet ist. Dass der Betrachter vereinnahmt ist und sich den Eindrücken hingibt (ähnlich der liegenden Frau in Slevogts Gemälde), wird durch das Verabsolutierende vermittelt, durch die Vollkommenheit des sich ergebenden Bildes: „alles um einen [ist] licht", „alles ist vereinfacht", „alles stimmt, gilt, nimmt teil und bildet eine Vollzähligkeit, in der nichts fehlt". Auch die Synästhesie trägt zu dieser Wirkung bei: Zum Visuellen tritt das Auditive durch die „Töne". Ebenso ist der Betrachter nicht aktiv, sondern er lässt alles – wenn auch als Künstler – geschehen: Aktiv ist alles Äußere, das auf ihn einwirkt, sich ihm darbietet oder (teilweise) entzieht. Die Hingabe an die harmonisierten Eindrücke grenzt an eine kunstreligiöse Haltung, die den ästhetischen Augenblick als *plan* aufwertet und durch die Niederschrift in den Aufzeichnungen der Vergänglichkeit entzieht.[19] In Rilkes *Malte* wird das „Neue Sehen" thematisiert, das der Protagonist in Paris erst erlernen muss.[20] Als eingeschüchterter Fremder wird er zunächst zum Opfer der bedrohlichen Eindrücke der Großstadt: des Lärms und der Masse. Mit seinem künstlerischen Blick sieht er dann hingegen u.a. „richtige, helle" im-

---

[18] Die impressionistischen *plans* ersetzen die traditionellen, realistischen Paris-*Tableaux* (vgl. Mercier, Balzac etc.).

[19] Vgl. Schärf (2001, 51): „Der *Malte* ist nicht der einzige ‚Roman' des 20. Jahrhunderts, der den Versuch unternimmt, die erzählte Welt zugunsten eines Kunstreichs aufzuheben."

[20] Vgl. Rilke (2015, 512): „Ich lerne sehen. Ich weiß nicht, woran es liegt, es geht alles tiefer in mich ein und bleibt nicht an der Stelle stehen, wo es sonst immer zu Ende war. Ich habe ein Inneres, von dem ich nicht wusste. Alles geht jetzt dorthin. Ich weiß nicht, was dort geschieht."

pressionistische *plans* (die *plans* sind „richtig", d.h. die Wahrnehmung ist darin gerichtet, künstlerisch geformt).

Der Raum und die Zeit

Wie in Slevogts Gemälde kann man auch in diesem impressionistischen Paris-Eindruck feststellen, dass sich der Tiefenraum zugunsten einer Verwechslung von Ferne und Nähe aufhebt: Dies impliziert bereits der Begriff *plan* (Fläche), von dem die Rede ist. „Das Nächste hat [so] schon Töne der Ferne", es ist nicht ganz zugänglich, sondern scheint nur hin und wieder auf: „ist weggenommen und nur gezeigt, nicht hergereicht". Das Verbindungsglied zur Ferne stellt hier das Auditive dar: Die Töne sind die ästhetisierte Variante des Großstadtlärms und erinnern fast an die Romantik, die im Wunderbaren die Zeit aufzuheben verstand. Aber auch im Visuellen erscheint die Weite zweidimensional, auf die Fläche gebracht: „[...] was Beziehung zur Weite hat: der Fluß, die Brücken, die langen Straßen und die Plätze, die sich verschwenden, das hat diese Weite eingenommen hinter sich, ist auf ihr gemalt wie auf Seide." Auch an dieser Stelle ist die Tätigkeit des Malens explizit hervorgehoben.

Dass der ‚Blick' frei hin- und herspringt, zeigt sich in der Literatur in noch ausgeprägterem Maße als in der Malerei; denn es ist in diesem Medium auch möglich, verschiedene Zeiten im Augenblick der Aufzeichnung zu verschmelzen. So beginnt der Abschnitt mit dem „kleinen Mond", um dann direkt von den „Tage[n], wo alles um einen licht ist" und der „hellen Luft" zu sprechen.[21] An anderen Stellen wirkt es jedoch so, als ob der Blick auf die *plans* Einzelaspekte spontan und kurzzeitig aufgreife, wie z.B. ganz eindrücklich einzelne Farbtupfer: „irgendein Rot, das nicht zu halten ist" oder wiederum den „lichtgrünen Wagen".

---

[21] Hier ist wohl der zunehmende Mond gemeint (vgl. Schmidt-Bergmann 2015, 272). Außerdem integriert Rilke hier den Abschnitt eines Briefs an seine Frau Clara, was das Zusammenschmelzen von Eindrücken auch aus verschiedenen Textsorten nahelegt. Hansgeorg Schmidt-Bergmann erklärt zudem: „Die Anordnung ist später festgelegt worden und folgt ästhetischen Überlegungen [nicht der Chronologie]. [...] Diese Passage zeigt, wie Malte die Realität ästhetisch wahrnimmt, das großstädtische Leben gleicht den ‚plans', den Flächenanordnungen auf einem Bild Edouard Manets (1832-1883)."

Das Verhältnis Mensch – Natur bzw. Stadt

In diesem Textauszug wird deutlich, dass Malte von seiner Umgebung eingenommen ist, dass das Verhältnis stimmig ist: „eine Vollzähligkeit, in der nichts fehlt". Er ist ganz ins Licht versunken: „alles um einen ist licht", er verschwimmt mit ihm: „kaum angegeben in der hellen Luft und doch deutlich". Die Konturen verwischen, wie „auf Seide [gemalt]". Im Gegensatz zur Malerei hat die Literatur die Möglichkeit, dass der Betrachter sich selbst in der Aufzeichnung mit den *plans* verschmelzen lässt, die er sieht. Malte wird somit Teil der impressionistischen Welt, in der „nichts [...] gering und überflüssig" ist.

Das Licht und die Farben

Das für den Impressionismus essenzielle Licht erhält hier seine volle Berechtigung: „alles um einen ist licht", die Luft ist „hell", ebenso wie die *plans*. Das Licht wird sogar in die originelle Farbneuschöpfung integriert: „lichtgrün". Außerdem ist auch alles „leicht", d.h. die Konturen der Wirklichkeit sind nicht mehr so hart und hässlich, wie noch in vorausgehenden Aufzeichnungen beschrieben, wohl bedingt durch das Licht. Die Wahrnehmung an sich wird nicht thematisiert, wodurch suggeriert wird, dass der Betrachter voll in seiner Umgebung aufgeht. Im Vordergrund stehen die Farben: „lichtgrün", „Rot", „perlgrau", „das frische oder vernutzte Gelb", „das violette Braun", „das größere Grün". Teilweise sind sie substantiviert, als seien sie wirklich von der Palette auf die *plans* gebracht und als sei die Wirklichkeit letztlich von der Beschaffenheit der Farben in den „Kästen" abhängig („das frische oder vernutzte Gelb"). Hervorgehoben werden ihre Leuchtkraft, ihr Glanz (wie z.B. in „perlgrau"), die Vermischung mit anderen Farben („das violette Braun") und die Fläche, die sie auf dem *plan* einnehmen („das größere Grün").

Die Formen

Die Formen und Konturen sind flüchtig und ganz klar den Farben untergeordnet, was dem impressionistischen Pinselstrich entspricht. Erkennen kann man dies an der Wortwahl, die für die dargestellten Objekte ganz im Gegensatz zu der präzisen Beschreibung der Maltechnik („wie auf Seide", „plans", „wie das Gesicht in einem Manetschen Bildnis") eher „vereinfacht" und wenig raffiniert ausfällt: „Wagen", „Häusergruppe", „Bücher", „Bände", „Mappe". Es wird immer wieder flüchtig angedeutet, dass es sich um Paris-Eindrücke handelt; doch was auf dem „Pont-neuf" ins Auge fällt, ist „ein lichtgrüner Wagen" und die „Bouquinisten am Quai" brillieren durch ihre (Farb-)„Kästen".

Italo Svevo: *Senilità* (1898)

Angiolina, una bionda dagli occhi azzurri grandi, alta e forte, ma snella e flessuosa, il volto illuminato dalla vita, un color giallo di ambra soffuso di rosa da una bella salute, camminava accanto a lui, la testa china da un lato come piegata dal peso del tanto oro che la fasciava, guardando il suolo ch'ella ad ogni passo toccava con l'elegante ombrellino come se avesse voluto farne scaturire un commento alle parole che udiva. Quando credette di aver compreso disse: – Strano! – timidamente guardandolo sottecchi. – Nessuno mi ha mai parlato così. – Non aveva compreso e si sentiva lusingata al vederlo assumere un ufficio che a lui non spettava, di allontanare da lei il pericolo. L'affetto ch'egli le offriva ne ebbe l'aspetto di fraternamente dolce.

Fatte quelle premesse, l'altro si sentì tranquillo e ripigliò un tono più adatto alla circostanza. Fece piovere sulla bionda testa le dichiarazioni liriche che nei lunghi anni il suo desiderio aveva maturate e affinate, ma, facendole, egli stesso le sentiva rinnovellare e ringiovanire come se fossero nate in quell'istante, al calore dell'occhio azzurro di Angiolina. Ebbe il sentimento che da tanti anni non aveva provato, di comporre, di trarre dal proprio intimo idee e parole: un sollievo che dava a quel momento della sua vita non lieta, un aspetto strano, indimenticabile, di pausa, di pace. La donna vi entrava! Raggiante di gioventù e bellezza ella doveva illuminarla tutta facendogli dimenticare il triste passato di desiderio e di solitudine e promettendogli la gioia per l'avvenire ch'ella, certo, non avrebbe compromesso.

Svevo (2004, 404-405)

Angiolina, blond, mit großen blauen Augen, hoch und kräftig gewachsen, dabei schlank und biegsam, schritt neben ihm her. In ihrem Gesicht strahlten die Farben des Lebens. Ein gesundes Rosa war über den bernsteinfarbenen Unterton ihrer Wangen gebreitet. Sie hielt den Kopf wie unter der Last ihres reichen Goldhaars seitlich geneigt, den Blick gesenkt. Bei jedem Schritt stieß sie mit ihrem eleganten Sonnenschirm gegen die Erde, als könnte sie sich da unten Rat holen, eine Erklärung verschaffen für die Worte, die sie soeben vernommen hatte. Als sie meinte, verstanden zu haben, sah sie ihn scheu von der Seite an und sagte: „Merkwürdig. Bis jetzt hat noch niemand so zu mir gesprochen."
– In Wirklichkeit hatte sie gar nichts verstanden, aber sie fühlte sich geschmeichelt, weil da einer etwas auf sich nehmen wollte, wozu er nicht verpflichtet war: nämlich Gefahren von ihr abzuwenden. Die Zuneigung, die er ihr in Aussicht stellte, erschien ihr schön und brüderlich.

Nun, nachdem er die Voraussetzungen klargestellt hatte, fühlte sich Emilio beruhigt und fand einen der Situation gemäßeren Ton. Er überschüttete das blonde Haupt mit lyrischen Ergüssen. Die Worte waren in den langen Jahren unerfüllten Verlangens in ihm herangereift, er hatte sie immer wieder zugeschliffen – nun aber, da er sie aussprach, empfand er sie als neu und unverbraucht, so als hätte sie der Augenblick geboren, der warme Glanz von Angiolinas Augen erst erweckt. Er hatte das schon seit vielen Jahren vermißte Gefühl zu dichten, Gedanken und Worte aus seinem tiefsten Inneren heraufzubeschwören. Es war ein Gefühl der Erlösung, als bedeute dieser Augenblick eine friedvolle Pause in seinem freudlosen Leben. Seltsam, unvergeßlich. Die Frau trat in sein Leben! Ihre strahlende Jugend und Schönheit wird es von nun an erhellen und seine traurige, von einsamen Sehnsüchten erfüllte Vergangenheit für immer auslöschen. Sie kündigte ihm eine von keinerlei Risiken bedrohte Zukunft voll Freuden an.

Svevo (2003, 39-40)

Die Motivik

In der Beschreibung der Angiolina aus Italo Svevos Roman *Senilità* (1898) lassen sich deutlich impressionistische Züge ausmachen. Im unmittelbar vorausgehenden Abschnitt wird in der erlebten Rede über die literarische Schaffenskrise des Protagonisten Emilio Brentani erzählt, der mit seiner für äußere Eindrücke offenen Haltung endet:

> Viveva sempre in un'aspettativa, non paziente, di qualche cosa che doveva venirgli dal cervello, l'arte, di qualche cosa che doveva venirgli di fuori, la fortuna, il successo, come se l'età delle belle energie per lui non fosse tramontata.[22]

Und dann setzt es mit Angiolina ein, einer wahrhaften ‚Engelsbegegnung' (vgl. den sprechenden Namen, den Emilio später noch nach eigenem Belieben zum französischen ‚ange' umformt[23]), einer Lichtgestalt. Der vorangestellte Name, durch ein Komma vom Satz abgetrennt, der dann durch Appositionen nähere Beschreibungen erlangt, vermittelt den überwältigenden Eindruck. In der genaueren Wahrnehmung treten ihm, auch wenn keine expliziten Bezüge zur Malerei vorliegen, aus dem Gesicht der Angiolina scheinbar auf der Palette zusammengemischte Farben entgegen: „un color giallo di ambra soffuso di rosa". Das spontane Kunstschaffen drückt sich bei Emilio dann in seiner ihm eigenen literarischen Form aus, so als sei er durch den Anblick der Angiolina unmittelbar dazu bewegt; er lässt seine Eindrücke auf sie „niederregnen": „Fece piovere sulla bionda testa le dichiarazioni liriche che nei lunghi anni il suo desiderio aveva maturate e affinate, ma, facendole, egli stesso le sentiva rinnovellare e ringiovanire come se fossero nate in quell'istante, al calore dell'occhio azzurro di Angio-

---

[22] Svevo (2004, 6).
[23] Vgl. ibid., 18.

lina." Er hat, von der leuchtenden Erscheinung der Angiolina im Augenblick inspiriert, endlich das Gefühl, künstlerisch tätig zu sein („Ebbe il sentimento [...] di comporre, di trarre dal proprio intimo idee e parole"). Sein unglückliches Leben scheint in diesem Moment (vgl. Impressionismus!) einer Unterbrechung nachzugeben, alles wirkt friedlich und still („un sollievo che dava a quel momento della sua vita non lieta, un aspetto strano, indimenticabile, di pausa, di pace"), Emilio Brentani gibt sich ganz der beglückenden Erscheinung hin, der sich auch sein Ton anpasst: „ripigliò un tono più adatto alla circostanza" (vgl. Synästhesie); sein ganzes Leben ist erfasst, er ist von ihr eingenommen („ella doveva illuminarla [la vita] tutta").

Bezüge zur Natur ergeben sich in dem in Triest spielenden Roman zwar immer wieder (das Meer, die Landschaft), doch in der vorliegenden Textstelle scheint alles auf eine paradiesische Ursprungserfahrung reduziert und das reale Ambiente ausgeblendet. Es ist die Rede von „la donna" und „la vita", als handele es sich um die erste Frau (Eva = die Lebensspendende). Die Eindrücke wirken also ganz ursprünglich und ungefiltert auf ihn ein.

Der Raum und die Zeit

Da es sich weder um eine Landschafts- noch eine Großstadtdarstellung handelt, kann man hier eigentlich nicht vom Tiefenraum sprechen. Alles ist sowieso nah, weil Angiolina direkt neben dem erlebenden Emilio Brentani läuft („camminava accanto a lui"). Man kann jedoch bemerken, dass sich das Heranzoomen in diesem Beispiel für literarischen Impressionismus auf der zeitlichen Ebene niederschlägt: Die Vergangenheit („il triste passato di desiderio e di solitudine") wird in den Augenblick geholt und dort aufgehoben. Jeder Schritt wird durch einen Aufschlag des Regenschirms der Angiolina auf dem Straßenpflaster skandiert. Was in „lunghi anni" in ihm gereift ist, scheint erst in dem Augenblick des Anblicks der Angiolina „geboren" („come se [le parole] fossero nate in quell'istante, al calore dell'occhio azzurro di Angiolina"). Ebenso wird „tanti anni" „a quel momento" reduziert, und „il triste passato" öffnet sich für „la gioia per l'avvenire".

Das für den Impressionismus typische flüchtige Hin- und Herspringen des Blicks wird in diesem Beispiel womöglich durch die Bewegung der Angiolina evoziert, die trotz des friedlichen Eindrucks, den sie vermittelt, nicht fixiert werden kann: „alta e forte, ma snella e flessuosa", „la testa china [...] piegata", „guardando il suolo ch'ella ad ogni passo toccava con l'elegante ombrellino", „guardandolo sottecchi".

Das Verhältnis Mensch – Mensch
Die Ausstrahlung der Angiolina scheint auf den betrachtenden und dichtenden Emilio Brentani überzufließen, er ist selbst bewegt von der Wärme ihrer Augenfarbe („al calore dell'occhio azzurro di Angiolina"), er scheint selbst verjüngt, gesundet und ganz neu auf die Zukunft ausgerichtet. Die Darstellung suggeriert, dass die Konturen verschwimmen und die Körper durchlässig werden. Angiolina beruhigt, für einen Moment, Emilios unglückliches und unruhiges Leben („,l'altro si sentì tranquillo"); ihre Schönheit kommt in seiner Dichtung zum Ausdruck (vgl. erotisches Moment).

Das Licht und die Farben
Das Licht steht hier – wie ganz wesentlich für den Impressionismus – auf jeden Fall im Vordergrund: Es nimmt den Betrachter ein. Angiolinas Gesicht ist „illuminato dalla vita", sie strahlt vor Jugend und Schönheit („Raggiante di gioventù e bellezza") und verspricht, Emilios Leben ganz aufzuhellen („ella doveva illuminarla tutta"). Das Bild wird zudem dominiert von hellen, leuchtenden Farben: dem Blond ihrer Haare, die aus Gold gemacht scheinen („tanto oro che la fasciava", „la bionda testa"), den himmelblauen, großen und warmen Augen („occhi azzurri grandi", „calore dell'occhio azzurro"), dem Bernstein-Gelb ihres Gesichts, das sich mit Rosa mischt (vgl. den Edelsteincharakter der Farbe und das ‚Weibliche' des Rosa: „un color giallo soffuso di rosa").

Die Formen
Die Flüchtigkeit der Form kommt, wie bereits erwähnt, durch die Bewegung der Angiolina – gleichzeitig auch die Bewegung Emilios – und den Fluss der Eindrücke zu Stande, die sich auch in dem Niederregnen der „dichiarazioni liriche" Emilios zeigen. Angiolinas Körper ist biegsam („flessuosa"), ihre Haltung alles andere als gerade und fest. Sie strahlt stetige Erneuerung und Verjüngung aus

(vgl. die Spiegelung in Emilios ‚lyrischen Ergüssen': „egli stesso le sentiva rinnovellare e ringiovanire"). Angiolina dominiert das Bild („La donna vi entrava!"): Sie ist groß und stark („alta e forte"), und ihr Blond ist gewichtig („dal peso del tanto oro").

Marcel Proust: *Du côté de chez Swann* (1913)

Je m'arrêtais à voir sur la table, où la fille de cuisine venait de les écosser, les petits pois alignés et nombrés comme des billes vertes dans un jeu; mais mon ravissement était devant les asperges, trempées d'outre-mer et de rose et dont l'épi, finement pignoché de mauve et d'azur, se dégrade insensiblement jusqu'au pied – encore souillé pourtant du sol de leur plant – par des irisations qui ne sont pas de la terre. Il me semblait que ces nuances célestes trahissaient les délicieuses créatures qui s'étaient amusées à se métamorphoser en légumes et qui, à travers le déguisement de leur chair comestible et ferme, laissaient apercevoir en ces couleurs naissantes d'aurore, en ces ébauches d'arc-en-ciel, en cette extinction de soirs bleus, cette essence précieuse que je reconnaissais encore quand, toute la nuit qui suivait un dîner où j'en avais mangé, elles jouaient, dans leurs farces poétiques et grossières comme une féerie de Shakespeare, à changer mon pot de chambre en un vase de parfum.

Proust (1987, 119)

Ich blieb beim Tisch stehen, an dem das Küchenmädchen grüne Erbsen enthülst und dann in abgezählten Häufchen aufgereiht hatte wie kleine grüne Kugeln für ein Spiel; besonders aber die Spargel hatten es mir angetan: sie schienen in Ultramarin und Rosa getaucht, und ihre mit feinen Pinselstrichen in zartem Violett und Himmelblau gemalten Ähren wurden zum Fuß hin – der allerdings noch Spuren trug vom Boden ihres Feldes – immer blässer, in unmerklichen, irisierenden Abstufungen, an denen nichts Irdisches haftete. Es schien mir, daß diese himmlischen Tönungen das Geheimnis von köstlichen Geschöpfen enthüllten, die sich aus Neckerei in Gemüse verwandelt hatten und durch ihre aus feinem eßbarem Fleisch bestehende Verkleidung hindurch in diesen Farben der zartesten Morgenröte, in diesen hinschwindenden Nuancen von Blau jene kostbare Essenz verrieten, die ich noch die ganze Nacht hindurch, wenn ich am Abend davon gegessen hatte, in den nach Art Shakespearescher Märchenstücke gleichzeitig poetischen und derben Possen wiedererkannte, die sie zum Spaß aufzuführen schienen, wenn sie sogar noch mein Nachtgeschirr in ein Duftgefäß verwandelten.

Proust (2004, 177-178)

Die Motivik

In diesem Textbeispiel aus Marcel Prousts erstem Band seines Großwerks *À la recherche du temps perdu* handelt es sich weder um Landschafts- oder Großstadteindrücke noch um eine Figurenbeschreibung, sondern um ein Stillleben. Die Spargeldarstellung erinnert deutlich an das impressionistische Gemälde von Edouard Manet aus dem Musée d'Orsay: „L'asperge" / „Stillleben mit Spargel" (1880). Und auch Proust empfindet das malerische Moment nach, indem er mit „finement pignoché" den Pinselstrich erwähnt. Alle Farbabstufungen scheinen zudem ganz fein auf der Palette gemischt worden zu sein. Der Ich-Erzähler und Betrachter ist sofort hingerissen von dem Anblick der Spargel („mon ravissement était devant les asperges")[24], die eine Verbindung von Himmel und Erde herzustellen scheinen („souillé pourtant du sol"; „nuances célestes"), wobei der Himmel und seine (farblichen) Eigenheiten zuletzt überwiegen: „aurore", „arc-en-ciel", „soirs bleus". Durch die Eindrücke der Spargel gibt sich der Betrachter zudem ganz seinen die Erde und Realität („chair comestible et ferme") übersteigenden und scheinbar der Literatur entstammenden wunderbaren Vorstellungen hin („une féerie de Shakespeare"). Der Anblick setzt eine Verwandlung in Gang („métamorphoser"); wie bei Svevo führt sich die Malerei im Literarischen fort. Dass der Betrachter ganz von den Eindrücken eingenommen ist, die quasi mit ihm in Interaktion treten, zeigt sich durch die „délicieuses créatures", die ihm durch ihre Spiele und „farces poétiques et grossières" ihre „essence précieuse" enthüllen. Die Hingabe an den Eindruck der Spargel zeigt sich bei Proust auch stilistisch in seinem langen, kaum zum Ende kommenden Satz. Dieser schließt synästhetisch mit dem Nachttopf, der sich seinerseits, in Form eines „vase de parfum", selbst übersteigt. Der an sich banale Anblick in der Küche wird durch impressionistische Möglichkeiten stark ästhetisch aufgeladen.

Der Raum und die Zeit

In diesem Stillleben gibt es an sich keinen Tiefenraum. Was die Spargel jedoch so eindrücklich macht, ist eine gewisse Weite, die sich in der vordergründigen

---

[24] Es handelt sich (nur) um den Gestus von Spontaneität, denn eigentlich lässt Prousts Werk „eine in der Zeit versunkene Sphäre in allen Einzelheiten literarisch wieder auferstehen" Schärf (2001, 51).

Banalität bündelt. Diese Weite gelangt durch die Metamorphose zum Ausdruck, die Raum und Zeit zu überschreiten scheint. Außerdem kommt durch die „délicieuses créatures" Bewegung und Leichtigkeit ins Spiel, denn sie vergnügen sich („amusées"), verkleiden sich („le déguisement de leur chair comestible et ferme") und spielen Theater („elles jouaient, dans leurs farces poétiques et grossières"; vgl. das Hin- und Herspringen des Blicks im Impressionismus).

Das Verhältnis Mensch – Stillleben
Der Betrachter scheint von den Spargeln ganz in den Bann gezogen, er lässt sich auf ihre geheimnisvolle Verwandlung ein: „Il me semblait que ces nuances célestes trahissaient les délicieuses créatures qui s'étaient amusées à se métamorphoser en légumes". Er hat vermeintlich sogar Zugang zu ihrem wahren Wesen, das er, im Gegensatz zu den farblichen Übergängen, (genau) erkennen kann („cette essence précieuse que je reconnaissais encore"). Die Konturen lösen sich hingegen auch hier auf und lassen den Betrachter eintauchen, ebenso wie die Spargel selbst in die Farben getaucht scheinen („les asperges, trempées d'outre-mer et de rose"). Die farblichen Abstufungen vollziehen sich so sanft, dass das Ich sie objektiv nicht exakt fassen kann, es ist vielmehr hineingenommen in das Bild und seine „himmlischen Nuancen" („se dégrade insensiblement"; „irisations qui ne sont pas de la terre"; „ces nuances célestes"). Die Magie der Spargel steht im Kontrast zu den vorher erwähnten Erbsen, die ganz einfach aufgereiht und abgezählt „wie grüne Kugeln für ein Spiel" („comme des billes vertes dans un jeu") anmuten.

Das Licht und die Farben
Das Licht wird in diesem Textbeispiel nicht explizit erwähnt (eventuell nur durch die „Morgenröte", „l'aurore"), doch die Farben suggerieren an sich eine gewisse Helligkeit und ein Leuchten, eine Aufwertung: Die Spargel scheinen darin eingetaucht („trempées d'outre-mer et de rose") oder sie sind fein aufgetragen („finement pignoché de mauve et d'azur"), sie bilden mit ihren „irisations qui ne sont pas de la terre" einen direkten Kontrast zur dunklen Erde, die noch am unteren Stängel anhaftet („encore souillé pourtant du sol de leur plant"), und zu dem nicht weiter differenzierten Grün der Erbsen. Die Farbnamen lassen die

Spargel eine ganze Naturlandschaft evozieren: Ultramarin, Rosa, Malve, Azur, „couleurs naissantes d'aurore", „ébauches d'arc-en-ciel", „extinction de soirs bleus".

Die Formen
Auch im Hinblick auf die Formen fällt der Kontrast zu den Erbsen ins Auge, die klar konturiert und positioniert sind. Die „Ähren" der Spargel sind hingegen mit feinem Pinselstrich und unterschiedlichen Farbrichtungen gemalt („finement pignoché de mauve et d'azur") und heben sich durch ihre filigrane Form alles andere als ebenso deutlich von ihrer Umgebung ab. Noch weniger fassbar wird die Form, als sich das essbare Gemüse in die „délicieuses créatures" und ihre „essence pure" bzw. letztlich nur noch in den Duft des Nachttopfs verflüchtigt.

Impressionismus bei Bal'mont, Fet
Es ist, ehrlich gesagt, ein wenig vermessen, von einem ausgeprägten russischen literarischen Impressionismus sprechen zu wollen: Eine entsprechende, voll ausgebildete Stilepoche gibt es in der russischen Literaturgeschichte nicht. Somit findet man den Begriff in den einschlägigen Übersichten wie z.B. Stender-Petersen, Lo Gatto, Etkind u.a. überhaupt nicht.

Dennoch können wir in den Œuvres russischer Schriftsteller impressionistische Tendenzen klar erkennen und benennen. Die FEB (*Fundamental'naja Èlektronnaja Biblioteka*) zitiert aus der elfbändigen russischen Literaturenzyklopädie von 1930 einen Artikel von Zaprovskaja und Michajlovskij zum Thema und gibt damit vereinzelte Anhaltspunkte, indem sie drei verschiedene Ausprägungen ("разновидности") nennt.[25] Abgesehen von ersten impressionistischen Zügen in der Lyrik A. A. Fets (z.B. *Весенний дождь*) sehen die Autoren in den 1870er und -80er Jahren impressionistische literarische Phänomene als Widerschein der Entstehung eines urbanen Kapitalbürgertums in den Werken Tschechows[26] (z.B. *Степь*), Garšins und Korolenkos. Eine weitere Welle ver-

---

[25] http://feb-web.ru/feb/litenc/encyclop/le4/le4-4661.htm (Zugriff: 01.08.2016)
[26] Im Falle in Deutschland bekannter russischer Autoren wird statt der Transkription die deutsche Schreibweise gewählt.

orten sie bei den Symbolisten wie Annenskij, Zajcev (z.B. *Спокойствие*) und sogar bei Belyj (z.B. *Золото в лазури*) und Blok. Als "найволее яркий импрессионист русской поэзии" nennen sie Bal'mont. Mit Osip Dymov manifestiert sich dann die dritte, jedoch künstlerisch weniger bedeutsame Erscheinungsform im Gefolge eines weiteren Anwachsens der Urbanität.

Somit eröffnet sich der Russischlehrkraft ein ungewöhnliches, zugleich aber faszinierendes und lohnendes Feld, in dem er durchaus genug didaktisch bedeutsames Material finden kann. Die Ausprägungen impressionistischer Sprache sind hier so klar und durch die direkte Naturerfahrung bzw. durch die Möglichkeit der bildlichen Anschauung anhand von Kunstwerken so eingängig, dass es sich auf jeden Fall lohnt, Russischschülerinnen und -schüler an dieses außergewöhnliche Thema heranzuführen. Sogar eigene Schreibversuche, in denen Naturbeobachtungen und andere Wahrnehmungen in russischen Text gegossen werden, lassen sich mit Spaß und Leichtigkeit anschließen.

Als Beispiele seien die Gedichte *Весенний дождь* (*Vesennij dožd'; Frühlingsregen*) von Afanasij Afanas'evič Fet sowie *Влага* (*Vlaga; Die Feuchte*) von Konstantin Dmitrievič Bal'mont ausgewählt, weil sich beide für die unterrichtliche Betrachtung sehr gut eignen. Beide lassen ein direktes Vorstellungsbild vor dem geistigen Auge des Lesers (oder des Zuhörers) entstehen. Zudem sichert uns die Gattung Gedicht mit ihrer Kürze und Verdichtung einen schnellen Zugriff.

Von beiden Gedichten findet der dem Russischen nicht mächtige Leser eine recht wörtliche Übersetzung sowie eine Lautumschrift vor, die einen Kompromiss darstellt zwischen wissenschaftlicher Transkription und dem Wunsch des deutschsprachigen Lesers nach flüssigem Verständnis.[27]

---

[27] Die Striche über den Vokalen markieren die betonte Silbe. Ein unbetontes O wird prinzipiell wie ein A gesprochen. Zur besseren Lesbarkeit wird in diesem Text die Lautumschrift beibehalten. Bibliografische Angaben folgen der wissenschaftlichen Transkription.

1	Влага	Vlága	Die Feuchte
	С лодки скользнуло весло.	S lódki skalsnúlo vesló.	Vom Boote entglitt das Ruder.
	Ласково млеет прохлада.	Láskovo mléet prochláda.	Zärtlich zerfließt die Kühle.
	«Милый! Мой милый!» — Светло,	"Mílyj! Moj milyj!" — Svetló,	„Lieber! Mein Lieber!" — Hell,
5	Сладко от беглого взгляда.	Sládko at béglovo vsgljáda.	Süß vom flüchtigen Blick.
	Лебедь уплыл в полумглу,	Lébedj uplyl v palumglú,	Der Schwan entschwamm ins Halbdunkel.
	Вдаль, под луною белея.	Vdalj, pod lunóju beléja.	In die Ferne, weiß schimmernd unterm Mond.
	Ластятся волны к веслу,	Lástjatsja vólny k veslú,	Die Wellen schmiegen sich ans Ruder,
	Ластится к влаге лилея.	Lástitsja k vláge liléja.	An die Feuchte schmiegt sich die Lilie.
10	Слухом невольно ловлю	Slúchom nevólno lovljú	Ungewollt hörend fange ich auf
	Лепет зеркального лона.	Lépet serkáljnovo lóna.	Das Gemurmel des spiegelnden Schoßes.
	«Милый! Мой милый! Люблю!»	"Mílyj! Moj milyj! Ljubljú!" —	„Lieber!" Mein Lieber!" Ich liebe!" —
	Полночь глядит с небосклона.	Palnótsch gljádit s nebasklóna.	Blickt Mitternacht vom Horizont.

1	Весенний дождь	Wesénnij dozhdj	Frühlingsregen
	Ещё светло перед окном.	Jeschtschó svetló péred oknóm,	Noch ist es vor dem Fenster hell.
	В разрывы облак солнце блещет,	W rasrywy óblak sónze bléschtschet,	Durch die Wolkenrisse scheint die Sonne.
	И воробей своим крылом,	I warabéj svaim krylóm,	Und der Spatz, badend im Sand,
5	В песке купаяся, трепещет.	W peské kupájasja, trepéschtschet.	Zittert mit seinem Flügel.
	А уж от неба до земли,	A usch at néba da semli,	Doch schon bewegt sich schwankend
	Качаясь, движется завеса,	Katschájas, dwizhetsja sawésa.	Ein Vorhang vom Himmel bis zur Erde.
	И будто в золотой пыли	I búdto w salatój pyli,	Und wie im goldenen Staube
	Стоит за ней опушка леса.	Stait sa nej apúschka lésa.	Steht hinter ihm der Saum des Waldes.
10	Две капли брызнули в стекло,	Dwe kápli brysnuli w stekló,	Zwei Tropfen spritzten an das Glas,
	От лип душистым медом тянет,	At lip duschístym mjódom tjanet,	Von den Linden zieht duftiger Honig,
	И что-то к саду подошло,	I schtó-ta k sádu podoschló,	Und etwas hat sich dem Garten genähert,
	По свежим листьям барабанит.	Pa swéschim listjam barabánit.	Trommelt auf die frischen Blätter.

Motivik

Fast genauso wie ein impressionistisches Landschaftsbild geizt Bal'monts *Vlaga* mit Persönlichem und konzentriert sich nahezu völlig auf die Beschreibung der Natur. Zweimal taucht wörtliche Rede auf, aber es bleibt unklar, ob eine zweite Person oder die Natur zum lyrischen Ich spricht oder ob es gar das lyrische Ich selbst ist. Letzteres tritt einzig und allein mit der Verbform „ловлю" / „lovljú" („ich fange [etwas] auf") in Erscheinung, eher als passiv Wahrnehmendes denn als aktiv Handelndes. Dies rückt es in die Nähe zu Slevogts Liegender. Ihrem Anschmiegen an den Hang entspricht das Entgleiten des Ruders direkt in der ersten Zeile. Hier wie dort wird die Kontrolle des eigenen Selbst an die Natur abgegeben. Auch die Wahrnehmung des lyrischen Ichs ist ungewollt und unkontrolliert („невольно ловлю" / "nevólno lovljú").

Mit dieser dürftigen Informationslage ist es schwierig, den genauen Personenbestand im lyrischen Bild dieses Gedichtes festzustellen. Aber auch hier dürfte es sich um einen Menschen (oder ein Liebespaar[28]) in der bürgerlichen Sommerfrische handeln.

Eindeutiger ist die Situation bei Fet. Hier steht ein Vertreter des Bürgertums oder des Landadels am Fenster seines Hauses und beobachtet eine sich nähernde Regenfront im Frühling. Die erwähnten Landschaftselemente (Wald, Garten) legen einen Wohnsitz oder eine Datscha im ländlichen Umfeld nahe. Der Beobachtende befindet sich hinter dem Fenster, also nicht direkt in der Natur. Trotz dieses Schutzes kann er Gerüche und Geräusche von außen wahrnehmen, ist also bei der Beobachtung nicht ausschließlich auf seine Augen angewiesen.

Der Raum

Räumliche Beziehungen in *Vlaga* werden schon allein durch die Präpositionen und Vorsilben ausgedrückt: *с* лодки / *s* lódki (*vom* Boot weg), уплыл / *u*plyl (*ent*schwamm), *к* веслу / *k* veslú (*zum* Ruder), *к* влаге / *k* vlage (*zur* Feuchte), *с* небосклона / *s* nebasklóna (*vom* Horizont). Es ergibt sich somit schon auf morphematischer Ebene ein lebendiges, springendes Hin und Her zwischen den nahen Wellen und Wasserlilien auf der einen Seite und den kosmischen, fernen Größen Mond und Horizont auf der anderen. Das ist im *Frühlingsregen* Fets ganz ähnlich. Der Blick des Betrachters springt frei zwischen Mikrokosmos (Spatz, Sand) und Makrokosmos (Himmel, Erde, Sonne, Regenvorhang) hin und her, bis schließlich zwei kleinste Vertreter des gigantischen Wetterereignisses direkt vor der Nase des lyrischen Ichs an die Scheibe klopfen. Sie wiederum sind Vorboten des Metaphysisch-Unbegreiflichen (что-то / schtó-ta; „etwas").

Das Raumgefüge lässt sich im Unterricht sehr anschaulich auf die Tafel bannen, was den Schülerinnen und Schülern das Bild- und Raumhafte dieser Lyrik deutlich vor Augen führt.

---

[28] Der Titel *Vlaga* (die Feuchte) hat nicht zuletzt eine erotisch-sexuelle Konnotation.

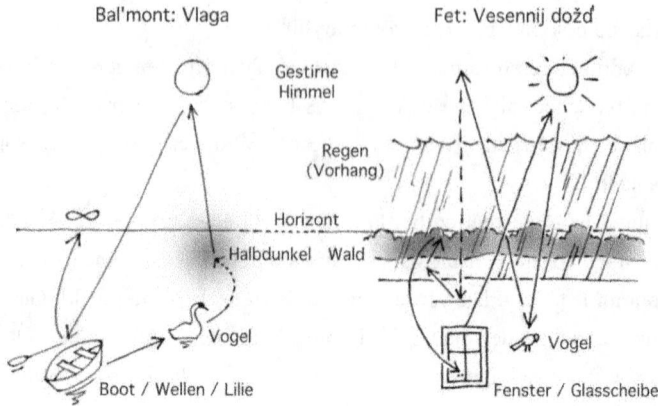

Ebenso wie im impressionistischen Bild klappen die beiden Dichter den Tiefenraum nach vorne; Nah und Fern werden zusammengezoomt und verdichten somit Raum und Atmosphäre.

Die Ähnlichkeit der Raumkonzepte in beiden Bildern ist verblüffend. Selbst auf semiotischer Ebene gibt es Entsprechendes: Das Fenster als Bindeglied zwischen Drinnen und Draußen ist vergleichbar mit dem Boot als Transmitter in jenseitige Welten, wie es uns als Dantebarke oder Charons Kahn in alten Texten begegnet. Ein eben solches Verbindungsglied in ferne Weiten stellt der Vogel dar, der uns hier als Schwan oder Spatz die Aufwartung macht und auf dessen Migrationsfähigkeiten in beiden Gedichten besonders hingewiesen wird („entschwamm" / "Flügel").

Das Verhältnis Mensch – Natur

Die Verdichtung des Raumes und das Hineinpressen der Ferne in die menschliche Sphäre verursachen – gleichsam wie die Kernfusion im Innern der Sonne – durch Druck ein Verschmelzen von Natur und Seele. Die impressionistischen Maler wählen hierfür immer die Idylle der vertrauten Landschaft, die sich meist sogar topografisch benennen lässt. Slevogt zeigt uns seinen Pfälzer Wald, dessen Natur mit seinem Modell eine Verbindung eingeht. Diesem Weg folgen auch unsere Dichter, wobei Fet noch einen Schritt weiter geht. Der Garten ist *per se* ein Zeichen für die gestaltete, gezähmte Natur. Er ist Ausdruck des *Cross-overs* von Wildnis und menschlichem Willen. Bal'monts ruhiges Gewässer mit einem freizeitverdächtigen Ruderboot hat wohl ähnliche Qualitäten.

Alle Werke finden einen formalen Ausdruck für die Verschmelzung des menschlichen Geistes mit der Natur: Wie bereits oben erwähnt, durchdringt das Licht das Fleisch an der Hand von Slevogts Dame – eine beinahe erotische Angelegenheit, wenn man es denn so sehen möchte. Expliziter wird es mit dem Liebesschwur in Bal'monts Gedicht, bei dem offen bleibt, ob ihn das lyrische Ich, eine zweite Person oder die Natur selbst äußert. In Fets Gedicht personalisiert sich gar die Natur zu einem geheimnisvollen Wesen, das an das lyrische Ich herantritt und von ihm Besitz ergreift.

Das Licht und die Farben
Das Licht ist das Medium der Malerei, und besonders im Impressionismus erfährt es die Apotheose. Die Literatur kann hier naturgemäß nur mittelbar mithalten. Umso auffallender sind also die Bestrebungen unserer Dichter, das Licht Einzug in ihre Zeilen halten zu lassen.

Grundsätzlich könnten wir – parallel zu Slevogt – in beiden Gedichten von einer Gegenlichtsituation ausgehen. Bei Bal'mont entschwimmt der Schwan ins weiße Mondlicht, bei Fet blitzt (блещет / bléschtschet) uns die Sonne entgegen. Für das Gegenlicht spricht auch der goldene Staub.

Farbadjektive und Wörter, die die Lichtverhältnisse festlegen, lassen sich in hoher Konzentration finden: светло / svetló (hell), полумгла / palumglá (Halbdunkel), белея / beléja (weiß schimmernd), зеркальный лон / serkálnyj lon (spiegelnder Schoß) bei Bal'mont; светло / svetló (hell), блещет / bléschtschet (blitzt), золотой / salatój (golden) bei Fet

Ebenso spielt die visuelle Wahrnehmung in beiden Gedichten eine wesentliche Rolle: Bal'mont spricht vom „flüchtigen Blick" und der vom Horizont „blickenden Mitternacht". Fet setzt mit Fenster und Fensterglas grundsätzliche Metaphern für das Sehen.

Über die visuelle Wahrnehmung hinaus wird jedoch in beiden Gedichten ein Feuerwerk synästhetischer Empfindungen gezündet. Während bei Slevogt der Dame die Sonne auf die Haut brennt und sie vielleicht von ein paar harten Kräutern in den Rücken gepiekt wird, entfacht Fet ein olfaktorisches und akustisches Schauspiel, zu welchem die Natur ihren Theatervorhang öffnet (движется завеса / dwízhetsja sawéßa): Es duftet nach Honig und es trommelt auf den Blättern.

Bal'mont hält es stattdessen im taktilen Bereich feucht und kühl (прохлада / prochláda) – hier ist im Wesentlichen durch das „Anschmiegen" der Hautkontakt im Fokus, begleitet vom beiläufig hörbaren Gemurmel des Gewässers.

Die Formen
Der schnelle impressionistische Pinselstrich vernachlässigt die scharfe Kontur der Dinge und lässt die Formen im Bild verwischen. Die Form erscheint flüchtig, bei einigen Pointillisten und vor allem beim alternden Monet gerät sie gar substanzarm und amorph.

Die Behandlung der Form scheint zunächst auf die bildenden Künste beschränkt, findet jedoch ihren Widerschein in den sprachlichen Künsten. So treffen wir im literarischen Realismus sehr häufig auf eine klare, sezierende Wiedergabe der sichtbaren Wirklichkeit, etwa in den Romanen Leo Tolstojs. Dieses Mittel entspricht der klaren, linearen Malerei des 19. Jahrhunderts.

Die impressionistische Beschreibung ist hingegen flüchtig und sprunghaft. Wie der schnelle Blick des *Pleinair*-Malers erfasst sie skizzenhaft den momentanen Zustand eines Teils der Wirklichkeit, um sich dann bereits der nächsten Erscheinung zu widmen. So verfahren auch Bal'mont und Fet. Schnell huschen sie von Eindruck zu Eindruck, versehen das gesehene Ding mit einem atmosphärischen Adjektiv, Adverb; z.B. душистый (duftig) oder ласково (zärtlich), einem empathischen Verb трепещет (zittert) oder einer assoziativen Metapher завеса (Vorhang), um dann bereits mit flüchtigem Blick (беглый взгляд) das Nächste zu erfassen. Dabei gehen Konturen und klare Formen verloren. Was zählt, ist der momentane, schnelle Eindruck.

Nicht von ungefähr wimmelt es in unseren beiden Gedichten von Dingen, die selbst unstet, verschwommen oder amorph sind: Zu den Luftwesen der Vögel gesellen sich Wolken, Staub, Wellen und nebelartige Helligkeitserscheinungen. Das flüchtige Wasser begegnet uns in Gestalt von Regen, Tropfen, Wellen und dem Gewässer in verschiedenen Zuständen. Immer ist es in Bewegung, trommelt, murmelt, zerfließt. Ständig kommt in beiden Gedichten etwas auf das lyrische Ich zu oder schwimmt von ihm weg, nichts ist wirklich greifbar oder genau definierbar. Wer redet in *Vlaga*? Was ist es, das in Fets Garten kam? Auch zeitlich bricht Vergangenes kurz und abrupt in die ablaufende Gegenwart des Gedichtvortrages ein, und zwar – durch den Gebrauch des vollendeten Verbalaspekts – immer als bereits Geschehenes, als kurze, vergangene Aktion: Das soeben weggetriebene Ruder, der schon fortgeschwommene Schwan und das Geheimnis, das bereits unvermittelt den Garten in Fets Gedicht erreicht hat. Durch die Einbettung in das allumfassende, weiche Präsens der Naturbeschreibung erhält der gnadenlose, blitzlichtartig vollendete Verbalaspekt (совершенный вид) die starke Assoziation der schnellen, bereits vergangenen Handlung. Wie Wind und Wetter in ihrer Wechselhaftigkeit den impressionistischen Maler zur schnellen Auffassung und Wiedergabe zwingen, werden von den beiden russischen Dichtern vor unserem geistigen Auge ähnliche, unbeständige Welten erschaffen. Das Festhalten des Geschehenden oder besser noch des soeben Geschehenen, das Fixieren der unerbittlich flüchtigen Zeit wird vordringliches und manisches künstlerisches Bestreben im *Panta rhei* des menschlichen Lebens.

Bibliografie:

Zum Impressionismus in der Malerei:
CLARK, Kenneth. 1962. *Landschaft wird Kunst*. Köln: Phaidon.
CREPALDI, Gabriele. 2007. *Der Impressionismus*. Köln: Dumont.
DIREKTION LANDESMUSEUM MAINZ. ed. 2014. *Max Slevogt. Neue Wege des Impressionismus*. München: Hirmer.
HUGHES, Robert. 1997. *Bilder von Amerika. Die amerikanische Kunst von den Anfängen bis zur Gegenwart*. München: Blessing.
NOVOTNY, Fritz. 1990. „Der Impressionismus", in: Zeitler, Rudolf. ed. *Propyläen Kunstgeschichte*. Bd 11: *Die Kunst des 19. Jahrhunderts*. Berlin & Frankfurt a.M.: Propyläen, 129 ff.
PAAS, Sigrun & KRISCHKE, Roland. [2]2009. *Max Slevogt in der Pfalz*. Berlin & München: Deutscher Kunstverlag.
TUCKER, Paul Hayes. [3]1990. *Monet in the '90s. The Series Paintings*. Boston: Yale.
WEDEWER, Rolf & JENSEN, Jens Christian. ed. 1986. *Die Idylle*. Köln: Dumont.
https://fr.wikipedia.org/wiki/Les_Peupliers, Zugriff: 01.08.2016.

Zum Impressionismus in der Literatur:
BEITZ, Willi & HILLER, Barbara et al. edd. 1977. *Geschichte der russischen Sowjetliteratur 1917-1941.* Berlin (DDR): Akademie-Verlag.
BERRONG, Richard M. 2006. „Literary Impressionism", in: *Genre XXXIX,* Sommer 2006, 203-228.
BÜSSGEN, Antje. 2004. „Bildende Kunst", in: Engel, Manfred. ed. *Rilke Handbuch.* Stuttgart & Weimar: Metzler, 130-150.
ETKIND, Efim & NIVAT, Georges et al. edd. 1989. *Storia della letteratura russa.* 3 Bände. Turin: Einaudi.
HAYWARD, Max. 1983. *Writers in Russia 1917-1978.* San Diego, New York, London: Harcourt Brace Jovanovich.
JOHNSON, J. Theodore Jr. 1973. „Literary Impressionism in France: A Survey of Criticism", in: *L'Esprit Créateur* Vol. XIII, Nr. 4, Winter, 271-297.
LO GATTO, Ettore. 1979. *Storia della Letteratura Russa.* Florenz: Sansoni.
MEJDANIJA, Mirza. 2013. *Italo Svevo – Dal naturalismo all'invito al raccoglimento.* Triest: Mediterránea (=- Rassegna di Studi Interculturali, Nr. 21), 63-64.
MIRSKIJ, D.P. 1965. *Storia della Letteratura Russa.* Mailand: Garzanti.
RAWLINSON, Mary C. 1984. „Proust's Impressionism", in: *L'Esprit Créateur* Vol. XXIV, Nr. 2, Summer 1984, 80-91.
SAUNDERS, Max. 2008. „Literary Impressionism", in: David Bradshaw & Dettmar, Kevin J.H. edd. *A Companion to Modernist Literature and Culture.* Oxford: Blackwell, 204-211.
SCHÄRF, Christian. 2001. *Der Roman im 20. Jahrhundert.* Stuttgart: Metzler.
SCHMIDT-BERGMANN, Hansgeorg. 2000. „Kommentar", in: Rilke, Rainer Maria. *Die Aufzeichnungen des Malte Laurids Brigge.* Frankfurt a.M.: Suhrkamp, 272.
SEEMANN, Klaus-Dieter. ed. 1982. *Russische Lyrik.* München: UTB, 313-330.
STENDER-PETERSEN, Adolf. [3]1978[3]. *Geschichte der russischen Literatur.* München: C.H. Beck.
STRUVE, Gleb 1977. *Storia della Letteratura Sovietica.* Mailand: Garzanti.
WUNBERG, Gotthart & BRAAKENBURG, Johannes J. edd. 1981, 2000. *Die Wiener Moderne – Literatur, Kunst, Musik zwischen 1890 und 1910.* Stuttgart: Reclam.
http://feb-web.ru/feb/litenc/encyclop/le4/le4-4661.htm, Zugriff 01.08.2016.
https://ru.wikipedia.org/wiki/Бальмонт,_Константин_Дмитриевич, Zugriff 01.08.2016.
https://ru.wikipedia.org/wiki/Фет,_Афанасий_Афанасьевич, Zugriff 01.08.2016.

Bildnachweis:
Slevogt, Max: Sommermorgen (Frau mit Sonnenschirm). 1901. Öl auf Leinwand. 200 x 160 cm. Max-Slevogt-Galerie, Schloss Villa Ludwigshöhe. Inv.-Nr. SL 72.
Lenbach, Franz von: Der rote Schirm. Um 1860. Öl auf Papier auf Pappe. 26,9 x 34,6 cm. Kunsthalle, Hamburg. Inv.-Nr. 1492.
Porträt Bal'mont: http://vk.com/konstantin_balmont#/konstantin_balmont?z=photo-68155872_372608772%2Fwall-28640861_293, Zugriff 08.02.2016
Porträt Fet: http://dailyherofor.me/mentors/afanasiy_fet/, Zugriff 01.08.2016.
Tafelbild Raumkonzepte: Andreas Schürmann, Mainz.

ABENDVERANSTALTUNGEN

Dolomitenladinisch – Papiamentu – Sardisch
JOHANNES KRAMER (TRIER) & SYLVIA THIELE (MAINZ)

In Anlehnung an die Fortbildungsreihe zum sprach- und kulturvernetzenden Unterricht im Pädagogischen Landesinstitut in Boppard wollen wir im folgenden Informationen zu drei im Rahmen von Themenabenden präsentierten Sprachen festhalten, nämlich zum Dolomitenladinischen, zum Papiamentu und zum Sardischen, die dazu einladen mögen, sich noch einmal mit ihnen zu beschäftigen.

1 LADIN

Das Dolomitenladinische oder auch Zentralrätoromanische – eine von der EU anerkannte Minderheitensprache – wird von etwa 30.000 Personen in einem Gebiet gesprochen, das die fünf Täler rund um den mächtigen Gebirgsstock der Sella-Gruppe umfasst.

Abb. 1: Sass dla Crusc und La Varela im Abendlicht (Foto privat)

Das Gebirge entstand vor 200 Millionen Jahren und war ursprünglich ein Korallenriff im Urmeer. Mit der Auffaltung der Alpen entstand in verschiedenen Phasen diese einzigartige Landschaft in Mitteleuropa. Ursachen dieser unterschiedlichen Erscheinungsformen sind u.a. der stark gegliederte Schichtaufbau, die abwechselnde Hebung und Senkung ganzer Gesteinsblöcke mit unterschiedlichen Überflutungsphasen sowie das Aufbrechen der geschlossenen Formationen durch Magmagänge[1]. Seit 2009 gehören Teile der Dolomiten zum UNESCO-Weltnaturerbe.

---

[1] Vgl. https://de.wikipedia.org/wiki/Dolomiten

Ladinisch spricht man also um das Sellamassiv herum, nämlich im Gadertal und in Gröden (beide Provinz Bozen, Region Trentino-Südtirol), in Fassa (Provinz Trient, ebenfalls Region Trentino-Südtirol), in Buchenstein und in Cortina d'Ampezzo (beide Provinz Belluno, Region Veneto). Das Sprachgebiet des Ladinischen liegt im Zentrum der drei rätoromanischen Varietäten. Im Westen, in der Schweiz, befindet sich Graubünden mit dem Bündnerromanischen (45.000 Sprecher), im Südosten das Friaul mit dem Friaulischen (500.000 Sprecher) auf italienischem Staatsgebiet. Die vier ladinischen Täler, die direkt an die Sellagruppe grenzen und sich von dort in die vier Himmelsrichtungen verzweigen, sind diese: im Norden das Gadertal mit Enneberg – dort spricht man Gadertalisch, d.h. *badiot* im oberen Tal, *ladin de mesaval* im unteren Tal und *marou* in Enneberg, einem Seitental des Gadertals, im Westen Gröden, wo man Grödnerisch oder Grödnisch (*gherdëina*) spricht, im Süden das Fassatal mit Moena, das drei Varietäten kennzeichnet: *cazet* im oberen, *brach* im unteren Tal und *moenat* in der Gegend um Moena. Buchenstein mit Colle Santa Lucia erstreckt sich gen Osten, man spricht dort Buchensteinisch, also *fodom*, und *colese* in Colle. Das Ampezzanische, *ampezan* bzw. *anpezan*, die Varietät von Cortina d'Ampezzo, ist hier aufgrund des Sprachbewusstseins der Bevölkerung und aufgrund historisch-ideologischer Beziehungen der Ampezzaner mit den Selladinern hinzuzurechnen.

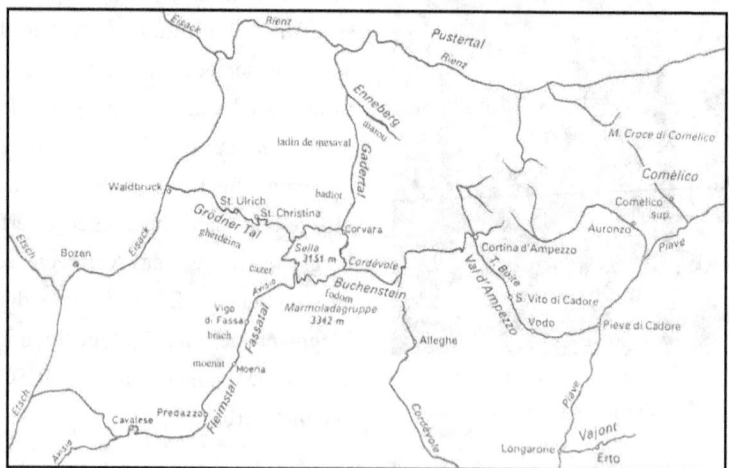

Abb. 2: Geographisch-linguistische Übersichtskarte zur Sellaladinia

Seit Anfang der 1990er Jahre bemüht man sich um eine einheitliche ladinische Schriftsprache (ähnlich wie beim Grischun-Rumantsch in Graubünden), das sogenannte Ladin Dolomitan, um standardisierte Dokumente für die Sellaladinia zu schaffen und dieser Minderheitensprache durch die Verwaltungsebene ein politisches Gewicht geben zu können. Gadertaler und Grödner Ladiner sind heute in der Regel dreisprachig:

> Zielsetzungen [der ladinischen Schule, Anm. d. Verf.] sind insbesondere die Erhaltung und Förderung der ladinischen Sprache und Kultur, sowie die Vermittlung einer paritätischen Kompetenz in deutscher und italienischer Sprache. Seit 1948 gilt das so genannte ‚paritätische Schulmodell', wonach der Unterricht zu gleichen Teilen in deutscher und italienischer Sprache vorgebracht wird. Das Ladinische wird als eigenes Fach unterrichtet und kann in allen schulischen Situationen als Verständigungssprache benützt werden.[2]

In Fassa, Buchenstein und Cortina, die nicht zur Autonomen Provinz Bozen gehören, wird das Ladinische nicht bzw. nicht in gleichem Maße im schulischen Fächerkanon berücksichtigt, Schulen in Buchenstein und Cortina, die ja zur Provinz Belluno im Veneto gehören, bieten auch keinen Sachfachunterricht wie in Trentino-Südtirol in deutscher Sprache an, weil das Bildungssystem regional abweichenden Gesetzen unterliegt.

Die dolomitenladinischen Varietäten zeigen gemeinsame charakteristische Merkmale hinsichtlich ihres historischen und kulturellen Erbes. Erste menschliche Spuren zeigten sich in diesem Gebiet schon vor etwa 9000 Jahren. Seit etwa 1700 v. Chr. tauchten dauerhafte Sommersiedlungen auf. In das Licht der Geschichte führte die Besetzung durch die Römer 15 v. Chr. (Drusus). Und damit begann die Verbreitung des Lateins. Während der Jahrhunderte des römischen Imperiums kam es zur Überlagerung der ursprünglichen rätischen Sprache (+ Keltisch und Norisch) durch das Vulgärlateinische. Daraus entstand die Urform des heutigen Rätoromanischen. Wörter wie *dlasena* (Heidelbeere), *barantl* (pino mugo / Latschenkiefer), *roa* (Mure) oder *crëp* (Berg) sind Beispiele dafür.

---

[2] http://www.provinz.bz.it/ladinisches-schulamt/themen/bildungssystem.asp?aktuelles_action=4&aktuelles_article_id=403561

Dieses rätoromanische Sprachgebiet nahm einen großen Raum – etwa vom Gotthard bis Triest – ein, aber durch Völkerwanderungen kam es zu einer Zurückdrängung und Aufspaltung in die drei eingangs genannten Sprachinseln Graubünden, Dolomitenladinia und Friaul.

Weitere Sprachkontakte bescherten dem Ladinischen vor allem ein germanisches (bairisches) Adstrat; zum Beispiel obergadertalisch *plata* (Blatt), *spëisa* (Speise) oder *petler* (Bettler) sind hier zu nennen.

Auf der Basis sprachwissenschaftlicher Forschung von Graziadio Isaia Ascoli, Theodor Gartner und Carlo Battisti begann mit dem Ende des 19. bis ins 20. Jahrhundert eine *questione ladina*, bei der die ladinische Einheit infrage gestellt wurde, vor allem auch, was die Abgrenzung der Idiome zu den norditalienischen Nachbarvarietäten betraf (vgl. u.a. Craffonara 1989, Pellegrini 1986). Heute kann man ganz spezifische, das Dolomitenladinische kennzeichnende Entwicklungen nachweisen, z.B. phonetisch-phonologische wie *plöia* aus *pluvia* oder *cë* aus *caput*, oder lexikalische wie etwa *sorëdl* (sole) aus einer Verkleinerungsform *soliculus*. Wir möchten an dieser Stelle nur diese wenigen ausgewählten Beispiele nennen, die die linguistische Einheit des ladinischen Sprachenbündels untermauern (vgl. u.a. Kramer 1988-1998).

Außerhalb dieses Streits manifestierte sich in der Ladinia ein beachtliches wissenschaftliches Interesse für die Muttersprache seit dem 19. Jahrhundert: Micurà de Rü schrieb 1833 die erste Grammatik, in der ein Orientierungsrahmen für eine einheitliche Schriftsprache festgehalten ist. Giovan Battista Alton verfasste 1879 das erste synoptische Wörterbuch der fünf selladinisch-ampezzanischen Varietäten. Die folgenden Übersetzungen der lateinischen Fabel des Aesop vom Fuchs und vom Raben vermitteln einen ersten Eindruck (Videsott 2004, 12-20):

> *Vulpes ex more suo fame vexata corvum frustum casei in rostro tenentem videt. «Id mihi bene saperet!» secum cogitavit et corvum vocavit: «Quam pulcher es! Si cantus tuus tam pulcher est quam aspectus tuus, non dubium est te pulcherrimum omnium avium esse.»*

> *Ladin dla Val Badia:*

> *La olp ê indô n iade afamada. Te chël vëighera n corf che tignî n tòch de ciajó te so bech. «Chël me savess bun», s'àra ponsè, y à cherdè le corf: «Tan bel che t'es! Sce to ciantè é tan bel co to ciarè fora, spo este dessigü tö le plü bel vicel de düc.»*

Ladin de Gherdëina:

La bolp fova inò n iede arfameda. Te chëla vëijela n corf che tën n tòch de ciajuel te si bech. «Chël me savëssa bon», se ala mpensà y à cherdà l corf: «Ce bel che te ies! Sce te ciantes tan bel coche te cëles ora, pona ies dessegur tu l plu bel ucel de duc.»

Ladin de Fascia:

La bolp era endò famèda. Te chela la veit n corf con n toch de formai tl bech. «Chel, vé, me saessa bon», la se peissa[...] e la ge disc al corf: «Che bel che t'es! Se tie ciantèr l'é scì bel che tia parbuda dapò t'es de segur tu l più bel anter duc i ucìe.»

Ladin de Fodom:

La volp l'eva ndavò afamada. Nte chëla la veiga n còrf che l se tegniva n tòch de formai ntel bech. «Chël l me savëssa ben bon», la s'à pensé ntra de dëla, e l'á clamé l còrf: «Cotánt bel che t'es! se tuo cianté l é bel coche ti te ciale fòra, nlouta t'es segur ti l plu bel de duc cánc i uciei!»

Ladin d'Ampez:

Ra volpe r'èa danoo infamentada. Cenoné ra vede un cròo, che 'l aéa inze 'l bèco un toco de forméi. «Chel sì che el me piajaràe», ra s'à pensà ra volpe, e r'à ciamà el croo: «Cé un bel che te sos! Se te ciantes polito cemodo che te se vede, de seguro te sos el pì bel de dute i uziéi!»

Die Fabel würde auf *ladin dolomitan* wie folgt lauten (ibid.):

La volp fova endò n iade afamada. Te chel veidela n corf che tigniva n toch de ciajuel te sie bech. «Chel me savessa bon», se àla pensé, y à cherdé l corf: «Tant bel che t'es! Sce tie cianté è tant bel che tie cialé fora, spo este dessegur tu l plu bel vicel de duc!»

Die große Abgeschiedenheit der ladinischen Täler trug wahrscheinlich dazu bei (vgl. Verra 2011), die ursprüngliche ladinische Sprache zu erhalten. Andererseits konnten sich die ladinischen Bergbauern, die hart am Existenzminimum lebten, kaum politisch und kulturell artikulieren. Erst im 19. Jahrhundert schrieben die ladinischen Landgeistlichen die mündlichen Zeugnisse der Volkskultur auf und verhalfen der Sprache und Kultur zu einer ersten Blüte.

Schon im 18. Jahrhundert entstand allerdings ein erstes literarisches Werk von Mathias Ploner, im 19. Jahrhundert das herausragende lyrische Werk von Angelo Trebo (vgl. Belardi 1985). Heute gibt es neben lyrischer Produktion eine breite Palette an Jugendliteratur, Romanen und Theaterstücken (z.B. von Rut Bernardi oder Iaco Rigo, vgl. Bernardi & Videsott 2013).

In den Dolomitentälern gibt es eine lange Tradition sakraler Kunst. Gröden ist weltbekannt für kunsthandwerkliche Holzschnitzereien, auch Holzspielzeug, zu den bemerkenswerten Möbeltischlerarbeiten zählen die Gadertaler Truhen; Wandermaler aus Fassa haben weit über das Tal hinaus Möbel verziert, und schließlich müssen im Bereich Kunst der filigrane Silberschmuck und die Holzschachteln mit Intarsien aus Cortina d'Ampezzo erwähnt werden.

Klassische Musik, aber auch Volksmusik, vertreten durch Kapellen und Chöre, spielen seit dem 18. Jahrhundert eine wichtige Rolle in den fünf Tälern. In neuerer Zeit haben sich auch Liedermacher und Rockmusiker einen Namen gemacht.

Auch die ladinische Küche, die in ihrer Vielfalt hier kaum angemessen gewürdigt werden kann, zeichnet sich durch spezifisch alpine Zutaten aus, über die ein Bergbauernhof verfügt:

Bales da cioce –

Speckknödel[3]

Ingrediënc por cater porsones

150 g de pan sëch
40 g de farina
100 ml de lat
2 üs
80 g de cioce, taië sö te de pici toc
½ na ciola
20 g de smalz
n pü' de petersil

Zutaten für 4 Personen:

150 g schnittfestes Weißbrot
40 g Mehl
100 ml Milch
2 Eier
80 g Speck, in feine Würfel geschnitten
½ Zwiebel
20 g Butter
etwas Petersilie

---

[3] Bales (Calfosch), Foto: privat

Co fá la pasta?	Wie wird der Teig bereitet?
La ciola taiada sö te de pici toc vëgn apratada jö te smalz, spo metüda pro le pan y moscedada ite cun la farina y le cioce.	Die in feine Würfel geschnittene Zwiebel in der Butter dünsten, über das Brot geben und rühren. Das Mehl und den Speck mischen.
I üs vëgn sbatüs fora tl lat, injunté n pü' de petersil y se, spo moscedé döt adöm cun le pan y fá na sort de pasta	Eier und Milch schlagen, etwas Petersilie und Salz hinzufügen, über das Brot geben und vermischen, um einen Teig herzustellen.
Lascé trá la massa por apresciapüch 15 menüc, spo formé cun n cazü les bales y les cöje te ega cöta cun laite n pü de se – la fana vëgn tignida mesa stopada.	Die Masse etwa 15 Minuten ziehen lassen, anschließend Knödel formen und im Salzwasser halb zugedeckt kochen.
Tëmp de cöta : danter i 15 y i 20 menüc	Garzeit: 15-20 Minuten
La derzada vëgn sorvida	Zum Servieren
cun surajö n pü de sotí taié sö bel fin (=garnitöra),	Schnittlauch, fein geschnitten, zum Dekorieren
Bun apetit! *[oder auch* **Bun pro!** *(Ennebegisch)]*	**Guten Appetit!**

Im Gadertal zum Beispiel zeigen mehrsprachige Hinweisschilder, dass die Ladiner sich der wichtigen Rolle ihrer Muttersprache bewusst sind, sie wollen dies auch nach außen kommunizieren. Die folgenden Beispiele zeigen Inhalte, die primär für Touristen bestimmt sind, die Ladinisch in der Regel nicht beherrschen; trotzdem erscheint diese Sprache an erster Stelle:

Abb. 3: Hinweisschilder im Gadertal (Fotos privat)

Im Gegensatz dazu zeigt Roland Verras Gedicht die zeitgleiche Existenz verschiedener Sprachen in Gröden, die durchaus kritisch gesehen werden kann, betrachtet man vor allem die letzten beiden Verse (Verra 1990, 15):

Cultura ladina

Tl Kongresshaus sona	Im Kongresshaus spielen
i Kastelruther Spatzen	die Kastelruther Spatzen
y te calonia	und im Pfarrhaus
iel na Bibelrunde	gibt es eine Bibelrunde
ja la Cësa di ladins	im Haus der Ladiner
trati de Vogelkunde,	geht es um Vogelkunde
ntanche i mëndri	während die Kinder
cëla „Wetten daß[sic]?"	‚Wetten, daß? [sic]' schauen
I Teens te scola	Die Jugendlichen in der Schule
scota su Jovanotti	hören Jovanotti
y l'ëiles fej n curs	die Frauen belegen
de Ikebana,	einen Ikebana-Kurs,
de paca sce te ves	wirklich, wenn du
sun Puent de Pana	auf die Panabrücke gehst
àudes mé Boazner Deitsch	hörst du nur Boazner Deitsch
y datrai ëngh'Spaniuel...	und manchmal auch Spanisch ...
Ai jëuni ti plej sën	Den Jungen gefällt
l Heliskiing	Heliskiing sehr
mo l'ann passà	aber letztes Jahr
fovi tifosi d'Parapende,	waren sie Fans des Gleitschirmfliegens,
si pere desperà ti cunediva:	ihr verzweifelter Vater verkündete ihnen:
"Das nimmt bestimmt amol	„Das nimmt bestimmt einmal
ein schlimmes Ende ..."	ein schlimmes Ende ..."

Die Bewohner der Dolomitentäler – die ja in einer globalisierten Welt leben – werden von den sie umgebenden Sprachen beeinflusst, ebenso durch die vielfältigen Medien. Dies wirkt sich auf den täglichen Sprachgebrauch aus. Mehrsprachigkeit oder selbst Code-Switching sind dann kein Problem für das Fortbestehen einer Sprache, wenn die Sprecher über ein ausgeprägtes Sprachbewusstsein und über den Willen zur Pflege der Muttersprache verfügen. Der private und öffentliche Gebrauch des Ladinischen muss sich von selbst verstehen, ein zwei- bzw. sogar dreisprachiges Bildungssystem und aktive Kulturinstitute können einen wesentlichen Beitrag zum Erhalt dieser romanischen Minderheitensprache leisten.

PAPIAMENTU

Abb. 4: Landhuis, Curaçao (Foto privat)

Das Papiamentu (so die Bezeichnung auf Curaçao und Bonaire, auf Aruba sagt man Papiamento) ist die Sprache, die auf den der Nordwestküste Venezuelas vorgelagerten drei Inseln Aruba, Bonaire und Curaçao (daher die Kurzformel ABC-Inseln) gesprochen wird. Die Inseln wurden 1634 von den Niederländern erobert und unterstehen seither, von kurzen Zwischenperioden abgesehen, der niederländischen Souveränität. Heute gehören sie gemäß dem Statut vom 10. Oktober 2010 zum Königreich der Niederlande, wobei Curaçao und Aruba autonome Teile mit innerer Selbstverwaltung sind, während Bonaire eine sogenannte besondere Gemeinde darstellt, die enger an das Mutterland angebunden ist. Curaçao hat 151.892 Einwohner, Aruba 102.384 Einwohner und Bonaire 17.408 Einwohner (Zahlen von 2013), außerdem gibt es in den Niederlanden zwischen 100.000 und 150.000 Menschen, die von den drei Inseln stammen.

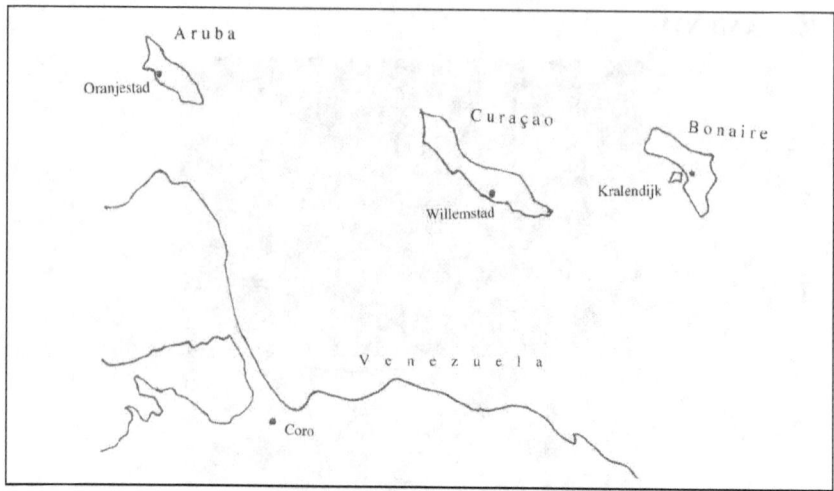

Abb. 5: ABC-Inseln, geografische Übersichtskarte

Die Sprache aller Menschen, die auf den ABC-Inseln groß geworden sind, ist das Papiamentu, eine iberoromanische Kreolsprache, deren Grundstock die portugiesische Handelssprache des 16. und 17. Jahrhunderts bildet, die dann stark hispanisiert wurde und im Laufe der letzten 400 Jahre unter den Einfluss der niederländischen Kultursprache geriet. Der Wortschatz ist grob zu zwei Dritteln iberoromanisch (eine Scheidung zwischen Portugiesisch und Spanisch ist vielfach wegen der Ähnlichkeit der Sprachen nicht möglich) und zu einem Drittel niederländisch. Kreolsprachen sind Sprachen, die einen Wortschatz aufweisen, der in einem Näheverhältnis zu europäischen Gebersprachen stehen, die aber eine völlig uneuropäische grammatische Struktur analytischen Typs ohne nennenswerte synthetische Elemente aufweisen. Kreolsprachen entstanden unter den Bedingungen tropischer Wirtschaft in abgeschlossenen Kommunikationsräumen wie Inseln, unter Sklaven, die unterschiedliche Muttersprachen hatten und sich aus Bestandteilen der Herrensprache ein neues Kommunikationsmittel konstruieren mussten.

Für das Papiamentu heißt das, dass die formale Morphologie nur eine geringe Rolle spielt: Das Substantiv, das kein Genus hat, kennt nur eine Form (*hòmber* 'Mensch', *muhé* 'Frau', *buki* 'Buch'), die im Singular durch einen unveränderlichen bestimmten (*un*) oder unbestimmten (*e*) Artikel näher umschrieben werden kann; der Plural wird durch Anfügung von *nan* ausgedrückt. Das Adjektiv ist unveränderlich und steht meistens nach dem Substantiv. Die Personal- und Possessivpronomina sind (außer in der 3. Pers. Sg.) gleich: *mi* 'ich, mein', *bo* 'du, dein', *e* 'er' / *su* 'sein, ihr', *nos* 'wir, unser', *boso* 'ihr, euer', *nan* 'sie, ihr'. Das Relativpronomen *ku* ist unveränderlich, das Interrogativpronomen ist *ken(de)* bei Personen und *ki* oder *kua* bei Sachen. Das Verb weist nur vier morphologisch unterscheidbare Formen auf, nämlich die Grundform auf *-a, -e, -i*, die Tonstruktur akzentuierter Tiefton und nichtakzentuierter Hochton, die Imperativform mit umgekehrter Tonstruktur, die Partizip-Perfekt-Form mit hochtonigem Schlussakzent und das Gerundium auf *-ando* bei Verben mit der Grundform auf *-a* und auf *-iendo* bei den anderen Verben. Das typische Charakteristikum einer Kreolsprache besteht darin, dass Tempus, Modus und Aspekt nicht durch Verbalendungen, sondern durch die zwischen Personalpronomen und Grundform angeordneten unveränderlichen *TMA-markers* ausgedrückt werden: *ta* progressive Gegenwart, *tabata (tawata)* imperfektive Vergangenheit, *a* perfektive Vergangenheit, *lo* Futur oder Potentialis, *sa* habituelle Gegenwart. Also: *mi ta kanta* 'ich singe', *bo ta kanta* 'du singst', *e ta kanta* 'er singt', *nos ta kanta* 'wir singen', *boso ta kanta* 'ihr singt', *nan ta kanta* 'sie singen'; *mi tabata kanta* 'ich sang immer'; *mi a kanta* 'ich begann zu singen'; *mi lo kanta* (früher *lo mi kanta*) 'ich werde singen'; *mi sa kanta* 'ich pflege zu singen'.

Seit 1976 tritt das Papiamentu in zwei schriftsprachlichen Varianten auf: Die sogenannte phonologische Orthografie gilt für das Papiamentu auf Curaçao und Bonaire, die etymologische Orthografie ist für das Papiamento auf Aruba typisch (Kramer 2012, 258-260). Es bestehen keine Probleme beim Lesen beider Orthografien, und die verbreitete Zeitung *èkstra/extra* verwendet in ihren Artikeln über die Inselnachrichten die jeweils zum Berichtsterritorium passende Schreibung. Die unterschiedliche Ausrichtung hat politische, nicht sprachliche Gründe, denn Aruba wollte die Bevormundung durch Curaçao auch orthografisch abschütteln.

Im Schulsystem wird eine Viersprachigkeit für die Bewohner der ABC-Inseln angestrebt: In den Schulen wird man auf Papiamentu alphabetisiert, ab der zweiten Klasse kommt das Niederländische hinzu, in der vierten Klasse wird man mit den Grundzügen des Spanischen und Englischen vertraut gemacht; in der Oberstufe wird nur auf Niederländisch unterrichtet. Die Umsetzung in die Praxis weist jedoch

Mängel auf: Die städtische Bevölkerung kommt mit dem Niederländischen gut zurecht und kann sich auch auf Spanisch und Englisch verständigen, auf dem Lande und auch in Problembezirken der Städte gibt es jedoch viele Menschen, die starke Probleme mit dem Niederländischen haben. Der Stellenwert des Niederländischen ist und bleibt hoch, auch weil man damit rechnet, in die Niederlande auszuwandern oder zumindest einen Teil des Lebens dort zu verbringen.

Die Erweiterung des Wortschatzes des Papiamentu erfolgt nur zum geringen Grade über eigene Neubildungen, weil die Einbeziehung von niederländischen Fremdwörtern viel einfacher ist; besonders intellektuelle Kreise greifen stattdessen auch auf Hispanismen zurück, die problemlos ins Papiamentu integriert werden können. Als Textbeispiel sei der Anfang der Genesis aus der Bibelübersetzung von 1998 angeführt:

> (1) Na kuminsamentu Dios a krea shelu i tera. (2) Tera tabata bashí i sin forma, e tabata kubrí ku un laman profundo den un skuridat kompleto. Spiritu di Dios tabata move riba e awa.
> (3) E ora ei Dios a bisa: «Mester tin klaridat!» I a bin klaridat. (4) Dios a mira ku e klaridat a keda bon. El a separa klaridat i a yama e klaridat «dia» i e skuridat «nochi». (5) Nochi a sera, di dia a habri; e promé dia a pasa.
> (6) E ora ei Dios a bisa: «Mester tin un kupel pa separá e awananq. (7) I asina a sosodé; Dios a traha e kupel ku a separá awa djariba, (8) Dios a yama e kupel «shelu». Nochi a sera, di dia a habri; e di dos dia a pasa.
> (9) Awor Dios a bisa: «E awa bou di shelu mester bini huntu na un lugá, di moda ku un parti di tera ta bin keda seku.» I asina a sosodé. (10) E pparti seku Dios a yama «tera» i e awa ku a bini huntu El a yama «laman.» Dios a mira ku tut kos a keda bon.

Eine wirkliche Literaturgeschichte gibt es nur in einer dreibändigen Papiamentu-Version und in einer zweibändigen verkürzten niederländischen Fassung. Auch die lesenswerte Literaturgeschichte von Cola Debrot, der selbst ein wichtiger Prosaiker war, liegt nur in Niederländisch vor (1985, 107-158; 170-224). Eine wirkliche Literaturgeschichte müsste auch die Werke von Autoren der ABC-Inseln in niederländischer und spanischer Sprache berücksichtigen, aber so etwas gibt es noch nicht.

Kulinarisches hingegen lässt sich finden, exemplarisch soll hier die *galina bros bros* vorgestellt werden (vgl. Garmers 2008, 39):

Galina bros bros

Sende fòrnu delantá
Fòrnu: 300 grado
Tempu: 30 minüt
2 liber di galiña
2 kùp di Crisco
2 kùp di lechi
2 kùp di hariña di pan
4 kuchara di konsomé
½ telep di salu
½ telep di páprika na puiru
¼ telep di peper
un tiki Adobo

Nos ta meskla: Hariña di pan, konsomé, salu, páprika na puiru, peper.
Den un Pressure Cooker habrí nos ta pone e Crisco dirti.
Nos ta laba e galiña, sekanan bon, kaba pasa nan, promé den lechi, kaba den e meskla hariña ku speserei.
Ora ku e Crisco dirti i kuminsá herebé, pone e galiñanan aden.
Tapa e cooker pa 5 minüt.
Kaba saka nan hinka den fòrnu pa 30 minüt. Kla!

Bon apetit !

Knuspriges Hühnchen

Schalte den Ofen zuvor ein
Ofen: 300 Grad
Zeit: 30 Minutem
2 Pfund Hühnchen
2 Tassen Bratfett
2 Tassen Milch
2 Tassen Brotmehl
4 Löffel Consommé
½ Teelöffel Salz
½ Teelöffel Paprikapuder
¼ Teelöffel Pfeffer
ein wenig Würzmischung

Wir vermischen: Brotmehl, Consommé, Salz, Paprikapuder, Pfeffer.
In einen offenen Dampfkochtopf legen wir das geschmolzene Bratfett.
Wir kochen das Hühnchen, trocknen es gut, dann wälzen wir es zuerst in der Milch, dann in der Mischung von Mehl mit Gewürzen.
Wenn das Bratfett geschmolzen ist und zu köcheln beginnt, lege das Hühnchen hinein.
Schließe den Kochtopf fünf Minuten lang.
Dann stell ihn für 30 Minuten in den Ofen.
Fertig!

Guten Appetit!

SU SARDU

Auf Sardinien sprechen 1-1,3 Millionen Menschen (etwa 750.000 in den Städten Cagliari, Olbia, Oristano und Alghero) Sardisch (*sa limba sarda*), eine romanische Sprache. Fast alle Sprecher des Sardischen (80% der Inselbevölkerung) sind zweisprachig, sie sprechen Sardisch und Italienisch. Im Vergleich zum Italienischen und anderen romanischen Sprachen gilt das Sardische als archaisch, da es viele phonetische und grammatikalische Elemente der lateinischen Sprache bewahrt hat.

Das Etikett ‚Sardisch' als Bezeichnung für eine Sprache kaschiert die Vielfalt der sardischen und der anderen romanischen Varietäten, die ebenfalls auf der Insel gesprochen werden. Ein bergiges, zerklüftetes, infrastrukturell über Jahrhunderte nur bedingt, selbst heute z.T. kaum erschlossenes Gebiet legt nahe, dass sich sprachliche Merkmale und Besonderheiten wenig vermischt und sehr lange erhalten haben. Es führt an dieser Stelle zu weit, alle wesentlichen typologischen Merkmale der sardischen oder etwa der korsischen Varietäten zu nennen, wir möchten aber trotzdem nebenstehende Karte zeigen, die die sprachliche Gliederung Sardiniens illustriert.

Abb. 6: Gliederung der Sprachlandschaft auf Sardinien

Im Nordwesten spricht man *sassarese*, im Norden und Nordosten *gallurese*, zwei Varietäten, die dem korsischen Typ zugeordnet werden (vgl. z.B. Tagliavini 1991, 397). In der Nordhälfte wird *logudorese* (im Nordosten *nuorese*, das auf der Karte dem *logudorese* zugeordnet wird) und in der Südhälfte *campidanese* gesprochen, ganz im Südwesten, auf zwei vorgelagerten kleinen Inseln, Genuesisch und in der Gegend von Alghero, im Nordwesten, eine Varietät des Katalanischen.

Zu einer groben Orientierung wollen wir nur einzelne Charakteristika des Sardischen nennen. Der etymologische Ursprung des sardischen Artikels liegt in lateinisch *ipse* (nicht wie in den meisten anderen romanischen Sprachen von *ille*): Im Singular lauten die sardischen bestimmten Artikel *su* (mask.), *sa* (fem.), im Plural *sos* (mask.) und *sas* (fem.) im Logudoresischen, im Campidanesischen *is* für beide

Genera. Die Verwendung von ipse als Artikel findet sich innerhalb der romanischen Sprachen außerdem in den balearischen Dialekten des Katalanischen, z.B. im Mallorquinischen (vgl. Brumme 1997, 49).

Wie z.B. im Spanischen, Rumänischen (hier die Präposition *pe*), Portugiesischen oder Süditalienischen (auch im Korsischen und im Okzitanischen) wird das direkte Objekt mit einer Präposition markiert, man spricht vom präpositionalen Akkusativ: *vidu **a** Maria* „ich sehe Maria" (wörtlich: *ich sehe zu Maria*).

Das Sardische bildet den Plural auf *-s* wie die westromanischen Sprachen: *sa domo > sas domos, su cane > sos canes.*

In den logudoresischen und nuoresischen Varietäten bleiben die lateinischen intervokalischen Verschlusslaute (Plosive: p, t, k) weitestgehend intakt, vor allem der Erhalt der lateinischen velaren Aussprache von *-c-* (/k/) fällt auf: z.B. lat. *centu(m)* (sprich: /kentu/) '100' > logudoresisch *kentu* (vgl. italienisch *cento*, französisch *cent*).

Besonderheiten des Sardischen sind außerdem der paragogische Vokal, ein Vokal, der zum Beispiel an einsilbige Wörter angehängt wird (-e im log., -i im camp.): *tu(e), chi(e)*, sowie bei endbetonten Entlehnungen: *pero(e), chissa(e)*. Falls ein Wort bzw. Satz auf Konsonant, vor allem auf -s, endet, wird der vorherige Vokal wiederholt: z.B. *sas domos* – sprich: /sas domoso/) sowie die Existenz des Retroflexkonsonanten (ital.: *cacuminale*) [d], der grafisch meist mit *-dd-* wiedergegeben wird (*chibudda* – Zwiebel, *cugumeddu* – Pilz).

Die folgenden campidanesischen Rätsel, *is indovinellus*, illustrieren die geschilderten Zusammenhänge (vgl. Porru 1996, 35 & 107):

Est tunda e no est mundu est birdi e no est erba est arrubia e no est fogu est aqua e no est funtana	*Est tundu tundu che tassa senz''e fundu; ma tassa no est: llu est?*	*Pungit a chini da toccat nutrit a chini tenit famini consolat a chini morit: lassadda bolai*
(*sa sindria* = il cocomero, l'anguria = die Wassermelone)	(*s'aneddu* = l'anello = der Ring)	(*s'abi, cun s'agu, su meli e sa cera* = l'ape, con il suo ago, il suo miele a la sua cera = die Biene, mit ihrem Stachel, ihrem Honig und ihrem Wachs)

Sardinien, *sa Sardinia*, ist also in vielerlei Hinsicht eine sehr interessante Mittelmeerinsel. Untersuchungen im Bereich des ländlichen Lebens haben in der romanischen Sprachwissenschaft eine langjährige Tradition. Max Leopold Wagner setzt in seinen Arbeiten einen Schwerpunkt auf das ländliche Leben Sardiniens und widmet sich in seinen Studien unter anderem der etymologischen Erforschung des sardischen Wortschatzes. Dabei trägt er eine Vielzahl von Termini aus dem Bereich der Viehzucht und Käseproduktion zusammen.

In Anlehnung an die Ausstellung zum Themenabend soll hier noch einmal festgehalten werden: Bedingt durch die geografischen Gegebenheiten der Insel basiert die Ökonomie Sardiniens auch in der heutigen Zeit zu Teilen auf Land- und Viehwirtschaft, wobei Produkte wie Fleisch, Milch und Käse zur Tradition gehören. Dies spiegelt sich im regionalen Sprachgebrauch Sardiniens wider und zeigt sich in einer immer noch vitalen und einzigartigen Terminologie, die hier im Überblick vorgestellt werden soll (für weitere Informationen, auch zur Etymologie der verschiedenen Fachtermini, zu Bezeichnungen der Ziegenphysiognomie und den Fellfarben vgl. Sánchez Münninghoff & Thiele 2005, 64ff.):

Abb. 7: Ziegenherde bei Baunei (Foto privat)

„Sardische Hirten in der Ogliastra gewinnen ihren Käse in der Regel aus Ziegenmilch: Schafe bevorzugen Weidegründe in der Ebene, Ziegen sind die sichereren Kletterer an den steilen Berghängen Ostsardiniens. Die Herden bewegen sich tagsüber frei in den Bergen, zum Melken kommen sie abends zum Stallgelände, dem *cuile*, zurück.

Da sich einzelne Tiere verirren können, verfügen die sardischen Hirten über einen differenzierten Wortschatz zur Beschreibung der Ziegen. Die Ziege (*la capra*), *sa crapa*, und der Bock (*il caprone*), *su beccu*, werden altersgemäß unterschiedlich bezeichnet: Der Fötus (*il feto*) als *su fetu*, ein neugeborenes männliches Ziegenlamm (*il capretto*) als *su crapittu* bzw. *su crapiteddu*, das weibliche Neugeborene (*la capretta*) als *sa crapitta* oder *sa crapitedda*. Für eine Totgeburt wurde im Golgo *s'aortissu* archiviert. Einen 10-12 Monate alten Ziegenbock nennen die Hirten *s'argaggiu*, die gleichaltrige Ziege *s'argaggia*, den einjährigen Bock *su fedalisu*, die Ziege dieses Alters *sa meledda*. Eine zweijährige Ziege heißt *sa sementuscia*, also die einmal geschorene, die dreijährige *sa bitusta*. Eine sehr alte Ziege wird von den Informanten aus Baunei *sa crapa anziana* genannt. Das Ende des Milchflusses bei Ziegen wird verbal mit *si siccantant* (*si seccano*) bezeichnet. Die Hausziege, die für den täglichen Milchbedarf einer Familie sorgt (*la capra per il bisogno giornaliero*), heißt *sa mannalisa*, der Hirte, der alle Hausziegen zusammentreibt und tagsüber zu den Weidegründen bringt, *su mannalisargiu*. […]

Das Herstellen von Käse basiert auf dickgelegter Milch. Im Ziegenstall oder im Haus werden etwa 20 Liter Milch durch ein Tuch (*la pezza*), *su telu*, geseiht. Anschließend wird die Milch traditionell in einem Kupferkessel (*il caldaio, il paiuolo / paiolo*), *su baiolu de rame* oder *su lapiolu de arrammene*, oder heute in der Regel in einem Aluminiumtopf (*la caldaia*), *su gardzu, su gadargiu* (in Orgosolo, Oliena und Nuoro), *su grandagiu, su cardagiu, su cradagiu* oder *sa vasca*, auf 35°C erhitzt. Sobald sie die gewünschte Temperatur hat, wird Lab (*il caglio*), *su caladeru, su coaglio* oder *cuaglio*, hinzugefügt. Die Milch bleibt weitere 15 Minuten auf dem Feuer, bis sie koaguliert. In der Koagulationsphase kann *su casu fiscidu*, eine Art Ziegenmilchjoghurt, abgeschöpft und zum Verzehr angeboten werden. Mit einem speziellen Quirl (*la frusta*), *sa piliscia / biliscia de linna*, in Nuoro *sa fruedda*, wird die gestockte Käsemasse aufgebrochen und weiterhin etwa 25-30 Minuten erwärmt. In dieser Zeit wird der Käsebruch (*la cagliata*), *su calau*, hin und wieder umgerührt, bis er auf den Boden des Topfes sinkt. Im Anschluss wird dieser vorsichtig mit den Händen vom Topfboden gelöst und in der Molke (*il siero*), *sa giota* (Nuoro), *sa iota* (campidanese), *su soru, su suru* oder *su zoru*, in eine runde Form gebracht. Danach wird eine spezielle Käseform aus Holz,

Weide oder Aluminium (*la stampella, lo stampo, la fruscella*), *sa biscedda, sa biscedda de linna, su discu in linna, su discu a linna* bzw. *sa piscedda*, unter die Masse geschoben, der Käse wird anschließend aus dem Topf gehoben, so dass die Molke vollständig aus der perforierten Form fließen kann. Diese wird auf einen zweiten Aluminiumtopf mit einem Holzbrettaufsatz, *sa furgidda*, gestellt, eine identische Form wird aufgestülpt und der Käse wird zwecks Formgebung in beiden Behältnissen mehrfach gewendet. Zur Lagerung wird der Käse aus seiner Form entnommen und in einem dunklen, kühlen Raum in ein Holzregal gelegt. Die Lagerungsdauer richtet sich nach dem gewünschten Reifungsgrad. Die in dem Aluminiumtopf verbleibende Molke wird erneut erhitzt. Dabei fällt *ricotta, su regottu*, als Nebenprodukt ab, die mit einem kleinen eckigen Holzbrett am Stiel, *su colargiu, sa muriga, sa murica, sa muria* sowie *sa sprumaiola*, aus der zweiten Molke, in Nuoro *sa zota*, geschöpft werden kann. Ricotta kann ohne weitere Verarbeitung als Frischkäse konsumiert oder durch Hinzufügen von Salz zu *ricotta salata* verarbeitet werden. Sie wird in ein Leinentuch zum Trocknen gegeben und kann auf diese Weise bis zu einem Jahr gelagert werden."

Ricotta – *su regottu, arrescottu* – kann zu *pardulas de arrescottu* verarbeitet werden:

Pardulas de arrescottu[4]

---

[4] Pardulas (Baunei), Foto privat

Po su pillu: 250 g simbula rimacinada acua cun d'unu spizzulu de sali unu cocerinu de tzucuru una cullera de oll'e procu (50g)

Po su prenimentu: 1 kg de arrescotu amesturau de brebei e de baca (ponni a scolai in d'uno coladori cun d'una perda appitzusu po tottu sa notti) 200 g de tzucuru 3 arrubius su scrosciu de un arangiu e de unu limoni 2 bustinedas de tzafaranu

Su pillu: Impastai iad'essi mellus in una impastadora, sa simbula cun s'acua, innui s'esti fattu scallai s'oll'e procu, e su tzucuru finzas a tenni una pasta liscia e tostada, ponni in dun'ancodeddu de plastica a descansai.

Su prenimentu: Dopu ai tentu tottu sa notti s'arrescotu a scolai po perdi totu su soru preparai su prenimentu. Cèrri s'arrescotu e impastai cun is ous, su tzucuru, su scrosciu de arangiu e limoni e su tzafaranu scalau con pagu pagu latti callenti. Fai cun i manus sciustas de licori bociteddas mannas comente una nuxi, mas o menos de 35-40 g. Fai su pillu e segai cun d'una forma tunda discus de mas o menos 8 cm, ponni a centru sa bocitedda de prenimentu e con i didus fai sesi o setti spitzulus po fai su cadineddu. Inforrai a forru giai callenti a 170° C po 30/40 minutus. In su momentu de das papai spruinai cun tzucuru impalpabili.

Für den Teig: 250 g gemahlenen Grieß, lauwarmes Wasser, eine Prise Salz, etwas Zucker, 50 g Schweineschmalz

Für die Füllung: 1 kg Ricotta (über Nacht in einen Durchschlag geben, mit einem Stein beschweren), 200 g Zucker, 3 Eier, Schale einer Orange und einer Zitrone, zwei kleine Tüten Safran

Der Teig: Grieß in eine Schüssel füllen, lauwarmes Wasser und Salz in eine Vertiefung in der Mitte geben, flüssiges Schmalz und den Zucker hinzugeben, die Masse kneten, bis man einen glatten, festen Teig erhält, dann in ein Plastikbehältnis zum Ruhen geben.

Die Füllung: Nachdem man die Ricotta eine Nacht lang abtropfen lassen hat und die gesamte Molke ausgelaufen ist, wird die Füllung vorbereitet. Die Ricotta mit Eiern, Zucker, Orangen- und Zitronenschale sowie Safran mischen, lauwarme Milch langsam zugeben. Etwa nussgroße Kugeln von 35-40 g mit den Händen formen. Teig ausrollen und mit einer runden Form 8 cm große Kreise ausstechen, jeweils eine Ricottakugel in die Mitte legen und den Teigrand an sechs oder sieben Stellen mit den Fingern zu kleinen Spitzen wie ein Körbchen formen. Den Ofen auf 170° Grad vorheizen, 30-40 Minuten backen und kurz vor dem Servieren mit Puderzucker bestreuen.

Bonu appetitu a tottusu!

Guten Appetit!

Bibliografie:

ALTON, Giambattista. 1968. *L ladin dla Val Badia. Beitrag zu einer Grammatik des Dolomitenladinischen.* Neu bearbeitet und ergänzt von Franz Vittur, Guntram Plangg und Alex Baldissera. Bressanone: Wegner.

ASCOLI, Graziadio Isaia. 1873. „Saggi ladini", in: *Archivio Glottologico Italiano* 1, 1-556.

BACHER, Nikolaus (Micurà de Rü). 1995. „Versuch einer Deütsch-Ladinischen Sprachlehre [1833]", herausgegeben und mit Anmerkungen versehen von Lois Craffonara, in: *Ladinia* XIX, 1-304.

BELARDI, Walter. 1985. *Antologia della lirica dolomitica.* Roma: Bonacci.

BERNARDI, Rut & VIDESOTT, Paul. 2013. *Geschichte der ladinischen Literatur. Ein bio-bibliographisches Autorenkompendium von den Anfängen des ladinischen Schrifttums bis zum Literaturschaffen des frühen 21. Jahrhunderts (2012).* Bolzano: Bolzano / Bozen University Press.

BERRY-HASETH, Lucille & BROEK, Aart G. & JOUBERT, Sidney M. 1988. *Pa saka kara.* Tomo II i III, Willemstad: Fundashon Pierre Lauffer.

BROEK, Aart G. 1988. *Pa saka kara.* Tomo I: *Historia di literatura papiamentu.* Willemstad: Fundashon Pierre Lauffer.

BROEK, Aart G. & JOUBERT, Sidney M. & BERRY-HASETH, Lucille. 2006. *De kleur van mijn eiland. Ideologie en schrijven in het Papiamentu sind 1863,* vol. I.: *geschiedschrijving,* vol. II: *Anthologie.* Leiden: KITLV Uitgeverij.

BRUMME, Jenny. 1997. *Praktische Grammatik der katalanischen Sprache.* Wilhelmsfeld: Egert.

CRAFFONARA, Lois. 1989. *I ladins dles Dolomites,* San Martin de Tor: Istitut Ladin Micurà de Rü.

DEBROT, Cola. 1985. *Verzameld werk I: Over Antiliaanse cultuur.* Amsterdam: Meulenhoff.

ELWERT, W. Theodor. 1943. *Die Mundart des Fassa-Tals.* Heidelberg: Winter.

GARMERS, Sonja. 2008. *Reseta favorito.* Curaçao: Selbstverlag.

GARTNER, Theodor. 1883. *Raetoromanische Grammatik.* Heilbronn: Henninger.

GARTNER, Theodor. 1910. *Handbuch der raetoromanischen Sprache und Literatur.* Halle: Niemeyer.

KRAMER, Johannes. 1988-1998. *EWD. Etymologisches Wörterbuch des Dolomitenladinischen.* Hamburg: Buske.

KRAMER, Johannes. 2013. *Kleines etymologisches Wörterbuch Papiamento – Deutsch, Deutsch – Papiamento.* Hamburg: Buske.

KRAMER, Johannes. 2012. „Spanisch oder Niederländisch: die Verschriftungspole des Papiamento / Papiamentu", in: Herling, Sandra & Patzelt, Carolin. edd. *Sprachkontakt, Sprachausbau, Verschriftungsproblematik.* München: Meidenbauer, 247-262.

MISCHÌ, Giovanni. 2000. *Wörterbuch Deutsch – Gadertalisch/Vocabolar Todësch – Ladin (Val Badia).* San Martin de Tor: Istitut Ladin Micurà de Rü.

PELLEGRINI, Giovan Battista. 1968. „Classificazione delle parlate ladine", in: *Studi Trentini e Scienze Storiche* 47, 323-341.

PORRU, Matteo. 1996. *Sa lingua mia de sa A a sa Z. Unu liburu po chini bolit e po chini hiat hai bofiu imparai su sardu.* Cagliari: Castello.

SÁNCHEZ-MÜNNINGHOFF, Sandra & THIELE, Sylvia. 2005. „Regionaler Fachwortschatz der Ziegenhaltung und Milchproduktherstellung auf Sardinien. Eine Studie zum sardisch-italienischen Sprachkontakt", in: *Italienisch* 53, 56-80.
TAGLIAVINI, Carlo. [14]1991. *Le origini delle lingue neolatine. Introduzione alla filologia romanza*, Bologna: Pàtron.
VERRA, Roland. 1990. *Dërc y storc*. Bolzano: Presel (Union de Ladins de Gherdëina).
VERRA, Roland. 2011. „Gherdëina, Badia, Fascia, Fodom, Anpezo. Sprache und Kultur in den ladinischen Dolomitentälern", in: DAV, ÖAV, AVS edd. *Alpenvereinsjahrbuch Berg* 2012. Innsbruck & Wien: Tyrolia.
VIDESOTT, Paul. 2004. „Evolution und Chance der ladinischen Sprache", in: Consulta per i problems ladins ed. *Das Potenzial der ladinischen Sprache. Vorschläge für eine wirksame Sprachförderung. Akten der Tagung Bozen 26.3.2004*. Bolzano: Gemeinde Bozen, 10-23.
VIDESOTT, Paul. 2011. *Rätoromanische Bibliographie – Bibliografia retoromanza 1729-2010*, Bolzano: Bolzano / Bozen University Press.
WAGNER, Max Leopold. 1921. *Das ländliche Leben Sardiniens im Spiegel der Sprache. Kulturhistorisch-sprachliche Untersuchungen. Kulturhistorische Zeitschrift für Sprach- und Sachforschung*, Beiheft 4, Wörter und Sachen. Heidelberg: Winter.
WAGNER, Max Leopold. 1960/1962. *Dizionario etimologico sardo*. Band I/II. Heidelberg: Winter.
WAGNER, Max Leopold. 1980. *La lingua sarda*. Bern: Francke.

Verwendete Links:

https://de.wikipedia.org/wiki/Dolomiten (Zugriff 01.08.2016)
https://sc.wikipedia.org/wiki/Pardulas_de_arrescottu (Zugriff 01.08.2016)
http://1.bp.blogspot.com/-hryNAcU42Z8/TbRoHa_bMhI/AAAAAAAAA40/Yu_UWeeXwv8/s1600/pardulas8.JPG (Zugriff 01.03.2016)
http://www.provinz.bz.it/ladinisches-schulamt/themen/bildungssystem.asp?aktuelles_action=4&aktuelles_article_id=403561 (Zugriff 01.08.2016)
http://www.micura.it/la/viac/cutura-ladina/la-mont-y-si-jent/la-speisa-da-zacan (Zugriff 01.08.2016)

AUTOREN- UND HERAUSGEBERVERZEICHNIS

Herausgeber- und Autorenverzeichnis

Dr. **Norbert Becker**, Jahrgang 1930, machte nach dem Studium an den Universitäten Mainz, Heidelberg, Grenoble und Freiburg das Staatsexamen in den Fächern Französisch, Latein und Italienisch. Für die Promotion in Latein und Französisch nahm er noch Griechisch hinzu. Nach dem Unterricht am Schlossgymnasium Mainz, an der Scuola Germanica di Milano und dem Lycée Chateaubriand de Milan wurde er 1975 Fachleiter für Französisch und Italienisch am Studienseminar Mainz. Gleichzeitig war er Lehrbeauftragter am Romanischen Seminar der Universität Mainz für Didaktik des Französischen und Italienischen. Er war Mitherausgeber der Zeitschrift *Französisch heute*; er verfasste zahlreiche Beiträge in Fachzeitschriften (DFU, NM, IT, Fh, It.St.), wobei Literaturdidaktik, Landeskunde und Sprachaufbau Schwerpunkte bildeten. Er war Mitarbeiter bei verschiedenen Französisch- und Italienischlehrwerken und Herausgeber vieler Schullektüren. Besonders reizten ihn dabei Autoren und Themen der Frankophonie.

Dr. **Martin Blawid**, Jahrgang 1979, Studium der Germanistik, Romanistik und Anglistik / Amerikanistik sowie Erziehungswissenschaften an der Universität Leipzig. Von 2006 bis 2009 Lektor des Deutschen akademischen Austauschdienstes (DAAD) an der Università degli Studi di Cagliari (Italien). 2009 Promotion mit einer interdisziplinären Untersuchung zu Männlichkeitskonstruktionen in der deutschen und italienischen Literatur bei Lessing, Goethe, Schiller und Mozart / Da Ponte. 2009 bis 2010 wissenschaftlicher Mitarbeiter am Institut für Romanistik der Universität Leipzig. 2010 bis 2012 Vorbereitungsdienst (Referendariat) für das Lehramt an Gymnasien. 2012 Zweites Staatsexamen am Studienseminar Offenbach a.M.. Seit 2012 Studienrat an einer Europaschule mit gymnasialer Oberstufe in Freigericht / Hessen. Betreuung von Austauschprojekten und internationalen Betriebspraktika sowie verantwortlich für Wissenschaftspropädeutik in der GO. Publikationen u.a zu folgenden Themenbereichen: zur interdisziplinären Literaturdidaktik der Unterrichtsfächer Deutsch, Englisch und Italienisch, ‚Men's Studies', ‚Kindheit und patriarchalische Dominanz', ‚Mythentransformation', ‚Traumkonzeption' sowie zur Didaktisierung von Dante Alighieri im Italienischunterricht.

Apl. Prof. Dr. **Thomas Bruns**, Jahrgang 1966, schloss an sein Studium zum Dipl.-Übersetzer für Russisch und Französisch in Mainz / Germersheim und Dijon ein Lehramtsstudium derselben Sprachen in Münster und Moskau an. 2001 Promotion zum Thema „Russische Internet-Terminologie. Unter vergleichender Berücksichtigung des Französischen und des Deutschen. Mit einem lexikographischen Teil D-R / R-D und D-F / F-D". 2005 und 2006 war er in verschiedenen Balkanländern als EU-Experte an der Implementierung des Bologna-Prozesses beteiligt. 2010 Habilitation zum Thema „Sprache, Nation und Internet. Politik und Medien in den Nachfolgestaaten Jugoslawiens und der Sowjetunion". 2011/12 vertrat er den Lehrstuhl für Slavische Sprachwissenschaft an der Universität zu Köln. 2013 erschien die 2., überarbeitete und erweiterte Auflage seiner „Einführung in die russische Sprachwissenschaft". Er unterrichtet an der Universität Trier als Dozent für Slavische Linguistik, Russisch, Bosnisch / Kroatisch / Serbisch, Russische Medienkunde und Fachdidaktik. Seine Interessens- und Forschungsschwerpunkte sind Sprachkontakte, Komparatistik, Semantik, Lexikologie / Lexikografie,

Phraseologie, Neue Medien. Er leitet das Projekt „Deutsch-russisches Online-Wörterbuch philologischer Termini FiloSlov".
Weitere Informationen unter: https://www.uni-trier.de/index.php?id=13885

Prof. Dr. **Tamara Choitz** studierte Klassische Philologie (Latein und Griechisch), Alte Geschichte und Klassische Archäologie an den Universitäten Mainz und Basel. Seither ist sie in Wissenschaft, Fachdidaktik und Schule tätig. 1991 promovierte sie an der Universität Basel mit einer Arbeit zum sophokleischen Philoktet, 2002 folgte die Habilitation zu Petrarcas Africa und seiner Antikenrezeption an der Universität Mainz, wo sie dann 2010 auch zur apl.-Professorin ernannt wurde. 1990-1992 absolvierte sie das Referendariat für das Lehramt an Gymnasien in Bad Kreuznach für die Fächer Latein und Griechisch. Seit 1998 ist sie im Schuldienst des Landes Rheinland-Pfalz, seit 2007 am Kurfürst-Salentin-Gymnasium in Andernach. Ab 2009 ist sie zudem als regionale Fachberaterin für das Fach Griechisch in Rheinland-Pfalz zuständig und für die Erteilung der Fachdidaktikveranstaltungen mit einer halben Stelle an die Universität Mainz abgeordnet. 1984-1988 arbeitete sie als Assistentin an Antikenmuseum Basel und Sammlung Ludwig (Basel), dann als freie Mitarbeiterin am Lexicon Iconographicum Mythologiae Classicae und 1997-1998 am Rheinischen Landesmuseum in Trier. Seit 2012 ist sie Redaktionsmitglied des AU, von 2012 bis zum 1.6.2016 war sie im Vorstand bzw. Vorstandsvorsitzende des DAV in Rheinland-Pfalz bzw. stellvertretende Bundesvorsitzende.

Natalia Feld M.A., 1978 in Belarus geboren, ist Dozentin für die russische Sprache am Internationalen Studien- und Sprachenzentrum (ISZ) der Johann Wolfgang Goethe-Universität Frankfurt am Main. Dem Studium an der Staatlichen Pädagogischen Universität in Minsk (Diplom im Fach *Grundschulpädagogik und Kunst*) folgte das Studium an der Johannes Gutenberg-Universität Mainz im Master-Studiengang *Sprache, Kultur, Translation* mit der Spezialisierung in Fremdsprachendidaktik. Im Rahmen des Promotionsstipendiums der Johannes Gutenberg-Universität Mainz geht Natalia Feld auf Prozesse ein, die das Aufeinandertreffen verschiedener Kulturen begleiten. Sie beschäftigt sich mit den Texten der russischsprachigen Autoren-Migranten um die Strategien zu erkennen, die die kulturell bedingte Fremdheit zu überwinden suchen. Seit 2011 ist Natalia Feld vom Landgericht Frankfurt am Main als Übersetzerin für Russisch und Deutsch beeidigt und freiberuflich tätig. Sie ist Mitglied bei Bundesverband der Dolmetscher und Übersetzer e.V. Voraussichtlich 2017 erscheint ihr Beitrag zum Sammelband zur Interkulturellen Kommunikation, herausgegeben von der BDÜ-Weiterbildungs- und Fachverlagsgesellschaft.

Dr. **Michael Frings**, Jahrgang 1979, ist Studiendirektor am Gutenberg-Gymnasium in Mainz. Er unterrichtet die Fächer Französisch, Mathematik und Latein. In der Schulleitung ist er für die MSS „Mainzer Studienstufe / MSS (Stufen 11-13)" verantwortlich. Zuvor war er in der Schulleitung am Göttenbach-Gymnasium in Idar-Oberstein tätig und hat dort die Mittelstufe (Stufen 7-10) sowie die schulische Ausbildung der Referendarinnen und Referendare geleitet. Zu einem Viertel seines Deputats arbeitet Herr Frings als Referent am „Zentrum für Schulleitung und Personalführung / ZfS" (www.zfs.bildung-rp.de). Bis 2014 war er Teamleiter

bei der „Agentur für Qualitätssicherung, Evaluation und Selbständigkeit von Schule / AQS".
Er ist Mitbegründer und Hauptherausgeber der im Jahre 2006 gegründeten „Zeitschrift für
Romanische Sprachen und ihre Didaktik" (www.ZRomSD.de). Außerdem ist er Mitherausgeber und Mitbegründer der Schriftenreihe „Romanische Sprachen und ihre Didaktik / RomSD" (www.RomSD.de) sowie der Schriftenreihe „Französischdidaktik im Dialog / FDD" (www.franzoesischdidaktik-im-dialog.de).
Weitere Informationen unter: www.michaelfrings.de.

Dr. **Susanne Gippert**, Jahrgang 1972, ist Studiendirektorin am Are-Gymnasium in Bad Neuenahr-Ahrweiler. Nach dem Studium der Klassischen Philologie, Anglistik und Neueren deutschen Literaturwissenschaft an der Rheinischen Friedrich-Wilhelms-Universität Bonn (1993-1998) war sie dort zunächst als Lehrbeauftragte tätig. Ein Forschungsstipendium der Gottlieb-Daimler- und Carl-Benz-Stiftung ermöglichte ihr einen anderthalbjährigen Aufenthalt am Trinity College Dublin (2000-2001), wo sie an ihrer Dissertation zum Thema „Joseph Addison's Ovid – An Adaptation of the *Metamorphoses* in the Augustan Age of English Literature" arbeitete. Die Antikerezeption in der englischen Literatur bildete auch über die Promotion hinaus den Schwerpunkt ihrer wissenschaftlichen Arbeit. Nach dem Referendariat in den Fächern Latein und Englisch am Studienseminar Gummersbach nahm sie 2004 ihre Tätigkeit am Are-Gymnasium in Bad Neuenahr-Ahrweiler auf. Seit 2010 ist sie als Regionale Fachberaterin im Schulaufsichtsbezirk Koblenz-Nord für das Fach Latein an Gymnasien, Integrierten Gesamtschulen und Kollegs zuständig. Im Rahmen dieser Tätigkeit ist sie auch an der Gestaltung und Durchführung landesweiter Fortbildungsveranstaltungen, die das Fach Latein betreffen, beteiligt.

Prof. Dr. **Wolfgang Hallet** war Gymnasiallehrer in Koblenz, Daun und Trier, Englisch-Fachleiter am Studienseminar Trier und Leiter des Auguste-Viktoria-Gymnasiums Trier. Seit 2004 ist er Professor für Didaktik der englischen Sprache und Literatur an der Justus-Liebig-Universität Gießen und Mitglied im Vorstand des *International Graduate Centre for the Study of Culture* (GCSC). Er ist Mitherausgeber von Handbuchreihen zur Literatur- und Kulturdidaktik (WVT) und zur Fremdsprachendidaktik (Klett Kallmeyer), zweier kulturwissenschaftlicher Buchreihen, der *Gießener Beiträge zur Fremdsprachenforschung* (Narr) und der Zeitschrift *Der fremdsprachliche Unterricht Englisch*. Zu seinen fremdsprachendidaktischen Forschungsschwerpunkten gehören u. a. kompetenzorientiertes Lernen mit komplexen Aufgaben (*Lernen fördern: Englisch. Kompetenzorientierter Unterricht in der Sekundarstufe I*, 2011), die Entwicklung literaturbezogener Kompetenzen und das generische Lernen (*Genres im fremdsprachlichen und bilingualen Unterricht*, 2016). Zahlreiche Beiträge sind zur Entwicklung des Bilingualen Unterrichts gewidmet (umfassend im *Handbuch Bilingualer Unterricht/CLIL*, 2013). Jüngere literaturwissenschaftliche und didaktische Forschungen betreffen die Narratologie des multimodalen Romans und dessen Didaktik.
Weitere Informationen unter: http://www.uni-giessen.de/cms/hallet

Jens F. Heiderich, Jahrgang 1978, Studium in Trier, Lille und Lyon (gefördert durch diverse Stipendien, u.a. des DAAD), ist Lehrer für Deutsch, Französisch und Ethik am Frauenlob-

Gymnasium in Mainz. Zudem übt er als Studiendirektor die Funktion des Regionalen Fachberaters für Deutsch an Gymnasien, Integrierten Gesamtschulen, Kollegs und Freien Waldorfschulen des Schulaufsichtsbezirks Neustadt (Bereich Rheinhessen) aus. Viele Jahre war er zur Hälfte seines Deputats an die Universität Trier abgeordnet, wo er Literatur- und Mediendidaktik des Deutschen lehrte. Neben seiner Mitherausgeberschaft der „Zeitschrift für Romanische Sprachen und ihre Didaktik" (www.ZRomSD.de) und der Schriftenreihe „Französischdidaktik im Dialog" (www.franzoesischdidaktik-im-dialog.de) ist Herr Heiderich Autor von Lehrerhandreichungen und fachdidaktischen Aufsätzen für Deutsch und Französisch. Seine Forschungsschwerpunkte sind: Ökonomie und Literatur, Dramen-, Theater- und Filmdidaktik, Gegenwartsdramatik, fächerübergreifendes Arbeiten sowie Authentizität im Unterricht. Geehrt wurde Herr Heiderich im Dezember 2014 mit der Verleihung des „Deutschen Lehrerpreises – Unterricht innovativ".

Weitere Informationen unter: www.jensheiderich.de.

Jun.-Prof. Dr. **Corinna Koch**, Jahrgang 1985, ist Juniorprofessorin für die Didaktik des Französischen und Spanischen an der Universität Paderborn. Nach ihrem Lehramtsstudium in den Fächern Englisch, Französisch und Spanisch an der Ruhr-Universität Bochum, war sie dort für zwei Jahre als Lehrkraft für besondere Aufgaben im Bereich der Didaktik der romanischen Sprachen und Literaturen tätig und vertrat für ein Semester eine Juniorprofessur für die Didaktik der romanischen Sprachen. Während dieser Zeit schloss sie ihre mit dem Ludger-Schiffler-Preis für Fremdsprachendidaktik ausgezeichnete Dissertation *Metaphern im Fremdsprachenunterricht: Englisch, Französisch, Spanisch* ab. Anschließend absolvierte sie ihr Referendariat. Frau Koch ist seit 2015 Mitherausgeberin der *Zeitschrift für Romanische Sprachen und ihre Didaktik* und seit 2014 Mitglied des wissenschaftlichen Beirates der Reihe *Studien zur Fremdsprachendidaktik und Spracherwerbsforschung*. Des Weiteren berät sie den Ernst Klett Verlag Sprachen zum Thema „Grammatik" und ist Mitglied der „Klett-Akademie für Fremdsprachenunterricht – Sektion Spanisch". Ihre fachdidaktischen Arbeits- und Forschungsschwerpunkte umfassen Comics im Fremdsprachenunterricht, kommunikationsorientierte Grammatikvermittlung, Mehrsprachigkeitsdidaktik und das Praxissemester.

Weitere Informationen unter: http://go.upb.de/corinnakoch.

Prof. Dr. **Johannes Kramer**, Jahrgang 1946, war bis 2014 Universitätsprofessor für Romanistik an der Universität Trier, zuvor von 1980 bis 1997 in Siegen, von 1979 bis 1980 in Köln. Studium der Klassischen Philologie, Romanistik und des Niederländischen in Köln, Promotion in Klassischer Philologie und Romanistik 1971, Staatsexamen in Griechisch, Lateinisch, Französisch, Italienisch und Niederländisch 1971. Forschungsschwerpunkte sind die griechischen Quellen zur Aussprache des Lateinischen, Mehrsprachigkeit, romanische Etymologie, romanische Kleinsprachen; sprachliche Schwerpunkte sind das Dolomitenladinische, das Bündnerromanische, die Balkanromania südlich der Donau, das Papiamento, Germanisch und Romanisch in Belgien und Luexemburg. Herr Kramer ist Mitherausgeber der Zeitschrift *Romanistik in Geschichte und Gegenwart* sowie des Balkan-Archivs und Membre honoraire de l'Institut Grand-Ducal (Luxembourg).

Weitere Information: Johannes Kramer (Wikipedia).

Rebecca Krug, Jahrgang 1984, ist Wissenschaftliche Mitarbeiterin am Institut für Slavistik, Turkologie und zirkumbaltische Studien an der Johannes Gutenberg-Universität in Mainz. Sie leitet Lehrveranstaltungen im Bereich der russischen und bosnischen / kroatischen / serbischen Literaturwissenschaft. Im Rahmen ihrer Dissertation forscht Frau Krug derzeit zum Einfluss von Oswald Spenglers kulturpessimistischem Werk *Der Untergang des Abendlandes* auf die russische Literatur der 1920er und 1930er Jahre.

Dr. **Eva-Tabea Meineke**, Jahrgang 1976, ist Wissenschaftliche Mitarbeiterin für Französische und Italienische Literatur- und Medienwissenschaft an der Universität Mannheim. Sie studierte Englisch, Französisch, Italienisch und Deutsch an der Universität IULM (Mailand) und dem UCL London. Innerhalb eines Co-tutelle Programms wurde sie an den Universitäten IULM (Mailand) und Paris 8 im Fach Komparatistik promoviert. Sie unterrichtete an der TU Braunschweig, der JLU Gießen und ist seit 2011 am Romanischen Seminar der Universität Mannheim tätig. Ihre italienisch-französische Dissertation *I misteri della città nella narrativa europea. L'immaginario del primo Ottocento / Les mystères de la ville dans la prose européenne. L'imaginaire de la première moitié du XIXe siècle* ist 2015 in deutscher Sprache unter dem Titel *Die Geheimnisse der Stadt – Imaginäre Ordnungen in der europäischen Erzählung des beginnenden 19. Jahrhunderts* bei Königshausen und Neumann erschienen. Ihre Habilitationsschrift *Rivieras de l'irréel – Surrealismen in Italien und Frankreich* ist an der Universität Mannheim eingereicht. In weiteren Publikationen fokussiert sie insbesondere die Themen Großstadtdarstellung, Surrealismus, Romantik und Postmoderne und die Autoren Balzac, Stendhal, Calvino, Leopardi und Rilke.
    Weitere Informationen unter: http://romanistik.uni-mannheim.de/ mmitarbeiterinnen/literatur_medienwissenschaft/meineke_eva_tabea_dr/index.html

Dr. **Ricarda Müller**, Jahrgang 1963, ist Fachleiterin für das Fach Deutsch am Studienseminar Bad Kreuznach; sie unterrichtet Latein und Deutsch am Elisabeth-Langgässer-Gymnasium Alzey. Nach dem Studium der Fächer Latein, Deutsch und Italienisch war sie als Wissenschaftliche Mitarbeiterin an der Universität des Saarlandes tätig und wurde mit ihrer Dissertation über das Frauenbild in Giovanni Boccaccios „De mulieribus claris" promoviert. 1989 wechselte sie mit ihrer Familie nach Mainz und unterrichtete am altsprachlichen Rabanus-Maurus-Gymnasium. Von 2006 bis 2012 war sie als Regionale Fachberaterin Latein im Schulaufsichtsbezirk Neustadt für den Bereich Pfalz zuständig. Sie war Mitglied der Fachdidaktischen Kommission für den Lehrplan Latein Sekundarstufe I sowie des Projektteams zur Konzeption und Begleitung des Schulprojekts „Latein plus". Frau Müller veröffentlicht regelmäßig Aufsätze zur Didaktik der Alten Sprachen und Deutsch, erarbeitet Unterrichtsmodelle und -materialien und berät Schulbuchverlage bei der Erstellung von Lehrwerken.

Prof. Dr. **Johannes Müller-Lancé**, Jahrgang 1963, ist seit 2002 Universitätsprofessur für Sprach- und Medienwissenschaft am Romanischen Seminar der Universität Mannheim. Nach dem Lehramtsstudium der Fächer Latein und Französisch in Freiburg und Tours promovierte er im Rahmen des Freiburger Sonderforschungsbereichs „Mündlichkeit und Schriftlichkeit" über die Entwicklung absoluter Konstruktionen vom Altlatein zum Neufranzösischen (Tübingen: Narr 1994). Nach dem Zweiten Staatsexamen (1995) habilitierte er sich an der Universität Freiburg mit einer Arbeit zum Tertiärsprachenerwerb der Romanischen Sprachen (Tübingen: Stauffenburg 2003). Müller-Lancé ist Mitherausgeber der Sammelbände *Ein Kopf – viele Sprachen* (Aachen: Shaker, 2002), *Herkunftsbedingte Mehrsprachigkeit im Unterricht der Romanischen Sprachen* (Berlin: Frank&Timme 2015) und Autor des Lehrbuchs *Latein für Romanisten* (Tübingen: Narr 2003/2006). 2010 und 2014 arbeitete Müller-Lancé in den Französisch-Fachkommissionen des Landes Baden-Württemberg an der Reform der gymnasialen Lehramtsstudiengänge mit, von 2010 bis 2016 war er Vorstandsmitglied der International Association of Multilingualism. Herr Müller-Lancé ist Mitglied des Wissenschaftlichen Beirats der Schriftenreihe *Thema Sprache: Wissenschaft für den Unterricht*.

Sabine E. Paffenholz ist Lehrerin für Französisch und Italienisch am Max-von-Laue-Gymnasium in Koblenz. Als Referentin am Pädagogischen Landesinstitut Rheinland-Pfalz ist sie für Französisch, die in Rheinland-Pfalz unterrichteten dritten Fremdsprachen Italienisch, Spanisch und Russisch, für klassische Sprachen und den bilingualen Unterricht in Englisch und Französisch zuständig. In ihren Tätigkeitsbereich fallen insbesondere die Konzeption, Planung, Durchführung und Evaluation von Fortbildungsveranstaltungen und Tagungen, die Mitwirkung in Arbeitsgruppen zu bildungspolitisch relevanten Themen und die Kooperation mit dem Bildungsministerium Rheinland-Pfalz, so auch bei der Fortbildungsreihe zum vernetzten Sprachunterricht. Sie war langjähriges Mitglied des Bundesvorstands des Deutschen Italianistenverbands (DIV) und Mitherausgeberin der Akten der Sektion Didaktik von zwei Italianistentagen. Sie ist ständige Mitarbeiterin bei der Zeitschrift für italienische Sprache und Kultur *Italienisch* und darüber hinaus Diplom-Übersetzerin für Französisch und Italienisch.

Prof. Dr. **Daniel Reimann** studierte nach dem altsprachlichen Abitur am Celtis-Gymnasium Schweinfurt (Unterfranken) die Fächer Klassische Philologie, Romanistik und Erziehungswissenschaften u.a. in Würzburg, Straßburg, Padua, Salamanca, Coimbra und Lissabon. Er ist Professor für Didaktik der romanischen Schulsprachen und Stellvertretender Direktor des Instituts für Optionale Studien (wissenschaftlicher Leiter des Sprachenzentrums) an der Universität Duisburg-Essen. Zuvor war er Studienrat für Latein und romanische Sprachen im staatlichen bayerischen Schuldienst und als Akademischer Oberrat Leiter des Lehr- und Forschungsbereichs Didaktik der romanischen Sprachen und Literaturen an der Universität Würzburg. Seine Arbeitsbereiche sind Mehrsprachigkeitsdidaktik – mit besonderem Fokus auf Integration aller Schulsprachen und der Herkunfts- bzw. Familiensprachen der Schülerinnen und Schüler, Inter- und Transkulturalität im Fremdsprachenunterricht, Sprachmittlungskompetenz, Schnittstellen zwischen Linguistik und Fremdsprachenforschung, Legasthenie und Fremdsprachenunterricht, Geschichte des Fremdsprachenunterrichts und sowie Historiographie, Epistemologie und (Forschungs-) Methodik der Fremdsprachenforschung.

Weitere Informationen unter: www.uni-due.de/romanistik/personal/reimann/

Prof. Dr. **Peter Riemer**, Jahrgang 1955, ist seit 2000 Universitätsprofessor für Klassische Philologie an der Universität des Saarlandes. Nach dem Studium der Griechischen und Lateinischen Philologie und der Philosophie sowie Promotion und Habilitation an der Universität zu Köln war er 1995-2000 Professor für Klassische Philologie an der Universität Potsdam. Vor dem Studium absolvierte er eine kaufmännische Lehre (Spedition) und war während der Zeit des Studiums und der Promotion als Waldorf-Lehrer tätig; daneben blickt er auf eine in langen Jahren gewachsene Bühnenerfahrung zurück (Dramaturgie, Regie, Schauspiel). Hieraus sind zwei seiner permanenten Forschungsinteressen hervorgegangen: antikes Drama und Rhetorik. Im Rahmen eines Projekts der Mainzer Akademie der Wissenschaft und der Literatur befasst er sich zudem mit der Lateinischen Literatur der Renaissance. Mitherausgeber ist er u.a. von der Zeitschrift „Der Altsprachliche Unterricht" und der Reihe „Potsdamer Altertumswissenschaftliche Beiträge".

Weitere Informationen unter:
http://www.klassphil.uni-saarland.de/sites/institut/person.php?id=1.

Kurt Roeske, Jahrgang 1933, hat Klassische Philologie in Frankfurt a.M. und Tübingen studiert. Er war 1966-1971 Fachleiter für Griechisch, 1969-1971 (nebenberuflich) Dozent für neutestamentliches Griechisch am Theologischen Konvikt in Frankfurt a.M. 1971-1979 hat er die Diltheyschule in Wiesbaden (ein altsprachliches Gymnasium mit neusprachlichem Zweig), 1979-1986 die Deutsche Schule Athen, 1986-1997 das altsprachliche Rabanus-Maurus-Gymnasium in Mainz geleitet. Er war Vorsitzender der Kommission, die im Auftrag des Hessischen Kultusministers die „Rahmenrichtlinien Griechisch" erstellt hat. Seit 1997 bietet er Reisen in die antike Welt und als Dozent an der Volkshochschule in Mainz Kurse zur antiken Literatur und Philosophie an. Gemeinsam mit Kollegen hat er die Lehrbücher „Lexis" (1976, 1983 4. Aufl., Neufassung 1988) und „Eklogai. Einführung in das neutestamentliche Griechisch" (1979, 1981 5. Aufl.), die Hörkassette „Akoute" und die griechische Kurzgrammatik „Typoi" (1995) erarbeitet. Er hat Bücher zu Homers Odyssee, zur Antigone des Sophokles, zur Medea des Euriides, zu Platons Apologie des Sokrates und kulturhistorische Reiseführer zu Attika, Sizilien und Zypern sowie CDs zur Odyssee, zur Medea und zu Ovids Metamorphosen veröffentlicht. Zuletzt (2015) ist erschienen: „Wege in die Welt der Antike". Im Frühjahr 2017 erscheint ein kulturhistorischer Reiseführer zu den Kykladen.

Frank Schöpp ist Akademischer Rat für die Didaktik der romanischen Sprachen und Literaturen an der Julius-Maximilians-Universität Würzburg. Nach dem Studium an der Johannes-Gutenberg-Universität Mainz und dem Referendariat am Studienseminar Frankfurt am Main war er viele Jahre im hessischen Schuldienst als Studienrat für die Fächer Französisch und Italienisch tätig und drei Jahre mit der Hälft seines Deputats an die Philipps-Universität Marburg abgeordnet. Seine Interessenschwerpunkte liegen in der Film- und in der Mehrsprachigkeitsdidaktik.

Andreas Schürmann, Jahrgang 1962, ist Studiendirektor am Studienseminar für das Lehramt Gymnasien in Mainz. Er betreut die Fachleitungen Bildende Kunst (seit 2002) und Russisch (seit 1996). Beide Fächer unterrichtet er am Gutenberg-Gymnasium in Mainz.

Dr. **Klaus Sundermann**, Jahrgang 1957, ist als Ministerialrat Referatsleiter in der Gymnasialabteilung des Bildungsministeriums Rheinland-Pfalz in Mainz. Nach dem Lehramtsstudium der Fächer Geschichte, Griechisch, Latein und Erziehungswissenschaften in Münster und Zürich war er zunächst als Wissenschaftlicher Mitarbeiter am Seminar für Byzantinistik der Universität Münster tätig, absolvierte sein Referendariat in Rheine und war danach Kollegassistent am Institut für Griechische und Lateinische Philologie der Universität Hamburg. 1991 wechselte er nach Mainz und unterrichtete bis 2002 am altsprachlichen Rabanus-Maurus-Gymnasium. Seit 1999 ist er als Referatsleiter für die oberste Schulaufsicht der Gymnasien, Kollegs und Abendgymnasien zuständig, betreut in der Fachaufsicht die Fächer Latein, Griechisch und Philosophie und schulartübergreifend die Schülerwettbewerbe. In seiner Verantwortung wurden unter anderem das Schulprojekt „Latein plus", die Weiterbildungslehrgänge Latein für die Sekundarstufe I und die Fortbildungsreihe zum vernetzten Sprachunterricht durchgeführt und die entsprechenden Handreichungen und Dokumentationen herausgegeben.

Prof. Dr. **Sylvia Thiele**, Jahrgang 1967, ist Universitätsprofessorin für die Didaktik der romanischen Sprachen und Literaturen an der Johannes Gutenberg-Universität in Mainz. Nach ihrem Referendariat in Celle und einem Einsatz an der Heinrich-Nordhoff-Gesamtschule war sie von 1997 bis 2013 als Studien- bzw. Oberstudienrätin im Hochschuldienst ebenfalls für die Didaktik des Französischen, Italienischen und Spanischen in Münster tätig und hat im SoSe 2004, im SoSe 2006 und im WiSe 2006/07 die Lehrstuhlvertretungen für Fachdidaktik an der Universität Göttingen übernommen. Ihre fachdidaktischen bzw. linguistischen Lehr- und Forschungsgebiete umfassen die Didaktik der romanischen Sprachen, Mehrsprachigkeitsdidaktik (auch unter Berücksichtigung der Migrationssprache Türkisch), EMILE (Französisch + Sport / Musik / Darstellendes Spiel), Sprachlehr- und -lernforschung, Lernmittelkonzeption, Grammatikographie in dia- und synchroner Perspektive, Fachsprachen, Sprachtypologie, Dolomitenladinisch und Sardisch. Sie ist Gleichstellungsbeauftragte des Fachbereichs 05 und darüber hinaus engagiert sie sich als Mentorin für junge Wissenschaftlerinnen im Rahmen des Christine de Pizan-Programms der JGU sowie des Programms Mentoring im Tandem mit der PH Freiburg.

Weitere Informationen unter: http://www.romanistik.uni-mainz.de/thiele/.

Sie haben die Wahl:

Bestellen Sie die Schriftenreihe
Französischdidaktik im Dialog
einzeln oder im **Abonnement**

per E-Mail: vertrieb@ibidem-verlag.de | per Fax (0511/262 2201)
als Brief (*ibidem*-Verlag | Leuschnerstr. 40 | 30457 Hannover)

Bestellformular

☐ Ich abonniere die Schriftenreihe *Französischdidaktik im Dialog* ab Band #____

☐ Ich bestelle die folgenden Bände der Schriftenreihe *Französischdidaktik im Dialog*

\# ____; ____; ____; ____; ____; ____; ____; ____; ____; ____

Lieferanschrift:

Vorname, Name ....

Anschrift ....

E-Mail.. | Tel.: ....

Datum .... | Unterschrift ....

Ihre Abonnement-Vorteile im Überblick:

- Sie erhalten jedes Buch der Schriftenreihe pünktlich zum Erscheinungstermin – immer aktuell, ohne weitere Bestellung durch Sie.
- Das Abonnement ist jederzeit kündbar.
- Die Lieferung ist innerhalb Deutschlands versandkostenfrei.
- Bei Nichtgefallen können Sie jedes Buch innerhalb von 14 Tagen an uns zurücksenden.

ibidem.eu